管理学论丛

农产品流通体系创新管理

INNOVATION MANAGEMENT IN
AGRICULTURAL PRODUCTS CIRCULATION SYSTEM

陈丽华 〔韩〕金弘泰 侯顺利 等◎著

图书在版编目(CIP)数据

农产品流通体系创新管理/陈丽华,〔韩〕金弘泰,侯顺利等著. —北京:北京大学出版社,2015.2

(管理学论丛)

ISBN 978-7-301-25286-4

Ⅰ. ①农… Ⅱ. ①陈… ②金… ③侯… Ⅲ. ①农产品流通—流通体系—创新管理—研究—中国 Ⅳ. ①F724.72

中国版本图书馆 CIP 数据核字(2015)第 001263 号

书　　　　名	农产品流通体系创新管理
著作责任者	陈丽华　〔韩〕金弘泰　侯顺利　等著
责 任 编 辑	徐　冰
标 准 书 号	ISBN 978-7-301-25286-4/F·4118
出 版 发 行	北京大学出版社
地　　　　址	北京市海淀区成府路 205 号　100871
网　　　　址	http://www.pup.cn
电 子 信 箱	em@pup.cn　　　　QQ:552063295
新 浪 微 博	@北京大学出版社　@北京大学出版社经管图书
电　　　　话	邮购部 62752015　发行部 62750672　编辑部 62752926
印 刷 者	北京鑫海金澳胶印有限公司
经 销 者	新华书店
	730 毫米×1020 毫米　16 开本　23.5 印张　397 千字 2015 年 2 月第 1 版　2015 年 2 月第 1 次印刷
印　　　　数	0001—2000 册
定　　　　价	62.00 元

未经许可,不得以任何方式复制或抄袭本书之部分或全部内容。

版权所有,侵权必究

举报电话:010-62752024　电子信箱:fd@pup.pku.edu.cn

图书如有印装质量问题,请与出版部联系,电话:010-62756370

作者团队

陈丽华 〔韩〕金弘泰

侯顺利 李克诚

巩天啸 王 玮

马 赛 金东焕

前　言

俗话说,民以食为天。能否保障食品安全,让人吃得健康、吃得放心,对老百姓来说是至关重要的事情。农产品流通是连接农产品生产和最终消费的媒介,包含了农产品收购、运输、储存、装卸、搬运、包装、配送、流通加工、分销、信息流动等活动。只有进入流通过程,农产品才能实现其价值。

我国地域辽阔、人口众多,并且生活在不同地区的人们对农产品的消费习惯千差万别,消费的多样性特点突出,农产品有巨大的生产量和需求量,这为我国农产品流通的发展奠定了坚实的市场基础。此外,近些年我国交通运输业发展迅猛,不仅建立起了四通八达的交通网络,而且运输车辆和设备以及场站建设也取得了很大进步,这为我国农产品流通的发展打下了硬件基础。尽管我国农产品流通业具有这些得天独厚的发展条件,但由于缺乏全面系统的理论作为指导,还存在许多亟待解决的问题,包括：农产品生产和流通分散,尚未实现规模经济效应;农产品流通环节多、成本高、效率低;农产品流通各环节信息化程度低,导致结构性、季节性、区域性过剩;农产品流通基础设施落后,流通专业化和标准化程度低;农产品交易方式和交易内容落后;农产品流通的安全问题日益突出;农产品流通的国际化水平低;等等。因此,对农产品流通体系进行设计和创新迫在眉睫。

通过对美国、法国、日本、韩国等国外先进农产品流通体系进行分析和解读,本书指出了我国现有农产品流通中存在的问题,提出了一套针对我国实际情况的完整而科学的现代农产品流通体系创新理论,并据此对我国农产品流通实践提出了相应的建议。建立现代农产品流通体系,不仅能够使得生产、加工、流通三环节的边界日趋模糊,带来农业产业结构升级,产业整体规模的扩大,以及运作效率的提高,降低农产品在流通过程中的损失,以及降低流通成本、提高经济效益;还能够实现区域化、专业化生产和产业化发展,调节农产品的地域差异及供需矛盾,从而提高农产品的市场竞争力。

本书既可以作为研究参考用书、高等院校和职业技术学校流通经济类专业的基础课程培训教材,同时也可以作为农产品流通从业者的实践指导书籍。

本书作者陈丽华是北京大学流通经济与管理研究中心主任及北京大学光华管理学院管理科学与信息系统系主任、教授、博士生导师,在流通经济与管理领域、物流与供应链管理领域有多年的科研和教学经验,并主持参加过多项相关领域研究课题和企业调研。陈丽华教授在本书的撰写中,主要负责总体策划、创新模式设计和组织工作,参与全部章节中从基本概念梳理、定义到现代化农产品流通体系创新模式的设计与撰写。金弘泰是韩国农业合作社新流通体系构建项目常务顾问。金弘泰先生在本书的撰写中,参与总体策划和现代农产品流通体系的部分设计与撰写,提供和整理了韩国、美国相关案例资料。作者侯顺利,现任中华全国供销合作总社经济发展与改革司司长。在本书的撰写中,参与总体策划和现代化农产品流通体系创新模型的设计讨论,主要负责第五至十一章案例部分的研究及实践建议。北京大学流通经济与管理研究中心的副主任李克诚教授参与了本书撰写的全过程,提出了许多建设性的意见和建议,帮助本书不断改进和完善。此外,北京大学流通经济与管理研究中心的马赛研究员以及博士生巩天啸、王玮在本书的资料收集和整理、文字校对等细节上付出了大量的辛勤劳动,并参与了全部章节的讨论、设计与撰写。金东焕先生参与了韩美农产品流通体系有关资料的收集。在此,全体作者特别感谢北京大学出版社徐冰女士,她不仅对全书进行了一丝不苟的编辑工作,而且还对本书的排版、美工进行了别具一格的设计,让本书能够以最佳形式呈现给读者。

希望本书分享给读者的是新视角下的农产品流通体系创新管理研究。

全体作者于北大燕园

2015 年 2 月 8 日

目录 CONTENTS

第一章　农产品流通理论概述 / 1
1.1　农产品流通的基本概念 / 2
1.2　农产品流通体系的主要内容 / 10
1.3　现代农产品流通体系 / 34

第二章　国外农产品流通体系介绍及分析 / 67
2.1　美国农产品流通体系 / 68
2.2　法国农产品流通体系 / 81
2.3　日本农产品流通体系 / 91
2.4　韩国农产品流通体系 / 101
2.5　国外农产品流通体系比较研究 / 110

第三章　中国农产品流通体系现状、问题及比较分析 / 113
3.1　中国农产品流通体系现状 / 114
3.2　中国农产品流通体系的问题与挑战 / 121
3.3　与国外农产品流通体系比较分析 / 125
3.4　中国农产品流通发展趋势 / 129

第四章　农产品流通体系创新管理设计 / 137
4.1　组织模式创新 / 139
4.2　设施现代化模式创新 / 148
4.3　交易模式创新 / 153
4.4　结算模式创新 / 160
4.5　仓储模式创新 / 162
4.6　配送模式创新 / 169
4.7　加工模式创新：消费者定制型生产 / 170
4.8　包装模式创新 / 171
4.9　食品安全管理模式创新 / 183

4.10 信息管理模式创新 / 194
4.11 批发市场管理模式创新 / 197
4.12 零售市场管理模式创新 / 203
4.13 供应链管理模式创新 / 205
4.14 服务模式创新 / 251
4.15 融资模式创新 / 255
4.16 发展模式创新 / 262
4.17 品牌建设模式创新 / 264
4.18 国际化模式创新 / 266

第五章 北京市新发地现代农产品流通体系实践 / 271

5.1 发展历程 / 272
5.2 组织模式 / 272
5.3 仓储、配送、加工、包装模式 / 273
5.4 安全模式 / 274
5.5 信息管理模式 / 274
5.6 批发市场管理模式 / 275
5.7 供应链模式 / 275
5.8 服务模式 / 277
5.9 发展模式 / 277
5.10 品牌建设模式 / 278
5.11 国际化模式 / 278

第六章 首农集团现代农产品流通体系实践 / 281

6.1 发展历程 / 282
6.2 组织模式 / 282
6.3 仓储、配送、包装模式 / 282
6.4 加工模式 / 283

6.5 安全模式／283
6.6 信息管理模式／283
6.7 批发市场管理模式／284
6.8 零售市场管理模式／284
6.9 供应链模式／284
6.10 服务模式／285
6.11 融资模式／286
6.12 发展模式／286
6.13 品牌建设模式／288
6.14 国际化模式／290

第七章 中粮集团现代农产品流通体系实践／291

7.1 发展历程／292
7.2 组织模式／292
7.3 交易模式／295
7.4 仓储模式／295
7.5 配送模式／296
7.6 加工模式／297
7.7 包装模式／298
7.8 安全模式／298
7.9 零售市场管理模式／299
7.10 供应链模式／299
7.11 服务模式／300
7.12 融资模式／302
7.13 发展模式／303
7.14 品牌建设模式／303
7.15 国际化模式／304

第八章　顺鑫农业农产品流通体系实践 / 305

8.1　发展历程 / 306
8.2　组织模式 / 306
8.3　交易模式 / 306
8.4　仓储模式 / 308
8.5　配送模式 / 308
8.6　加工模式 / 309
8.7　安全模式 / 310
8.8　信息管理模式 / 310
8.9　批发市场管理模式 / 310
8.10　供应链模式 / 311
8.11　服务模式 / 311
8.12　融资模式 / 311
8.13　发展模式 / 312
8.14　品牌建设模式 / 312

第九章　锦绣大地农产品流通体系实践 / 315

9.1　发展历程 / 316
9.2　组织模式 / 316
9.3　交易模式 / 317
9.4　供应链模式 / 318
9.5　市场管理模式 / 321
9.6　信息管理模式 / 325
9.7　质量安全模式 / 326
9.8　品牌建设 / 328
9.9　锦绣大地的成功经验 / 330

第十章　农产品流通体系实践比较研究 / 331

10.1　"专业市场＋农户型"与"龙头企业＋农户型" / 332

10.2 线下交易占主导,大力发展线上交易 / 334
10.3 建立自有仓储配送基地,重点发展冷链物流 / 335
10.4 树立品牌形象、提升产品附加值的创新包装模式 / 336
10.5 以先进技术为支撑、先进理念为依托,构筑农产品创新加工模式 / 337
10.6 建立自有质量检测机构,严格把关食品安全 / 337
10.7 不断探索,积累经验,提高农产品流通体系的信息化程度 / 338
10.8 各具特色的现代农产品批发市场管理模式 / 339
10.9 实体零售终端与电子商务平台两手抓 / 340
10.10 供应链发展模式——传统与创新并存 / 340
10.11 "以人为本",服务创新,打造"全服务链城市综合体" / 341
10.12 政府支持与自身融资,发展供应链金融模式 / 342
10.13 立足自身优势,打造现代农产品物流企业 / 343
10.14 致力自身品牌建设,全面提高整体品牌形象,提升品牌价值 / 344
10.15 建立全球视野,提升自身标准,推动产品国际化 / 345

第十一章　农产品流通体系创新实践建议 / 347

11.1 北京市新发地现代农产品流通体系创新实践建议 / 348
11.2 首农集团现代农产品流通体系创新实践建议 / 349
11.3 中粮集团现代农产品流通体系创新实践建议 / 350
11.4 顺鑫农业现代农产品流通体系创新实践建议 / 352
11.5 锦绣大地现代农产品流通体系创新实践建议 / 353
11.6 现代农产品流通体系创新实践建议总结 / 357

参考文献 / 361

第一章
农产品流通理论概述

1.1 农产品流通的基本概念

1.1.1 农产品流通的概念及基本特征

广义的商品流通涵盖商品交易的全过程,包含商品形态的各种变化,使得社会生产过程永不停息地周而复始地运动;而狭义的商品流通通常具体描述商品从生产领域向消费领域的运动过程,包括出售和购买两个阶段。农产品流通是指农产品中的商品部分,以货币为媒介,以商品的初次交换为起点,到消费终端的过程。本书中研究的农产品流通包含了农产品收购、运输、储存、装卸、搬运、包装、配送、流通加工、分销、信息流动等活动,农产品在流通过程中可以实现价值的增值。农产品流通是联结农产品生产和最终消费的媒介,只有进入流通过程,农产品才能实现其价值,获得相应的货币收入。农产品流通完成的标志是其使用价值的实现。在中国,农产品流通大多是从分散到相对集中再到分散的过程,即由产地收购的农产品经过集散地或中转地,到达终端消费者的过程。

独特的自然属性和供求特性使得农产品在流通方面表现出不同于工业品流通的一些重要特征:首先,农产品流通品种繁多,流通量大,流通范围广;其次,农产品在流通过程中增值潜力大;最后,由于农产品是有生命的有机物,多数易损耗、易腐败,这决定了它在流通基础设施、仓储条件、运输工具、技术手段等方面具有相对独立的特性。忽视农产品流通的自身特性和重要意义会严重影响农产品流通的效率,从而难以实现农产品在流通过程中的价值增值,进而影响整个农产品的生产和消费。

1.1.2 农产品流通体系的概念及构成

农产品流通体系是农产品流通各环节的流通组织和流通渠道的总称。农产品流通组织是指农产品从生产结束之后到消费者购买之前,介于生产者与消费者之间,参与农产品流通的各类组织。这一概念涵盖了专门从事农产品流通活动的流通组织、农产品加工组织,以及为流通过程或其他组织提供各项专门服务的组织等。农产品流通渠道说明的是各流通组织之间的结构和关系。流通组织与流通渠道这两个概念相辅相成,共同构成了农产品流通体系:一方面,流通渠道建立在流通体系内现有的流通组织基础之上,反映的是各组织之间的结构关系;另一方面流通组织只有符合现有农产品流通渠道的要求,不断地调整和优化内部机制和结构,才能提高自身的效率和效益。

农产品流通行业包括了流通主体、客体和载体三个实体部分:流通当事人是主体,流通商品是客体,各种基础设施和设备是载体。具体看,流通主体是流通领域从事交易活动的组织和个人,主要包括农户、流通商和消费者。其中流通商承担着将农产品从生产领域运送和销售到消费领域的职能。有关流通主体的内容将在1.1.3节详细论述。农产品流通过程中的客体即商品化后的各类农产品。作为自给自足的农产品本身并不是商品,只有经历商品化和社会流通,农产品才会具有商品的性质,也即成为流通过程中的客体。农产品流通行业的基础设施是主体与客体赖以存在并发生关系的基础条件,包括了运输、集货、分货、仓储、包装、加工、批发、零售、信息、金融和培训等所需要的场所、设施和设备等。

农产品流通体系形成的前提是剩余农产品的出现和农产品市场的建立。随着社会分工的深化和生产专业化程度的提高,农产品流通体系也在不断地发展变化。农产品流通体系的特征因流通组织和流通渠道的不同而不同。例如,流通环节的多少是描述流通体系的一项最直观的特征,反映了在某一流通体系中农产品所要经过的流通组织数量,是体现流通效率的一个重要指标。如果生产者与消费者之间没有中间流通环节,则称为直接交易。但在更为常见的流通体系中,生产者与消费者之间往往会存在批发商、零售商或其他中间商。根据中间环节的多少,可以简单分为零级渠道到五级渠道等(图1.1.1)。根据实践经验,80%的农产品流通采用三级到四级渠道模式。

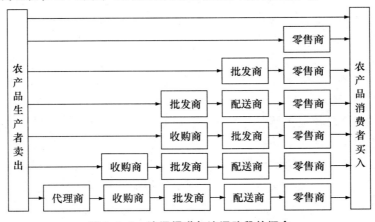

图1.1.1 流通渠道与流通阶段的概念

在不同的农产品流通模式下,农产品的流通组织方式和流通渠道不尽相同。图 1.1.2 描述了常见的农产品流通组织方式和流通渠道,本书在 1.2 节将对此进行进一步分析。

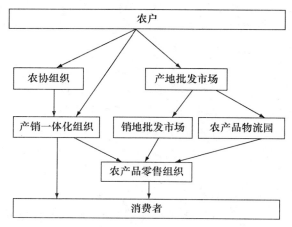

图 1.1.2　不同的农产品流通组织方式和流通渠道

1.1.3　农产品流通主体

流通主体是指承担流通活动或服务功能的企业或个人,可以分为两类:一类主体是从事农产品流通活动的企业和个人,包括销售农产品的农民、农产品信息经纪人、收购商、批发商、配送商、零售商、国际贸易商和采购农产品的市民等。这其中又可以包括按照公司法登记注册的农产品流通公司(国有企业、集体和个体商业企业、合作社)和农产品流通商人(经纪人、配送商、批发商、零售商、收购商)两部分。其中个体经营户组织化程度低,但是数量众多,我国农产品流通队伍中 80% 以上由个体经营户组成。[①] 另一类主体是为农产品流通活动提供服务的企业和个人,提供的服务包括批发交易、运输服务、仓储服务、冷链服务、装卸搬运服务、包装服务、流通加工服务、配送服务、信息服务、金融服务等。农产品流通主体有能动性、逐利性、自主性三个基本特征。能动性既是流通主体自主决策的结果,也是实现自身利益最大化的保证;逐利性是流通主体自主决策和发挥能动作用的基本动力;自主性是流通主体追求自身利益最大化和主动适应市场变化的前提。随着经济的发展,银行等金融机构、电子

---

① 庄光平. 稳定农产品流通,解决"卖难买贵". 经济日报,2012 年 4 月 12 日第 15 版.

商务企业、农协组织、物流园区等新的流通主体不断出现,流通组织结构也不断发展变化,从而推动了农产品流通体系的不断创新。

1.1.4 农产品流通的影响因素

影响农产品流通的因素主要有农产品的自身特征、生产特点和生产组织方式。其中,农产品的自身特征由产品本身决定,生产特点受到生产力发展的影响,生产组织方式还会受到社会经济发展水平和文化的影响。

1. 农产品的自身特征对其流通的影响

农产品与其他商品一样,其自身特征包括自然属性、商品属性和社会属性。农产品的这几种属性特征不但对农产品流通的基本活动产生了重要的影响,还对农产品现代流通的发展模式产生重要的影响。农产品自身特征对其流通体系的影响包括以下几个方面。

(1) 农产品自然属性的影响

包括粮食、果蔬、水产和畜牧等在内的农产品都是经过种植或繁殖过程获得的,是经过生命成长后产生的有机体。农产品含水分高、易腐烂变质、怕挤压等自然属性对农产品的包装、存储、运输等流通活动产生了很大的限制,因此,保存、运输和加工方式必须适应农产品自然属性的原则。这具体表现在:

第一,农产品自然属性对存储的影响。大部分农产品一年只收获一次,农业组织无法降低库存,他们必须将农产品存起来以供连续性的市场消费。农产品的储存必须以保证农产品的营养结构不受破坏、不威胁消费者的健康安全为前提,但农产品采集后固有的生理生化特征不易受到人为的控制,因此农产品采集后的生理生化特征影响了农产品的可存储性,并使农产品的物流受到了极大的限制。

第二,农产品自然属性对包装的影响。产品包装既是营销需要,也是物流的需要。农产品在流通过程中为了避免损坏、保持清洁、提高可存储性、方便搬运,需要进行包装。此外,包装的过程可以使得农产品的基本信息在流通过程中得到识别,实现信息化与标准化建设。因此,产品或商品在供应链中的包装很多时候不是一次性的,也可能不是一层包装。因为在整个流通过程中,由于物流加工的存在,产品有可能以不同的形态出现,因而会采用不同的包装。

第三,农产品自然属性对运输的影响。粮食产品自身的生化特点好,对运输过程中的存储保鲜技术要求不高,因而为物流的多流程和联合运输创造了方便、宽松的条件。另外,粮食产品流通量大,可利用仓储来缓解消费,一般宜采用规模化运输手段。此外,粮食产品装卸过程中不易破损,装卸成本较低,可实现多次倒运。因此,粮食产品的物流环节相对较多,物流过程可选择的运输工具较多,一般采用多级联运的方式。

与粮食产品相比,果蔬类产品种类繁多、易腐易损,对运输方式的限制性也相当强。首先,果蔬类产品种类繁多,生化特性各异,所以很难使用统一的存储保鲜包装技术和统一的包装规格。其次,果蔬类产品易损伤,不适合多次装卸、倒运,因而在运输方式的选择上尽量采用点对点的快捷方式进行运输。

畜牧水产品的属性经过加工后产生了一个重大的改变,运输方式也随之发生了重要的变化。在物流加工以前,畜牧水产品以鲜活运输方式为主,运载手段以汽车和火车等较为大型的专业运输工具为主。畜牧水产品经过物流加工后,一种方式是以鲜货的形式立即进行销售,另一种方式是经过冷藏等保鲜处理后进入长渠道销售。无论进入这两种渠道的哪一种,经过屠宰、分割、分类或经过保鲜包装处理后的畜牧水产品,都给运输的灵活性创造了条件。

（2）农产品商品属性的影响

农产品流通的经济属性是农产品流通产生的根源和前进的动力。流通本身的价值创造活动是基于农产品的空间位移和时间价值所创造的,经过多个物流、加工、销售等环节,价值不断被创造,农产品不断增值,并逐渐向消费者方向运动。消费者支付农产品的消费成本后,经济利益回流到价值创造的各组织中,使各组织进行下一生产或服务循环,也使各组织产生发展的动力。

农产品的功能属性对农产品流通具有决定作用。产品的功能属性不是唯一的,也不是固定不变的,一般情况下商品的消费是由商品的主导属性来引导的,农产品的功能属性也是如此。农产品的功能属性主要有充饥、营养、健康、享受这四个大的方面,其中充饥为农产品的核心属性,依次往外不断延展。随着人们生活水平的提高,农产品消费逐渐从内核向外延发展,因此也出现了农产品的优质生产和结构调整。

随着生产力的提高,消费者对农产品质量和种类的要求也在提高,促进了农产品区域化的优质高效生产,于是也促进了农产品区域间的互补,使原来低水准的"地产地销"主导模式发展到了全国大市场的"优势互补"主导模式,区域间物流的动因由"数量余缺调剂"逐步向"质量品种调剂"转化,区域间农产品出现了"双向流通"。

（3）农产品社会属性的影响

农产品的社会属性涉及了人们的基本生活保障和经济发展与社会稳定

的前提问题,因而决定了农产品流通不单纯具有经济性,还应该具有社会性。农产品流通的社会性体现在农产品流通应具备战略流通、社会流通、福利流通、安全流通等特点,农产品流通社会性的重要意义远超过一般商品的流通。农产品流通既为生产者服务,也为消费者服务,其实质是为人们的生活保障服务,因为农产品不是社会某个群体的消费,而是普遍意义上的消费,具有社会福利最基本的基础性与广泛性,因而农产品流通具有较强的社会性和福利性。

2. 农产品生产特点对其流通的影响

农业生产是整个农业系统生产力发展的制约条件,也是整个农业系统的关键环节,对整个农业系统以至农产品流通都起着决定性的作用。

农业生产经历一个自然生产的过程,受到水、土地等资源约束的影响。资源约束对农业发展以及农业实现可持续发展形成了强烈的制约,优先实现稀缺资源的合理配置,优先考虑农业生产的发展比优先考虑农产品流通对人类生存与发展有着更为重要的经济意义和社会意义。因此,农产品流通应服从于稀缺资源的优先配置原则,服从于农业生产发展的重要目标,并通过发展农产品流通来弥补无弹性的土地供给以及其他稀缺资源给农业发展带来的制约,使稀缺资源的作用最大限度地发挥出来。

自然约束影响的农业生产除了与土地资源有着重要的关联外,还与温度、光照等气候的季节性变化有关,从而使农产品生产出现季节性的脉动产出和区域间农产品的质量和品种差异,进而对农产品流通产生重要影响。

3. 农产品生产组织方式对其流通的影响

农业与工业的生产方式不同,所采取的组织方式也明显不同。工业组织一般比较紧凑、严密,经营管理水平较高,组织间的信息沟通、协作比较紧密,协同性较强,世界各国大多都采用较有效率的公司制组织形式。但对于农业组织,除少有的发达国家融合了现代组织方式外,大部分发展中国家仍采用传统的农业组织形式,使得农业组织远不如工业组织那样严密、先进、富有经营效率。最终,农业生产组织的规模化水平或分散化程度,以及农业生产组织化程度对农产品流通产生很大的影响,规模化组织可以减少交易环节,降低单位产品的交易费用,而分散化组织则不然。

1.1.5 农产品流通与物流的关系

在农产品流通过程中,物流对确保流通环节之间的有效衔接起到了重要的作用。农产品自身的特征又使得农产品物流表现出与一般物流不同的特征。农产品流通与物流之间的关系主要体现在以下几个方面。

1. 农产品流通对物流的需求

农产品流通包括运输、储存、装卸、搬运、包装、配送、流通加工等多种作业,由于农产品的易腐易损性,对农产品流通过程中每一个环节和每一项作业的技术要求都很高。再加上农产品是有生命的物质,在采摘后或是离开其原始的生存环境后,其生命周期非常短暂,因而要求农产品物流必须及时、快速、高效。农产品的自然生长力推动着农产品物流的不断发展,同时对农产品物流提出更高的要求。这主要体现在以下几方面:

(1)农产品流通过程中需要再加工

农产品再加工是农产品从生产领域进入消费领域的重要环节,农产品的生产和需求的特点要求农产品产供销密切配合、流通渠道通畅、产品采摘收获后及时送至加工企业,再把加工品及时运达销售地,送到消费者手中。

(2)农产品流通过程中需要高效储存

由于农产品的生产与消费在时间、空间、集中与分散上存在着矛盾,因此农产品在生产出来以后,总要经过或长或短的时间才能进入消费群体。这就要求发展农产品物流,建立、发展农产品仓储,为农产品的储存创造条件,提高农产品储存的物质技术基础和技术水平,提高农产品的储存水平和效率。

(3)农产品流通中需要高效运输

农产品商品地区之间的流通与运输,主要是由农产品生产的地区性决定的。一方面,各地生产不同的优质农产品,需要互通有无;不同地区同类农产品的生产也有集中或分散、多余或匮乏的差别,需要长短互补。另一方面,农业生产专业化和商品化程度的提高,势必冲破地方性市场,要求农产品进行地区之间或全国性的流通。城乡居民生活水平的提高,要求农产品必须满足不同需要和提高经营效益。

(4)农产品流通中需要信息支撑

在传统的农产品流通过程中,由于信息发展水平较低,容易出现"谷贱伤农"、农产品"卖难"等问题。在市场经济的今天,需要发展农产品物流,采取现代化的信息手段,获取和掌握充分的市场信息,协调农产品供应链中的信息流,有效解决农产品生产和流通中的信息需求。由于农产品物流这一系统包含着存储、加工、包装、运输、销售以及伴随的信息的收集与管理等一系列环节,所以它能在以上各类需求基础上,以方便快捷的方式满足各消费者不同需求,完成生产者与消费者的有机结合,达到生产者生产出产品能及时运到所需要的消费地点,而消费者在其所需要的时间、地点能方便地获取自己所需要的消费品的目的。也正是由于它不仅能满足这些不同需求,而且可以对这一系列环节进行有效的连接和整合,具有缩短流动中时间消耗、降低流动成本、减少不必要的农产品损失等优越性,从而成为推动农产品物流发展的自然生长力。

2. 物流对农产品流通的支撑和推动

在农产品物流的发展动力中,市场推动力主要是农产品的集散效应、农产品价格的引导机制和政府的宏观调控。

(1) 农产品的集散效应

农产品受自然条件制约大,各地因气候、土壤、降水和日照等情况不同,只能种植适宜的农产品。农产品生产点多、面广,供应地点不能集中,消费农产品的地点也非常分散。由于单个农户所生产的农产品有限,农产品物流要依靠整条供应链上的各节点协同运作,将农产品的生产者和下游的零售商联系起来,将农产品集聚起来,并最终释放给消费市场。农产品集聚和释放的范围就是市场的范围,集散效应的发挥也需要市场来推动。

(2) 农产品的价格引导机制

农产品价格遵循一般的市场规律,由农产品的价值决定,并受供求关系的影响围绕价值上下波动。价格是反映市场中农产品稀缺性的信号,农产品物流的集散效应的发挥是在价格信号的指引下实现的。农产品物流的价格引导机制是指,在竞争性的市场中,当某一地区某种农产品的价格下降时,该农产品就开始流出该地区,向价格相对较高的地区流动。竞争性市场是一种形成均衡的机制,农产品物流的价格引导机制将最终导致农产品的价格趋于均衡。

(3) 政府宏观调控

系统的组织化方式可以分为"自组织"和"他组织"两种,自组织是无外界特定干预的自演化;而他组织是在外界特定干预下的演化,其实质性概念是"外界特定干预"。农产品供应链具有自组织性,多个独立的经济利益主体在没有"外界特定干预"的条件下,围绕农产品自发地形成了一个价值网链系统。但是农产品供应链要受到"外界特定干预",如国家宏观政策、市场法律法规等。无论是自组织形成的供应链系统,还是他组织形成的各子系统,都要受制于这些政策和法规。在农产品物流的调控方面,政府政策起整体规划和保障作用,物流管理协调机构负责总体协调,各行业主管部门负责各自子系统的设计运营，各节点在政策的规定及引导下建立自己的作业系统。此外，政府对基础设施平台和信息平台负有建设的主要责任。保证物流硬件设施的完备、通畅、合理，从而形成政府调控，推动农产品物流的发展。

1.2 农产品流通体系的主要内容

随着农产品流通的不断发展，农产品流通所包含的主要内容也在逐渐丰富。笼统地来看，农产品流通的主要内容包括组织模式、交易模式、仓储模式、配送模式、加工模式、包装模式、食品安全模式、信息管理模式、批发市场管理模式、零售市场管理模式、供应链模式、服务模式、融资模式、发展模式、品牌建设模式和国际化模式等方面。但不同于1.1节中农产品流通的基本概念具有一定的抽象性和普适性，农产品流通的具体内容因环境的不同而有所不同。相比于发达国家的发展现状和我国未来农产品流通的发展需求，我国农产品流通模式在现阶段还比较传统。本小节主要立足我国现阶段农产品流通的环境来论述传统农产品流通的主要内容。

1.2.1 组织模式

我国的农产品流通体制已经全面从计划经济模式向市场经济模式发展，并随着我国整体经济体制市场化改革的深入，市场化程度不断提高。在这个过程中，市场逐步发挥市场化价格调节机制对要素转移与重组的弹性作用，进行高效的资源配置，不断推动社会分工与协作的发展。农产品流通体制不仅决定着市场主体的行为，而且决定着农产品流通的速度、深度和广度，以及农产品流通的方式和方法，因而直接或间接地影响着农产品市场的开放和我国农业的发展。目前，我国农产品流通体系仍以批发市场为主体。批发市场的优点是能够收集全国各地的多种农产品，然后迅速分散给每个消费者。以批发市场为核心的农产品流通体系可以降低农民在销售自己生产的农产品时，为了获得市场端的需求信息要支付所谓的"搜寻成本"，因此适用于体积大、价值小、易腐烂的农产品。但是，农产品从产地发货后要经过若干级的中间商才能够销售到批发市场，再经过各级批发商或零售商等才能够最后销售给消费者，这样以批发市场为核心的传统渠道往往要包含5—6级的流通环节。这就导致流通费用较高，流通时间较长，产品容易变质等问题。由于该体系下农产品流通过程中仅仅是产品的简单集散，质量管理缺失，产品规格与等级的区分

第一章 农产品流通理论概述

也很模糊,难以提高产品的附加价值。以农产品批发市场为核心的发展模式按性质分为综合性的农贸市场与专业性的批发市场,按作用分为产区市场与销区市场。

商品最初是由交换者直接进行交换,商品的多种交易和商品的多头交易逐渐推动了市场的形成,市场就是将分散经营转化成规模经营。农产品的销区终端市场是最为典型的多种交易和多头交易市场,因为销区必然要面对众多的消费者,也要面对消费者多样化的需求,所以销区以市场的方式进行交易,并引导农产品流通较为合理。但是对于产区的市场并不尽然。产区如果是由少数的生产组织进行专业化、规模化的生产,那么就不存在农产品的汇聚问题,规模化组织生产出来的产品不经过汇聚就可直接进入主渠道物流,减少了产区市场这个中间交易环节和物流转换环节,物流效率将大大提高,物流成本将大大降低。美国、澳大利亚等农场制规模化、专业化生产的国家大多如此。而采取分散、小规模、多样化生产模式的国家或地区,存在众多的生产者,提供众多的商品品种,因而是形成产区多种交易和多头交易的主要原因,也是形成产区市场的主要原因。如我国的农产品批发市场有4 000余家,其中产地批发市场占57%,销地批发市场43%,由于种植分散,产地批发市场超过了销地批发市场。

我国采用家庭组织为主体,进行自主生产的生产模式,所以形成了典型的汇聚物流到产地市场,产地市场经主渠道物流到销地市场,销地市场再经过分销物流到消费者的"散—聚—散"三段式物流模式,也可称为"两级市场模式",如图1.2.1所示。

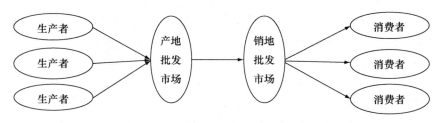

图1.2.1　两级市场模式

从物流的角度看,这种批发市场"散—聚—散"三段式物流模式的物流效率低,物流成本高,交易成本也较高。从生产者到产地市场至少要进行一次交易,也至少要产生一次物流,而且是小规模物流;从产地市场到销地市场至少也要进行一次交易,产生一次物流,但这次物流大多是规模性物流;从销地市场到消费者还要至少产生一次交易,发生一次物流,这次物流也属于小规模物流。多一次物流转换,就必然增加一次物流转换的成本,因为每一次物流的转换都伴随着运输工具的转换、包装的转换、物流组织的转换、产品的装卸、存储等,如果这种转换没有物流技术标准的对接,转换效率和转换成本会更高。

但采用批发市场"散—聚—散"三段式物流模式也有其显著的优点,就是可以通过非规模化的组织方式(公共市场平台)实现规模化的集散与物流,通过非组织的方式,在一定程度上解决生产分散、细化带来的问题。

相比之下,采用规模化、专业化生产组织方式(如农业合作组织)可以替代产地批发市场的部分职能,而直接进入销地批发市场、加工企业等下一个环节。这样的农产品流通模式往往减少了汇聚物流和产区市场交易的转换,产品可以从生产领域直接通过主渠道物流进入销地市场,交易环节和物流转换的减少使得交易成本和物流成本都大大降低,物流效率也大大提高。

很多专家学者研究国外农产品流通模式时归纳了"海岛模式"和"大陆模式"两种典型模式,这两种模式有一个共同点,即通过后向(生产领域)组织整合提升,直接进入中心批发市场,形成一个市场核心。"海岛模式"以日本、韩国和我国台湾地区为典型代表,是分散的农户通过中介组织进入中心批发市场。"大陆模式"以美国、加拿大为典型代表,由农场主直接进入中心批发市场。在传统两级市场模式基础上可以演化出其他的流通模式,有关这部分内容将在本章1.3节和第二章中详细论述。

农产品批发市场作为生产和终端销售的主要中间流通机构和设施,承载着生产者与消费者两者完全不同的利益关系,更承载着农产品批发商和零售商两种完全不同的交易立场,发挥着批发商与零售商相互交易的联动和协同价值的功能与作用等。在我国,农民生产的农产品通过收集商和中间商运输到批发市场,在批发市场交易的农产品占80%,可见批发市场对农产品流通的作用和影响力非常大。[①] 农产品批发市场在农产品流通中的重要作用主要体现在:

(1)批发市场对农产品流通的集散职能

在中国,农产品的流通一般都会流经批发市场。截至2012年,年交易量达到1亿元的国内批发市场数达到1 884个,5年内增长了120%,排名前30位的批发市场交易总额为3 564亿元,这可以从一定程度上说明批发市场在农

---

① 全国农产品年交易额超3万亿元.经济日报,2013年9月25日第6版.

产品流通领域中起到的作用。① 北京市内7个主要农产品批发市场中,规模最大的新发地批发市场可说明批发市场的发展趋势。新发地批发市场供应北京市60%左右的农产品,2013年交易额500亿元,比5年前增加92%。② 作为合理的农产品流通的集散和承上启下的环节,批发市场始终发挥着不可替代的职能与作用。

(2) 批发市场对农产品需求信息的传递职能

从我国现有农产品批发市场的发展情况看,农产品批发将从传统批发逐渐向现代批发转变,这种转变不仅局限于硬件方面,更主要是软件方面的转变,即农产品批发企业或经销商都将信息传递作为自身生存发展的关键要素。农产品经营者非常关注市场需求信息,一方面通过各种采购与交易数据,收集中间批发商和各种零售的需求信息,开发或引进新产品,以适应市场的需求。另一方面,向产地生产者或产地市场提供市场需求的反馈信息,引导生产结构的调整。由于批发市场能为生产和零售提供双向信息,架起生产与最终消费市场的信息传递桥梁,为零售企业的采购提供了生产环节的产品信息,同时为生产者的再生产提供了可靠的市场消费动态信息,进而促进生产环节产品结构的有效调整。

(3) 批发市场对农产品市场供求的平衡作用

活跃在城市的农产品批发市场通过对生产到零售的上下游沟通、联结,实现了农产品商品化交易,促进了市场的供求平衡。当市场某类商品出现供大于求或供小于求时,最早将反映在农产品批发环节,而生产商和零售商通过批发交易的平台,达到市场的平衡。

(4) 批发市场对农产品价格形成的作用

一般农产品的销售价格是在批发市场交易过程中形成的,该价格的形成除生产成本外,还需要根据市场变化进行不断变化,供大于求时,市场价格可能比生产价格低,这就给生产企业发出信号,要调整产品结构;当市场供小于求时,农产品价格可能高于生产成本,这就给生产企业提出了扩大生产的信息,而零售商是通过批发价格,来制定销售价格的。

(5) 批发市场对产品品种结构的调整作用

在批发市场反映的价格波动,最终导致生产企业生产和零售企业经营的

---

① 全国城市农贸中心联合会统计数据,2013.
② 新发地农产品批发市场官网,www.xinfadi.com.cn。

商品调整。当商品供大于求时，批发价格会向下波动，使生产者减少生产投入或转产；当商品供小于求时，批发价格会向上波动，刺激生产，使生产者在短期内提高产量，以满足市场的需要。这种价格波动行为，随时随地都在发生，实际上起到了对市场的调节和平衡作用，这是市场经济条件下对市场最直接的调节和平衡行为。批发市场拥有的对产品品种结构调整的功能与作用是其他任何环节很难替代的。

（6）批发市场对中小零售商的支持作用

农产品批发市场对中小零售商提供低成本和齐全商品的支持是任何组织不能替代的。中小零售商、尤其是农贸市场、社区菜店等不可能对所有经营的农产品都直接从生产者处进货，而多数都需要通过中间商进行传递，而我国中小农产品零售商的比重高，这在未来的流通发展中仍然是长期存在的现实，这些中小农产品零售商需要依靠批发市场上提供的低成本和齐全商品的支持，才能保证其正常的经营。

（7）批发市场对"三农"发展的带动作用

主要表现在批发市场对农业生产种植的带动作用大。批发市场的存在保证了农产品销售活动可以顺利地实现，从而直接影响着产地农产品的生产，在某种程度上支持了农产品的生产，也带动了大量的农民就业。

（8）批发市场对农产品仓储物流的带动作用

由于农产品批发市场所拥有的集散功能与作用，必然带动农产品的仓储、物流或配送的繁荣发展。在农产品批发贸易集中的城市或地区，其农产品的仓储、物流或配送的服务水平也相对较高。如蔬菜大省的山东、河北、河南、海南、福建、安徽、四川等，活跃在这些蔬菜产地的大批发市场，在销产地都拥有其个人或自身组织所属的规模不等的仓库或冷库，以满足每天的交易和经济性的储存，有利地带动了产销地仓储、运输及配送的发展。

1.2.2 交易模式

交易模式是指市场主体之间建立和实现商品交易关系的途径、方法、条件、手段。农产品批发市场的交易模式是指参与农产品批发市场交易的主体所采用的价格形成方式及交易形式，通常包括交易主体、交易客体、交易关系三个基本要素。

农产品的交易主体包括农户、企业和其他组织；交易客体包括交易标的物、交易时间、交易场所、交易量、交易成本及交易风险等；交易关系是指参与交易的人员在交易过程中形成的关系,该种关系建立在利益基础上,相互依存,相互冲突,具体体现在价格、货款结算方式等方面。

长期的、反复的、连续的交易行为即可构成稳定的交易模式,传统农产品批发市场的交易模式可以从以下五个方面进行分类:

第一,从交易时间的角度来看,农产品批发市场交易模式主要分为现货交易、远期交易和期货交易。传统的农产品交易模式一般以现货交易为主,具有交易规模小、交易时间短、流通成本高、交易费用大、区域性强等特点。由于现货交易无法为交易者规避市场波动风险,所以又产生了可为交易者提供稳定供销合约的远期交易模式。随着市场越来越成熟,期货交易逐渐成为农产品交易中的重要模式,期货交易可彻底转移交易偶然性和价格波动产生的风险。

第二,从价格形成的角度来看,传统的农产品批发市场交易模式主要是协商交易和协议交易。协商交易是指交易主体之间通过协商而确定最终价格,通俗地讲即"讨价还价";协议交易是指交易主体之间按照事先约定的价格进行交易,包括书面协议和口头协议。

第三,从交易形式来看,农产品交易分为对手交易、拍卖交易、订单交易。传统的农产品批发市场交易模式主要是对手交易。对手交易是一种交易主体在买卖现场,对产品价格、质量、数量等进行现场沟通和交流后完成交易的模式。我国的农产品交易主要以对手交易为主,交易量小、流通环节多、交易费用高、耗时长、交易效率低。拍卖交易模式要求货物标准化、等级化、规范化,交易具有公开、公平、公正的特点,可充分发挥批发市场的产品集散、价格形成、服务、结算等功能,日韩国家主要以拍卖交易和协商交易为主。由于在对手交易和拍卖交易的过程中,交易者要承担很大的市场价格波动风险,因此订单交易随之产生。在订单交易中,下游经销商向上级厂商提前签订订单,缓解了供需间的波动。

第四,从交易主体来看,传统的农产品批发市场交易模式分为直接交易和远程交易。直接交易,又叫面对面交易,是在交易过程中只存在买方和卖方,不出现第三方且交易只在买方和卖方之间达成的交易模式。远程交易跳出了直接交易的局限,交易双方可在世界的任何地方,通过电子设备进行交易,其中参与交易的不仅是买卖双方,还有金融结算或担保方。

第五,从结算支付方式来看,农产品交易可分为现金交易和非现金交易、统一结算交易和非统一结算交易等。传统的农产品批发市场交易模式多采用现金交易和经销商自行结算交易模式(非统一结算交易),具有安全性差、管理难、管控弱等问题。发达国家因金融机构可提供便捷的电子结算服务,因此农产品的交易结算模式多采用非现金交易及统一结算交易。

1.2.3 仓储模式

仓储是流通的重要组成部分,主要作用是调节供需平衡,在最低库存和保障及时供应之间找到动态的安全库存,实现供应链的整体优化。仓储的主要职能包括存储、运输以及增值服务(配送、加工、包装、保税等)。传统的仓储是指企业按照客户要求从事库存管理和库存控制等仓储业务,是供应链中物资集散的重要节点。目前大体上可将仓储分为一般仓储和冷链仓储两大类。

从仓储的形态上,可将一般仓储模式划分为配送型仓储、存储型仓储、物流中心型仓储、租赁型仓储四类。我国的传统农产品一般仓储模式的硬件设施比较落后。大多数地方性农产品批发市场基础设施简陋,经营和服务设施不配套,缺乏贮藏、保鲜、排污、物流配送等设施,一些市场甚至还是露天交易,场内经营环境脏、乱、差。由于仓储需求近年来显著增长,而自有仓储设施又不足,因此众多企业选择外租仓库,同时外资的仓储物流企业明显加大了仓储设施建设的力度,使得我国的仓储基础设施建设显著增加。

从仓储的职能上,可将一般仓储模式划分为存储类仓储、保税类仓储、质押监管类仓储、融资类仓储四种。仓储职能的完善,直接影响着现代流通业的规模与水平。2012年12月28日,商务部发布了《关于促进仓储业转型升级的指导意见》,表示将引导仓储企业在服务、技术、管理等方面由传统仓储中心向多功能、一体化的综合物流服务商转变,增加加工包装、分拣配送、质押监管等多功能增值服务,应用机械化、自动化与信息化技术,采用精益化和标准化的管理模式。

从冷链仓储模式角度分析,我国的冷链基础设施薄弱。2010年,我国冷库约为2万座,冷库总容量不足900万立方米,仅占货物需求的20%。[1] 2010年,我国保温车约为3万辆,冷链运输仅占到运输总量的20%。[2] 但是冷库建设的结构不合理,重视肉类冷库建设,轻视果蔬冷库建设;重视城市经营式冷库,轻视产地加工冷库建设;重视大型冷库,轻视批发零售冷库建设。结构不合理导致冷库利用效率低下,当原材料不足或生产淡季时,冷库则多处于闲置

---

[1] 贾敬敦等.中国农产品流通产业发展报告2012.北京:社会科学文献出版社,2012:100.
[2] 中国物流与采购联合会.中国物流年鉴2010.北京:中国物资出版社.

耗能状态。

首先,完善冷链仓储是经济全球化发展的需要。我国是农业大国,目前水果和肉类产量约占全球总产量的30%,禽蛋和水产品占全球总产量的40%,蔬菜约占全球总产量的60%,每年有约4亿吨生鲜农产品进入流通领域。由于冷链设施建设滞后,保鲜储运能力不足,农产品产后损失严重,果蔬损失率达到20%—30%,而发达国家的蔬菜损失率则控制在5%以下。以蔬菜、水果为例,果蔬采后加工和流通设施落后,造成腐烂损失严重,物流成本提高,全国每年果品腐烂损失近1 200万吨,蔬菜腐烂损失1.3亿吨,按1元/公斤计算,经济损失超过千亿元。[①] 运输过程中的高损耗使得整个物流费用占到易腐食品总成本的70%,而按照国际标准,易腐食品物流成本不能超过总成本的50%。其次,在销售环节,我国冷链食品普遍分布在零散的批发商和超市餐饮企业这样的场所中,缺少大型的销售地冷链物流中心,无形当中也加大了周转配送的消耗成本。最后,在仓储环节,由于管理不到位或者库存规模不能合理确定,使得在库品积压,最终腐坏变质,这种损耗成本可以通过确定最优库存量来降低或避免。

1.2.4　配送模式

配送是指在经济合理区域范围内,根据用户的要求,对物品进行挑选、加工、包装、分割、组配等作业,在物流据点内进行分拣、配货等工作,并将配好的货物适时地送交收货人的过程。农产品配送主要针对的对象是生鲜农产品,即没有经过或者经过少许加工的、在常温下不能长期保存的初级产品。因此农产品的配送要求时间最短、流通环节最少,保证产品在流通过程中品质的稳定和安全。

配送模式是农产品配送的结构框架和线路图,清晰的配送模式描述是研究配送体系的首要任务。传统农产品批发市场模式的配送主体主要包括单个农户、贩销户、代理商、运输户、冷库经营者、仓库经营者、批发商销售商等。按配送货源的不同,我国农产品配送模式可分为以批发市场为主体的模式、以连锁超市为主体的模式、以加工企业为主体的模式和以第三方物流为主体的模式四类。其中,批发市场是农产品配送的主要渠道来源;连锁超市的经营是以有效的配送中心为依托的;加工企业的配送联结了生产与批发零售环节;基于

---

① 周家华等.中国果蔬冷链物流的发展现状及趋势.食品工业科技,2012年第6期.

第三方物流的配送模式是以配送中心为核心,从上游进行集货,分散到下游。

由于批发商在批发市场中的交易一般是随机行为,主要依据农产品的新鲜程度、价格、供货商的货品来决定交易对象,通过信息搜集和交易谈判,最终完成交易。这就使得货源组织稳定性差,面对市场风险的时候,交易关系表现得很脆弱,从而也影响了配送的稳定性和主体参与的热情。目前,参与配送的主体规模普遍较小,没有能力完成全程配送的策划和组织,无法实现连续的一体化配送。另外,以批发市场为枢纽的流通体制中,商流业务与配送业务没有分离,配送线路与商流线路重叠并分为若干段,产地和销地批发市场把蔬菜配送过程分成三段:农户—产地批发市场,产地批发市场—销地批发市场,销地批发市场—零售商。在不同阶段有不同的运销运作主体,每一个节点上农产品都需要装卸一次,批发市场成为蔬菜运销链的断裂点,导致上述三个阶段配送联系较少,各自孤立,真正从"田间"到"餐桌"的安全、高效和低成本的蔬菜配送链体系尚未形成。

除此之外,传统农产品批发市场模式配送环节的核心功能是运输及装卸搬运,流通加工与配送功能并不发达。高效的配送模式需要完备的交通运输设施及农产品信息网络建设,要求在农产品收购站、仓库以及加工厂附近建设专门的交通线路。以美国为例,78.5%的农产品可通过这些专门线路从产地经由配送中心直接运到零售商处,物流环节少、速度快、成本低、营销效率高。优化的配送模式可缩短农产品的物流渠道。①

1.2.5 加工模式

农产品加工是将农产品由初级产品向高级产品转化,由原料产品向制成品转化的价值增值过程,一般应用的是工业生产技术。农产品加工是提升农产品价值的重要途径,是农产品流通的重要功能要素,大致可以分为粗加工和细加工两种。举例来说,将稻谷、玉米加工为大米、玉米粉的生产,称为粗加工。而在完成粗加工的基础上对半成品进行进一步的完善,使其更具价值,以追求更高附加值的生产,称为深加工,与农产品"粗加工"概念相对应,例如,将大米、玉米粉加工为爆米花、玉米糊的工程,称为深加工。现代农产品加工中较多地采用高新技术,例如超临界萃取技术、微胶囊技术、挤压技术、超高压技术、膜分离技术、辐射技术和现代生物技术等。目前发达国家的农产品加工转

---

① 周发明.中外农产品流通渠道的比较研究.经济社会体制比较,2006年第5期.

化率可达到80%,而我国仅有30%的加工率,与发达国家相比还有很大的提升空间。①

传统农产品批发市场模式中,对于农产品的加工主要是在流通环节的两端进行的,要么是在产品进入批发市场就已经加工成最终的商品,要么就是在销售的最后环节由加工企业购买得到,再以商品的形式销售给最终的客户。无论是哪种模式,其加工环节都与流通环节存在着脱节的现象,无法使得农产品在流通过程中升值。相反,由于传统的配送和仓储模式下,农产品的损耗较大,严重影响了农产品流通环节所能获得的价值。

1.2.6 包装模式

我国《农产品包装和标识管理办法》中对农产品包装的定义是:对农产品实施装箱、装盒、装袋、包裹、捆扎等。农产品包装一般分为农产品工业包装和农产品商品包装,销售终端的农产品包装加工多属于商品包装。为了提高农产品档次、扩大销售市场、增加农业经济效益,农产品包装至关重要。举个简单的例子,若把苹果、橘子等水果堆放在路边销售,只能采取低价策略,农民的辛勤劳动得不到应有的报酬;然而,在城市的大商场,水果销售柜台上经过精心包装的水果却可以高价销售,水果的价值由于包装而大大提升。改进农产品包装,必须在材料选择、包装设计等方面充分考虑农产品的特性、销售市场的特点、消费者的心理等因素,从而使包装与产品完美地结合,达到提升品牌、促进销售的目的。

传统农产品流通模式中,包装模式较为传统,其目的仅仅是为农产品的存储和运输提供便利。因此,传统农产品流通中的包装环节往往很难受到重视,一方面缺乏统一的包装形式和规格,不利于存储和流通的标准化,增加了物流成本;另一方面,同加工模式相似,包装环节与流通环节存在着脱节的现象,使得农产品基本上不会在流通过程中升值。此外,原始的包装环节还将影响农产品的商品化和国际化,农产品安全难以保证。具体来说,在蔬菜包装方面,新鲜蔬菜从田间到餐桌几乎没有包装,因而运输和销售过程中损耗很大,与此同时,零售时给蔬菜淋水的做法又会使蔬菜失去原味;在水果包装方面,目前水果包装非常粗糙,许多水果在旺季根本没有包装,直接堆在地上叫卖,或用竹篓、塑料编织袋简单包装,单件就有几十公斤重,这种大包装并不适合现在

---

① 邱玉杰.我国农产品加工业的现状和发展方向.农业科技与装备,2009年第1期.

城镇小家庭购买;在粮食包装方面,传统上大米、面粉包装都以麻袋、塑料编织袋为主,随着人们生活水平的不断提高,优质大米、面粉深受城镇居民欢迎,传统包装显然不能满足优质粮食的包装要求。

1.2.7 食品安全模式

1974年,由联合国粮农组织(FAO)举办的世界粮食大会在罗马召开,会上正式提出了食品安全这一概念,此后食品安全的定义随着时间的推移和科学技术水平的提高在不断演变。《中华人民共和国食品安全法》对食品安全的定义是:食品无毒、无害,符合应当有的营养要求,对人体健康不造成任何急性、慢性和潜在性的危害。食品安全的意义重大,只有确保食品安全,防止、控制和消除食品污染以及食品中对人体危害的有害因素,预防和减少食源性疾病的发生,才能够保障人民群众的生命安全和身体健康。

然而,我国传统的农产品流通体系在食品质量安全方面比较薄弱。首先,我国农产品流通各环节经营主体面广量大、小而分散,农业生产组织化程度低,生产经营方式落后,这种流通现状给农产品质量安全控制和监管带来了很大困难。其次,我国现行的农产品国家标准、行业标准众多,但是这些标准中涉及农产品质量安全的标准极少,特别是在与我国实际上市的农产品数量相比之下显现出不配套、不统一的问题。另外,在检验检测体系和认证认可体系方面,由于体制原因,农产品检验检测涉及多个不同部门,造成了多重标准、重复收费等问题。特殊的流通现状,加上农产品质量安全监管基础薄弱,执法部门存在执法不严、违法不究的问题,导致部分生产经营者行业自律意识不强,受经济利益驱动,掺杂使假、违规添加有毒有害物质等行为屡禁不止,我国农产品流通中食品安全问题依然存在。目前仍存在批发市场内对农产品准入制度不完善,质量检验、检疫不到位,导致不合格农产品流入零售环节,危害消费者健康及安全的现象。除少数骨干批发市场外,大多数农产品批发市场没有建立农药残留检验检测系统,农产品检疫制度不完善。这样的环境使得容易腐烂变质的鲜活农产品的品质更加难以得到保障,而且农产品的损耗率也因此增加,增值率却随之下降。这不仅影响农户/供应商的收入,而且由于品质降低造成的农产品安全问题也影响了城乡居民对农产品消费安全的信心。据调查,分别有20.2%的城市消费者和18.3%的农村消费者认为当前食品安全形势"问题太多,令人失望";45.3%的城市消费者和36.6%的农村消费者对目前政府的食品安全监管工作"不满意"。①

1.2.8 信息管理模式

传统农产品流通体系中的信息化程度很低,停留在自发信息交流的阶段,信息网络建设滞后,信息传播渠道不畅,网络利用效率非常低。由于农产品流通的参与者大都不善于通过信息化的技术来管理农产品流通,因此在传统的农产品市场中,大多数的交易还是较为单一和原始的。尤其是在农产品信息这一方面,错误信息的传播、过期信息等,不但为整个流通环节的各个参与者制造了很多不必要的麻烦,也使整个农产品的流通产生了巨大的损失。目前我国农产品信息管理的问题主要体现在:

（1）流通主体自身文化、素质较低

在农产品的生产以及物流流通环节中,主要以农户和从事农产品加工、销售的组织为主。而农户则基本依靠自身的能力进行简单的运输活动,相关的组织（如农商结合部）也只能办理一些较为低水平的物流运作。整体来说不但缺乏专业的生产技能,同时也缺乏专业的运输、采集、收集和加工等技能。

（2）信息独享

传统模式里农产品流通多为农户自己做或者交由专门的收购组织,而这些个体一旦做到一定的规模都希望可以独大,因此在收购渠道、需求量、产品价格等的信息方面不会对外透露,并且对自己的上下游也会有相应的信息保密。因此导致经营分散、信息独占、各做各的现象,这种情况导致的则是整个流通环节非常脆弱,很容易堵塞或者崩溃。

（3）信息化程度落后

现代农产品信息化是整个物流流通环节的中心。在传统农产品流通中,信息化的普及率很低,所有的产品流通以及相关信息的流通基本采用人工模式,导致经常会有流通环节中的参与者接收、发出去的是错误信息以及过期信息,那么最终导致的就可能是整个流通环节所有参与者的集体损失。

（4）物流条件落后

传统农产品供应链中,农产品的来源地大多来自于偏远的山区、农村等交通不便的地方,一切运输方式基本依靠最原始的、安全性很低的敞篷卡车。由于对产品需求、供应信息的滞后,使得农产品在原本最好的收获季节错过了最

---

① 商务部.《2008年流通领域食品安全调查报告》.

佳的流通时段，同时落后的运输方式以及简陋的交通网络增加了农产品在途中的耗损量。整个环节中因为腐烂、丢失、无效流通等原因造成的损失是非常巨大的。

目前只有部分大的批发市场以及大型的农业生产流通企业能够提供采集后的价格和数量信息概要，而这些数据也仅仅是能让管理者了解价格走势和总体规模这样的宏观信息。由于传统信息化的技术以及覆盖率还很低，导致整个流程的参与者都无法准确跟踪、控制农产品的确切流向，以至于出现农产品安全事故之后也难以确认真正的肇事者和责任人，无法建立真正有效的农产品质量安全体系。

近年来，随着社会主义市场经济体制的不断建立和进步，信息技术在农产品批发市场得到迅速的普及运用，在大型骨干批发市场的带动下，有相当一部分市场借助信息技术手段积极引入现代交易和经营方式，从而大大提高了市场整体的现代化水平。一方面改变了市场内农产品的经营状况，提高了批发交易的流通速度、规模与效率，另一方面改变对市场本身的管理状况，改善了经营环境，提高了管理效率。

可以看到，我国农产品流通中信息流的复杂性、不通畅性和不稳定性，以及由此带来的信息滞后及不对称和交易手段的单一，使农产品流通受到严重制约。信息和通信技术对农产品供应链的发展相当重要，可以为农业关联企业提高竞争能力，增加市场份额提供机会。农产品流通的关键是依托以因特网为代表的网络工具体系和基于信息技术的电子商务，用先进的生产经营管理方式，使农产品供应链节点企业之间建立协同关系，提高整个链条的竞争力，使整个流通体系整体向着系统化、集成化、精益化方向发展。

1.2.9 批发市场管理模式

农产品批发市场在农产品流通中都已经发挥了重要的作用。作为农产品流通的主渠道，也就是农产品供应链的核心环节，农产品批发市场的发展规范与否，直接决定了整个农产品供应链的规范程度。但农产品批发市场的管理是一个庞大的系统工程，除了需要对店铺出租、收费、物业管理等驻地项目实施管理外，农产品的入场、出场以及产品质量可追溯的情况也是整个供应链管理中不可或缺的部分。

1. 传统管理模式

农产品批发市场的管理主体是指对农产品批发市场的日常工作进行管理

的机构或组织。传统农产品流通模式中,市场的管理主体和投资主体多数还停留在"谁投资,谁管理"的阶段,其投资主体与管理主体都是相关联的。多数批发市场的管理团队都存在专业性不足及管理散乱的问题,尤其缺乏管理和运作相配套的政策法律体系,这些法律对批发市场的类型、管理参与人、交易原则、投资方法、产品要求、价格调控措施等均有约束和推动的作用。当市场的管理主体主要依照这些法律对市场进行管理时,其产生的效应要远远胜过批发市场的传统管理模式。

虽然现在的批发市场正在不断发展进步,但依然存在着不少亟须解决的问题,比如基础设施差、农产品流通环节损耗率高、交易方式落后、服务功能不完善、标准化程度低等。这种状况严重阻碍了农产品市场向规模化、集成化、多功能、高效益发展。如何整合市场资源、完善批发市场功能、提高市场流通效率、提升批发市场竞争力,成为农产品批发市场在目前这一发展阶段面临的主要任务。

2. 传统模式下的缺陷

就整体来看,我国有相当数量的农产品批发市场还处于发展的初级阶段,尤其是一些地方性的小型市场。这些市场功能单一,管理水平低,综合服务能力差。与此相关的是,多数农产品批发市场交易方式、结算方式还处于落后状态,一手交钱一手交货的对手交易仍是市场内的主要交易形式。由于市场管理体制没有完全理顺,政出多门,各取所需,也尚未制定全国性的农产品批发市场规范准则,导致许多地方尤其是欠发达的西部地区市场组织化程度和管理水平不高,将批发市场视为集贸市场,导致对批发市场实行多头管理。行政管理收费乱,使市场内的经营企业负担较重。此外,不时出现农产品批发市场之间以邻为壑、相互分割、封锁和恶性竞争的现象。

目前绝大多数农产品批发市场实行摊位制,多数市场投资主体对市场的管理仅仅停留在物业管理的层次上,通过收取摊位费而维持市场的运转。因为摊位固定,批发市场一般通过扩建或收购兼并其他市场来实现扩张,通过规模的提升来增加成交量,提高经营收入。以数量或规模的增长为特点的外延式发展方式是相当数量批发市场发展的主要途径。这样的市场运行特点决定了市场很难在完善市场功能、改善整体经营环境上下工夫。与摊位制有关的另一个问题是市场组织化程度低。在相当一部分批发市场内,经营商户各自为战,自行其是,争夺资源,恶性竞争,缺乏合理的业务分工和相互的业务衔接,经营效率十分低下。

3. 盲目建立批发市场的后果

建设规范的农贸市场,一方面是为市民的生活提供方便,同时也在一定程度上为社会剩余劳动力提供就业渠道;另一方面,规模、档次不断提升的农贸市场也是一座城市文明程度的体现。然而在过去的几年里,建设农产品批发市场曾形成一股热潮,但许多农产品市场的经营却不尽如人意,不少竟成了"空壳市场",其他市场也有部分处于半饥半饱状态中。这种现象背后也存在着由于缺乏全国统一规划带来的一系列弊端,如盲目投资建设大型市场,同一地区大型市场的无序竞争愈演愈烈,内耗过于严重,大型市场在地区间分布不平衡,阻碍流通体系建设等。

4. 专业化的培训和基础建设相配套的政策和措施不到位

尽管农产品市场的建设备受关注,但依然欠缺相匹配的管理规章制度及帮助农产品批发市场合理运营的措施。农、商户在没有有利于批发市场发展的统一政策、措施的支持下,只能跟随着大群体发展,但同时又相对独立,以至于最终形成了紊乱、错综复杂、恶性循环的运营状态。

如果对有政策支持和社会需求的批发商开展统一的或者集体的培训,以提高规范化的经营能力,强化农产品批发商的竞争意识和社会职责,提高其在经济社会中的应有地位,那就会对农产品市场起到一定的规范作用,并引导农产品市场向积极健康的方向发展。

1.2.10 零售市场管理模式

传统的农产品流通中,集市型农贸市场是交易量最大的农产品流通渠道,绝大部分的农产品消费是通过集市型农贸市场进行销售的,目前农产品零售市场主要分两类:农村集贸市场和城市农贸市场。

农村集贸市场通常由村、镇投资,但实际上投入仅限于厂棚、柜台及地面硬化等,因此使得多数农村集贸市场规模小、档次低且配套服务差。

城市农贸市场是指经城市行政主管部门批准建设或开办的,以满足居民日常生活之需,以经营蔬菜、粮油、果品、肉、禽蛋、水产品等农副产品为主,由若干经营者组成,实施集中、公开交易的场所,以零售经营为主的固定场所。

农贸市场是居民购买主副食品的主要渠道,是为居民日常生活服务的重要商业设施。传统的农贸市场包含了以下几个因素:

1. 功能性

农贸市场与菜市场在城市规划建设中属于城市基层公共服务配套设施之

第一章 农产品流通理论概述

一,属于区域独占性、公益性、非垄断的竞争性商业设施,承载着"菜篮子"工程、流通和平抑物价等特殊社会功能,其发展直接关系到城乡居民的切身利益和社会公共利益。

2. 环境

马路市场的优点是价格便宜、服务方便,缺点是"脏、乱、差"现象严重;大棚和室内市场是现阶段我国农贸市场与菜市场的主要存在方式,其优点为功能齐全、价格适中,缺点为交通混乱。

3. 商品质量

农产品集贸市场的质量差异大,消费者信任度低,但由于个体商贩所销售的产品类型和数量较少,本小利薄,因此能够在运输及储存中注意保护商品,操作细心,理货合理,注意产品保鲜,因此损耗率低于超市。

4. 商品的定价和议价能力

农贸市场价格波动大但通常较低廉,且可议价;同时,由于集贸市场中的同类产品重复度高,也会导致销售业主之间的竞争而提高了议价空间。

5. 进货来源

农贸市场可以有许多摊位,而每一个摊位又有若干个进货渠道。一方面,多渠道带来了多种商品,可以满足人们多样化的生鲜需求,而良好的经营机制决定了每一个商人可以按市场需求来组织货源,保证了弹性的市场供应;另一方面,直接的多渠道供应,较低的进货成本导致农贸市场商品价格低廉,成为农贸市场主要的竞争优势之一。

1.2.11 供应链管理模式

农产品供应链管理是农产品流通管理和供应链管理中的热点问题之一,引起了国内外普遍关注。供应链管理的概念最早出现在 20 世纪 80 年代,90 年代以来成为研究实践的热点。而农产品供应链受到关注则始于 20 世纪 90 年代初,它是一个为了生产销售共同产品而相互联系、相互依赖的组织系统。农产品供应链管理是指对农产品生产的原料供应、生产加工、产品物流和销售等环节参与者的关系的管理,具体的组织形式表现为纵向一体化和横向一体化的战略联盟。农产品供应链之所以重要,是因为健康有效的供应链管理可以改变传统农产品生产、流通过程中所涉及的生产者、中间商和消费者各主体之间链接不紧密的关系,提高农产品生产、加工、流通等方面的工业化程度,是农产品经营者获取市场竞争优势的主要手段。通过农产品供应链可以解决农业及其关联产业所涉及的效率与竞争力问题、公共健康与生物安全问题、生态环境与可持续发展问题。

但我国农产品供应链管理的发展才刚起步不久,还没有得到企业的高度重视,不管是农产品供应链管理所要求的硬件设施还是管理理念都存在非常大的差距。目前这种传统的农产品流通模式中,批发市场是农产品集聚的重要场所,各主体之间缺乏有效的衔接,农产品供应链缺乏有效的管理,无法有效地应对市场波动对整个供应体系的冲击,也无法实现产品在供应链中的价值增值,难以协调各主体之间的利益。这使得传统农产品流通中体现出了"链"的形式,但无法实现"链"的作业,因此呈现这样一些特点:农产品生产市场主体比较分散,以分散经营的农户生产为主,市场意识薄弱,缺乏有效的供求信息;我国缺乏实力雄厚的农产品核心加工企业,供应链组织困难;物流业发展滞后,基础设施严重不足。农村道路、通信条件差,加剧了物流的不畅通;供应链一体化程度低。

农产品生产过程中自然再生产与经济再生产相互交织的本质属性,决定了农产品供应链有别于制造业供应链的特殊性,主要是产品自身的生物性、物流管理的高难度性、主体构成的复杂性、时间竞争的局限性和质量安全的重要性等。冷链是农产品流通中最具有特点的供应链形式。但从冷链的角度看,我国的农产品冷链物流还未形成完整的体系,冷链中经常会出现断"链"的现象。从农田到批发商,通常未对新鲜果蔬进行预冷处理;初级加工和分拣区也没有相应的冷链制冷环境;我国的食品冷藏车运输现状也不容乐观:易腐保鲜食品的装船、装车不是按照国际食品标准在冷库和保温场所操作,大多是在露天进行。从技术和投入来看,目前最大的短板是冷却环节,水果和蔬菜采后预冷处理很不完善,这说明链首就存在断裂现象。国家和企业目前重点建设量最大的是冷藏库,冷藏运输硬件设施不够完善,故在农产品冷链运输环节中,断链现象也时有出现。

现如今发达国家和地区如荷兰、日本、美国、欧盟等,农产品供应链的发展已经达到了相当高的程度。与发达国家相比,我国农产品供应链所要求的硬件设施及其管理理念还存在非常大的差距,企业和学界仅局限于对整个或部分供应链进行初步分析、提出问题、给出政策阶段,缺少模型分析工具和建立供应链的方法论。因此,我国的农产品供应链应该从重视组织体系的支撑,重视建立战略合作伙伴关系、加快信息系统建设、大力发展农产品供应链物流系统等方面着手,从而完善农产品供应链管理。将上游广大分散农户有机地组织起来,与中游加工企业建立战略合作关系,同时加快"农改超"进城,以城市连锁超市或大型仓储为主要消费地点,提供安全、快捷、高质量及高附加值的农业加工企业,打造一条以加工与配送为核心的供应链,是我国农业未来发展的重要方向。

除了硬件条件和物流体系建设,农产品供应链中的利益合理分配机制也是传统农产品供应链体系中所忽视的内容。供应链各参与主体的能力和努力程度取决于供应链中的利润是否被合理有效地分配,而努力程度与能力水平决定了农产品供应链的整体绩效。农产品供应链的系统效能,来自于农产品供应链中各成员企业的真诚协作。由于供应链中的合作伙伴都是独立的经济实体,任何合作伙伴都不会为了其他合作伙伴的利益而牺牲自己的利益,自身利益最大化是合作伙伴合作的最强大动力。因此,在农产品供应链中实现合作伙伴间合理的收益分配是农产品供应链构建与运作成功的关键。

在经济全球化的背景下,我国农产品贸易总量逐年增加,如何在全球范围内构建和发展农产品供应链,将成为我国农产品供应链研究值得深入探讨的问题。全球农产品供应链的形成,将使得物流、信息流和资金流变得更加畅通,它不仅将提高整个农产品供应链的总体效益,还能使单个农产品企业借助庞大供应链的整合优势,在竞争中更主动、更有发言权。同时将具有生产成本优势的我国农产品打造成具有国际竞争力的产品,这对我国农业的发展,提高农民的收入,无疑具有重要的现实意义。

1.2.12 服务模式

传统的农产品流通模式仅提供最基础的服务功能,这其中最重要的是场地提供。传统的集市贸易是在特定区域中交通便利的一块地方形成买卖双方汇集交易,市场的最基本功能也是提供买家和卖家进行查验货和讨价还价的场所,由此而获取收入,其典型方式就是车位费(车辆进入根据其载重收取的场地费)或者摊位费(特定面积交易场所的租金)。

除了场地提供,任何市场显然都必须提供最基本的一些基础设施服务,例如水电、卫生等买卖双方都需要的基本服务,以及通过自设或外包的方式,提供一些餐饮、住宿方面的服务,从中获取额外收入。此外,还需要维持较好的市场秩序,提供基本的安保服务以保障交易的顺利进行。

我国很多中小型农产品批发和零售市场往往就是这种初级市场,只能提供最基本的服务,交易是买卖双方自行通过面对面看货、议价、货比三家、讨价还价而达成,即一般所称的对手交易,和市场没有直接关系,市场没有提供更多的增值服务。

对于参与农产品流通的企业和个人来说,和初级批发市场相对应的就是提供基础性的农产品流通服务,简称基础服务。在源头上主要表现为地头采购与收储,由农业企业或地头采购商(农业经纪人)进行,特点是极为分散,企业或采购商在价格上具有定价权。在中间环节主要的基础服务是运输,由农户个人、企业车队或第三方物流来完成。在交易环节主要是批量交易,往往在批发市场进行,供需双方进行对手交易、验货议价。最后的零售服务则由超市、小型便民店、菜贩进行。这是农产品流通最简本的服务功能。

随着市场经济的发展,市场集中度的逐步提高,农产品批发市场之间的竞争也日趋激烈。大多数批发市场顺应形势的要求,不断加强软件、硬件配套设施建设,创新和完善服务功能,不仅提供农产品集散、交易场所,还广泛开展农产品包装、贮藏、运输以及信息传递、代理结算等配套服务。

贯穿于农产品流通过程的信息化服务是农产品流通产业的重要组成部分,在传统农产品流通过程中,也存在价格发现、信息搜寻等较为原始的信息服务,并且信息服务的供给水平在不断提高,一些专业网站与政府公共服务网站都已建立,基本的信息设施也深入农村,农产品电子商务也在逐渐兴起,这些都为农产品流通产业的信息化做出了贡献。但是,目前我国农产品物流信息基础设施发展仍然不足,在农产品信息化平台建设方面,多数地市县资金和人员投入少,未能建立专业的农产品信息系统;多数农业生产者文化水平不高,网络利用率低,不能及时了解全国农产品的产销信息。我国农业类网站分布不均衡,主要分布在北京、上海等经济发达的地区,这些地区属于非农业主产区,而农业主产区的中西部地区的农业类网站数量则较少。在已经具备信息服务的地区,信息发布不及时、资源利用率低现象较普遍。我国各级农业部门都有自己的农业信息资源,但由于缺乏有效的资源整合管理措施,致使各部门的农业信息不能得到共享,信息不能及时发布,农业生产者和企业得不到及时有效的农产品产销信息。此外,经营层面的供求信息严重不足。目前,可供农产品经营者包括个体、大户、经纪人、合作社及企业等主体发布供求信息的服务平台较多,但是这些服务平台的规模、影响力、服务及管理模式还非常低效率,与巨大的市场需求之间存在明显差距,无法为农产品流通经营主体提供切实有效的服务。

1.2.13 融资模式

由于农产品经营需要提前预购或在旺季赊销,这就需要大量资金来满足需求。但由于缺乏资金,许多农产品经营商户往往眼看着很多商机白白溜走。产地与销地在空间上不均衡,需要空间的流动来满足需求;产地与销地在时间上不平衡,如季节性生产和全年性消费或者全年性生产和季节性消费,决定了没有农产品运输和储藏就难以适应农村经济发展的需要。在传统农产品流通模式下,我国农产品流通长期缺乏流动资金。在农村,虽然有许多银行及其他金融机构,但是,这些银行及其他金融机构主要将其汇集起来的农村资金,"抽走"进入城市或高利润的产业领域或只服务国有收储流通企业。比如,农村现有融资渠道主要有四条:商业性银行、政策性银行、合作金融机构和邮政储蓄;农村现有六大融资金融机构有:农业银行、农业发展银行、农村信用社、农村商业银行、农村合作银行和邮政储蓄机构。近几年来,四条渠道和六大机构在促进农产品流通中发挥了较大的作用,但是农村流通企业和农户销售贷款难、融资难仍然十分严重。

农产品批发市场的大多数交易活动具有商流和物流同时进行的特点。因此,如果市场能与各种金融机构联合,导入银行信用和商业信用服务,更多地推行信用结算方式,将会为进入商品交易市场的各种行为主体提供融资、结算、付款、存款等多种先进、便捷的金融服务。如山东寿光农产品物流园与银行合作推出独具特色的"交易一卡通",该一卡通除了可在物流园内进行电子交易,同时还具备普通银联卡的所有功能。一卡通的使用,实现了结算、金融、信贷、收税、收费一体化管理,规范了农产品物流行业的金融秩序,提高了商户资金转账和资金管理的效率。广东湛江霞山水产批发市场积极尝试第三产业专业市场融资模式创新,通过担保公司为市场内小(微)型对虾经营企业提供短期周转资金融资业务,满足市场内对虾商户在交易旺季时的资金需求,促进场内商户发展,提高市场金融服务质量。

在创新收费管理模式方面,传统的农产品批发市场主要是靠收取摊位租金的方式来获取盈利,而通过拓展金融服务手段,引入电子结算收费管理模式,可将其盈利模式转变为"租金+佣金"。引入电子结算收费管理系统,在收取原有租金费用的同时,市场还可按一定比例(扣点)收取交易管理费,此举形成了商户与市场利益均沾、风险共担的盈利模式,提高了市场的盈利水平,而且也因其"透明、快捷、公开、公正"的科学管理得到了商户的充分认可。

目前,我国的农村金融与农产品金融服务正在逐步完善:正规金融机构及小额贷款在农村地区的业务规模逐渐扩大,同时有民间金融作为补充,农村金融服务为农产品流通产业的发展提供了支持,从事农产品流通的企业则可以从各种渠道获得金融支持,甚至是基金的青睐。农产品期货、远期现货、大宗现货交易均初具规模。但在传统的农产品流通模式下,虽然政策对农村金融有一定倾斜,农产品经营所能获得的金融支持仍然有限。民间资本进入农村金融市场仍然受限,新型农村金融机构的设立受到诸多约束。大型商业银行对中小规模农业经营主体放贷积极性不足,农业生产、流通企业获取贷款仍存在较大困难。

另外,传统的农产品流通体系中,农业保险面临着诸多问题。对投保者来说,存在保障力度低、时常出现赔偿额不抵保费的状况,而目前的保险品种也有限,对流通环节又无保险业务;对保险公司而言,农业保险覆盖率低,保费收入不多,点多面广,业务风险大,保险经营成本高,一旦形成损失,往往赔偿额巨大,导致商业保险公司涉足此业务的动力不足。即便政府投入更多资金发展政策性农业保险,参与运营的商业性保险公司能否持续开展业务也不确定,农业保险还有许多问题需要解决。

1.2.14 发展模式

传统的农产品流通模式下,市场主体各自为政,发展方向不统一。农业龙头企业整体上规模偏小,档次较低,市场开拓能力较弱,辐射带动能力不强。在全市主导农业产业中,能起带动作用的加工和流通型的龙头企业不多。由于缺少了带动力强的龙头企业,难以有效地整合资源,形成整体优势,从而影响了农产品流通网络的健康快速发展。

在传统农产品流通模式下,批发市场是核心组织,批发市场和批发商的发展决定了传统农产品流通体系下的发展模式,而种植农户或终端零售个体实力较弱,只能受制于现有模式,其发展受到制约。我国的农产品批发商遍布产销地,虽规模大小不一,但其交易环节,少则由产地直接与零售对接,多则可经过4—5个环节完成交易。全国大中城市80%以上的鲜活农产品流通,是通过产销地各类农产品批发商得以完成;销地多数零售环节的农贸市场、超市、社区菜店、餐饮业等采购,仍需通过农产品批发市场中的各类批发商实现。而水果、蔬菜零售大约有80%是通过农贸市场或社区菜店实现销售的;还有5%左右是通过流动菜摊或早市得以实现;全国仅有10%—15%左右(经济发达的大中城市有的达到了20%—30%不等)是通过连锁经营的超市实现销售的。北京新发地农产品批发市场有约10 000名各类农产品批发商(经销商、商户)。在2011年市场销售额400多亿元中,有70%以上的销售额是由占30%左右的大批发商(大经销商、大商户)实现的,大型农产品批发商(大经销商、大商户)已成为农产品批发市场发展的骨干力量。

根据商务部和全国城市农贸市场联合会2010年的初步调查统计分析,全国占地面积30—3 000亩规模的市场合计有4 093家。其中,占地面积在1 000亩以上的大规模市场,一般多分布在销地的特大城市、大城市(或省会城市)及主要农产品的集散地。在这些不同规模的市场发展中,集聚了全国各地的农产品批发商(经销商、商户等),主要有农产品的产地批发商、销地批发商和集散地批发商等。

我国农产品交易市场批发商(经销商、商户)的发展随着市场的变化在不断产生变化:一是随着大城市城市化的规划发展,城市中的中小规模农产品批发市场在减少,而与现代城市规划发展相适应的规模大、集聚功能较强的农产品批发市场在不断完善发展,随之在市场交易的批发商(经销商、商户)数量也呈持续上升趋势;二是从区域发展看,分布在经济较发达的东部地区农产品批发市场中的批发商(经销商、商户)数量,远大于经济欠发达的中西部地区和东北地区;三是在规模相对大的农产品批发市场中,市场的专业性越强,集聚的专业批发商数量也越多,远高于综合农产品批发商。

根据商务部、全国城市农贸市场联合会2010年的调查分析,占地面积30亩以上的2 676家农产品批发市场的批发交易总额达17 031亿元。其中:年批发交易额亿元以上市场有1 840家,除884家综合市场和50家其他市场外,有906家是蔬菜、果品、水产、粮油、畜禽肉类等专业市场;通过对我国2002年到2010年亿元及以上农产品交易市场数量及单个市场成交额的分析,农产品专业批发市场年均以4%以上的增长速度发展,有效地带动了农产品专业批发商的成长。同时,通过对农产品批发交易相关数据分析得知:与农产品综合批发商(经销商、商户)相比,专业批发商(经销商、商户)对市场交易额的贡献更大,更能体现以批发为主的特点。

农产品专业市场和专业批发商的快速成长,带动了农产品商品化和农民就业,同时也有效地促进了我国农业产业化的发展。但在这种传统的流通体系下,整个农产品流通体系的发展受制于批发市场的发展,其他主体,特别是产销两端的参与主体力量薄弱,缺乏发展潜力和足够的激励。由于以批发市场为核心的传统体系固有的不足,这种以批发市场和批发商为主要动力的发展模式也与现代市场有所脱节,长远来看将制约我国农产品流通体系的发展。

1.2.15 品牌建设模式

品牌是质量和信誉的象征,具有品牌的农产品社会需求会不断增加,市场竞争力会不断增强。农产品流通企业需要通过产业化、标准化、规模化经营,注册商标,积极主动开展品牌运作,让普通商品品牌化,形成自己的独特优势商品,掌握市场主动权,赢得消费者,逐步把市场做大,进一步推动企业发展。从经济发达地区农产品品牌创建的经验看,多为先有规模、后有品牌,规模支撑品牌,而欠发达地区农产品品牌开发以规模小、杂、弱,经营分散的农户为主要依托。农业企业小规模分散经营的生产特点,使农产品品牌不论在地域上还是在产业链环节上,都存在一定的分散性和分割性,难以形成组团出击、抱团联合的局面,无法形成集中打响品牌的合力,缺乏区域和集约化生产,目前还处在单个农户经营状态,不能满足市场化需求,经济效益不高。

由于传统的农产品流通模式是以批发市场和批发商为主导的,因此在品牌建设过程中,也首先形成了批发市场品牌和批发商品牌,如北京新发地批发市场、锦绣大地农副产品批发市场等。但仅靠有限的大型批发市场或批发商,在传统农产品流通模式下,很难帮助农产品的生产企业和零售企业形成品牌,特别是传统模式下农产品不需加工而直接消费,因其生产规模小、缺乏好的包装、产品特色不明显,多数没有形成品牌效应,缺乏市场竞争力,也不利于农产品安全监测和国际化发展,具体体现在以下几个方面。

首先,农产品品牌数量相对较少,发展速度缓慢,科技含量低,地域分布不均衡等。从农产品品牌的相对量看,目前我国年注册农副产品商标量,约占我国商标注册总数的20%,其增长速度明显低于商标整体发展速度;从科技含量方面看,我国加工农产品品牌多,初级农产品品牌少,初级农产品的产业链较短,大多扮演原材料的角色,科技含量比较低;从地域分布方面看,东部地区品牌绝对量多,中、西部地区的品牌拥有量少,我国品牌区域间发展极不平衡,且东部地区商标的发展保持着强劲势头,中部地区虽然起步较晚,但发展较为平稳,而西部地区的商标发展则起伏较大。

其次,农产品品牌意识薄弱,品牌的个性化和优势尚未开发出来。从品牌经营的主体看,目前我国初级农产品的生产者主要以小规模农户为主,缺乏企业化经营的实体,相当多的农民以及农业行政管理部门受传统农业生产经营方式的束缚,往往认为收获便是生产的结束,市场意识、品牌意识淡薄。各种农产品之间天然个性化品质差异、生产方式的差异和营销方式的差异等均未开发出来,导致我国农产品品牌的个性化培育体系尚处于起步阶段,具有较强市场竞争力的农产品品牌缺乏支持。

最后,品牌农产品在一定程度上得到消费者认可,但国内农产品市场还被无品牌农产品所占据。20世纪90年代以来,超市成为一种新型零售业态,在我国得到了快速发展。在大中城市,超市销售的农产品数量已达到总销售量的1/3以上,并且正在以较快的速度发展。超市销售的农产品,建立了比较规范的准入制度,消费者对农产品质量提出了更高的要求,品牌对消费者的选择产生较大影响。但由于传统农产品流通渠道还是以批发市场为主,因此无品牌农产品仍然占据了大部分市场。

1.2.16 国际化模式

世界贸易组织通过各种协议和规则促进成员国之间的平等竞争和贸易自由化,消除成员国政府对商品、资本和劳动力在成员国之间流动的所有限制。它对农产品流通体系的影响体现在:一是促进流通组织体系的变化,形成流通主体的国际化;二是农产品市场体系国际化;三是引发农产品营销体系的根本性变革,如用电子商务进行跨国交易;四是对农产品宏观调控体系以及流通监管体系提出更高的要求,对政府规制水平提出更严峻的挑战;五是要求农产品流通法律体系与国际接轨。

然而我国农产品的国际化发展模式受到传统农产品流通体系中组织模式、安全模式、品牌建设模式等各方面的影响,基本上处于"小富即安"的状态,缺乏国际化发展的思维和目标。即使想要国际化发展,在全球化竞争加剧的时代,以现有的水平也很困难。这主要体现在以下几个方面。

首先,发达成员国非常重视进口食品的安全性,对农药残留等检测指标的限制十分严格。而传统农产品流通体系下的安全管理模式相对落后,食品安全难以达到先进国家的进口要求,从而导致传统农产品流通模式下的农产品在国际市场上难以参加公平竞争。

其次,随着国际农产品贸易市场的竞争越来越激烈,各国都在不断地创新、增加贸易壁垒的种类,譬如食品检验标准、国有贸易标准、基因工程作物以及劳工和环境标准等,构成了新的农产品贸易壁垒。这对以传统农产品流通模式下的一国经济来说将会产生致命的打击,大大减弱农产品贸易的竞争力,导致农产品在国际市场上所占的份额萎缩,成为阻碍农产品流通发展的因素。

再次,我国农产品流通的发展模式落后,仅仅依靠批发市场和批发商难以在全球化经济的今天建立起国际化的知名品牌。即使能够满足进口国家对产品质量的要求,也难以在市场经济中获得消费者的青睐,从而稳定地占据国外市场。

最后,在传统农产品流通模式下,我国出口的农产品中,大部分是一些价格比较低的土地密集型产品,如谷物、油料作物、棉花、烟草等。而相对价值比较高的劳动密集型产品,如蔬菜、鲜花、水果等,出口数量有限。这种低级农产品出口结构不符合世界农产品贸易发展的趋势。造成我国农产品出口结构不合理的另一现象是:在我国出口的农产品中,初加工产品占到80%,深加工产品占到20%,按价值看,深加工产品的价值及其附加值比初加工产品大的多,从总体上影响了我国农产品贸易的品质和收益。

1.3 现代农产品流通体系

1.3.1 农产品流通发展的新环境

1. 消费者需求的新变化

民以食为天,消费者的饮食偏好和消费习惯对农产品流通环境有着重要的影响。改革开放以来,中国经济快速发展,工业化和城市化的步伐加快,农村人口减少,城市人口迅速增加。对于农产品的消费模式也发生了明显的变化,消费者的需求也越来越多样化。越来越多的消费者不仅仅满足于买到生存所需的农产品,不仅仅在乎农产品的数量,而是更加重视食品的营养、质量等方面,甚至是农产品所体现出的饮食品味和时尚性。随着消费市场发生变化,农产品的生产和流通结构上也出现新的特征,农产品更注重品牌化和等级化,从而能够更好地满足消费者的需求。人们对农产品的消费渠道也在发生着变化,城市中越来越多的年轻人由于工作繁忙或社交等需求选择外出就餐,促进了餐饮业的快速发展。

食品安全一直是困扰国人的一大问题。随着人们收入的增加,消费者开始更关心健康方面。近年来,国内农产品质量安全屡次成为大众关注的焦点,"三聚氰胺"、"瘦肉精"、"皮鞋酸奶"、"速生鸡"等事件,让食品安全问题在不断地挑动着人们脆弱的神经。各地都在实行着不同的措施以确保农产品质量安全。随着国内农产品市场的开放,人们可能得到多样的信息,越来越重视食品安全问题。消费者愿意购买有安全保证的农产品。

2. 流通商业环境的新变化

在中国加入 WTO 和世界各个国家签署自由贸易区(Free Trade Area, FTA)协约之后,中国农产品市场加快了开放的速度。这意味着在中国城市中,国内农产品与国外农产品需要进行激烈的竞争,加上消费者的需求变化,农产品的生产和流通系统也需要进行变革。传统批发市场为主的农产品流通结构受到新兴的超市等流通主体的冲击。特别是国外的大型超市,结合先进国家的流通技术,渐渐成长为国际型企业。大型零售超市扩大产地采购,使得直接连接产地和消费地的垂直性流通渠道渐渐成为主流。这就使得农产品的价格决定权掌握在流通商手中,对消费者和农户都造成伤害,并且影响粮食的稳定供应和供需政策。批发市场失去对大型超市的钳制能力,导致大型超市的交易价格成为批发市场的市场价格。对追求利润的大型流通厂商而言,势必会提价从而造成消费价格的上升。

在这种情形下,需要打造流通渠道(批发市场与超市等大型流通企业)之间相互竞争的市场结构。为此急需引入现代物流体系。在现代物流体系中,农民可选择对自己有利的流通渠道(批发市场、超市等),消费者及中小流通企业依靠批发市场内多种交易制度之间的竞争,能买到物美价廉的农产品,可摆脱大型流通企业主导的定价结构。政府也通过流通渠道之间的竞争实现物价的稳定,如表1.3.1所示。

表1.3.1 农产品需求和流通渠道的变化

区分	农业时代	工业时代	后工业时代
经济特征	物资稀缺,传统农业社会	经济得到发展,工业化和城市化	经济繁荣,产品丰富,高度城市化和工业化
农业特征	主要依赖人力畜力,小规模生产	机械工具开始使用,生产规模扩大	大机械化生产,集中生产,标准化产品
消费需求	解决温饱问题	均衡营养	便利、健康、时尚
流通渠道	直接交易	批发市场,超市与连锁店	现代化批发市场与配送中心,订单驱动模式,拍卖交易方式,直销模式

3. 农产品流通技术的新发展

在农产品产销日益市场化的今天,信息技术已经成为农产品流通中的关键推动因素。目前来说,我国农产品市场尚无法准确预测产量,提供有效的市场信息来引导农户种植。因此,农产品供需的不确定性便是一种常态,农产品滞销就会频繁发生。幸运的是,传统农业正在接受移动互联、智能技术和大数据浪潮的洗礼。依托现代的计算机技术,企业可以收集农产品的产地、产量、品种、流向、销售等各种信息,并在大量数据分析的基础上得到农产品种植指导信息、流通指导信息,从而规划农业生产的走向。农产品流通核心企业可以充分借助"大数据"行业的持续创新和信息技术的进步,成长为综合云计算、大数据、移动互联、社会化网络等新技术的新一代流通企业,构筑和培育个性化差异化战略,提高服务水平和产业链整合能力,重新定义农产品流通商业模式等能力,建立信息流畅、感知灵敏、支撑管理和决策的网络平台,集成和整合企业的信息流、资金流、物流、工作流。

4. 农产品流通政策的新发展

农产品流通政策直接作用于农产品流通阶段和渠道,深刻影响着农产品价格和农业产业链的利益分配,并对农民增收、城乡居民生活和农产品供给保障机制的发育产生着重要影响。中共十七届三中全会以来,农产品流通政策主要有以下几方面要点:

第一,推进农产品产销衔接,完善市场供给应急保障和价格调控。

近年来,农产品价格波动加剧,与产销衔接不畅、农产品流通成本过高有很大关系。农产品价格上涨对 CPI 的影响,也推动政府进一步重视农产品供给的应急保障和价格调控。为减少流通环节,降低流通成本,推进农产品的产销衔接,近年的农产品流通政策一直把保障短期供应、防止农产品价格过快上涨或大幅波动,作为关注的重点之一。

第二,加强农产品物流设施建设,鼓励发展冷链物流体系。

加强农产品物流设施建设,鼓励发展冷链物流,是近年来农产品流通政策的突出亮点之一。2010 年 8 月 18 日的国务院常务会议提出,要改善蔬菜流通设施条件;加快实施《农产品冷链物流发展规划》,加强产地蔬菜预冷设施、批发市场冷藏设施、大城市蔬菜冷链配送中心建设。加强产销地铁路专用线、铁路冷藏运输车辆及场站设施建设,促进大批量、长距离蔬菜的铁路运输。2011 年 8 月 2 日发布的《国务院办公厅关于促进物流业健康发展政策措施的意见》要求,把农产品物流业发展放在优先位置,加大政策扶持力度,加快建立畅通高效、安全便利的农产品物流体系,着力解决农产品物流经营规模小、环节多、成本高、损耗大的问题。2011 年 10 月 8 日的国务院常务会议提出,要加强产品安全问题。消费者愿意购买有安全保证的农产品。

2. 流通商业环境的新变化

在中国加入 WTO 和世界各个国家签署自由贸易区(Free Trade Area, FTA)协约之后,中国农产品市场加快了开放的速度。这意味着在中国城市中,国内农产品与国外农产品需要进行激烈的竞争,加上消费者的需求变化,农产品的生产和流通系统也需要进行变革。传统批发市场为主的农产品流通结构受到新兴的超市等流通主体的冲击。特别是国外的大型超市,结合先进国家的流通技术,渐渐成长为国际型企业。大型零售超市扩大产地采购,使得直接连接产地和消费地的垂直性流通渠道渐渐成为主流。这就使得农产品的价格决定权掌握在流通商手中,对消费者和农户都造成伤害,并且影响粮食的稳定供应和供需政策。批发市场失去对大型超市的钳制能力,导致大型超市的交易价格成为批发市场的市场价格。对追求利润的大型流通厂商而言,势必会提价从而造成消费价格的上升。

在这种情形下,需要打造流通渠道(批发市场与超市等大型流通企业)之间相互竞争的市场结构。为此急需引入现代物流体系。在现代物流体系中,农民可选择对自己有利的流通渠道(批发市场、超市等),消费者及中小流通企业依靠批发市场内多种交易制度之间的竞争,能买到物美价廉的农产品,可摆脱大型流通企业主导的定价结构。政府也通过流通渠道之间的竞争实现物价的稳定,如表 1.3.1 所示。

表 1.3.1 农产品需求和流通渠道的变化

区分	农业时代	工业时代	后工业时代
经济特征	物资稀缺,传统农业社会	经济得到发展,工业化和城市化	经济繁荣,产品丰富,高度城市化和工业化
农业特征	主要依赖人力畜力,小规模生产	机械工具开始使用,生产规模扩大	大机械化生产,集中生产,标准化产品
消费需求	解决温饱问题	均衡营养	便利、健康、时尚
流通渠道	直接交易	批发市场,超市与连锁店	现代化批发市场与配送中心,订单驱动模式,拍卖交易方式,直销模式

3. 农产品流通技术的新发展

在农产品产销日益市场化的今天,信息技术已经成为农产品流通中的关键推动因素。目前来说,我国农产品市场尚无法准确预测产量,提供有效的市场信息来引导农户种植。因此,农产品供需的不确定性便是一种常态,农产品滞销就会频繁发生。幸运的是,传统农业正在接受移动互联、智能技术和大数据浪潮的洗礼。依托现代的计算机技术,企业可以收集农产品的产地、产量、品种、流向、销售等各种信息,并在大量数据分析的基础上得到农产品种植指导信息、流通指导信息,从而规划农业生产的走向。农产品流通核心企业可以充分借助"大数据"行业的持续创新和信息技术的进步,成长为综合云计算、大数据、移动互联、社会化网络等新技术的新一代流通企业,构筑和培育个性化差异化战略,提高服务水平和产业链整合能力,重新定义农产品流通商业模式等能力,建立信息流畅、感知灵敏、支撑管理和决策的网络平台,集成和整合企业的信息流、资金流、物流、工作流。

4. 农产品流通政策的新发展

农产品流通政策直接作用于农产品流通阶段和渠道,深刻影响着农产品价格和农业产业链的利益分配,并对农民增收、城乡居民生活和农产品供给保障机制的发育产生着重要影响。中共十七届三中全会以来,农产品流通政策主要有以下几方面要点:

第一,推进农产品产销衔接,完善市场供给应急保障和价格调控。

近年来,农产品价格波动加剧,与产销衔接不畅、农产品流通成本过高有很大关系。农产品价格上涨对 CPI 的影响,也推动政府进一步重视农产品供给的应急保障和价格调控。为减少流通环节,降低流通成本,推进农产品的产销衔接,近年的农产品流通政策一直把保障短期供应、防止农产品价格过快上涨或大幅波动,作为关注的重点之一。

第二,加强农产品物流设施建设,鼓励发展冷链物流体系。

加强农产品物流设施建设,鼓励发展冷链物流,是近年来农产品流通政策的突出亮点之一。2010 年 8 月 18 日的国务院常务会议提出,要改善蔬菜流通设施条件;加快实施《农产品冷链物流发展规划》,加强产地蔬菜预冷设施、批发市场冷藏设施、大城市蔬菜冷链配送中心建设。加强产销地铁路专用线、铁路冷藏运输车辆及场站设施建设,促进大批量、长距离蔬菜的铁路运输。2011 年 8 月 2 日发布的《国务院办公厅关于促进物流业健康发展政策措施的意见》要求,把农产品物流业发展放在优先位置,加大政策扶持力度,加快建立畅通高效、安全便利的农产品物流体系,着力解决农产品物流经营规模小、环节多、成本高、损耗大的问题。2011 年 10 月 8 日的国务院常务会议提出,要加强产

第一章 农产品流通理论概述

地预冷、预选分级、加工配送、冷藏冷冻、冷链运输、包装仓储、检验检测和电子结算等设施建设。

第三,加快推进农产品市场建设和改造升级,积极完善城市便民服务设施。

近年来,我国农产品流通政策日益重视加强农产品市场建设,建立健全适应现代农业发展要求的大市场、大流通,在搞活农产品流通与方便城市居民生活方面,初步收到了统筹兼顾的效果。

第四,提高农产品流通的组织化程度,加强对农产品流通组织的分类引导。

近年来,我国农产品流通政策日益重视提高农产品流通的组织化程度,这不仅有利于提高农产品流通的效率和效益,完善农产品市场秩序;还有利于强化农产品供应链的协调、整合能力,增强农业竞争力和抗风险能力,是完善农产品流通长效机制的重要内容。

第五,支持农产品流通业发展,健全农产品和农村现代流通网络。

支持农产品流通业发展,建立健全农产品和农村现代流通网络,是加强农产品流通长效机制建设的重要内容,也是近年来完善农产品流通政策的重要趋势。为进一步增强农产品现代流通体系的功能,近年的农产品流通政策还日益重视优化农产品流通或市场布局。2011年12月13日《国务院办公厅关于加强鲜活农产品流通体系建设的意见》,要求"逐步形成布局合理、功能完善、竞争有序的鲜活农产品市场网络"。

第六,加强覆盖全程的农业信息服务体系建设,完善农产品质量安全追溯制度。

加强覆盖全程的农业信息服务体系建设,有利于运用信息化的成果,优化农产品供应链管理;并将消费者不断变化、加快分化的农产品需求信息及时、准确地传递给农业产业链的利益相关者。近年来,我国农产品流通政策日益注意这一点。随着消费者收入水平的提高和消费结构升级,消费者对农产品质量安全的要求不断提高。因此,我国农产品流通政策日益重视农产品质量安全追溯制度的完善。如2008年12月24日召开的国务院常务会议要求,加强流通企业食品质量安全监管,切实提高食品安全保障能力。2010年8月5日由财政部和商务部办公厅发布的《关于开展农产品现代流通试点的通知》提出,2010年在大连、上海等10个城市开展肉菜流通追溯系统建设试点。同年8月18日的国务院常务会议要求,支持蔬菜标准园创建工作,建立健全发展高产、高效、优质、安全蔬菜产业的约束机制和标准园质量安全检测及追溯机制。2011年10月8日的国务院常务会议提出,加强质量安全追溯体系建设,落实索证索票和购销台账制度;建立鲜活农产品经常性检测制度,实行标准、程序、结果三公开。

1.3.2 农产品流通的新职能

其一,价值增值。生产出来的农产品如果没有流通,就不能实现价值和创造附加价值。流通本身也能带来国民经济的增长。例如一些小国家,本身没有生产领域的农业和工业,国民经济由流通领域的商贸、物流、餐饮产业组成,这些国家的发展往往比单纯靠农业和工业的国家更快。

其二,刺激消费。消费的实现,依靠流通来完成。发达的流通业,能为更广阔范围内的消费者提供消费便利,满足消费者多样化、高品质农产品的需求,将消费潜力最大限度地激发出来。例如,近年来有机农产品走俏和国际贸易快速增长。

其三,引导生产。农业的价值链附加值最高的战略环节是研发和销售渠道,而处于中游的生产环节附加价值最低。当农民有技术生产出很好的农产品,却没有能力把产品以令人满意的价格和较小的损耗卖出去,这就是流通对生产的制约。流通渠道不再是生产的附庸,而是在传导消费信息、建设企业品牌、提高资金效率等方面起引导作用,决定了生产企业的综合竞争力。

其四,提高效率。由于生产者的供给与消费者的需求存在时间和空间差异,生产者与消费者直接交易几乎是无法实现的。通过流通,过去生产的产品可以在当下消费,创造了时间效用;彼地生产的产品可以在此地消费,创造了空间效用;降低流通成本,采用先进科技和管理,可以提高流通、生产、消费的效率,乃至整个经济运行的效率。

其五,拉动经济。带动城市和区域建设与发展。商业是城市的基础,城市核心竞争力是生产力与流通力的统一。流通力促进城市繁荣,辐射城市经济的发展,建设一个市场,带动一个产业,拉动一方经济。

1.3.3 农产品流通的新主体

从新中国成立到现在,我国农产品流通在不同时期采取了不同的制度取向,这种制度取向和变迁不断推动社会分工与协作的发展,也引导着流通主体不断发展变化。

(1) 计划购销阶段的单一组织

这段时间,我国对农产品采取的统购统销制度,即国家对有限的农副产品建立高度集权的统派购制度,以实行统一的组织与管理。到1978年,国家收购的农产品已占农产品收购总额的94.4%。在这种情况下,形成了分类流通、纵向流通和分段流通的三大特点,这束缚了商品经济和农业生产力的发展,也抑制了农产品流通组织的发展。

在这种历史条件下,我国农产品流通组织资源极度缺乏,农产品市场组织仅以少量的集贸市场的形式存在,且还时关时闭。农产品流通行业协会等组织也没有形成,农产品流通组织主要由粮食商业组织体系、供销合作社组织体系、其他相关国有商业和外贸组织构成,类型单一,效率低下,农产品的市场化流通也没有形成。

(2) 市场化启动时期的农贸市场载体

1978年年底,党的十一届三中全会做出了提高农产品价格和恢复农村集市贸易等两项有关农产品流通体制改革的决议,国家对传统的统购统销的农产品流通体制进行初级改造,对水果、蔬菜等鲜货农产品实行自由流通、议购议销,并开始形成"双轨制"雏形,引进市场调节因素,使得农贸市场逐渐成为流通的主要载体。在1979年到1984年,农贸市场成交金额增加了1倍,农贸市场粮食成交量由1979年的25亿公斤提高到1983年的91.5亿公斤。到1984年,在农民出售的农副产品总额中,按国家计划牌价收购的比例由84.7%下降到29.4%,而市场出售的比例则由15.3%上升到60.5%,极大地推动了农产品流通的发展。在此期间,集贸市场逐渐成为批发、零售重要场所,农民个体或合伙通过参与运输、简单加工进入农产品流通,此时的农产品流通组织呈现出小规模、多渠道、灵活参与市场流通的特点。

(3) 市场化发展阶段以批发市场为纽带

1985年到1991年,我国实行了家庭联产承包责任制、农产品提价等一系列改革措施,使得生产力得以解放,农产品产量大幅提高,国家对重要农产品实行"双轨制"。1992年到1998年粮食又在市场化和双轨制之间进行了反复。1998年起,我国明确提出了粮食流通深化改革的思想,直至2004年,随着《粮食流通管理条例》的颁布,以及《国务院关于进一步深化粮食流通体制改革的意见》的出台,我国开始全面步入市场化阶段。

农产品流通体制的改革,促进了独立的农产品市场主体的形成、农产品市场体系的发育以及政府经济调控手段的变革。随着农产品交易规模不断扩大，其交易形式和范围越来越受到传统的集市贸易的制约。为适应农产品跨区域流通的需求，一些农产品批发市场便在集贸市场的基础上发展起来。从1984年起，我国批发市场相继建成，起步较早的是蔬菜批发市场，紧接着是粮食、肉类批发市场。到1988年批发市场总数已发展到1 224个，到2000年达到历史最高，市场总数为4 387个，12年增长了近3倍。在以后的几年中，数量基本趋于稳定，在4 200个左右。

随着批发市场的发展，一些以批发市场为载体的组织体系随之发展起来，形成了由批发商、农民经纪人、中介流通组织、农产品加工企业组成的市场流通大军。尤其是随着我国农产品加工技术和农产品加工业的不断发展，形成了一批加工能力强、经济效益好的农产品加工生产企业，这些企业不断向两头延伸，成为对农业产业链、农产品供应链有较强带动作用的龙头企业。

在此过程中，农业合作组织发展迅速。合作组织以农民为主体，通过资金、技术和劳动等生产要素，把农户与农户、农户与集体、农户与龙头企业、农户与涉农部门联合起来，它们超越了地区、行业和所有制的界限，合作组织以农民为主体，渗透到生产、加工、流通各个领域。农民合作经济组织的发展，打破所有制、区域和行业界限，紧紧围绕某一产业，实现生产要素在更大范围、更大领域的流动重组，有利于调整优化农村经济结构，形成新的经济增长点。近年来，我国农民专业合作组织总数已超过15万个。

同时，随着我国经济稳定、快速的发展，越来越多的中、高收入阶层开始追求生鲜食品消费的安全性、便利性和舒适性，这为我国农产品超市经营的发展奠定了基础。而政府"农改超"的政策扶持，对各地超市生鲜食品经营的迅速崛起起着巨大的推动作用。自2000年以来，我国农产品超市经营进入迅速发展阶段。目前，我国农产品流通组织呈现出多元化、体系化发展特点，形成了农产品生产、收购、批发、分销和零售的完整的农产品流通体系。

(4) 以专业物流为支撑进行变革整合

随着农产品流通全面进入市场化阶段，农业的社会化、商品化生产不断发展，进入市场的农产品品种和数量不断增长，以批发市场为主要载体的流通体系逐渐显现出与大规模、社会化生产需求不相容的弊端。这种流通组织体系不仅在服务质量、流通成本以及环保、公共卫生等方面的弊端日益明显，而且无法满足这种持续增长而又不断变化的消费需求。

同时，在农业已经融入国际竞争的市场经济条件下，中外农产品竞争将不再像过去一样只发生在国际市场上，伴随着国际零售巨头的纷纷进入，国内市场国际化的竞争将变得越来越明显。我国以农村家庭为生产经营单位的"小规模、大群体"性的农产品流通体系已不能适应未来市场发展的需求。因此，必须不断进行变革与整合，建立一种适应市场经济发展的现代化"大生产、大流通"的市场流通模式。

本节重点关注以下几种新型的主体：

（1）农业生产基地和农协组织

早期的工业发展是以家庭手工业为主要特征，生产落后，劳动生产率低，但最终发展到生产高度发达、劳动生产率极高的现代大工业，其演变就是企业生产规模不断壮大，企业内部高度组织化的发展过程。从历史发展的角度看，农业与工业起步阶段的生产组织方式都是以家庭为基本的生产组织单位，所以农业发展的生产组织方式也可借鉴工业发展的生产组织方式。没有规模化，企业就没有规模经济，无法扩大市场、降低成本、获取高额利润，也没有足够的资金推动技术进步；没有组织化，企业的规模生产不能有效整合，同样也无法实现规模经济。所以，生产组织是规模化生产的基础，而生产的组织化与规模化是工业由原始手工业发展成为现代大工业的必由之路，同样，也将成为现代农业发展的必由之路。

2008年10月召开的中国共产党第十七届中央委员会第三次全体会议通过了《中共中央关于推进农村改革发展若干重大问题的决定》。该文件指出，按照依法自愿有偿原则，允许农民以转包、出租、互换、转让、股份合作等形式流转土地承包经营权，发展多种形式的适度规模经营。有条件的地方可发展专业大户、家庭农场、合作社等规模经营主体。土地承包经营权流转，不得改变土地集体所有性质，不得改变土地用途，不得损害农民土地承包权益。因此，生产规模化是我国农产品生产发展的必然趋势，基地规模化生产模式就是在这种大环境下应运而生的，主要有以下几种模式：

首先，农民自发形成专业合作组织进行生产基地管理。农民专业合作组织是农民根据自愿原则形成的民主管理的互助性经济组织，受《农民专业合作社法》规范的农业生产法人组织。地域上一般位于村、乡甚至县一级。一般的管理模式是：农民土地使用权不变，把自家的承包田按年平均收益折价入股。合作社建有农民选出的董事会，生产、经营均需要通过社员大会，严格按照合作社各项章程办事。在运行方式上，实行企业化经营、生产资料集中采购、机械化作业等。在收入分配方面，有的合作社对入社农民采取"保底收入"，有的则采取"风险共担、利益均沾"等。通过专业分工扩大生产规模，在规模经济的推动下,降低产业技术应用成本,推动农业的产业技术进步,以及在农产品市场博弈过程中农业组织的话语权提高,可以改变传统农业的小农经济在技术进步和市场博弈中的弱势地位。

其次,龙头企业主导建立生产基地。选择具有实力的农业龙头企业,将广大农户组织起来,企业以自有基地的形式,与农户实行订单生产,使得农产品生产按生产标准实施,企业与农户结成利益共同体,实现订单农业。这种基地生产模式,形成"产+销"紧密衔接的产业组织体系。龙头企业外连市场、内连农户,变农产品的市场交易为组织体系内部交易,降低了交易成本,减少了农户的市场风险,能较好地缓解农产品销售难问题,同时促进了农产品的加工增值,提高了农业的综合效益。

最后,企业集团租赁土地,实行现代企业管理模式。即建立土地流转机制,将分散在农户手中的土地集中到农业公司,由农业公司规模经营,促进农业的规模化、集约化、品牌化、商品化经营。企业向农民支付租金,雇佣农民作为企业员工,利用现代企业管理模式,直接对生产进行产前、产中、产后管理。这种模式使得企业与生产的关联更加稳定,能够吸引企业投入大量资金进行农田基本改造和兴建基础设施,如道路、水渠、温室、大棚等。通过规模化、标准化的生产安排,包括选用适宜的优质良种,使用生物有机肥,采用科学、有效的防治技术和严格的质量监控措施,为栽培、采收、分级等各个环节制定详细的生产标准,大大提高了农业生产力,保障了产品的质量。以上模式在农户参与积极性、农户的市场风险、农业生产监督成本、市场风险等方面各有特点,在现实中分别都得以成功应用。

（2）现代化零售连锁

从国外实践看,发展农产品连锁经营能对整个农业产业链产生良性的拉动作用。首先,作为零售企业的农产品超市尤其是大型的超市,他们直接与消费者接触,并且有专业的营销人员,他们能够比传统的农业生产者更直接地感觉到和更深刻地认识到消费者需求的变动,因而他们能对农民的生产起到良性的引导和拉动。其次,超市有利于推动农产品生产供应的组织化程度。大型连锁超市对商品具有大量采购、均衡供应、常年销售的显著特点,因而随着超市的发展,必将使更多分散的农民在龙头企业的带动下组织起来,使得农产品生产中各种生产要素能够合理调整,组织化程度也将大为提高。此外,农产品超市能给消费者提供其他销售渠道所无法比拟的购物环境。

连锁经营近年在我国发展迅速。从 20 世纪 90 年代开始,超市作为一种新型零售业态在我国迅速发展：自1990年12月，我国第一家超市——东莞美佳超级市场开业以来，二十几年间，连锁超市已如雨后春笋般遍布全国，并日益为广大消费者接受和欢迎，成为人们日常生活中必不可少的购物场所。据统计，2003年至2007年，我国"连锁百强"企业销售额的增幅分别为45%、39%、42%、25%、21%。2007年"连锁百强"的前10家企业销售额占销售总额的比重为50%，比2003年提高了8个百分点；百强企业平均销售额为100.2亿元，比2005年增长了17%。百强企业拥有门店数达到105 191个，销售额占全社会消费品零售总额的比重为11.2%。但与发达国家相比，我国的连锁经营集中度仍然不高，目前仍以区域市场为主，全国扩张的企业不多。根据2003年商务部的一项统计，前30家连锁企业中，其中22家以日用品超市为主的连锁企业，主要集中在北京、上海、天津、重庆、武汉、南京、青岛、深圳等大城市，正在迅速向大中城市蔓延，新增店铺数量迅速增加。这些都说明连锁超市已经逐渐成为我国商业零售业的主流业态。

连锁在我国还有巨大的发展空间。目前，欧美发达国家，60%—80%的农产品进入了超市。美国食品的90%、日本生鲜食品的50%—70%、法国蔬菜的55%和水果的59%是由超市销售的，其发展趋势可以预示众多发展中国家和地区超市发展的前景。超市等大型店的发展促进了批发环节的缩短。例如，在中心城市设立分部的有实力的加工食品批发业务、日用杂品批发业务等削弱了向二次批发店的销售比例，提高了直接向大型店销售的比例，缩短了批发环节。由此可见，连锁超市的发展有利于实现生产与市场的有效对接，减少流通环节，提高流通效率；有利于促进规模经营，壮大市场主体，提高竞争力。当前，我国农业发展进入新阶段，农产品买方市场形成，竞争加剧；人民生活步入小康，农产品消费由数量型向质量型转变。同时，随着我国加入WTO后进一步扩大开放，农产品市场还面临国际市场的冲击。这些都对未来农产品流通提出了新的要求。从国外实践看，发展农产品连锁经营，有利于实现生产与市场的有效对接，减少流通环节，提高流通效率；有利于促进规模经营，壮大市场主体，提高竞争力。目前，中国只有20%的农产品由超市售出，因此，在未来还有非常大的增长空间。当然，基于我国经济发展不均衡、城乡差别大的现状，农产品零售连锁化的发展将是一个漫长的过程，开始主要集中在东部发达地区的大中城市，流通的农产品也以宜加工、包装、运输的农产品为主，随着物流技术和产业化水平的提高，连锁的地区范围和经营范围会逐步扩大。

（3）第三方物流组织

第三方物流是一种提供物流服务的业务模式，其实质是按照物流需求者的要求提供将正确的产品从供应者送达需求者的各种活动的计划、执行和控制服务，在生产者、流通者、消费者之间起着重要的衔接作用。在这种业务模式下提供服务的代理企业、提供的服务内容通常称为第三方物流服务提供者和第三方物流服务内容。农产品供应方或需求方为集中精力搞好主业，把原来属于自己处理的物流活动，以合同方式委托给专业的农产品第三方物流企业或联盟；作为专业化的农产品第三方物流企业或联盟，采用委托代理的形式，运用先进的农产品物流营销、管理理念和手段，专业的农产品物流技术、设施和装备，通过专业设计的物流通道进行农产品物流业务的运作，为农产品供应方或需求方提供包括农产品物流计划、控制、执行等不同层次的、高质量的个性化农产品物流综合服务。

（4）电子商务平台

农产品网络渠道是互联网经济发展的必然产物，是一种全新营销理念和销售服务模式，借助于互联网络来实现农产品营销目标。通过网络交易平台和网站实现农产品信息发送、买卖交易对接、品牌营销等。与传统的营销渠道相比，在广告效果上，可以在短时间内让产品为全国客户知晓；在推广费用上，比传统宣传推广形式节省至少六倍的开支；在产品销售上，可以更快获取潜在客户关注，提升销售总量。网络渠道服务的作用是多方面的，围绕农产品建立并完善网络销售通路是这一服务的显著特点，也是农产品营销的大趋势。

同传统的渠道服务相比，网络渠道服务更强调信息传达的及时性、有效性。相对于传统的销售反馈体系，网络渠道反应迅速而且直接面对客户，去除了中间经销商的信息传递，使得信息更加完整，客商双方互动效果更好。

（5）银行等金融机构

随着供应链金融的兴起，一些银行和金融机构为应对农产品流通中存在的资金缺乏和贷款难问题而推出了"农产品供应链融资服务"，利用"直贷＋担保"的合作模式，为各地批发市场的经营商户、上游农户以及下游二级批发商或零售商提供小额贷款融资服务。这使得银行等金融服务机构成为农产品流通中的新主体，无抵押无担保贷款、小额信用贷款、商户联保贷款、商铺经营权质押贷款、应收账款质押贷款、仓单质押贷款、库存商品抵押贷款、房产动产等抵押贷款、基地经营权质押贷款、第三方保证贷款等多种形式将会适应商户个性化的融资需求。

(6) 物流园区

为了构建现代化的农产品流通体系,商务部于 2006 年启动了"双百工程",在各种政策的推动下,一部分批发市场将发展成具有现代流通功能的物流中心。农产品物流园区不仅是农产品流通系统的重要组成部分,也是农产品流通集约化发展的集中体现。通过发展农产品物流园区,将众多服务功能不同的物流企业集聚在一起,实现物流信息和物流基础设施的共享,形成企业间紧密的协作关系,解决我国农产品流通资源分散、单个农产品流通企业竞争力薄弱的问题。通过农产品物流园区,更好地发挥农产品专业化物流的作用,提供单独一家农产品流通企业不能做到的全方位的物流服务,实现农产品流通的集约化经营,提高农产品流通的规模效应,降低物流成本。随着我国农产品流通的不断发展,一批现代化的农产品流通中心正在全国各地悄然兴起。沈阳、武汉、南宁、海口、深圳、青岛等地都先后建立起了大型农产品流通中心。农产品流通中心的发展将带动我国农产品流通体系向专业化、现代化发展,提升我国农产品流通的整体水平。

1.3.4 传统流通体系存在的问题

近年来,从交易量和交易额的角度看,虽然农产品在批发市场的比重增加,但超市等大型流通企业的出现带动其他流通渠道的快速成长。这样的成长趋势给经由批发市场的传统渠道带来一定威胁。现有的批发市场流通也越来越不能满足市场需求。从长远来看,利用现代化设施改善物流、经营、运营、管理体系,还需要改革交易制度。

在中国的农产品流通领域上,批发市场担当主要角色。但落后的批发市场限制了农产品流通的发展。现有批发市场以"对手交易制度"为主,只提供交易的场地,而无法保证交易产品的质量。主要表现在:

第一,在产地无法实现品质管理,流通主体往往不考虑农产品的品质和规格,产品要经历 3—4 天才可以由产地运送到批发市场。批发市场上的流通商人为了低价收购产品,会尽可能拖延时间,因此造成农产品品质的下降和交易量的减少。

第二,批发市场缺乏冷链设备或现代化物流机械(集装箱、叉车、托盘等)。

第三,批发市场不具备共享交易价格及产品信息的功能,很难实现流通环境的改善,达到规模化、现代化、改善物流、节约流通费用和提高物流效率的目的。

第四,批发市场内也不具备正式的食品安全管理体系,中国农产品批发市场主要在室外进行交易,缺乏加工、储藏、排污、流通配送等设备;存在食品安全事故的威胁,并且未能构建农药残留检验系统。

我国批发市场亟须克服当前的流通问题,不仅仅要承担农产品流通中心的职能,还要发挥稳定物价和供给安全农产品的社会职能,应对国外农产品对市场的入侵,扩大海外出口,保护好本国农业和农民,为消费者提供健康安全的农产品。为此,改善现有批发市场流通模式需要由以下几个方面入手:

首先,改善批发市场的农产品交易制度,弥补传统交易方式(对手交易制)的缺点。

其次,对批发市场经营和运营体系进行现代化升级改造。为此需要引进现代物流体系并使该体系在流通业中发展起来。

最后,充分利用现代化的电子信息技术和物流技术,实现流通设施的现代化,重新构建功能、设施、环境、经营等方面的职能。

由于批发市场设施的现代化改造需要巨大的投资,因此需要各级政府的政策支持,在有条件、有必要的城市,可新建现代化批发市场,打造现代化物流体系。从改造现有的批发市场流通模式入手,可以逐步打造国家层面上的现代化农业生产和流通体系。

1.3.5 现代农产品流通体系的结构

在我国,伴随着两端规模化发展,尤其是零售端连锁超市的快速发展,越过中间的批销环节,由规模化的合作组织直接进货,实现生产与销售的直接对接日渐流行,将为越来越多的超市采用。直接对接模式是一种不通过批发市场,实行市场与生产的直接对接,以少环节获得低价格的交易方式。之所以考虑建立这种模式,主要是因为随着人们生活水平的提高,人们的需求多样化,通过传统的批发市场再到零售商、最终到达消费者的物流模式越来越不适应农产品流通发展的时间和成本需求。如美国,基于零售连锁经营网络和超级市场的发展,零售商的规模和势力不断壮大,要求货源稳定、供货及时,产地直销的流通形式也应运而生。粮食类期货市场发达,果蔬类产地与大型超市、连锁经销网络间的直销比例约占80%,经由批发市场流通销售的仅占20%左右。[①] 日本、韩国及我国台湾地区这种地少人多、批发市场体系非常发达的国

---

① 郑里.美国农产品批发市场概况及对我国的启示.中国市场,2007年第25期。

家和地区,直接对接的比例也在逐年上升。因此,直接对接模式在我国也是一种必然的发展趋势。通过直接对接模式,由农民或农民团体将生产的农产品包装处理后,直接运送供应消费地零售业者(超级市场)或连锁零售业包装配送中心及消费大户,以此可以减少所有不必要的中间环节,从而减少流通损失。目前,我国很多大型连锁超市已经采用这种模式。在农超对接的模式下,超市开始更多地参与到农产品的上游生产中去,从标准制定到技术指导再到质量检验,到统一加工、生产和配送,在各个环节保证产品的安全。

在传统农产品流通体系中,成员之间是一种交易关系且各自相互独立,各成员为自身利益进行激烈竞争,这种过度竞争导致整体的高成本和低效率。同时,随着人们生活水平的提高,人们的需求日益多样化,这种传统的"农户—加工企业—产地批发市场—销地批发市场—零售商—消费者"的物流模式越来越不适应物流发展的需求。尤其是农产品,容易变质腐坏,对周转的时间有严格的要求。因此,将几个物流环节进行一体化发展是农产品流通未来发展的趋势。一体化发展一般是核心企业通过投资参股方式参与上游或下游环节企业,掌握了企业的管理权、技术指导权和内部信息,从而参与其生产或流通活动。或者直接投资拓展本企业的业务体系,进入上下游环节,比如大型加工企业建立自己的配送系统。通过一体化发展,提高了流通主体的组织化程度,减少了流通路径涉及的主体数量,大大减少了流通环节,从而进一步提高了流通效率。同时,一体化物流组织的形成,对于农产品流通企业壮大规模、提升农产品的国际竞争力也有着重要的意义。

(1) 农业合作组织模式

基于农产品批发市场模式的中介作用,纯粹从物流成本和效率的角度出发,"中心市场"二段式物流模式优于"双市场"三段式物流的发展模式,但是由于分散自主的生产方式无法直接采用"中心市场"二段式物流模式,生产环节的交易与物流必须达到一定的规模,才适合"中心市场"二段式物流发展模式。为此,众多学者提出通过农业合作组织来整合分散的农业生产者,使其具备规模化组织的特点,从而具备实现"中心市场"二段式物流发展模式的条件。如图1.3.1所示。

成立农业合作组织的主要目的是提高农业生产的组织化程度,培育农民以更高的组织形式和主体进入市场,克服小生产与大市场、大物流之间的矛盾。农业合作组织的意义虽远不止在发展农产品现代流通上,但农业合作组织对发展农产品现代流通的重要意义却是如此。

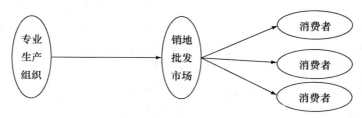

图 1.3.1　专业生产组织模式

以荷兰、法国为代表的欧盟各国其农业相当发达,除先进的农业生产技术、科学的运作和高度的产业化体系外,有效合理的农产品流通也是促进其农业发展的重要因素之一。欧盟的农业合作组织十分发达,各国通过农业合作社、农业工会、农业公司及农产品专门协会等组织结构,为广大农户提供了与产前、产中、产后相联系配套的仓储、运输和销售等多方面的服务和经济合作,形成了具有一定资本实力、具有相当经营能力和经营规模的市场竞争主体,实现了农产品流通的一体化和规模效应。

农业合作组织模式只是从农产品流通的生产环节进行优化,还不是农产品流通供应链的整体优化。

(2) 中介组织主导模式

农业生产合作组织是通过提高生产环节集中度对物流模式形成的改进,那么从生产经物流到消费的流通过程中,也可以采用组织的形式对物流模式进行改进,因为交易的中介可以是市场,也可以是组织。市场虽然降低了一定的交易成本,并对交易产生了积极的推动作用,但市场只是交易场所,是一种非组织中介,它不能代替组织进行交易,也不能代替组织实现物流。如果用中介组织来代替市场的中介功能,则组织既可以进行交易,又可以组织物流的实施,而且还可以实现信息流、商流、物流的一体化,如图 1.3.2 中介组织模式所示。

图 1.3.2　中介组织模式

第一章 农产品流通理论概述

我国没有步入市场经济之前,农产品的流通与物流都是通过组织来实现的,如国有粮食仓储企业和国有粮食加工企业都肩负着这种中介的功能。进入市场经济以后,我国这种物流发展模式的成功案例也有很多,大部分农产品加工企业基本上属于这种模式,如康师傅等,国外有很多大型连锁超市也是采用这种模式。他们把分散的生产集中起来进行产品加工,然后利用组织分销渠道直接将产品运送到终端市场进行销售,从中减少了很多物流的中间环节,实现了物流一体化,提高了农产品的物流效率,降低了物流成本。此外,市场的组织化发展也是中介组织发展模式中的一种。如深圳市布吉农产品批发市场就探索出了一条"企业办市场,企业管市场,市场企业化"的"布吉模式",成为农产品批发市场向企业化发展的成功典范。布吉农产品批发市场不仅走企业化发展之路,为经营者提供各种配套服务,还建立了冷库、干货仓,成立了农产品包装、仓储、运输等专业公司和专业的信息中心,逐步向农产品物流园区模式方向发展。

进一步地,这种模式发展为产销一体化的中介组织或"企业+农户"的模式,即组织通过契约的方式进行后向资源整合,将生产组织也纳入一体化的范畴来,如图1.3.3所示。这方面的案例在我国有伊利、蒙牛等。

图 1.3.3　产销一体化模式

农产品流通的产销一体化发展模式表面上是农业合作组织模式与中介组织模式的组合,实际上它代表了农产品流通向现代组织方向发展的一种先进思想。企业化的发展,系统地提升了农产品流通的发展水平。从生产经物流到消费的最后环节是面对众多消费者的多头交易、多品种交易和零散交易,所以分销物流很难形成规模化、集中化的发展,相反销售物流为更好地满足消费者需求,则必须形成网络化,因此销售物流集中度的改善只有依靠供应物流的改进,即分散的销售物流尽量不要再由分散的供应物流来提供,否则"散——散"之间会形成交叉组合,造成物流通道成倍数地增长,从而使农产品流通更加不经济。为减少农产品销售物流的成本，农产品销售物流可以选择"搭车"分销的办法，和其他日常消费品的分销渠道进行资源整合，共同提高物流的经济效益。如农产品通过超市进行分销就是这样一种思路。只要农业生产不是自给自足，从生产到消费的过程就不能无限制地缩短，所以农产品流通存在适度的中间环节是必要的，系统平衡适度才是最佳。中介组织模式只是从农产品流通的流通环节进行优化，也不是农产品流通供应链的整体优化。

农产品流通的核心企业主导模式从局部来看是高效的，但是由于生产和流通之间缺乏有效的协作，很难进行物流的整体优化，从整个物流过程来看，也是支离破碎、缺乏效率的。农产品流通的发展趋势是将农产品的物流功能从加工商和零售商处分离出来，交给专门的第三方物流企业来完成，使农户合作组织（农户）专职于农产品的生产工作，加工企业专职于农产品深加工，零售企业专职于农产品销售。

实施农产品流通的第三方物流整合模式具有以下优点：

首先，农产品的第三方物流模式是依靠契约制度保障运行的，在采购、质量、配送、交验、结算、付款等方面都有严格的约定和评价考核标准。物流提供商以完成合同规定的服务的方式来获取报酬，用户为享受物流服务而支付费用，契约实际上把双方结成了利益共同体，为农产品流通业务的顺利开展提供了保障。

其次，第三方物流企业可提供专业化的农产品流通服务。物流企业相比生产企业、加工企业和零售企业可以投入更多的资金加强农产品流通设施建设，例如购置专门的冷链冷藏集装箱，建设冷链冷藏仓库进行农产品的储存保管。此外，物流中心的建设也需要具有专业化、自动化、信息化等功能，这些设施都需要投入大量的资金。

再次，第三方物流企业可以提供准确、及时、全面的农产品流通信息。第三方物流企业的信息优势比较明显，通过建立信息网络系统快速收集信息、处理信息，能够比较及时、全面地了解和掌握农产品市场的信息。第三方物流企业可以利用市场信息，将供应商与销售商互相联系起来，促成交易，平衡供需。

最后，第三方物流企业可对农产品市场迅速响应。第三方物流企业借助专业的物流设施、计算机信息系统和自动化系统可使资源调度在短时间内完成。农产品流通的作业流程规范科学，使整个物流时间大大减少。

（3）供应链一体化模式

前面的农业合作组织模式、中介组织模式以及批发市场模式是对整个农产品流通的局部优化和提升,而从农产品流通供应链一体化发展的思想看,还应该进一步对"生产—流通—消费"进行一体化整合,这样就形成了供应链一体化模式和现代市场型物流模式,两种模式都是基于全局流程优化的发展模式。供应链一体化模式中的中介组织是一个广义的中介概念,包括批发商,也包括加工企业。现代市场型物流模式主要是指在传统批发市场功能的基础上,以信息化为手段的信息沟通与共享、交易方式(如拍卖、期货、电子商务等)的创新。

市场经济和现代管理发展到今天,仅仅依靠分工来降低企业自身成本的余地已越来越小,仅仅依靠企业自身来提高综合竞争力的空间也越来越有限,而依靠企业相互协作,不仅可降低彼此的成本,还能使整体利益达到最大化。同时供应链管理还是企业改善外部环境的有效手段。农产品从生产到消费经过了很多环节,形成了很长的供应链,而且农产品附加值较低,因此进行供应链资源整合、加强供应链的协作和管理就更为重要。有关供应链一体化模式的具体内容将在4.13节具体阐述。

采用供应链一体化模式的优点有:

首先,该模式能够提高生产环节的规模性与稳定性。农产品生产者采用更先进的组织方式,有利于提高生产环节的规模效益,同时还有利于提高自身的经营管理水平和竞争力;另外,通过供应链建立的契约关系也可以减少生产的盲目性,增加交易的稳定性,减少市场风险。

其次,突破组织边界,实现供应链整合,可以取得供应链上的整体竞争优势。经济组织之间的经济关系往往是因为供应关系而产生的,传统观念认为企业与供应商及客户的双边利益总是此消彼长,所以双方企业间存在一定的竞争关系。而现代供应链管理思想认为,大部分成本降低或价值增值的机会存在于供应链之间的接口,同一供应链中的组织应该合作以得到最终客户的满意,因此它们之间不应该是相互竞争,而应与其他供应链中的组织竞争,企业突破各自的边界在供应链上进行纵向的资源、信息整合,通过合作提高效率、降低成本,形成一个优势整体与外部进行竞争。在供应链中,各企业只是供应链中的一个价值创造节点,成员间改变了彼此的对抗,减少了信息的曲解,增强了供应链的有效性。

再次,供应链可以使经济组织之间形成明确稳定的契约关系,减少了各成员单位经营的不确定性。特别是对生产周期长、生产过程中农产品难以改变、产品难以存储等特点,通过供应链来减少农产品的生产盲目性就更为重要。

同时,供应链可以明确农产品流通的稳定流向,有效避免市场竞争的不确定性风险。

最后,建设供应链信息平台,加强信息沟通,提高供应链的协调能力和反应速度,降低供应链成本。据统计,产品价值增值过程只占生产时间的5%,其余95%的时间处于非价值增值过程。企业不但要优化内部的采购供应、生产和销售链条,建立集产、供、销于一体的企业信息化平台,实现企业内部的信息资源整合和业务协同,更重要的是要实现供应链条上企业间信息资源的有效整合和业务协同,使所有成员单位获得足够的信息前置期,使所有成员单位的生产经营有更强的计划性和稳定性,甚至可以实现以信息代替库存,压缩产品的非增值过程。非增值过程的压缩不但可以有效减少农产品供应链的中间倒运和存储环节,而且对降低农产品流通过程中因农产品生化特点所造成的浪费更有意义。

(4)物流园区主导模式

农产品物流园区发展模式是基于农产品流通活动集约化、一体化的思想而提出的。物流不但包括信息流、商流和物流三个基本环节,还包括物流加工、包装、仓储、运输、分销等诸多物流活动,更包括改善和提高物流水平的物流技术和物流管理。因此,拓展农产品批发市场的集散功能,建立农产品物流园区,实现农产品流通集约化、一体化是实现农产品现代流通发展的有效途径之一。

农产品物流园区是指在农产品流通衔接地形成的具有综合物流功能的结点和空间集聚体。农产品物流园区是拥有多种物流服务和物流设施的不同类型的农产品流通企业在空间上相对集中而形成的场所,农产品物流园区的企业按照专业化、规模化的原则组织农产品流通活动,依靠整体优势和互补优势,形成一定的综合效应和规模效应,进而促进农产品流通一体化、集约化的发展。

农产品物流园区不但在物流流程上应该实现农产品流通的一体化,在综合管理上实现管理集约化,在产业集群上实现规模化,而且其具备的存储、运输、装卸、物流加工等功能,是通过不同结点将这些功能进行有机结合和集成的,从而在园区内形成了一个社会化的高效农产品流通体系。

农产品物流园区发展模式从结构上类似于中心市场模式,但物流园区发展模式既继承了中心市场的集散、贸易功能,又拓展了物流一体化功能,因而是中心市场模式的拓展和提升,是中心市场模式发展的更高阶段。如图1.3.4

所示。

图1.3.4　物流园区模式

农产品物流园区是农产品供应链资源与物流活动的整合,是农产品流通系统的重要组成部分,也是农产品流通一体化的集中体现。通过发展农产品物流园区,将众多服务功能不同的物流企业集聚在一起,实现物流信息和物流基础设施的共享,形成企业间紧密的协作关系,可以解决我国农产品流通资源分散、单个农产品流通企业竞争力薄弱的问题。通过农产品物流园区,可以更好地发挥农产品专业化物流的作用,提供单独一家农产品流通企业所做不到的全方位的物流服务,实现农产品流通的集约化经营,提高农产品流通的规模效应,降低物流成本。

农产品物流园区模式主要是对农产品流通供应链资源与物流活动进行部分整合优化,是对批发市场功能的拓展,但仍不是农产品流通供应链的整体优化。

1.3.6　现代农产品流通体系的特征

传统批发市场体系只是在集散农产品的过程中通过买卖双方面对面的谈判确定农产品价格,在产品的质量保证和流通的信息化程度上都较为缺失。多种价格决定机制、产品检验制度和基于信息技术的现代物流服务等三个方面是以配送中心为核心的现代农产品流通体系的特征。这种模式可以有效地保证农户和消费者的利益,消除现存的以批发市场为主体的交易制度的缺陷,改善农产品流通体系。

（1）交易制度与价格决定机制

现代模式下,在一个批发市场内运营不一样的两种至三种交易制度。通过多种交易制度之间的竞争,可以有效地调节市场的价格。如,在一个批发市场内同时运用对手交易方式、电子式拍卖制(韩国、日本、荷兰等)和提前预约制(美国、法国等)等3种交易制度。这种方法使批发市场给农民发货选择权,提高收取价格。农民会选择既迅速又能收到高价格的交易方式;消费者能购买到商品性既高、品种又多样的农产品。由此能更换价格决定方式的主体。有关交易制度与价格决定机制的详细说明请见4.3节。

(2) 产品标准化与检验制度

目前,在批发市场内流通的农产品是按照重量交易的,不是按照等级、规格等标准为基础的。但是,随着经济的增长,消费者对食品安全与标准化的需求也会增加。以配送中心为核心的现代体系是顺应消费者需求变化的高品质、安全的农产品生产方式。以配送中心为核心的现代体系考虑从生产到消费的整个阶段,而且通过标准化(农药、肥料、品种等的选择)生产的农产品再按照产品参数进行选择。通过先进的多种交易制度能提高产品的附加价值。检验产品方面,为了保证从生产到消费整个过程的安全性,要采用危害分析与关键控制点技术(Hazard Analysis and Critical Control Point,HACCP),为农户和消费者都带来安全保证。

农产品标准化包括农产品质量分等分级和农产品质量安全两部分。农产品质量是指农产品的效用、意愿、价值等主观特性。一方面,由于农产品的生物特性,农产品质量千差万别,它们的味道、色泽、鲜嫩、大小、形状和湿度等性质构成了从高级到低级不同的农产品质量,被称为垂直质量差异。另一方面,在现实中质量又体现了消费者的主观偏好,比如,感官质量不同的产品,对不同的消费者同样具有吸引力,被称为水平产品差异。这种质量是由生产者、消费者偏好决定的。制定质量标准的目的是更好地满足消费者对不同质量产品的需要,而不是保证高质量产品的市场销售。农产品质量分级根据农产品的质量标准,将不同质量的农产品进行分级、归类。等级明确地反映了农产品功能用途及其相应的费用与价格,体现了消费者对农产品预期认可的不同质量要求。它的广泛应用能够降低市场的交易费用,促进市场竞争,更是农产品期货市场、批发拍卖市场运行的基础。

农产品流通标准化包括农产品标准化、农产品流通技术标准化、农产品流通作业标准化、农产品流通信息标准化、农产品流通管理标准化和农产品流通服务标准化等。标准化就是对重复性事物和概念所做的统一规定。它以科学、技术和实践经验的综合成果为基础,经有关方面协商一致,由主管机构批准,以特定的形式发布,作为共同遵守的准则和依据。国际标准化组织对"标准化"的定义是:"在经济、技术、科学及管理等社会实践中,对重复性事物和概念通过制定、发布和实施标准,达到统一,以获得最佳秩序和社会效益。"其实质就是建立一套统一的规则,并随着时间推移而不断发展和完善。这个过程在农业经济活动中的体现就是农业标准化。农业标准化指按照"统一、简化、协调、优选"的原则,对农业生产全过程,通过制定标准和实施标准,促进先进农业科技成果和经验的推广普及,提升农产品质量,促进农产品流通,规范农产品市场秩序,指导生产,引导消费,提高效益,提高农业竞争力。

(3) 信息管理技术

在传统批发市场的交易模式下,流通渠道成员独自进行交易,商品化、标准化等水平低,没有具备科学的运营体系,对交易量及价格信息等管理不足。现代物流体系中以新交易制度和等级及检品体系为基础,通过信息管理技术,支撑新的经营管理体系。从而将流通渠道成员之间的交易信息数据化,支持消费者和生产者经营活动。充分利用信息技术可以有效运营多种交易制度,确保交易的透明性,从而减少流通商的交易费用,农民和消费者可以分享更多的利润。

现代信息技术的发展推动传统物流进入现代物流发展阶段,当今物流管理中逐渐普及的事务处理系统(Transaction Processing System,TPS)、管理信息系统(Management Information System,MIS)、决策支持系统(Decision Support System,DSS)以及条码、射频、电子标签等最新技术在电子数据交换系统(Electronic Data Interchange,EDI)、远程通信、计算机、数据库和网络的强大支持下使得现代物流迅速发展。物流信息化技术包括基础技术和信息系统技术。基础技术包括条码技术、数据库技术、电子数据交换技术和互联网/内联网技术等。信息系统技术包括电子订货系统、仓储管理系统、运输管理系统、分销需求计划、企业资源计划、物流需求计划、供应链物流资源计划系统等。运用现代信息技术可以提高信息的对称性、及时性,改变交易方式,改善物流流程,大大提高物流效率。因此,现代物流是一种现代经济活动的新模式,物流信息技术是物流业发展的基础和现代物流的重要标志。而农产品流通由于农产品的鲜活易腐性,以及下游企业、消费者对农产品流通整个过程透明性的要求,使得地理信息系统、全球定位系统、无线射频等最新的信息化技术在农产品流通领域具有广阔的应用空间。

农产品流通信息化就是利用现代信息技术、信息平台、信息装备等,围绕农产品的生产、采购、运输、储存、保管、配送、服务等物流全过程进行信息的采集、交换、传输和处理,实现农产品的供应方、需求方、配送方、储存方等的有效协调和无缝连接,构造出高效率、高速度、低成本的农产品流通供应链,从而达到全面满足经济发展的目的。实现农产品流通信息化,必须建立起相适应的技术支撑体系。这一体系主要由信息化标准、基础信息技术及设施、事务处理系统、信息管理与决策系统、电子商务系统、资源计划系统等构成,如图1.3.5所示,为物流服务提供全方位的支持。

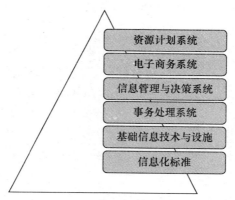

图1.3.5　物流信息化体系

　　物流信息化技术支撑体系是以信息化标准为基础,以信息技术与设施为基本元素,以办公或业务自动化等事务处理系统为基本应用,通过仓储管理信息系统、配送管理信息系统、运输管理信息系统等管理信息与决策系统实现物流供应链管理与控制,通过电子商务系统实现企业和物资需求者的供需关系,而通过资源计划系统实现与政府经济系统、企业作业系统的接口,预测不同模式下的资源需求,制订全面的资源计划。

　　交易制度是批发市场的核心,决定了批发市场甚至整个流通体系的经营管理的方方面面。因此,对手交易制的改善不仅是批发市场的现代化改造,也是改进中国农业生产及流通体系的出发点。

　　目前,我国农产品市场的交易方式基本上是面对面的议价交易,现货对手交易份额占据绝对市场份额,但这种交易方式交易效率低、交易成本高、物流成本也较高,因此在一定程度上限制了农产品流通的发展。要适应农业的快速发展,提高我国农产品的国际竞争力,就必须针对不同农产品的特点,丰富和创新农产品交易方式,发挥各种交易方式的优势,形成良好的价格形成机制和交易机制,减少农业生产的盲目性,提高农产品价格的透明度,减少买难和卖难问题。通过交易方式的选择,实现商流、物流、货币流的分离,减少落地交易次数,缩短物流时间,提高流通效率,实现整个农产品流通系统的优化。国内外实践证明,期货交易适合粮食、棉花、油料等大宗耐储存农产品的交易,拍卖交易适合生鲜农产品的即期交易,同时随着技术的不断进步和供应链关系的逐步改善,远期交易、电子商务等新型交易方式对于农产品供需双方降低搜寻成本和规避市场风险都有着不可低估的作用。

当前,阻碍农业发展的关键因素是农业的高风险,一方面是由于气候变化无常,另一方面来自农产品市场的波动。而农产品期货市场所具有的价格发现、管理风险的功能,正好为农民提供了一个完善的管理这些风险的市场机制。

我国期货市场还处于市场发展的初级阶段,远远滞后于国民经济发展的需要和国际期货市场发展的潮流。从发达国家发展农产品期货交易和我国试点的情况看,在条件成熟的前提下,规范发展的农产品期货市场,对于维护国家利益和粮食安全、健全农产品市场体系、利用期货价格引导农产品生产和流通、规避市场风险等方面具有积极作用。

在市场经济发展过程中,商流与物流的分离呈扩大的趋势,期货市场是两者分离的社会化大分工的产物。根据国际经验和我国实际,对粮食等农产品完全可以大力发展期货市场,使期货市场与现货市场互为补充。期货市场是现货市场体系的重要组成部分,建立和发展期货市场是市场经济发展的必由之路和内在要求。二者是一个整体的市场,期货定价与现货物流二者有机作用,使市场机制得以正常运行,最终使我国的农产品市场,尤其是粮食市场发展为以期货市场的价格形成机制为核心,以现货高效物流为基础,政府通过其信息发布以提高市场透明度,以提供质量检验服务为条件的高效、透明、完善的市场体系。

在发达国家,拍卖交易方式已成为农产品流通的一种重要的交易方式。实践证明,拍卖交易方式是适合农产品商品特性的。引入拍卖交易方式可以解决目前我国农产品流通交易效率低、成本高的问题,有利于促进农业产业化,也是加入WTO后提高我国农业国际化的有效措施。引入拍卖交易方式,加快中高级农产品批发市场的发展,是我国农产品流通改革与发展的一项重要任务。

现代物流作为一种先进的组织方式和管理技术被广泛地认为是降低物质消耗、提高劳动生产率、增加利润的方式,在国民经济和社会发展中发挥着重要的作用。而电子商务作为一种先进的、电子化的管理手段,为物流提供了空前展示的机会。

电子商务下的农产品流通网络将会使库存更加集中,减少仓库数量,配送中心库存将取代零散库存,工厂、商场可实现"零库存"。另外,电子商务下的农产品流通节点将逐步向配送中心发展。原有仓库按专业分工分为流通仓库和保管仓库两种类型,在电子商务下前者将发展为配送中心,后者将逐步实现"零库存",仓库因农产品第三方物流经营而进一步减少。由于电子商务的发展,农产品流通渠道和节点将逐步减少,交易方式的现代化减少了农产品的落地次数、搬运、装卸等作业,从而可以大大地降低农产品的损耗率,提高农产品的价格竞争力。

中国农产品消费以蔬菜类为主,产量多,产地分布广泛;在批发市场占70%—80%,但流通方式落后。改善批发市场内蔬菜类的交易体系可促进从生产到流通整个体系的变化。

现有的交易制度存在很多的弊端,比如从产地经过1—3天到达批发市场的农产品由于不能及时流通,长期停留在批发市场内,导致货车上的农产品的腐烂、变质,从而产生大量垃圾。尽管农民生产出大量的产品,但市场上所交易的产品数量却相对较少,品质也下降,最终使农民和消费者的利益受损。在交易过程中,由于产品包装不规范,无法对产品管理实现标准化、规格化、等级化,限制了其他先进交易方式在农产品批发市场的引进和推广。

发达国家中经常采用的竞拍制、预约制交易方式需要规格化、等级化的产品包装和快速的流通过程。在这两种交易制度下,农产品价格会有所提升,而快速的交易也保证了产品质量保持在较高的水准。为了实施这样的交易制度,农民需要注重对产品的管理,在产地施行品质管理制度。为此,大型农民组织或包装中心也会呼之欲出,现代化的采摘、包装和流通设施将会在产地建立起来。因此,改善传统对手交易制度将成为构建连接产地和销地的现代流通体系的基础。

传统流通渠道以中间商、流通商等中间流通环节为主,从农民手里低价购买农产品,再用高价出售,从而获利的交易方式。在这种模式下,中间流通商不会为上游的生产者提供消费者需求、市场价格等信息,也不会为市场上的消费者提供产地、产量等信息。流通商正是利用市场信息的不对称和交易过程的复杂性而从中渔利,因此流通商不仅没有使得产品本身增值,还减少了生产者和消费者的部分利润。

现代物流中心流通渠道的农产品价格确立是由中间流通环节和农民之间的长期交易形成的,以农民和流通商之间共享的市场和产品信息为基础,中间流通商与农民订立长期合同,从而使得商品不受物价涨落的影响,避免市场价格下降导致流通商受损失,也避免采购价格上涨使得农民受损失。现代流通体系具有调整价格波动和农产品供需的作用,稳定的价格可以使得流通商通过薄利多销的方式扩大交易规模，提升交易利润，如图1.3.6所示。

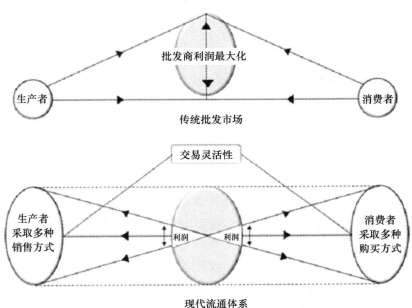

图1.3.6 传统批发市场与现代流通体系的利润来源比较

在现代流通体系中，采用市场综合交易制度使得一个批发市场内运用多种交易（对手交易制、竞拍制、预约制）方式，这些交易方式相互竞争，从而确保批发市场交易的透明性和效率性。农民自由地对交易方式进行选择可以使得中间商提高采购价格，因此市场综合交易制度使农民能够以高价格快速地将农产品销售出去；消费者则可以以适当的价格购买到高品质的农产品。通过构建批发市场内交易制度之间的竞争体系，提高了交易过程的透明度，减少了流通商利润，增加了交易规模。由传统的流通体系向现代物流体系转变，不仅仅是改革交易方式，更重要的是要形成生产和消费、流通商之间的信赖关系，共享对农产品生产及消费价值。这种"生产者—批发市场—消费者"间的相互竞争和共存关系，可打造出共同品牌，构建起农产品分级和检验体系及安全供应体系等。

1.3.7 现代物流体系的特征

现代物流体系与传统农产品流通体系的不同，可以从流通渠道、流通主体、商品、交易方式、物流、信息等六个方面来看。

第一,流通渠道和渠道成员的性质不同。传统流通体系存在多个主体,渠道成员之间都相互独立,只维持"一锤子买卖";但现代流通体系中流通渠道成员之间维持互补性关系和长期合作关系。

第二,流通主体的差异性。传统流通体系农民和中小流通商相互交易;但现代物流体系产地和批发市场之间建立交易关系(包括有规模的包装中心或农民组织和流通商、批发市场法人、市场批发商)。

第三,商品的差异性。传统流通体系中农产品的销售只注重数量,但现代物流体系从生产环节开始,要通过一系列商品化阶段(包括规格化、标准化、加工等),形成的产品具有质量保证和价值增值。

第四,交易方式的差异性。传统流通体系是以中间商利润最大化为目标的交易方式(对手交易方式);但现代物流体系引进多种交易方式(竞拍制、预约制等),提高透明性和流通效率性,从而抑制中间商的利润,提高消费者和农民的利益。

第五,物流的差异性。传统物流体系把未加工的农产品运往消费地(用人工装货),导致运输费高、装载效率低;但现代物流体系引入现代化和标准化的物流装载体系(例如利用集装箱及叉车等物流机械),从而提高物流效率。

第六,信息的差异性。传统流通体系不能及时提供农产品交易信息,中间商利用信息不对称来获取较高的利润;但现代物流体系提供农产品价格、交易量等交易信息,支持生产者和消费者理性的经济活动。通过信息技术的运用,扩大交易网络和规模,实现信息的共享,如表1.3.2所示。

表1.3.2 传统流通体系与现代物流体系的特征比较

	传统流通体系	现代物流体系
渠道	• 农民、收集商人、产地流通商、批发市场批零商 • 一锤子买卖	• 包装流通中心,农民组织、批发法人,市场批发人 • 长期、专属交易关系
主体	• 小农、多数商人	• 包装中心、农民组织、大型流通企业
商品	• 非规格品为主	• 标准、规格品为主 • 差别化、加工的农产品(收成后适用管理技术的)
交易方式	• 现场对手交易	• 提前预约交易、竞拍制、品牌交易
物流	• 缺乏现代化设施和标准化运作	• 实现物流的现代化和标准化运作 • 按照包装、托盘、物流机械标准化的物流合理化

（续表）

	传统流通体系	现代物流体系
信息	• 不透明	• POS，EDI等流通信息化，共享产品和销售信息 • 利用电子商务等现代方式

1.3.8 现代农产品流通体系的思想和发展原则

和谐可持续发展是中国传统文化的精髓。自古以来，农业活动就是人类征服自然和改造自然的过程，我国劳动人民在日常的农业生产活动中懂得了"风调雨顺"对农业发展的重要意义。古人云，"靠天吃饭，赖地穿衣"，大自然为人类社会发展提供了最基本的条件，如今随着科技的不断发展，虽然人类正在逐步摆脱"靠天吃饭，赖地穿衣"的被动局面，但如何在征服自然和改造自然的过程中实现环境社会的可持续发展又成为人们关注的问题。《易经》中讲"生生不息"，即如何去利用天时、善用土地，就将资源源源不断地获取来了。从农业生产的角度讲，人类历史上狩猎、农耕等活动受到天和地（天气和环境）的影响。其中，降雨量和日照是大自然为农业生产提供的重要资源。在大自然面前，人类是渺小的，人类一方面在同自然斗争，另一方面又在寻求同自然和谐相处，共同成长。"天地人"之间的均衡关系就是在大自然给予和向人类索取的过程取得短期和长期价值之间的平衡点，如图1.3.7所示。

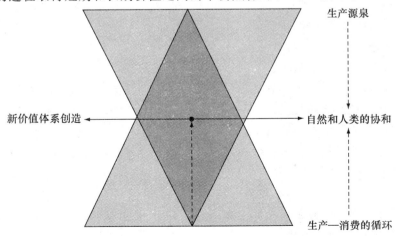

图1.3.7　生产与流通过程中的和谐

古人对于"天地人"三者和谐发展的思想对我们当今农产品流通的研究也很有借鉴意义。俗话说,"天时地利人和",对于农产品流通而言,如何因势利导,使得各环节之间科学有效地衔接,实现农产品在流通过程中的增值正是本书的研究目的所在。不可否认的是,农产品流通过程也是流通环节上各主体之间合作和竞争的过程,再密切的合作也无法回避竞争的激烈,而竞争的最终目的应该是企业间的共赢和整个流通渠道的胜利。从这个意义讲,《孙膑兵法·月战》中所谓的天时、地利、人和对农产品流通至关重要,若能占尽这三大因素,方可成大事。农产品的流通过程链接生产者和消费者。尽管在农产品流通过程中企业之间、生产者和消费者之间存在着利益的竞争,但科学合理的农产品流通体系也要在生产者、消费者以及参与流通活动的主体之间找到平衡点,实现农产品最大程度的价值增值。

农产品是人类赖以生存和发展的最基础的生活资料,是人类在与自然抗争的漫长历史中,顺应自然、利用自然、改造自然、驾驭自然、协同自然的成果,农业在促进人类发展,全面建设和谐社会中具有重要的作用,现代农产品流通体系的建立需要遵循以下一些原则:

一是以人为本,科学发展的原则。坚持以人为本,努力为家庭消费安全提供保障,充分满足农产品生产者与消费者双方诉求的平等实现,努力为中国农民创造平等的贸易机会。坚持以科学发展观为指导,全面协调可持续地发展农产品流通产业。

二是建设生态文明,实现可持续发展的原则。坚持从保护农产品资源出发,维护农产品的卖权,确保农民增产增收,推动优势农产品产业带的形成与巩固,促进农业生产持续健康发展,满足全社会对农产品需求。节约用地,节约能源,保护环境,实现经济和社会可持续协调发展。

三是特殊与一般相结合的原则。坚持把农产品流通的特殊性和流通的一般性结合,以特殊性再造农产品市场体系,促进全国统一大市场的形成,实现全国农产品资源的科学合理配置。

四是全面推进与重点突破相结合的原则。应对当前危机与着眼长远发展相结合,市场配置资源与政府营造环境相结合,整合存量资源与利用增量资源相结合,借鉴国际有益经验与我国实际国情相结合。

五是技术与服务创新相结合的原则。以现代流通理论为指导,利用现代电子信息技术,借助电子商务方式,用电子信息集聚贸易主体,创新农产品流通过程中的各种服务环节,降低交易成本,无限集聚国内与海外贸易主体,提高空间集聚效率,广泛集聚交易信息。

1.3.9 建设现代农产品流通体系的意义

"物流"一词来源于二战时期的后勤补给,在现代社会中,流通业已成为各国企业的兵家必争之地。农产品的流通问题是关系人民群众基本生活的大事情,其重要性更是不言而喻,用孙子兵法中"战事关天,不可不察"这句话形容亦不过分。在我国建立现代农产品流通体系具有重要的意义。

第一,建立现代农产品流通体系,能够进一步使得生产、加工、流通三环节的边界日趋模糊,从而促使农产品流通产业的整体发展,带来农业产业结构升级,产业整体经济运行效率提升,产业规模壮大。在国民经济不断发展和社会全面进步的新形势下,培育和构建现代农产品流通体系,对于增加农民收入,促进农业综合生产能力不断提高,推动农村经济结构战略性调整,确保农业和农村经济稳定增长,统筹城乡和农村经济社会的协调发展,巩固和完善社会主义市场经济体制,都具有十分重要的意义。深化农产品流通体制改革,加快农业生产健康发展,适应人民群众日益增长的需要,不断提高人民群众的生活质量,是贯彻科学发展观、推动城乡统筹发展、促进经济社会全面协调可持续发展的必然要求。

第二,建立现代农产品流通体系,可以降低农产品在流通过程中的损失,降低流通成本、提高经济效益。我国果蔬产品市场放开比较早,果蔬产品的物流在农产品流通中发展的速度也比较快,每年物流量大约4亿吨左右,但由于储存、包装的保鲜水平差,运输的专业化程度低,使果蔬产品从采收、运输、储存、批发到消费者手中,物流环节的损失率非常高,仅广东省每年因水果、蔬菜等鲜活商品的腐烂造成的损失就高达7.5亿元。[①] 在消费环节上,我国也还存在较高的废弃物流,我国每100吨的毛菜销售量产生大约20吨的垃圾,由此可以推算出存在着数量惊人的无效物流成本。[②] 美国等发达国家物流成本约占 GDP 的10%,一些中等发达国家如韩国也仅为 GDP 的16%,而我国2013年上半年的物流成本占 GDP 的18%。[③] 由于我国农产品流通严重落后,农产品的物流成本所占的比重还要大些。相比之下,我国农产品流通的发展速度

---

① 林洁,陈青.中国果蔬一年"烂掉"千亿元.羊城晚报,2011年9月30日 A12版.
② 张涵,李素彩.日本流通组织对我国果蔬产品流通的借鉴.中国市场,2007年第41期.
③ 占GDP 18%:物流成本高企,南方日报2013年8月14日 A15版.

明显低于物流的平均增长速度,且发展水平比较低,不利于拉动农业的发展。

第三,建立现代农产品流通体系,可以调节农产品地域差异及供需矛盾。建立现代农产品流通体系是农业实现区域化、专业化生产和产业化发展的重要保证。中国农业发展的根本出路在于农业实现区域化、专业化生产和产业化发展。区域化、专业化生产是横向整合农业生产资源的有效手段,是发挥我国不同区域资源禀赋的比较优势,提高农业生产规模效应的有效方式,但产品的市场化和区域间消费结构的平衡问题必须有与之相适应的物流支持。农业产业化是沿着农业产业链方向进行的纵向资源整合,有利于提高整个农业产业链的效率和效益,有利于提高产业链的综合竞争力,但产业链间的联结和协调也需要强有力的物流支持。农产品流通是联结农产品生产与消费的关键环节,也是农业产业链协调、供应链稳定的有力保障,是保证整个农业系统有效运行的关键因素。

第四,建立现代农产品流通体系可以推动整个农业系统均衡协调发展。建立现代农产品流通体系不但能提高农产品的流通水平,还能推动整个农业系统均衡协调发展。现代物流运作模式还以其专业化、规模化、信息化、标准化程度高,运输及配送的速度快、辐射面广、效率高等特点,为农产品的仓储、运输、集散、配送等提供极为有效的一体化解决方式。农产品现代流通依靠地域广阔的信息网络以及快捷准确的运输配送方式,有效地解决产地和销地之间的物理隔离和逻辑隔离问题,架起生产与消费两个环节之间的桥梁;农产品现代流通的信息化和专业化发展还能够有效降低小而分散的农户盲目生产的损失、仓储的损耗以及运输过程中的损耗,从而降低整个农业产业链的成本;农产品现代流通还能依靠其一体化的发展方式为物流的各环节及各经营主体提供及时、准确的有效信息,提高各经营主体的决策水平,提高整个产业链的经济效益;农产品现代流通还以其标准化的服务方式使各个环节相互协调、准确对接,提高整个农业产业链的运行效率。因此,发展农产品现代流通对于减少市场运营过程中的不确定性和盲目性,有效地提高农产品的流通速度,降低农产品流通的成本和流通损失,提高农产品的流通效益,具有重要的推动作用。

第五,建立现代农产品流通体系,可以不断提高农产品的市场竞争能力。加入WTO后,农业产业的生产经营已经融入国际竞争的大环境下,国内市场国际化的竞争将变得越来越明显。通过对农产品现代流通渠道、供应链组织、物流节点的研究,国家寻求最佳的农产品流通渠道,并对各个物流节点进行合理规划、设计一套有利于调动各方积极性的利益分配及激励约束机制,提高农产品供应链的稳定性,变目前的一次博弈为动态多次博弈,降低农产品流通过程中的交易成本、物流成本,从而大大降低流通时间和在途损耗,提高农产品的价格竞争力,积极应对来自国内外市场的激烈竞争。

第二章
国外农产品流通体系介绍及分析

他山之石,可以攻玉。从世界范围看,各国的农产品流通模式和交易体系都深深烙有本国经济和政治文化的印迹。发达国家的农产品流通模式大多具有流通产业化、市场化、标准化和信息化等特点。目前发展比较成熟的农产品流通模式主要有北美模式、西欧模式和东亚模式。本章对这三种模式的典型代表进行了详细介绍和分析,其中:北美模式以美国的农产品流通体系为代表,以产地直销为特征;西欧模式以法国为代表,以"直销+批发市场"模式为特征;东亚模式以日本和韩国为代表,以批发市场模式为特征。

2.1 美国农产品流通体系

美国农产品流通体系是北美模式(产地直销模式)的主要代表,大约80%的农产品从生产地经过配送中心直接送到零售商处,这大大减少了流通环节,加快了流通速度,降低了流通中的损耗和流通成本。此外,美国农产品流通体系还具有生产规模化、设备现代化以及金融和物流等农业配套服务体系强大等特点。

美国农产品流通模式形成的根本原因是其大农场经营和连锁超市的迅猛发展。美国是一个农业强国,其农产品主产地集中在少数地区,农产品生产区域化程度高。主要的农副产品产地为纽约、华盛顿和密歇根三个州,农产品产地市场比较集中,农场经营规模大,单个农场就可以提供大量农产品。这使得单个农场或协会不需要经过中间环节就可以直接为零售企业提供大批量、多品种的农产品。生产者或生产者团体在产地将产品进行分级、包装处理后,直接送往大型超市、零售连锁店或配送中心,许多大型连锁超市自建配送中心,直接到产地组织采购,省去了很多中间环节。超市或批发商还与农场主或者农业合作社签订合同,以"订单"的形式解决农产品的销售问题。农产品流通在美国农业产值中销售占40%以上,地位非常重要。

2.1.1 组织模式

美国农业产量巨大,但却很少发生农产品滞销的情况,这主要是因为美国农产品流通体系的组织模式合理,各流通主体运作高效,大幅提升了农产品流通的效率。美国农产品流通的参与主体主要有三类:私营和股份制企业,农业合作社和农产品协会,以及政府。

(1)私营和股份制企业

私营和股份制企业包括产地经销商、批发商、零售商、代理商、加工商和物

第二章 国外农产品流通体系介绍及分析

流配送商等。其中,大型超市、连锁经营的零售商左右着农产品的交易。零售连锁通过超级市场的发展,零售商的规模和势力不断壮大,要求货源稳定、供货地直销的流通形式应运而生。

(2) 农业合作社和农产品协会

农业合作社是一个集生产、营销、融资和仓储等多种功能于一体的组织,它是介于政府和企业之间的行业组织。农业合作社在美国有上百年历史,2011年美国农业合作社注册会员有230万人,全职农民约300万人。与农业合作社有业务往来的农民也自然成为农业合作社的股东,股份与业务量呈正比,这保证了运营成本最低。农业合作社的作用和意义体现在:首先,农业合作社具有强大的运输能力,在本地市场饱和的情况下,这种运输能力可帮助农民将产品销往海外。中小农户往往缺乏仓储能力和运输能力,在秋收后需及时将农产品送至临近合作社仓库,合作社再将农产品整合打包出售,在市场上获得更强的议价能力。其次,农业合作社是农民获得产销信息和专业咨询服务的可靠来源。农业合作社掌握当地多年产销数据,在需求方面统一与食品加工厂、超市、餐馆甚至国外进口商洽谈供货协议,减少了食品供应链的不必要环节。另外,农业合作社还对会员提供融资服务。与商业银行相比,美国农业合作社利率并没有明显优势,但其独特之处在于实行股东机制。

美国农产品流通行业协会在农产品流通中起到了重要作用。例如,全美棉花协会由352个会员组成,覆盖了棉花生产、流通、消费、储运等全部环节;大豆理事会由63名各州大豆理事会推举出来的农场主代表组成。这些协会通过对国会的游说来改变国家政策,争取对农业的各种支持措施。同时,这些协会在农产品标准制定、产销信息、食品安全、品牌营销等方面都起到了重大作用。例如美国新奇士橙协会就对会员果实成熟及采收情况用电脑统计,通过周密策划使其产量均匀分布在各个时期,并规定每箱水果都必须留有个人标记,以形成全过程追溯,保证质量。科研方面,行业协会内聘有技术专家,负责收集会员农民在生产实践中遇到的技术难题,然后与公共机构和私人研究机构合作,比如针对大豆病虫害做专项研究等,科研经费由行业协会负责。农产品流通行业协会公关主要是帮助农场主在州政府和联邦政府开展游说活动,将农场主拧成一股绳,形成政治力量,以影响政府粮食政策的制定。美国各种行业协会,如大豆协会、谷物协会等,代表农民与政府进行交涉,为农民提供有力的支持,在农产品产销过程中发挥着积极的作用。美国有近30%的农场主通过合作社出售谷物。

(3) 政府

政府在美国农产品流通中发挥着积极的调控作用。政府对农民生产不加直接干涉,但对公共领域却有严格而有力的规范性措施。他们要求转基因产品必须申报,定期或不定期地检测土壤、河流中有害物质的含量,严格控制养殖场废料的排放。政府还提供权威性的信息服务,以解决供需信息不对称问题。美国农业部农业营销服务局会在网站上提供各州详尽的农产品价格跟踪报告,方便农民了解农价走势。此外,农业营销服务局还为农产品提供分级服务,相当于一种品牌认证。

2.1.2 交易模式

美国批发市场内部交易方式主要以拍卖、代理销售为主。以批发市场为基础,形成了农产品期货市场,如芝加哥期货市场等。由于采用公开拍卖、代理销售(或购买)和期货交易,使农产品市场价格充分反映市场的供求变化。

(1) 农产品期货交易

期货交易所是美国农产品交易的一种组织形式。目前,美国期货交易所的47个品种中,农产品期货包括了小麦、玉米、稻谷、大豆、大豆油、大豆粕、燕麦。交易所通过契约把农产品的质量、数量、买卖货物的时间和地点都进行了标准化,唯一的变数产生于交易所交易大厅中举行的类似拍卖的过程。期货交易在市场上发挥了两种重要的经济作用——发现价格和转移风险。在期货交易过程中,商品的价格被市场预期的供需关系所决定,而供需不平衡的风险通过期货契约的买卖来抵消。

(2) 农产品批发市场

美国农产品批发市场大多数都属于私营或股份制性质。从流通渠道看,美国农产品批发市场有两种,即产地批发市场和车站批发市场。产地批发市场一般位于产地中心,生产者收获农产品后运往用产销地装卸企业的设备进行包装和发货。车站批发市场即销地批发市场,基本功能是接收远方产地的蔬果等农产品,并由批发商通过面对面的协商交易进行分货。

(3) 农场主直销市场

通过农场主向市场直销农产品,对全国范围内的农业生产者来说,是一个重要的渠道,美国的直销市场有许多形式:农场主市场、路边架台市场、社会支持农业市场、农场对学校市场及自选市场。其中,路边架台市场是美国城市里的一道风景,农户可以在规定的时间在城市的街边支起货架,向城市居民直接销售自家生产的农产品。

2.1.3 物流模式

美国具有较为完善而发达的农产品物流基础设施和设备。美国交通运输设施非常发达,公路、铁路、水运四通八达。密集的公路呈网状分布,几乎已经延伸到每家每户的农民家门口。一些从事农产品仓储、加工的企业还建立了自己专门的农产品运输铁路线,方便了农产品的铁路运输。

鲜活农产品装卸输送设备主要有螺旋式等各式输送机、可移式胶带输送机及低运载量斗式提升机。美国在整个农产品物流过程中大量运用冷链技术设备,大大地降低了农产品的损耗率。此外,美国逐渐形成了以信息技术为核心、包含发达的网络与通信设施、以运输仓储技术和包装技术为支撑的现代化物流装备技术体系。

美国农产品物流服务的社会化程度较高。由于农场生产力不断发展,农产品生产规模不断扩大,农场主难以单单依靠自己的力量完成农产品产前、产中、产后的所有相关工作。于是,大批专业为农业生产和流通提供服务的公司和组织应运而生,逐渐形成了较为完善的社会化服务体系,把农产品的生产和供应、农业生产到农产品的收购、储存、运输、包装加工及销售等环节组成了一个有机的整体,这样就实现了一体化的农业。一部分原来必须由农场主亲自动手的工作现在由专门的公司和组织来代替完成,既可以使得农场主集中精力进行农产品的生产,也可以提高农产品流通的效率,降低流通成本。美国的物流主体规模很大,包括政府的农产品信贷公司、销售合作社、储运商、农商联合体、产地市场或中央市场的批发商、加工商、代理商、零售商和期货投机商等组织。他们承担了美国农产品的仓储、运输、流通加工、包装和信息服务等物流功能。

2.1.4 加工模式

美国实现了农业产业加工一体化。尽管美国农场主并没有为工厂主提供农产品的责任,工厂主也没有义务收购农产品,但两者却通过合同的形式形成了应有的依赖关系,双方利益通过农场主的产品销售需要和工厂主的加工需求而联系在一起。此外,还有一种依赖关系体现在生产者与机械制造商及相关者要联合起来加工农产品,例如,加州佛利斯诺县的奶酪加工厂就是由11个大牧场主、奶酪加工机械商联合办起来的美国最大的奶酪加工厂,由115个奶牛厂提供牛奶。

美国农产品加工模式的突出特点就是农产品加工布局的合理性。农产品加工商都有固定区域提供农产品，在同一区域内，一般只有一家加工某品种农产品的企业，避免了不同企业之间的恶性竞争。例如，加州的牛奶加工厂有数家，而互相之间没有干扰，其竞争只体现在产品加工成成品后在市场中所体现出的份额。

2.1.5 包装模式

美国农产品生产旺盛，消费者农产品支出增加，也促进了农产品包装市场的迅猛发展。与此同时，由于展示型包装一方面可以节省劳动成本，另一方面又可以更好地展示刚采摘的即食农产品，因此受到零售商和消费者的青睐，进一步带动了农产品包装市场的发展。

美国农产品包装有多种形式。首选的包装形式是瓦楞纸，其最大的优势在于性价比高。其次是塑料容器，近年来这种包装的增长速度最快，对瓦楞纸包装造成了一定的竞争压力。塑料容器得到迅速发展的原因来自于以下几个方面：一是塑料容器可循环使用；二是浆果产销量持续增长，塑料容器能更好地保持浆果的品质；三是塑料容器在农产品零售和饮食服务业中的应用越来越广泛；四是消费者对食品安全的关注度增加。

从农产品种类来看，对包装需求增长速度最快的领域是水果和色拉。推动水果包装发展的原因在于，人们越来越看重健康饮食结构，使得水果消费量增加；同时，浆果由于具有抗癌和抗衰老功能而备受欢迎。色拉包装增加的原因在于，随着美国市场新鲜蔬菜产量的增加以及消费者对即食和即烹产品需求量的增加，超市及其他零售商供应的即食色拉日益增多。

2.1.6 食品安全模式

美国是一个十分重视食品安全的国家，种植业基本实现了标准化生产。有关食品安全的法律法规包括《食品质量保护法》《公共卫生服务法》《联邦食品、药物和化妆品法》《联邦肉类检查法》《禽类产品检查法》《蛋类产品检查法》等，涵盖了所有食品和相关产品，为食品安全制定了非常具体的标准以及监管程序。这些食品安全法律、法规及政策都考虑了风险，并有相应的预防措施，体现了美国农产品安全体系重视以科学为基础的风险分析和预防。在美国，主要负责食品安全管理的机构有食品和药品管理局（FDA）、美国农业部食品安全检查局(USDA/FSIS)和美国国家环境保护机构(EPA)等。

联邦政府负责食品安全的部门、地方政府的相应部门,以及行业协会、农产品行业相关企业一起,构成了一套有效的质量安全保障体系,对食品从生产到销售的各个环节实行严格把关。首先,美国政府在食品安全方面的作用是制定合适的法规和标准,监督企业是否按照这些食品安全法规和标准进行食品生产。联邦机构以及州和地方政府采取的一些措施,无论是现代化检验系统还是从田间到餐桌运动,都尽可能地利用资源,有效地保护公众避免食源性疾病。其次,行业协会作为企业主的利益集团,代表企业界的各种利益,在农产品安全管理方面扮演重要角色,其主要职能包括:通过技术援助、业务培训等项目帮助企业改善经营业绩;制定行业规范和标准,进行资质审查和发放行业许可证等。最后,企业在农产品质量安全控制方面的作用在于:企业是市场责任主体,以自己的信誉来向消费者担保。无论是生产企业,还是销售商都很注意自我约束,注意对食品安全进行自律式监管,通过销售高质量、安全可靠的农产品来获得利润。企业之所以在食品安全管理方面有如此高的自律能力,原因在于政府监管和媒体监督十分严密,一旦出售劣质产品被曝光,商家声誉将会严重受损,影响消费者信心以及投资商信心,所以"精明"的商人不愿意冒险销售劣质农产品。

2.1.7　信息管理模式

美国农业已经基本实现信息化,互联网在美国农村的普及率很高。根据美国农业部的调查,2007年,使用互联网的农场达到了约60%,这使得电子商务在美国农产品流通中占据重要地位。2003年以来,美国通过电子商务渠道销售的农产品的金额以25%的速度增长。

同时,美国拥有完善的农产品市场信息发布体系,由美国农业部农产品销售局负责收集农产品市场信息,并且主要利用网络发布信息。在美国,农场主在家中就可以了解气象资料、市场供求信息、农产品期货价格等情况,还能进行网上交易和咨询等活动。计算机网络技术在农业领域已经得到广泛普及,通过网络来共享网络中的信息资源,实现了生产者、运营者和销售者的计算机联网。值得一提的是,芝加哥期货交易是农产品各市场主体了解市场行情、获取价格变化信息的直接窗口,它已经是世界农产品价格的形成中心,对全世界的农产品价格走势都有导向作用。方兴未艾的农业网站、信息咨询公司也为农民了解信息提供了方便的途径。在美国,有近500家提供农业信息服务的商业性系统,农户可以通过这些信息咨询公司和大量的农业网站方便地了解自己所需的各种信息。

在美国,现代信息技术,如 EDI 技术、POS 技术、条码技术、视频技术及 EOS 等电子商务系统在物流过程和交易活动中得到广泛应用。在结算方面上,已基本实现了电子结算和集中结算。另外,美国通过使用条形码技术建立了追踪系统,对产品供应链的物流流出状况和上游流入农产品的质量安全进行回溯,流通效率相当高。

美国还出台了关于农业信息化的法律,保证信息的真实性和有效性,保护知识产权,维护信息主体的权益,并积极促进信息共享。

2.1.8 供应链模式

从整体上看,美国的农产品交易市场体系可以分为三种,即产地市场、车站批发市场及零售市场(包括超级市场及连锁店),其体系结构图如图 2.1.1 所示。美国农产品 78.5% 从产地通过配送中心,直接到零售商,而车站批发商销量仅占 20% 左右。由于渠道环节少,农产品流通速度快,成本低,从而大大提高了渠道效率。

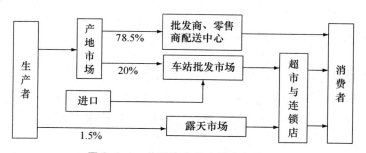

图 2.1.1 美国农产品交易市场体系

产地市场一般位于集中产地中心。生产者收获农产品以后,自己运到市场,利用产地装卸企业的设施,进行按等级筛选、包装和发货等工作。

销地批发市场分布在大城市。销地批发市场又称车站批发市场,主要是因为美国公路、铁路运输产品常能迅速运往大城市车站,形成城市农产品集散市场。美国的农产品地并非集中在城郊附近,而是分布在遥远的专业化生产区域,因而车站对农产品价格的形成具有主导作用。位于城市里的车站批发市场的主要功能是接收远方产地运输过来的蔬菜、水果,分送到各个零售经营者。零售市场包括超级市场及连锁店,它们具有低廉的零售价格,这缘于超级市场零售业务的高效率。高效率的流通来源于大型超级市场的迅猛发展,它大幅度削减了批发商、中间商数量,从而减少了劳动力成本。

美国农产品流通的渠道短、环节少、效率高。全美果蔬类农产品约有近80%从产地经物流配送中心,直接到零售商批发商的销量仅占20%左右。由于流通渠道短、环节少,农产品流通成本低,从而提高了流通效率。

2.1.9 服务模式

美国农产品流通的服务性渠道组织齐全。为配合农产品高效流通,产生了许多专门为农产品交易服务的渠道组织,如装卸公司、运输公司、加工和分类配送中心及银行等。发达的高速公路网络和现代化的运输保鲜设施,为产地直销提供了技术保障。

美国农产品流通的社会化服务体系健全。美国有着发达的物流、金融等服务体系和强大的基础设施平台,形成了完善的农业社会化服务体系。伴随着农业生产力的发展和农业商品化程度的不断提高,传统上由农民直接承担的农业生产环节越来越多地从农业生产过程中分化出来,发展成为独立的新兴涉农经济部门。这些部门同农业部门之间通过商品交换或者通过合同或其他组织形式相联系,在市场机制作用下,为农业提供产前、产中和产后全过程的服务,同农业生产结成了稳定的相互依赖关系,形成一个有机整体。

2.1.10 品牌建设模式

品牌农产品具备无公害、无污染、反季节、工艺性、风光性、保健性和口感好等条件,只有高质量的产品才能成为品牌。美国农产品品牌化的首要保障措施就是严格把关农产品质量安全,通过政府、行业协会以及相关企业的协力合作,构建完善的质量安全管理体系。此外,美国注重农业科技投入,大力开发品牌产品。美国联邦政府用于农业科技研发的投入约占联邦政府研发总投入的2%,主要用于基础性研究和应用性研究上。美国依靠强大的国家农业科研机构、国家对农业科学研究和推广的投资确保了自身的食品安全和质量保证。美国政府还十分重视农业科研体系建设,并拥有一批高素质的科研队伍和运作高效的科研机构。

政府大力扶持"品牌农业"。2002年的农业补贴支出当年新增34亿美元,总额达208亿美元,至2007年,农业补贴总额共达到1 185亿美元,新增额度高达519亿美元。巨额农业补贴一方面提升了美国农产品品质,另一方面降低了农业的生产成本,使得美国的农产品具有价格优势,进而推动了美国农业经营向规模化、专业化和现代化方向发展。

2.1.11 国际化模式

在美国,政府对农产品的国际化进行大力支持,例如,通过资金鼓励农协对农场主进行技术培训;鼓励农产品出口,实行商业出口信用担保计划、国际市场开拓计划等政策。这些政策,提高了美国出口农产品的国际竞争力,提高了相关企业进行农产品出口的积极性。美国是粮油作物、动物产品生产和贸易大国,每年近50%的粮油作物和40%的动物产品用于出口。

（1）小麦出口

美国是小麦生产和出口大国,小麦年产量约为6 000万吨,出口量占其年产量的一半左右。所产小麦的大致去向是近50%出口海外,30%以上用于国内食品消费,近10%用作牲畜饲料,5%作为种子。

小麦出口市场存在公开招标、私下招标、公开市场三种方式。出口海外的小麦所经港口有四大块:一是墨西哥湾港口,美国小麦出口的近一半经由该处的港口;二是西岸的太平洋港口,约44%的出口小麦经此装船;三是大湖区和圣劳伦斯海道,经此出口的小麦占全美小麦出口的5%;四是大西洋港口,经此出口的小麦仅占全美小麦出口的2%。

美国小麦出口商通常分为三类:一是大型私人跨国公司。此类公司组织形式一般是垂直型的,并在主要小麦进口国都设有代表处。二是中小型私人跨国公司。此类公司并不直接拥有或经营主要的谷物储运设施,但拥有一个国际性的进口国小麦代理代表网络。三是合作制小麦经销公司或麦农自己所有的合作社。

（2）玉米出口

美国是世界最大的玉米出口国,近十年出口量占世界出口总量的50%以上。俄罗斯曾是美国玉米的最大买主,每年进口量达到800万—1 000万吨,现已基本不再大量进口。进口美国玉米的主要国家是日本（每年进口1 500万吨）,墨西哥和我国台湾地区每年分别进口500万吨左右。亚洲其他国家如韩国、马来西亚、印度尼西亚等和东欧国家也是美国玉米出口的重要市场。

（3）大豆出口

美国是世界最大的大豆生产国,每年生产大豆约25亿蒲式耳,占全球生产的一半以上。所产大豆达150多种,62%用于国内消费,33%用于出口,5%

用于种子、饲料等,其余的用于储备。美国也是世界上最大的大豆出口国。每年大豆产量的40%用于出口,年出口量在2 400万—2 800万吨之间。美国有相当数量的农场主专门为出口而种植大豆,国际市场的需求和行情变化直接影响美国大豆的生产。

2.1.12 美国批发市场运营系统和案例

目前,美国有44个大型农产品批发市场,其中16个市场由民间投资资本创立,14个市场属于政府和其他共同投资方式创立。19个属于州政府,11个属于民间法人,5个属于个人,4个属于市政府和其他。

为了保证果蔬产品的公正交易,PACA法制定于1930年,让交易者遵守其协约,解决纷争。简单说,PCAC法是美国果菜产品流通的基本法。根据PACA法,年经营额在23万美元以上的经办果蔬流通业者应该要获得美国农林部的许可,他们会实行严格的管理审计,政府发现在业者做不公平交易行为的时候,会吊销执照和罚款。由于果蔬有腐烂的可能性,PACA法的基本内容就是处理交易过程中可能发生的纷争,保障买卖者的权利和商品迅速地交易。

1. 美国新奇士种植者公司

(1) 成长过程

新奇士于1893年创立。从1907年开始为了促销橙子展开广告活动,那时第一次打出"太阳之吻"(Sun kissed)的广告语。1908年,新奇士组合把"Sunkist"创建为新奇士橙子的使用品牌。新奇士很早就参与农产品的加工和出口事业,"交易所副产品加工公司"于1915年成立,新奇士通过它加工低品质的柠檬。1920年新奇士又成立了"交易所橙子加工公司",进入了加工领域。

从20世纪20年代到30年代,新奇士开拓出口市场,追求事业多元化和全球化,这使新奇士成为了世界闻名的农产品品牌。1952年,新奇士因在市场上有极大的影响力而改名了"新奇士种植者公司"。

新奇士橙子销售的迅猛发展已使其成为了跨国公司。2004年,通过子公司Sunkist Global,新奇士把智利、南非的柠檬和橙子流通到日本和中国香港市场,把澳大利亚的橙子流通到了加拿大。通过全球采购,新奇士能够满足消费者的需求并且强化公司的供给系统。

(2) 组织形态

1893年,由于美国橙子价格持续下降和渠道扩张的困难,加利福尼亚州的橙子生产者建立了南加州交易所,即新奇士联合会的雏形。

新奇士公司(联合会)由地区交易所和地方协会构成。地方协会可以成为地区交易所的成员,地区交易所也可以成为新奇士的成员,并且参与选举公司董事长。各地方协会运营综合性的农产品商会,并且利用地方品牌或各自品牌生产产品。地域交易所给地方协会的综合商会提供了市场进入机会,新奇士经办的橙子产品量是加利福尼亚州和亚利桑那州生产量的65%,在柠檬市场上,新奇士占据70%—80%。

新奇士的生产组织成员有大约6 000名,其中3 000名是地方协会会员,另外一半是地域交易会员。另外,60个综合商会、28个的地方协会、24家综合公司和17家地域交易所都属于新奇士公司。每3年新奇士公司就会举办全国性会议,在会议上根据业绩选举出各个地域的董事长,董事长拥有公司的代表权,但是实际上的经营权归于总经理,这意味着新奇士实施的是所有权和经营权相分离的现代公司经营制度。

(3) 品质和品牌管理

根据商品品质,新奇士公司把其品牌分成了特级(Sunkist)和高级(SK),把等级分成了优质(Fancy,50%—60%)、精选(Choice,30%)和标准(Sandard)等。并且按照大小分成9个级别,其中最小和最大的橙子属于加工用产品。品牌竞争力的核心就是商品的品质和口碑,新奇士公司特许品牌使用费的收入达到加工销售额的8%。

从1907年开始新奇士公司展开了一系列广告活动,广告战略是向公众传达其优秀的品质信息和形象。为了扩大橙子消费,新奇士提供了橙子加工和食用方法等信息。新奇士联合会为了加强品质管理,激活了品质管理部门的功能,该部门的品质监督员经常巡视包装和作业现场,从而监督和指导产品的质量管理。新奇士公司在商品的包装上登记新奇士公司和包装中心的品牌,从而强化了包装中心之间的竞争。

(4) 销售方式

新奇士公司在销售方式上的特色主要体现在以下几个方面:

第一,新奇士公司提供完善的合同和结账方式,提前确定商品仓储面积和生产者的销售协约,合同中的价格根据销售情况、费用情况和产品的等级情况来确定。

第二,多元化的发货渠道,中间商(批发商)占据20%,而直接发货商占有80%。

第三,流通信息化的革新。早在1993年,新奇士对开发的系统(Kirkey

System)投资1 400万美元,就可以实现全流通信息(库存量、作业日程和需求预测等)的记录和共享。

第四,新奇士除直接生产以外,还利用委托加工方式和来样加工方式生产。新奇士以"品牌+委托"生产方式,收取原料费用和品牌使用费。

2. 纽约狩猎点农产品批发市场

(1) 概要

1967年,从华盛顿市乔迁后,纽约狩猎点终端市场(New York City Hunts Point Terminal Market)重新开业了。市场基地113 025平方米,建筑总面积是22 623平方米,市场批发商店数量是272个。该市场的开市时间为每晚21:00至第二天的14:00,交易高峰时间为06:00—09:00,需求旺季为6月和7月。

纽约狩猎点终端市场每年交易商品达到20亿美元以上,参与批发公司是70多家,共有50年的使用权,其费用是大约2 400美元/每3年,每年水果类的总利益额达到20亿美元,其规模是3 000万吨,交易商品也是大约2 000多种。

(2) 交易方式

市场交易以箱为单位,陈列在店铺的货架子上,进行买卖或委托交易。买卖方式是指事先与出货者确定价格,把批发商收购的产品加价7%—8%左右卖给零售商。委托销售方式是指出货者把产品委托给批发商,通过自由贸易出售给零售者或采购者,委托者从出售者可以拿到15%左右的提成。

市场上大部分使用买卖方式。在买卖销售确定价格时,发货人通过电话或传真,发给批发商有关发货的内容,包括货物数量、等级和希望价格等。双方对交易条件达成一致,意味着合同成立。

(3) 价格信息和进货总量

农产品流通局所属的职员,以长期入住在市场的批发商人为对象,调查交易方式和价格等,并把调查结果公布在早上的市场新闻中。市场批发商参考发货人或昨日的新闻,预测出当日价格曲线。当日的价格是由市场上的新闻来决定的。

(4) 市场进出方式

市场有出入限制管理。进入市场需要ID调查、购物门票、车辆登记ID卡。不具备车辆出入证的车辆,需要收取入场费,时间无限制。对于个别进出口,发货车辆入场时把运单提交给收费站,支付发货总量相关的手续费。

(5) 运营管理体系

纽约狩猎点终端市场在1967年到1985年之间由纽约市负责市场管理。

从 1986 年开始由代表批发商组成的工会(COOP, Hunts Point Produce Cooperative Association Inc.)来负责市场管理。该工会向纽约市缴纳每年 3.6 亿美元的管理费用。ABS 管理公司负责停车场等设施管理,专门的废弃物管理公司负责市场的清洁管理。

纽约狩猎点终端市场工会的收入还来源于租金、市场入场费、违法停车规定收罚款和交易佣金等。市场里有大概 70 个批发商,他们可以选举工会会长。只有工会会员,才可以进行市场运营与管理,管理中的重大事情与纽约市进行协商以后再决定。

3. 美国洛杉矶批发市场

(1) 市场概况

在美国洛杉矶,洛杉矶农产品批发市场、第 7 大道批发市场和第 9 大道批发市场都聚集在一起。市场规模为 35 500 平方米,拥有共 20 处大型批发商,以其现有市场规模拥有共 60 处中小型批发商。最新建造的批发市场创立于 1986 年,由 5 个大楼构成,每一大楼规模为 18 平方米,容纳 100 个店铺,其中的 90% 具备冷链设备。

(2) 市场运营

洛杉矶农产品批发市场是由共 16 名设备股东组成的个人公司。市场的批发商代表由 9 名批发商组成,该市场运营取决于该委员会的决策。批发市场一般从全国 30 州及海外 40 个国家进货,进货时间为下午 17:00—24:00,交易时间为凌晨 1:00 至 04:00—05:00。

(3) 交易形式

通过市场上的托运者和批发商进行谈判,委托交易和买卖交易并行。各批发商可以有不同交易方式,并且不被公布。蔬菜委托交易比率达 30%—40%,仅次于水果的委托交易比率。委托佣金仅为 18%—20%。各公司销售收入的调查工作由美国农业部(USDA)承担责任,从 2002 年起不对外公布。批发商通过电话订单及网上订单来分析交易动向、规模和可信度,之后进行定价。少量的产品规模通过现场交易完成,大量规模的农产品是在市场附近的冷链仓库进行交易(离市场 10 分钟的距离)。

(4) 等级及质量管理

农产品包装和质量标准以州为单位。为追踪货物,要求在包装时注明生产商信息,包括包装中心、地址、数量和等级。政府的检察官在批发市场随机抽查,在包装中心以县为单位对农产品质量进行监督管理。

2.2 法国农产品流通体系

法国的农产品批发市场是西欧模式("直销+批发市场"模式)的主要代表。法国是欧盟最大的农业生产国,也是世界主要农产品和农业食品出口国。蔬菜、水果种植面积分别为30万公顷、16万公顷,年产蔬菜600万吨,水果300万吨,出口蔬菜、水果86万吨和137万吨,进口蔬菜、水果150万吨和280万吨,加工蔬菜、水果150万吨和140万吨,农产品物流量很大。

法国农产品流通体系的显著特点是完善的现代化大型农产品批发市场。如巴黎郊外的汉吉斯国际批发市场,占地达232万平方米,建筑面积达50万平方米,是目前世界上面积最大的批发市场,是一个以法国为中心,并把周边西欧诸国纳入商圈范围的食品流通据点。法国农产品流通范围涵盖了德国、西班牙、意大利、荷兰等国。

2.2.1 组织模式

传统上,法国农产品的流通体系主要以产地农合组织和销地批发市场构成,并以农产品批发市场为核心。随着大型零售企业的出现,一部分农产品流通功能也由大型零售企业所构建的销售渠道所承担,大型采购中心越过批发企业直接从农产品生产者或者农业合作组织采购农产品,使得批发市场的交易量与交易额呈现下降趋势。

法国农产品批发市场在农产品流通中起着重要作用。由政府来建设和管理农产品批发市场。为改变农产品批发市场的落后面貌,改善大中城市的交通状况,法国政府对农产品批发市场的建设和监管都进行了统一规划。首先,对农产品批发市场的建设进行统筹规划与合理布局,在全国投资建设了20个国家级农产品批发市场,市场所占土地和基础设施为国家所有。其次,政府对批发市场实行区域保护政策,即以批发市场为中心,划定一个合理的商圈,在商圈之内禁止建设其他农产品批发市场,商圈内原来的批发企业或者要求其迁走或者要求停业,之后给予补贴。除此之外,委托地方政府或管理公司对批发市场进行规范化管理。如汉吉斯市场,由国家任命董事长,国家的农业部、商业部都派出人员进入董事会,以行使其对农产品批发市场的管理职能。这样的建设和管理方法极大地促进了法国的农产品流通的规范化和规模化。

法国农业合作社对法国农产品流通现代化作用不可替代。法国的农业合作社产生于19世纪末期,20世纪80年代以后,合作社规模逐步扩大,数量减少,经营内容从共同购买生产资料、销售农产品、获得技术和信息等方面的服务,扩展到加工、储藏与销售领域。到2004年,法国已有3 500个各类农业合作社,全国40.6万个农户中有90%为合作社成员。农业合作社在法国农业和食品业领域占据着举足轻重的地位,合作社收购了全国60%的农产品,占据了食品加工业产值的40%,全法国40家最大的乳品企业中有25家是合作社。在葡萄酒行业中,全法国有867个葡萄酒酿制合作社,其葡萄酒产量占全法国总产量的52%。法国通过3 500个合作社就带动了近90%的农户,形成了670亿欧元的产值。

经过100多年的发展,农业合作社的规模逐步扩大,为社员提供的服务也从最初的技术、采购、销售,扩展到从产前、产中到产后农民生活的各个方面。具体的服务内容有:

① 农业生产资料(种子、化肥、农药)的生产、采购和供应;
② 生产过程的技术服务,包括土壤成分分析,农作物的生长管理,化肥、农药使用的时间、数量指导,动物营养和保健等;
③ 统一建立农产品质量标准,并负责这些标准的落实;
④ 共同使用农业机械;
⑤ 统一进行农产品的贮藏、运输、加工和销售;
⑥ 信息服务,包括市场信息、法律咨询等;
⑦ 农业科研服务。

例如,法国香槟地区的一家谷物生产合作社由9家合作社改组建立,社员经营面积达75万公顷,为社员提供从种植到生产,再到加工、销售的全方位服务。合作社建有物流中心,103个农资供应站分布在不同的区域内,向社员提供种子、化肥、农药及植保产品。合作社有6 300块试验田,技术人员通过对土壤成分的化验,向社员提出最佳化肥施用品种比例和施用量的建议,对市场上出现的新肥新药进行试验后再向社员推广,提供种植环节的技术服务。合作社建有网站,向社员发布产品市场信息、病虫害的发生情况及防治办法等信息。合作社拥有164个粮库,每年收购粮油250万吨,并通过合作社集中贮存后选择价格最高时出售,避免粮食集中上市给社员造成损失。合作社还向社员提供加工、销售和科研服务,收购的粮食有35%经过加工增值后再销售,大大增加了社员的收入。

近年来,随着大型零售商的迅速发展,大型采购中心越过批发企业直接从农产品生产者或者农业合作组织采购农产品,使得批发市场的交易量与交易额呈现下降趋势。目前,通过销地批发市场销售的水果蔬菜只占总销售量的24%。批发市场不得不转变经营方式,寻找新的客户,餐饮、学校及单位食堂成为批发市场的重要客户。根据法国批发业贸易协会统计,农产品批发市场的客户结构为:大型零售超市占43%,其他零售商占38%,餐饮业等约占19%。法国农产品最终消费中,通过大型超市销售的占74.3%,通过集贸市场销售的占18%,通过其他小商业销售的占6%。

2.2.2 交易模式

法国的农产品交易方式具有传统与现代相结合的特点。从交易时间的角度看,多为现货交易。法国农场生产的农产品,通过产地批发商、农协或者生产者集团直接运输到第一批发市场,进行委托销售,多采用面对面协商议价方式成交。交易中,卖方是一级批发商,买方是二级批发商、该城市的零售商和从事食品行业的人员(也有允许一般消费者进入参加交易的批发市场)。作为买方的二级批发商可以自由地从多家卖方中选择最合适的,与之进行协商、决定价格,所以同一商品的价格因卖方和交易量的不同而有差别。针对供不应求或容易腐烂的产品,较多通过拍卖的形式完成交易。法国农产品在第一批发市场中形成的交易价格便是法国的蔬菜和水果批发价格。这是法国传统的批发市场流通的基本形态。第一批发市场有众多的卖方和买方,在完全竞争的情况下进行交易。除了批发市场中较为传统的交易方式,大型零售商的迅速发展也使得期货等交易方式得到应用,大型采购中心越过批发企业直接同农产品生产者或者农业合作组织签订采购合同,可以稳定产品供求关系,减少流通环节过多带来的需求和价格波动。

2.2.3 仓储模式

法国是欧盟国家中农产品物流最发达的国家之一,也是当今世界的农产品出口大国。法国农产品仓储经营的模式多为公司制一体化仓储模式和合同制一体化仓储模式。其中,公司制一体化物流模式是指法国的工业、商业和农业企业,通过公司之间的参股、控股共同实现对农产品在流通各环节中的仓储,提高农产品经营效率,同时降低农产品物流费用。合同制一体化物流模式主要是以一两个工商企业为核心(少数以合作社或大农场为核心),通过合同关系,把有关的部门组织起来,从而形成的一种综合体。

2.2.4 配送模式

由于法国农产品的流通模式具有现代与传统相结合的特征,因此其物流配送模式也兼有传统和现代的特点。以批发市场为核心的流通方式中,农产品在各个流通主体之间的配送由各主体完成或委托第三方运输公司参与。法国已经形成了较为完善的冷链运输系统,因此即便是在传统的流通体系下,也能够较好地保证农产品流通过程中尽量少地出现质量损耗。对于大型零售企业主导的农产品流通方式中,往往由核心企业主导或委托专业物流公司完成各环节的配送服务。在该模式下,企业能够将产地和销地有效地联系起来,其配送主要由需求拉动,配送效率和专业化程度较高。

2.2.5 加工模式

法国农业产业链条较长,农业加工企业多达 1.3 万个,是法国工业体系中最大的行业,凡是适宜加工的农产品绝大多数都实现了一体化经营,加工后的农产品一般增值 1—2 倍,高的达 10 倍以上。法国农民的生产经营活动主要是依靠农业合作社和农业协会等专业组织。通过合作组织和农业协会,把分散的农民产前、产中、产后各项经营活动有机联系起来,使农业生产、加工和流通等环节利益相互联结。法国农产品产后加工能力在 70% 以上,加工食品约占饮食消费的 90%;而我国农产品加工转化率只有 40% 左右,加工食品仅占饮食消费的 25% 左右,初级加工较多,精深加工较少,综合效益低。农产品精深加工是提高农业附加值和市场竞争力的必然选择,是增加农民收入的有效途径。

2.2.6 包装模式

对农产品的包装是农产品商品化的起点,也是农产品物流的重要环节,对提高农产品流通水平至关重要。20 世纪 50 年代,法国颁布了一项称为"国家公益市场网络"的政令,这是法国农产品批发市场现代化建设的一个重要法律。政令认为,减少农产品和食品的流通环节,是法国政府确定的一个重要目标。一是减少农产品销售流通过程中的费用,二是将各流通环节交易明朗化。为此,政令解释说,流通环节需要通过现代技术对交易以及运输进行合理配置,大力改善食品的包装、搬运以及对连锁冷藏的管理。根据供需地理上的位置,如产地和批发、零售集团之间的供需情况,对布局进行合理集中。而流通环节交易的明朗化,主要在于确定好批发流通各环节产品的质量,包括产品包装要符合公认的标准,从而成为商品化的产品。为了保证产品安全质量,法国特别重视包装上的产品标识,从而向消费者保证产品的质量或来源。法国农产品的农场(农户)主要有三种包装标识可选用:一是"原产地命名控制"(AOC),使用"地理保护标识"(LGP);二是使用红色优质标签,这是一种名、优、特品质的保证;三是使用"产品合格证"(CCP)。

2.2.7 食品安全模式

在法国,农产品的标准化生产受到高度重视。农产品标准化生产对商品流通至关重要。大流通实现了农产品数量不断增加,消费需求又进一步促进了农业生产的工业化。政府通过一系列文件立法,规定农产品的质量、规格标准、种类和等级,规范流通环节的物流企业、批发市场、批发和零售商人行为。如烈性酒不能超过43度,水果不能喷有害于人体健康的农药,动物饲养不能使用雄性激素等。

法国政府还对农产品质量安全进行严格管理,农业部主要负责对农产品生产领域质量安全的管理,经济财政与工业部主要负责农产品流通领域的质量安全管理。农产品生产与经营者对农产品质量负完全责任,国家只进行抽检,抽检的内容包括质量和农药残留。法国政府把批发商分为三类进行检验检查:第一类是比较安全的,经济财政工业部竞争、消费、反舞弊局与行业公会签了约,检查市场的内部检验检测机制,并认可其机制;第二类是没有签约,但是获得了ISO认证;第三类是没有自我检查机制,也没有获得任何认定的市场。对第一类和第二类市场,国家三年进行两次抽检;对第三类市场,抽检的频率不确定,根据需要随时抽检。对农药残留,法国政府还制订了两种风险监测计划,一是根据欧盟指令,跟踪监督;二是根据法国法律制订检查计划。在法国共有8个国家实验室,可以对3 500份样品进行检验。对违反农产品质量安全的处罚有两大类:一是行政处罚,即对不符合标准的可用行政命令要求达到标准或限期改正;二是刑事处罚,收缴产品或销毁产品,也可以起诉,最高可判两年监禁,并罚款3.7万欧元。

2.2.8 信息管理模式

目前,法国农业部门从上到下都各自具备信息数据库以及计算机局域网和广域网,且省农业部门一般配置有计算机及服务器等设备。非政府组织(如中央农业商会和营利性信息机构等)也建有各自的信息数据库、计算机局域网和广域网。大多数专业技术学校配备有计算机室,给学生、农场主讲授计算机操作技能以及上网查询信息的方法。政府曾免费向农民提供"迷你电脑",便于农户查询气象预报、交通信息及行业和商业数据等。政府将普及互联网行动与农村文化娱乐活动联系在一起,建立了"因特网接力点",使每个青年农民都可以上网获取信息,或者进行工作、娱乐,以此达到提高农民信息技术素质的目的。

2.2.9 批发市场管理模式

法国农产品批发市场建设的特点是重视规范立法,将建立批发市场流通体系视为国民经济的重要基础设施,由政府主导建立。自从1953年颁布了"国家公益市场网络"政令之后,几十年间通过不断颁布修改法律形成了严格规范的农产品流通体系,其基本思想是减少农产品和食品的流通环节,降低交易费用,将流通环节明朗化。其措施是建立国家利益市场,政府首先对地方政府、商会和农会进行咨询,而后由农业部、商业部、财政和经济事务部、运输和旅游部、内政部、城市建设部等多部门部长联合提出相关报告,最后由议会主席和有关部长签署发布。国家利益市场的可行性研究、建设和管理工作交与地方政府或相关公共机构完成,或者允许地方政府或公共机构对有关企业参股。

大型零售商的迅速崛起使得一些批发企业倒闭,批发市场的交易量与交易额也呈下降趋势,大型采购中心可以越过批发企业直接从农产品生产者或农业合作组织采购农产品。据法国批发业贸易协会2006年统计,农产品批发市场的客户结构为:大型零售超市占43%,其他零售商38%,餐饮业等约占19%。法国农产品最终消费中,通过大型超市销售的占74.3%,通过集贸市场销售的占18%,通过其他小商业销售的占6%。大型采购中心直接从农产品生产者或农业合作组织采购农产品,开始阶段对农民安排生产、出售产品提供了方便,但是实行的时间长了,容易形成超市对农产品价格和市场的垄断,当农民意识到这个问题时已经无可奈何,已经完全依附于超市了,政府公共权力也不容易干预。

2.2.10 零售市场管理模式

法国农产品市场营销方式是多种多样的。在零售环节除了超市以外,还有各种各样的便利店、肉店、菜店,特别是还保留了相当数量的集贸市场。例如,巴黎市政府规定,全市20个区,每个区至少要建一个集贸市场。据介绍,这已经成为区政府必办的一个事项和重要"政绩"。巴黎市政府做出这一决策的出发点,一是保护中小工商业者的利益,增加就业岗位;二是鼓励不同类型营销方式和企业之间的竞争;三是方便居民就近购买,尊重消费者的选择;四是聚集人气,为居民提供相互沟通、交流和休闲的场所。

2.2.11 供应链模式

法国的批发市场分布在大中小城市里,属于典型的销售地批发市场。批发市场分为一级批发市场和二级批发市场,如图2.2.1所示。

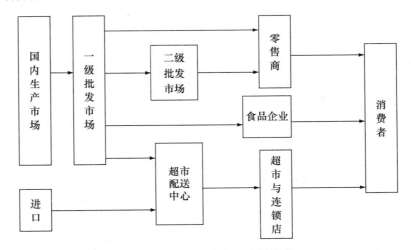

图2.2.1 法国农产品流通模式

一级批发市场,通常开设在全国的大城市,农场生产的农产品通过产地批发商、农协或生产者集团直接运送到第一批发市场,进行委托销售。第一批发市场拥有众多的一级批发商、二级批发商和进口商社。在交易中,卖方是一级批发商,买方是二级批发商、该城市的零售商和从事食品行业的人员。

二级批发市场,开设在中、小城市,批发从一级批发市场的进货。买方是在本城市设有店铺的零售商。二级批发市场的作用是作为城市批发商将货物从一级批发市场运送到本市场并在此批发给大规模的零售店。

2.2.12 服务模式

法国的农产品批发市场配套服务功能十分完善。法国汉吉斯市场,除正常的贸易成交外,还为农产品提供储藏、运输、加工的后勤保障,因具有完善的冷链系统在世界上被称为最大的冷链。另外,市场的清运中心每天24小时都可以为易腐烂产品提供清运服务;市场建有能力达14万吨的年处理废弃物焚化厂;配有一家4.5万平方米的供暖设施;有运输机构155家,银行信用保险机构45家,饭店48家,另有政府及社会有关部门如警察、海关、消防、铁路、邮局等机构进驻场内,提供现场服务。整个市场就像一个小城市,各种服务设施和机构应有尽有。除此之外,法国政府对食品安全有一整套严格的法规,要求批发市场制定并实施卫生和食品安全管理战略,明确批发市场在监管过程中的责任,而批发商必须对所有产品的"可追溯性"负责。

2.2.13 融资模式

为解决短期资金周转问题,法国建立了互助性质的农业信贷地方金库。1920年,法国政府设立了国家农业信贷管理局,1926年改名为国家农业信贷金库。法国农业信贷银行的结构呈金字塔形,底层是3 009个地方金库,中间是94个区域金库,上层是国家农业信贷金库。国家农业信贷金库是官方机构,是联系国家和农业互助信贷组织的桥梁,受法国农业部和财政经济部的双重领导。

法国农业信贷银行的业务包括对个体农民的长、短期生产贷款、对地方公共事业的贷款、对农业合作社的贷款和家庭建房贷款等。此外,还办理一些特别贷款,如为鼓励青年农民和海外移民创办一定规模的农场,为发展畜牧业,为实现农业生产现代化的贷款和农业救灾贷款等。法国农业信贷银行集团先后在一些国家和地区设立分支机构,其分支机构遍及全球60个国家(主要在中东和东南亚地区),拥有7 679家分行,服务客户1 600万个。除提供基本的商业银行业务外,还通过其子公司提供广泛的金融服务和保险产品。

2.2.14 发展模式

法国农产品批发市场建设的特点是重视规范立法,将建立批发市场流通体系视为国民经济的重要基础设施,由政府主导建立。建立国家利益市场,政府首先对地方政府、商会和农会进行咨询,而后由农业部、商业部、财政和经济事务部、运输和旅游部、内政部、城市建设部等多部门部长联合提出相关报告,最后由议会主席和有关部长签署发布。国家利益市场的可行性研究、建设和管理工作交与地方政府或相关公共机构完成,或者允许地方政府或公共机构对有关企业参股。

法国的汉吉斯农产品交易市场由政企联合投资。1968年政府无偿划拨土地用于筹建汉吉斯交易市场,土地划拨以后,汉吉斯无偿使用至今,但土地所有权仍然属于国家。另外,政府再投入资金拥有汉吉斯72%的股份,直至2008年1月,政府才将部分股份首次转让给了私人企业,国家股权下降到了33.4%,其他最大的两家私人股东合计占有40%的股权。按照法国公司法规定,拥有33.4%的股东可以行使小股东否决权,否决股东大会的决议案。政府从无偿划拨土地到创建时期的绝对控股,再发展到只保留33.4%股权而仍然可以行使否决权,这一切都体现了农产品批发市场的特点——公益性;反映了政府创办市场的主导思想——政府投资,规范市场;明确了政府在市场中所扮演的角色——投资人与监管人。

2.2.15 品牌建设模式

法国是世界第三大农产品出口大国,法国酒及法国食品一直在全球有着极高的声誉。法国为了提升本国农产品形象,举行了许多活动,在许多国家推广"法国生活方式""法国美食"展览等。例如,每年邀请二十多个国家3 000多名酒服务生参加品酒大赛,向全世界推广法国酒的知识和魅力。法国农业部每年支持特别市场调查、新农业企业发展计划、消费食品与健康研究、产业发展调查以及新产品发展等,这些措施为企业国际品牌塑造提供了很大的便利。

2.2.16 国际化模式

法国自从欧洲经济共同体农业政策实施以后,把开拓国际市场、扩大对外经济贸易,作为农业发展的根本措施。从出口总量看,面粉和麦芽的出口居世界第一位,淀粉和淀粉衍生品居世界第二位。每年谷物出口的净盈额相当于法国石油进口费用的一半。农业成了法国出口贸易的一大支柱产业。从农产品批发市场的定位来看,不仅仅满足本国、本地区的农产品流通,还利用法国在西欧独特的地理优势,承担了周边国家的农产品流通枢纽的功能。法国农产品流通体系的显著特点是完善的现代化大型农产品批发市场。汉吉斯国际批发市场是目前世界上面积最大的批发市场,可以以法国为中心,把周边西欧诸国纳入商圈。

2.2.17　法国汉吉斯国际农产品批发市场运营系统和案例

（1）批发市场概况

汉吉斯国际农产品批发市场是一个以法国巴黎为中心,业务范围辐射周边西欧诸国的农产品物流中心。汉吉斯国际批发市场于1969年建成投入运营,由政府投资兴建,建成后市场由事业法人代替国家进行管理。根据2009年的数据,整个市场占地232公顷,建筑面积达50万平方米,是当时世界上面积最大的批发市场。市场包含5个功能区:用于加工和物流的大棚、办公中心、服务区(餐饮、小商店、银行等)、行政服务区及包装回收和垃圾处理中心。目前有驻场企业1 290多家,工作人员1.2万人,入场车辆达到660万车次;年交易农产品数量达150万吨,年交易金额达73亿欧元,流通范围涵盖了德国、西班牙、意大利、荷兰等国。

（2）批发市场的区位优势和交通优势

汉吉斯国际农产品批发市场位于欧盟之中的巴黎大区,该区域的农业活动占49%的地区面积,即570 000公顷,拥有5 600个农业经营单位,主营粮食生产,15%专门经营水果、蔬菜和花卉。这为汉吉斯国际农产品批发市场提供了充足的农产品供应源。

汉吉斯国际农产品批发市场还具有优越的交通优势。市场位于距巴黎7公里的城市南郊,具有非常优良的交通通道:5条高速公路(A6a,A6b,A4,A86,A10),2个国际机场(奥尔利和戴高乐),1条专用铁路,1个铁路、公路和水路的交接平台,以及24小时的公交车和电车。四通八达的交通网络为汉吉斯国际农产品批发市场的物流和客源提供了便捷。

（3）食品质量安全管理

汉吉斯国际批发市场对于农产品质量安全的重视度非常高,要求市场上所有的在售商品都必须符合欧洲标准。为了达到这一目标,市场配备了完善的质量检测中心和卫生检疫部门,这些部门对市场内出售的肉类和果蔬进行集中检疫。不符合标准或过期的食品要及时处理,严格禁止在市场上出售。市场还设有废弃物再处理部门,对垃圾进行集中回收处理,确保市场有一个良好的卫生环境。

（4）信息技术管理与物流平台

最新的信息技术在汉吉斯国际批发市场发挥着重要作用。汉吉斯国际批发市场积极运用新的信息系统和信息技术,例如,射频识别系统、商品条形码技术等。这些先进技术的应用和推广,不仅使生产者、批发商、销售商之间的信息沟通更加顺畅,也充分满足了消费者的购买需求,降低了交易成本,提高了效率。

除了先进信息技术的应用,汉吉斯国际批发市场还形成了完善的物流平台,市场不仅建设了先进的仓储平台,还应用了非常便利的机械装卸,铁路车站可与长途客车对接,每天有20多趟货运列车、3 000辆大卡车和26 000辆小卡车进出,并与海运、空运形成无缝连接,将农产品运往全国乃至全世界。正是由于先进的物流平台和技术,汉吉斯国际批发市场的流通效率非常高。目前,从南非、南美生产的农产品经过汉吉斯国际批发市场的流通渠道两三天内就可以到达巴黎。

(5)先进管理经验的国际化推广

汉吉斯国际批发市场不仅仅是建设和管理自己的批发市场,还将自己的经验出口到国外。作为它的上级公司,塞马利市场管理公司应诸多国家的要求,已经参与了当地批发市场的组建、设计和开发。塞马利帮助其他批发市场诊断农产品配送过程中的问题,研究批发市场的场地分布现状,根据市场主体的结构,提供与之相适应的批发市场功能布局方案和运营策略。

中国一些批发市场就是塞马利的客户。中国是一个潜在的重要市场,符合汉吉斯式的批发市场条件。塞马利市场管理公司设计并组建了上海国际贸易中心的鲜货批发市场,这个市场占地100多公顷,拥有约40万平方米的批发交易场馆和仓储面积。在深圳,塞马利与中国南方最大的批发市场经营者——深圳市农产品股份有限公司签订了一项合同,根据合同协议,双方组建一家市场经营合资公司,业务范围延伸到沈阳和南宁。

2.3 日本农产品流通体系

日本农产品流通体系是东亚模式(批发市场模式)的主要代表之一。东亚模式以小农户为主,农业生产比较分散,因此生产者组织有很重要的作用和必要性。一方面,生产者组织可以把细碎的个人出货规模化,不仅可以减少流通过程中的费用,在市场竞争中相对个体的农民还可以有一定的话语权,在一定程度上保护相对弱势的农民的利益。另一方面,生产者团体把更多的市场信息反馈给农民,有利于调整生产结构,减少盲目生产给农民带来的损失。此外,东亚模式中消费端也不像北美模式那样由一些大型的销售商(连锁超市)

占有主导性地位,因此东亚模式中批发市场在农产品流通中占据了重要的地位。

2.3.1 组织模式

在日本的农产品流通体系中,农产品物流的主体主要是农协,农协是根据1974年日本国会通过的《农业协同组织法》,由企业化经营的农场和农产品批发与零售企业以及农户自愿联合组织起来的,是一个拥有强大经济力量的、遍及全国的民办官助农民经济团体。日本农协是组织日本农民进入流通领域的关键组织,在农产品流通的各环节,如组建批发市场和集配中心,组织物流、商流、信息流及组织结账等方面,作用重大。在日本,约有97%的农户加入了农协,90%的农产品由农协销售,80%的农业生产资料由农协采购。农协在流通过程中发挥了重要的作用。批发市场中最主要的产地供货团体是农协,农协利用自己的组织系统,以及拥有保鲜、加工、包装、运输、信息网络等现代化的优势,将农民生产的农产品集中起来,进行统一销售,担当了生产者与批发商之间的产地中介。经由农协销售的农产品占总流通量的50%以上。

日本农协是连接市场和农户的中介,是最主要的产地供货商,借助组织化、规模化的销售模式,将分散的农户集中起来,解决了生产规模小、农产品销售分散的问题,成为具有一定影响力的垄断力量。农协为农户提供产前、产中、产后的一系列服务:

① 生产指导,推广新技术、新品种、病虫害防治手段等;

② 协助经营,为农产品包装、质量检测、仓储运输提供资金、设施和技术支持;

③ 发布市场信息,根据对国内外农产品市场的研究,及时发布客观科学的市场报告,向农户提供市场供需信息;

④ 拓展销售渠道,帮助批发市场、大型超市和大企业建立合作关系,丰富农产品的销售网络;

⑤ 提供经济和法律援助,为经济困难的农户提供贷款、融资等金融服务,针对销售产生的纠纷提供无偿的法律咨询。

日本政府在农产品流通中也扮演着重要角色。政府在农产品物流上制定了许多法律、法规给予保障,对农产品物流企业提供公共物品和公共服务,从宏观上协调发展。日本政府对农产品物流的支持大多体现在信贷政策、财政政策、农协立法、反垄断立法等方面。此外,政府还建立了高效、综合的农业管理体制。由于日本的农业行政管理体制健全,机构和职能配置合理,给农产品物流的发展提供了有力的宏观管理保障机制。日本农产品的生产管理、产后加工、安全卫生、上市运销、零售消费等生产和流通环节的行政管理职能归口于农业行政管理部门。例如,在日本全国层面上,由农林水产省流通局负责农产品的流通行政管理;在省市级层面上,由地方农林行政部门的流通室负责行政职能。这种归口管理体制符合市场经济条件下农产品生产和流通一元化的运行原理,也符合农产品商品化生产经营的规律,可避免政出多门现象发生,充分发挥农业行政部门的管理与服务职责,降低行政管理成本,提高行政管理效率。

2.3.2 交易模式

日本的中央、地方批发市场都以拍卖交易方式为主,通过买方的竞价购买,使价格的形成过程公开透明,有利于交易双方理性的交易决策。

由市场管理人员用电子显示板公布产地、品种、质量、数量、价格进行拍卖。经纪批发商或参加买卖者进行激烈的竞买,出价最高者买取某一物品。激烈的竞争使得少数有实力、经营得法的批发商发展成为批发株式会社,有的则在激烈的竞争中被淘汰。在日本,农业和国民经济发展水平较高,产销一体化的条件也基本具备,但是由于日本人多地少,人地关系相对紧张,其农业生产只能建立在小规模经营的基础上。因此,日本农业生产小规模与大流通的矛盾始终难以解决。在这种情况下,日本农产品市场向拍卖市场的方向发展,走出了一条节约交易时间和费用的高效的农产品批发市场发展之路。

2.3.3 仓储模式

日本农产品物流的公共设施以及保鲜、冷藏、运输、仓储、加工等服务体系和设备十分完备。如日本的批发市场实现了与全国乃至世界主要农产品批发市场的联网,批发市场能够发挥信息中心功能,可以实行按样品交易,做到商物分离。日本还发展起了一个以储运技术、包装技术等物流专业技术为支撑的现代化物流装备体系。先进的储运技术可以减少农产品在储运过程中的损耗,提高农产品运送的速度;先进的包装技术可以增加农产品在物流过程中的附加值,使农产品的标准化程度更高。

2.3.4　配送模式

日本便捷的交通网、完善的服务体系和配送系统、有效的保鲜设备、快速的信息处理网络,为实现农产品低成本、高效率的物流服务体系和物流配送系统创造了良好的条件。

日本的交通运输设施十分发达,公路、铁路、水运四通八达,高速公路遍布城乡,公路呈网状结构,能够直接通往乡村的每家每户。日本的铁路运输也十分方便,一些农产品收购站、仓库和加工厂都建有专门的铁路线。

日本农产品物流虽然渠道环节多,但是渠道流通规范化、法制化、效率高。日本农产品一般通过两级或两级以上批发渠道后,才能把农产品转移到零售商手中,其流通费用是美国农产品流通费用的1.5—6倍。尽管流通环节多,但日本批发市场采用拍卖、投标、预售、样品交易,甚至同一产品两家机构同时拍卖,形成的价格公开、公正。此外,日本农产品批发市场比较规范、有序,具有严格的商业信誉保障体系,并用法律来加以保证。批发商(农协)大都在所经营商品的包装上,清楚地标明编号,并广泛实行分等分级和规格化包装,使得买卖双方如果要准确、清晰地了解交易商品的品级数量,通过描述或看样就能确定,因此交易效率很高,也为电子商务交易创造了条件。

2.3.5　加工模式

面对日本国内人民饮食结构的逐渐变化,加工食品在日常生活中的比重逐渐加大,日本的农产品加工业在国民经济中占据重要地位。日本充分利用有限的资源,着重发展多层次加工,推行就地生产加工的方针,在生产基地建立"生产—加工—销售"的一条龙体系。不断引进新的技术,培养专业的人才,发展本国特色的农产品加工。日本的加工产品可直接运往市场进行销售,也可以由加工厂与超级市场和零售商店合作,定期送货。

日本的农产品加工企业的平均效益是我国的7—8倍,原因有三:一是企业内部管理制度严格,经济奖励与精神奖励并行;二是发展专业化工厂,不贪多贪大,不搞全能厂,专业化协作有利于节省成本,改进生产工艺和研制新产品;三是紧密衔接生产和流通,提高整个链条的效率。

2.3.6　包装模式

随着本国消费者对农产品保鲜要求的逐渐提高,日本农产品运输和销售的包装模式创新日益引起业内的重视,采用创新材料和创新方法实现产品的保鲜包装。例如,使用 HATO-HURESHU-B 特殊瓦楞纸箱,应超级市场的要求采用小袋包装,应用电脑化包装流水线作业,在包装机上配有充填保鲜剂的机械,在瓦楞纸箱中放入储冷剂和吸湿剂,等等。新鲜的农产品让消费者感到"产地就在附近",增加了人们对商品的好感。

2.3.7 食品安全模式

日本农产品领域有严格的农产品市场准入制度。鲜活农产品的供应,直接关系国民生活的质量与食品安全。日本在这方面的主要做法包括:从分级包装入手,建立农产品产地追溯制度;推行农产品质量认证,建立农产品品牌和信誉;通过加强生产过程管理,实施快速检测与化学分析检测结合的一系列检测手段,确保食品安全;管理部门职责明确、体系健全,质量检测体系建设由财政投入。

从质量安全管理角度来看,日本的最大特点是对农产品和食品的管理比较统一集中,充分体现优质优价。农林水产省主管食品品质管理系统,制定个别产品的质量标准及质量标示基准等规格标准,由制造者生产出符合上述规格的产品,将该产品送交第三者检查机构检验;制品检验合格以后,经评委级的检验机构决定是否准予标示合格标志。在日本,具有特色的农产品的生产地都必须按标准进行认证,符合有关标准,并得到认证的地区生产的农产品才能使用某种标志,取得进入市场的资格。

2.3.8 信息管理模式

日本批发市场的信息流通设施完备,实现了全国乃至与世界主要批发市场的联网,电子商务发展快速。日本农产品流通信息化程度高,促进了商流和物流的分离。发达的全国交通网、有效的保鲜设施、快速的信息处理网络,为日本农产品实现货畅其流创造了良好的条件。从 20 世纪 80 年代起,日本开始进入信息化时代,发达的计算机技术使农产品流通信息化有了很大进展。日本的批发市场装备了完善的信息设施,实现了与整个日本乃至世界主要批发市场的联网,发挥着集中市场信息的信息中心功能,交易双方实行只看样品的信息交易,不必现场看货和实物交易,而实物则由产地直接向批发市场、集配中心、超级市场等运送,做到了商流、物流的分离。在农产品特别是鲜活农产品零售服务方面,电子网络销售近年来在日本十分盛行。消费者只需发送一个电子邮件,运输公司就可及时送货上门,保证质量,第三方物流在其中起着重要作用。

2.3.9 批发市场管理模式

日本鲜活农产品流通以批发为主,20世纪90年代日本通过批发市场流通的蔬果占总量的80%左右。日本土地规模小,农业生产经营分散。以批发市场为主的流通模式能有效地解决小规模农业生产和大市场、大流通之间的矛盾,从而形成农产品经由批发市场的流通比率高的特征。日本于1921年颁布《中央批发市场法》,将中央批发市场的开设、管理、交易等纳入法治轨道,1971年又将《中央批发市场法》改为《批发市场法》,将地方批发市场也纳入管理范畴,以后每隔5年修订一次。自此,农产品批发市场逐步走向规范化、规模化,成为日本农产品最主要的销售渠道。

日本只存在销地批发市场,并且只准经营批发,不进行零售,同时对参与市场的批发业者有严格的条件限制,不允许非交易者直接进行交易,而且,批发市场主体数量不多但规模都很大,且有明确的业务范围和领域。这样既保证了批发市场内的交易秩序,同时又保证了交易的规范化和公平竞争的实现。

农产品批发市场建设在日本是一项重大的公益性事业,政府在其中起到了主导性作用,在贷款利率、贷款期限、税收等方面给予了优惠。从1971年开始,日本政府每10年制定一次农产品批发市场的总体发展规划,每5年进行一次修改,这使得日本农产品流通市场具有长期规划,可以得到有序发展。同时,政府对于批发市场实行严格的审批制度,批发市场本身是公立的,但市场内批发公司是得到有关部门批准的私营企业。

日本农产品批发市场明确定位于公用事业而不是以盈利为目的的公司;批发市场在农产品营销中的作用比较突出,发挥着商品集散、价格形成、信息传递、产销调节和质量控制等多方面的功能;虽然仍以小农经营为基础,但批发市场交易的现代化程度都比较高。

2.3.10 零售市场管理模式

日本人多地少,农产品自给率低,需要通过从其他国家或地区大量进口农产品来满足国民的需求。但是,日本国内农产品市场发达,政府为农产品零售市场提供政策支持和保障措施。日本农产品零售主要针对国内市场,通过政府和农协的共同努力,建立了稳定的销售渠道,并运用绿色贸易壁垒提高日本农产品的竞争力。

2.3.11 供应链模式

目前,日本农产品批发市场已经发展得相当成熟,农产品从农户生产开始一直到消费者手中,通过批发市场这个中心环节形成了一套严密的运作体系,使农产品的流通高效快捷。由于农产品批发市场仅有"生鲜三品"(蔬菜水果、水产品、肉类)在市场上流通,所以日本的流通体制常常因产业部门和产品部门的不同而各不相同。生鲜食品的流通渠道主要有3条,包括:

① 生产者—各种出货组织—批发市场—零售商—消费者;
② 生产者—超级市场—消费者;
③ 生产者—零售商—消费者。

其中,①是主要渠道。日本批发市场的主要功能是能够形成较为公正的价格和进行公平的交易。批发市场的作用是保证流通商品的质量和数量,产生市场价格,调节生鲜商品的流通数量以保证市场稳定。它具有集货、分货、价格形成、信息发布、财务交割等主要职能。日本批发市场交易的流通路径如图2.3.1所示。

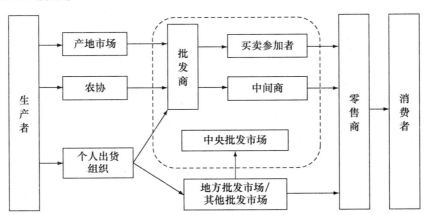

图2.3.1 日本批发市场交易的流通路径

2.3.12 服务模式

日本围绕批发市场,衍生了丰富的增值服务体系。首先是市场信息服务,每天全国各地重要批发市场的市场信息都被集中起来,提供给用户使用,从收集、整理到公布给用户的全过程只需要3到5分钟。其次,围绕批发市场有多种类型的服务组织,为批发市场交易提供商品买卖、运输、信息、金融等增值服务。

2.3.13　品牌建设模式

日美农产品标准化程度很高。主要涉及五方面的内容:一是质量,二是大小,三是重量,四是包装,五是品名和产地。根据鲜活农产品不同类型,相应设立不同的分级标准,在鲜活农产品销售包装上实现按级包装,包装精良,包装标签说明完整。日本农产品尊崇高标准化,从三个方面保证鲜活农产品有效地适应市场化运作的要求:一是统一价格;二是提高产品附加值;三是建立品牌和产地溯源制度,满足消费者对食品安全性方面的需求。日本已普遍采用鲜活农产品采后预冷、整理、储藏、冷冻、运输等规范配套的流通方式,产后的商品化处理几乎达到100%。

2.3.14　国际化模式

日本由于地少人多,所以需要大量从国外进口农产品来满足国民的需求。为了保护本国农民,日本合理运用了绿色贸易壁垒。绿色贸易壁垒是指进口国以保护环境和人类健康为口号,通过立法制定环保公约、法律、法规和标准等,对国外商品实行准入限制。绿色贸易壁垒较关税壁垒更加隐藏,因此日本频繁使用绿色贸易壁垒,限制国外农产品进入日本市场。如,日本2006年颁布的"肯定列表制度",涉及734种农业化学品和51 392个限量标准,平均每种农产品的残留限量标准多达200项,有的甚至超过400项。"肯定列表制度"被认为是世界上最严格的检测标准,给其他国家对日本的农产品出口造成了不同影响。绿色壁垒为日本农产品创造了相对宽松的国内竞争环境,保证了日本农产品在国内市场的占有率。

2.3.15　日本大阪中央批发市场运营系统和案例

(1) 市场的建立

1923年,日本政府出台了《中央批发市场法》,大阪市也积极调查研究了建立作为公立市场主导基地的中央批发市场问题。1924年3月,日本政府许可了大阪中央批发市场的建设申请。1931年11月,中央批发市场(主市场)在现在的福岛区野田地段落成并开始投入使用。

在随后的几十年里,大阪中央批发市场进行了几次大的扩建和升级。1964年11月,为了响应战后经济的高速度增长带来的农产品交易数量的大幅

第二章 国外农产品流通体系介绍及分析

增加,在东住吉区今林建成东部市场,作为平民百姓的厨房。1958年,又在西成区津守地带合并建立了"市立屠畜场",在全日本范围内率先建立了肉食品批发市场。1972年至1976年扩建了主市场西栋(水果、加工食品批发销售处);1976—1980年整修了东部市场的加工食品批发销售处和产品中转楼;1984年4月,肉食批发市场迁至住之江区南港,成为具有现代化卫生肉食处理设备的南港市场。

大阪中央批发市场的经营方式需要遵循《批发市场法》及《大阪府市场营运法》的规定。包括蔬菜、水果、海产及加工食物不同种类的食物,一律通过大阪府中央批发市场进行买卖。经由该市场的农产品全部以拍卖方式出售。

(2)市场构成与功能区划分

大阪中央批发市场分三部分,即主市场、东部市场以及南港市场,这是该市场逐步建设和发展的结果。其中,主市场位于大阪市福岛区野田,占地面积181 094平方米,总建筑面积317 046平方米,主要交易种类为蔬果、水产品、加工食品;东部市场位于大阪市东住吉区,占地面积105 615平方米,总建筑面积162 651平方米,主要交易种类与主市场相同,与主市场互为补充;南港市场位于大阪市住之江区南港南,占地面积100 000平方米,总建筑面积32 098平方米,主要交易种类有肉类(鸡肉除外)及其加工制品。

(3)交易主体

参与大阪中央批发市场的交易主体有多种类型,包括开设者、批发商、中转商、买卖参与者、服务提供商等,不同主体获得批准的途径不同,负责批发市场交易中的不同环节。具体来说,市场开设者(大阪市长)需要经过农林水产大臣批准,负责市场的开设、设施的维护和管理以及交易的指导和监督;批发商需要经过农林水产大臣批准,他们负责收集生鲜产品,再通过竞卖、投标等方式将产品销售给中转商以及参与买卖的人员;中转商需要经过市场开设者(市长)批准,在市场内设有店面,他们负责从产品批发商处购入各色生鲜食品,然后进行分类,再销售给零售业者或其他购买商;买卖参与者需要经过市场开设者(市长)认可,他们不是中转商,但可以直接从批发商那里购货;另外,还有许多服务提供商,他们也需要经过市场开设者(市长)批准,负责充实市场功能服务,或者向市场利用者提供方便服务。

(4)交易方式

日本的中央批发市场经营模式非常规范,它不对农户提供销售摊位,也不对消费者开放。整个交易过程为:农户先将还没有确定价格的农产品全权委托给批发商,批发商通过竞价交易的方式向众多中间商拍卖农产品,最终农产品价格由产品质量和市场供需共同决定。由于经由中央批发市场的农产品数量多,所以价格相对来说比较稳定,这使得中央批发市场既是生产者稳定的发货场所,也是零售店放心的购货场所。中央批发市场的一切法令和措施都是为了防止流通低效率、流通费用增大和价格波动,因此市场的运作不仅可以保证向消费者提供安全可靠的产品,还可以保障农户的收益。

(5) 农产品质量安全管理

大阪中央批发市场高度重视农产品的质量安全,大阪市健康福利局下属的食品卫生检疫所和肉食卫生检疫所负责监管市场中流通的农产品,其职能和目标是保障市场上流通食品的质量安全,以此保证市民的身体健康。

食品卫生检疫所的具体工作包括:检查、监督指导、卫生教育和指导协商。具体如表 2.3.1 所示。

表 2.3.1 日本食品卫生检疫所的职责

业务名称	业务具体内容
检查	检测食物中毒菌、细菌污染指标菌、食品的成分规格、抗菌性物质、食品添加剂、环境污染物质(PCB、汞、TBTO)、残留农药(由大阪市立环境科学研究所实施)、现场食品检查、设施检查等
监督指导	监看竞卖前的情况,并在市场内对食品的管理状况进行巡回检查,包括对有毒鱼贝类产品的筛除、新鲜程度、标记、保管(状态、湿度)、卫生处理等
卫生教育	面向市场内外的经营者、工作人员以及广大市民,进行卫生指导和食品卫生知识的推广普及
指导协商	在设施设备的改善和经营许可方面进行协调,以排除不良食品和不合格食品,努力提高面市食品的安全系数,让消费者吃得更放心

肉食卫生检疫所屠畜检查的具体工作包括屠畜检查和精密检查两方面工作。具体如表 2.3.2 所示。只有在所有检验中均为合格(安全性得到确认)的肉食品,才能从南港市场安全出货。

表 2.3.2 日本肉食卫生检疫所的职责

业务名称	业务具体内容
屠畜检查	兽医对所有的牛、猪逐一进行仔细的检查,包括活畜检查、解体后检查、BSE检查(牛)等
精密检查	对于屠畜检查中被怀疑需要全部弃用的牛、猪进行更深入的精密检查包括抗生物质及动物用医药品残留情况的检查、带骨肉与内脏的细菌检查(含 0—157)以及面向场内从业者进行卫生教育和改善设施方面的指导。

2.4 韩国农产品流通体系

韩国农产品流通体系是东亚模式(批发市场模式)的另一典型代表。他们的农产品批发市场流通体制的建立与完善起步较早,又都与其农业生产、流通体制、消费水平相吻合。韩国在农产品批发市场流通体系建设方面领先于中国,同时又和中国有着非常相似的农业生产方式,其相对完善的农产品流通体制对于中国的农产品流通体系有着较强的可借鉴性。

在韩国,批发市场在农产品营销中的作用比较突出,发挥着商品集散、价格形成、信息传递、产销调节和质量控制的等多方面的功能;韩国虽然仍以小农经营为基础,但批发市场交易的现代程度都比较高。

2.4.1 供应链模式

韩国农产品典型的流通渠道为:生产者将农产品转到指定批发商,然后通过招标拍卖或者转到中介或者转到参与买卖的商户手中,再向消费者销售,如图2.4.1所示。

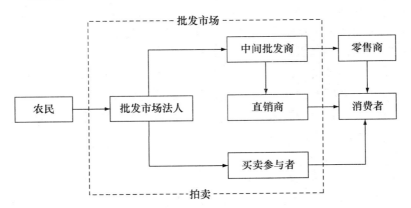

图2.4.1 韩国农产品批发市场交易流程图

产地市场是韩国农产品流通体系的首要环节,是把农民生产的农产品汇集起来,形成批量商品,进入到流通体系的重要环节。为了保护农民利益,增加农户的收入,韩国早在1961年就成立了农协。韩国农协由中央会和基层合作社二元体系组成,在全国范围内有近2 000个基层社,帮助农产品实现市场价值。

韩国农协还在全国成立了十几个农产品流通中心,批零兼营,韩国农协不仅为其成员解决产品销售、运输等问题,还将批发市场内的购销信息及时传递给农户,引导在市场和相对弱势的小生产农家生产。特别是20世纪90年代韩国兴起新村运动,以保障农民产品的销路和市场,并为城镇居民提供优质绿色有机农产品,其主要思路是开展农产品的直销,减少中间环节的浪费和损耗。这种直接交易一般由农协、农产品流通公社、内务部和韩国道路公社、民间流通团体、不定期农产品市场、生产者团体组织来具体组织、协调。新村组织机构在开展直销的过程中,起到了很大的推进作用。

2.4.2 组织模式

虽然近些年来韩国流通方式呈现出多元化特征,市场竞争日趋激烈,不过批发市场在农产品流通中仍处主导地位。韩国的批发市场从20世纪80年代开始发展,分为三类:

① 完全由地方政府投资建设、采取委托经营方式运作的公营批发市场。
② 政府部分投资要求达到特定建设标准的一般法定批发市场。
③ 完全由民间投资运营的民营批发市场。

根据发展初期的规划,一个城市建一个批发市场,在全国分布比较均匀。韩国农产品批发市场的发展一直是在韩国政府的主导下进行的。1976年,韩国国会通过的《关于农水产品流通及其价格安定的法律》(简称《农安法》)对农产品批发市场发展的各方面做出明文规定。《农安法》不仅制订了农产品批发市场的建设发展规划,还规定了公营农产品批发市场交易方式,要以竞卖为主,市场法人只有在规定不符合竞卖的情况下才能通过投标的方式和市场内批发商交易,对竞卖以外的方式进行交易的品种也有严格具体的规定。

消费市场主要有传统市场和现代流通企业两种流通主体。传统市场和中国批发市场相似,现代流通企业包括一些大的商场、大型超市、连锁经营超市等,这里包括农协等生产者团体兴办的各种零售企业,这些现代流通业者大部分通过和生产者或者生产者团体以合约生产的方式,产地和消费市场直接运输来减少物流成本,大大增强自身的市场竞争力。随着现代流通企业的发展,消费者通过现代流通企业购买农产品的比例越来越高,2010年有37.2%的农产品通过现代流通企业进入消费阶段,而在2005年这一比率只有29.2%。

行业协会起到了举足轻重的作用,韩国水果蔬菜流通协会,简称"青果人协会"就是其中典型的一个行业协会,它是一个在政府与市场之间承担行业组织功能的团体,分布全国,在首尔就占据了蔬菜供应量的70%,由此形成了一种典型农业产销流程,农户种植,青果人负责收购和拍卖,中介人竞买后转给零售商,零售商销售给消费者。行业协会的这种组织化运作大大提高了流通效率,保障了农户权益。青果人协会对会员有组织保护性,对内又有组织制约性。青果人协会会员与农民的交易是以经济契约作为合作的基础。每年年初,青果人与农民签订农产品交易合同,并事先交付一定数额的定金。农民在签订合同之后,便不能擅自向其他商人出卖自己的农产品,必须交给青果人经销,而青果人又须保证农民的农产品收购。高度的组织化使韩国的青果人协会在农产品流通领域发挥了十分重要的作用。

2.4.3 交易模式

韩国大部分农、水产品的流通过程一般分为6个环节。其中,委托和拍卖环节为韩国批发市场的特色,在保护生产商和供货商利益方面发挥了重要作用。即拍卖机构通过拍卖方式将受托的农、水产品出售给报价最高的中间批发商或大宗客户;对上场农产品收取上市手续费,蔬菜水果收4%、猪牛肉收1.5%、粮谷收1.5%等。韩国对于竞卖场外交易的品种以及交易方式都有具体规定。只有在场外交易品种目录上的品种才可以通过竞卖以外的方式流通到市场。竞卖方式主要是市场法人收集农产品到一定数量,在公示的时间内向批发商竞卖。投标的方式主要是在产品不能达到竞卖规模,或者其他符合投标方式的品种时采取的交易方式。韩国农产品以竞卖的方式,公正交易和适宜的价格定位,保护生产者与消费者的利益。

另外一种交易模式,委托模式。比如,韩国的汉城哈拉诺农产品市场,哈拉诺市场坐落在汉城市西草区良才洞,属城郊地区,距市中心约10多公里。该市场集批发交易与连锁超市于一身,是韩国政府倡导流通业态改革的产物,目前已跻身韩国企业500强之列。市场的交易方式与其他市场的拍卖交易不同。上市产品主要由市场与产区的农业合作社、农协联系,约定时间,商定价格,并由他们直接运到市场交货,然后由市场再批发给市区的零售商和宾馆、饭店等团体组织,或自行加工包装以后放到大卖场,零售给消费者。

目前市场批发交易占50%多,零售不到一半,2004年超2万亿韩元(约合人民币150多亿元)。为扶持农业,对进场交易的农产品,政府和市场都不收任何费税。市场奉行"鲜度、安全、满足顾客需求"的经营宗旨。市场经营的产品,80%以上是鲜活农产品,且承诺鲜活产品将在24小时内从产区运到市场销售,规定上市产品超过3天的不得再销售(免费送给福利院等慈善机构消费)。

2.4.4 安全模式

韩国农产品质量安全标准主要分两类:一类是安全卫生标准,包括动植物疫苗、有毒有害物质残留等,该类标准由卫生部门制定;另一类是质量标准和包装规格标准,由农林部下属的农产物品质研究院负责制定。目前安全卫生标准达到1 000多个,质量和包装标准达到750多个。

韩国政府每年安排农产品质量安全专项检查经费用于实施样品检查检测。凡是通过政府安全性检查证明农产品质量安全不合格的,政府即可责令对产品进行废弃处理、延期收货或者改变用途;凡是应该标识而未标识或标识不正确的,处1 000万韩元的罚金;对获得认证的产品,如果发现产品质量安全指标不合格的,政府可取消认证证书,责令停止使用认证标识和上市销售;假冒认证标识的,可处3年劳役和3 000万韩元的罚金。

韩国农产品质量安全认证由国立农产物品质管理院负责,认证机构的资质和认证质量由国立农产物品质管理院的品质部把关,如果认证结果不真实将撤销认证机构的认证资格。韩国农产品认证的种类包括环境认证、品质认证、畜产品和水产品认证等。认证程序包括生产者提出申请,认证审查,颁发证书。韩国农产品质量安全认证采取的过程加产品检验的认证模式,认证时要求生产者提供生产记录、现场审核和对产品进行抽检。

为保证食品质量安全,一些如批发市场、零售市场等销售市场均设有专门的质量管理室,每天要多次做产品质量检测。若发现有不合格产品,立即撤柜销毁,并对供货者给予一定时间内停止向其进货的惩罚。近年来,市场大卖场还对农产品推行了可查询产品来源与使用农药、化肥状况的管理措施。如牛肉,可按包装盒上的编码,通过电脑触摸屏,查询到该牛的饲养户是谁,何时出生,喂什么饲料,何时屠宰,以及这块肉来自牛的哪个部位等信息。水产品则提供捕捞者、捕捞地和加工方法等信息,并留有捕捞者或加工者的联系电话。蔬菜则按使用农药、化肥的情况,分别以绿色、淡绿、淡黄、蓝色四种标志予以区别,供消费者选择。

2.4.5 信息管理模式

韩国政府对农业信息化在农业生产流通中所起的重要作用认识深刻,很早就开始大力建设农业信息化服务体系,积极利用信息化技术推动和改造传统农业。

首先,政府大力进行信息化的基础设施建设。不仅农村的信息主干网完全由政府投资建设,政府还鼓励、吸引私人企业和民营公司的资金参与信息化基础设施建设,从主干网到中心局的管道由韩国的三大民营电信企业投资,从中心局到用户的网络由民营电信企业负责,政府给予一定的经费补助。

其次,政府积极扶持公共机构和单位开展农业信息服务工作。在政府的支持下,农村经济研究院、农林水产信息中心等多家农业信息服务机构,农产品分析预测、国内涉农数据和信息、涉农网站开发和建设及农产品电子商务平台建设等各项农业信息服务,均由政府财政预算来安排单位的人员、运行、维护、项目建设等各项费用。

最后,政府不断改进和完善农业信息监测和服务体系。韩国政府于1991年成立了农业观测委员会,进行农业信息监测工作。1999年,农村经济研究院在此基础上建立了农业观测信息中心,依据农产品的市场波动情况进行监测,观测中心定期发布预测信息,在为政府提供决策依据、指导农业生产、引导农产品购销、增加农民收入等方面发挥了较好的作用。韩国农业信息监测事业发展至今,监测品种已扩展至5个大类、29个细类,信息采集已尝试应用RFID等先进的技术手段,农业信息监测分析体系进一步完善,分析预测成果的服务范围继续扩大。韩国十分注重通过应用监测信息指导农业,有关农产品的播种面积、收成、消费、进出口、价格、库存等监测结果,除了及时提供社会信息服务外,还直接向有关生产团体提出交涉、发出警告性文字,引导和协调他们的产销自律活动。比如,在全国大葱协议会上,引导农民放弃一部分生产来抑制过剩。信息资料利用频率最多的是农业技术中心、农协组织,他们在农民培训中分发展望资料,指导农民利用信息安排生产、协调产地农协的收购决策制定。农业监测工作取得了显著的经济效益和社会效益,通过抑制生产过剩、稳定供求和价格来提高农民收入。2007年通过农业监测工作增加经济效益11兆亿韩元,占当年农业生产总额的1.1%。

信息管理模式已经逐步在日常生活中体现出了其优势所在。尤其是在大型连锁超市激烈竞争和客群流失的冲击下,韩国传统市场逐渐融入数字科技,以平板电脑和智能手机等现代化科技取代账本和腰间的零钱包,有些地方还接受刷卡。比如,目前首尔的一些商户,开始收起惯用的传统收款机,而改用韩国最大电信商SK Telecom免费赠送的三星Galaxy平板电脑当做电子收款机,平板还搭载专门替中小企业开发的软件。这个系统不但可储存基本的销售和库存数据,比如每日、每周和每月的销售数量,还可记录每位顾客的消费内容,有助于商家尝试用不同方式分析数据,规划简单的营销策略。

2.4.6 批发市场管理模式

韩国农产品批发市场的发展是在农产品批发市场法制环境不断完善的前提下进行的,批发市场管理和交易受法律监督和规范。

1951年韩国政府成立后至1972年以前,韩国一直沿用日本殖民时代的《中央批发市场法》。该法维持一城市一批发市场原则,允许地方公共团体设立批发市场,禁止场外交易。1973年,旧法被修改,制定并通过了《农水产品批发市场法》。此法将农产品批发市场的所属关系由商工部移交农林部,将批发市场的开设资格由地方公共团体改为汉城特别市、釜山直辖市等地方政府,法律明文规定了使用费、手续费。1976年,废除了《农水产品批发市场法》,国会通过了《关于农水产品流通及其价格安定的法律》,简称《农安法》,一直沿用至今。该法废除了日帝时代开始沿用的一城市一批发市场建设原则,将批发市场业务代理制度改变为指定业务制度,废除了强制上市制度。农林部长官必要时有权扩大其他农水产品价格稳定基金,以及对类似批发市场进行禁止和限制。为适应农产品生产环境和流通环境的变化,从1976年到1993年6月,6次对《农安法》进行了修改。

在韩国,其农产品批发市场的模式虽然有很多,但主要可以归纳为3种类型。

① 法定批发市场。由地方中央和政府出资开设,委托指定批发公司进行运营的市场。法定批发市场又分为利用公共投资的"公营批发市场"和民间投资开设的"一般法定批发市场"。

② 共同出售市场。即农协等合作组织办的农协成员共同集货、出货的场所。为保护农业生产者利用、改善农产品流通渠道,1962年韩国农协被允许从事批发市场业务,农协共同出售市场分别在汉城、大田、大邱、光州等地发展起来。

③ 类批发市场。类批发市场是一种自然形成的市场,是得到零售许可的商人独自经营批发业务的菜行式的集团市场。

为确保农产品上市者的选择权,提高批发市场运行效率和竞争力,在韩国公营农产品批发市场中完全引进了批发商制度。在批发商制度中,从事经营的主要经营组织有:

① 批发市场法人。批发市场法人是批发商制度中重要的农产品流通主体,从事农产品收集和拍卖给中间批发者的经营活动。批发市场法人作为批发市场农产品流通的第一环节经营组织者,必须具备农产品专业和农产品流通相关知识与经验,具备批发市场农产品拍卖经验和能力。

② 中间批发商。中间批发者是经批发市场开设者的许可,在批发市场内将从批发市场法人处拍卖得到农产品再批给零售商或集体购物商。

③ 买卖参加人。中间批发者以外参与拍卖的农产品大量购买者,如加工业者、零售商、出口商、消费者团体等。

2.4.7 服务模式

在韩国,农协为农民生产提供了完善的社会化服务,大大促进了其农业的发展。农业社会化服务体系是指在家庭承包经营的基础上,为农业产前、产中、产后各个环节提供服务的各类机构和个人所形成的网络。农业社会化服务包括的内容十分宽泛,包括物资供应、生产服务、技术服务、信息服务、金融服务、保险服务,以及农产品的包装、运输、加工、贮藏、销售等各个方面。

农民通过加入合作社,实现农业生产活动与农业经营活动的合理分工,农户可以专心于农业生产,而将其他农业经营活动分离出去,例如农业生产投入品的采购,新技术的选择,信息的获取,产品的分级、包装、加工、贮藏、运输、营销以及品牌化等,由农民专业合作社来统一经营与服务。

韩国农协是综合服务型的农协,按一定的行政区域建立其基层组织,并为入社的农户提供综合性服务。韩国农协首先是一个农业销售公司,农协不仅在农产品产地建设流通设施,而且在大中城市里设有批发市场和综合商场,其农业销售网遍布全国的所有生产区,全国拥有7个综合销售中心。农协还是一个采购公司,除了经营化肥、农药、农机具等生产资料外,还通过自办的"连锁店"经营农村日用工业品,以低于市场价出售给农户。韩国农协的信用业务包括韩国农协银行及其各分支机构。韩国农协银行是一个由400万名农民及城市居民参与投资的国家银行,以"互助金融"和"政策金融"的形式,为农民办理存贷款业务。韩国农协的服务业务还包括为农民办理火灾、生命、农作物等保险业务;为农民提供设施共同利用,从事农产品加工;在农民中推广先进技术;通过农协大学、农协指导者教育院等教育机构对农民和农协干部进行教育等。

2.4.8 品牌建设模式

韩国农协鼓励成员农户创造品牌农产品,在生产过程中对农产品实行质量管理,在产品成熟后对产品进行标准化、分级包装,提高消费者对品牌的认知度,以此扩大农产品的销量,获得稳定的销售渠道,提高农产品的竞争力。

韩国农协还通过建立 Hanaro 超市系统,通过大型折扣店、社区超市等减少农产品流通中间环节,直接面对消费者。随着网络时代的到来,Hanaro 还开设了网上农产品超市,消费者在哪里都可以购买到 5 000 种不同的农产品。韩国农协还对外销的农产品生产农户进行经济和技术上的支持,用以扩大农业出口。韩国农协多样化的农产品销售渠道,不仅可以保持农产品销售渠道的畅通,减少了农产品流通过程中的支出,还可以帮助农民提高农产品的附加价值,增加农民收入。

2.4.9 国际化模式

韩国政府把发展高附加值农业作为突破口,重点发展"区域特产"和设施园艺。比如,1989 年开始开展的"区域特产"运动与日本的"一村一品"运动相似,目的是开发具有韩国传统特色的产品,使其在质量、风味、色泽及价格上能使国内消费者称心,乐于接受和选购。特产中既有初级产品如各种蔬菜、水果、花卉、人参、蘑菇等,也有很多加工品,如泡菜、辣酱、果酒及肉类制品,同时还有一些民俗工艺品。1991 年,韩国政府增加拨贷资金,大力发展设施园艺,提高农产品的产量、质量及附加值,在满足国内市场需求的基础上不断扩大出口,大棚和玻璃温室的面积达 4 万平方公里,其中玻璃温室面积约占 3%,并向全自动化方向发展。由于区域特产和设施园艺的发展,主要蔬菜、水果和传统特产占领了国内主要市场,并逐渐走向国际市场。

2.4.10 韩国可乐洞批发市场运营系统和案例

(1) 概况

首尔是韩国最大的城市,人口 1 400 万,相当于韩国人口的 1/4。可乐洞农水产批发市场是韩国最大的公营农产品综合批发市场,可乐洞农水产批发市场的农产品年交易量世界第一,代表着韩国农产品批发市场的发展水平,是韩国农水产品流通中心,在韩国农产品流通领域起主导作用。

可乐洞批发市场创立于 1980 年,由首尔市政府投资建设,总占地面积 54.3 万平方米,建筑面积为 28 万平方米,拥有 47 座建筑物以及冷冻仓库、餐厅、银行、药店、加油站等配套设施。年均交易量为 2 415 915 吨,日均流通农、水产品 7 876 吨左右,日均交易额为 134 亿韩元(约合 1 200 万美元),每天在该市场参与交易活动的人员高达 10 余万人次,出入的车辆达到 6.6 万车次。首尔市农水产品公社的资料显示,2009 年,可乐洞市场批发的货物为 239.7 万吨,总交易额达到 39 768 亿韩元。全国批发市场共 32 所,首尔可乐批发市场的交易占全国 32%。该市场给约 2 000 万名的首尔市民提供了 50% 的农水产品。

(2) 市场运营

可乐洞市场的大部分农产品的流通过程一般分为六个环节:

① 生产环节,生产商收获并按照市场要求分类包装农产品;

② 供货环节,生产商或供货商将农产品转移给批发市场;

③ 委托环节,生产商或供货商与批发市场的拍卖机构签订委托代销农产品的合同;

④ 拍卖环节,拍卖机构将农产品出售给报价最高的中间批发商;

⑤ 结算环节,拍卖机构从成交额中扣除佣金后,向生产商或供货商支付货款;

⑥ 送货环节,即中间批发商将中标的农产品销售配送给零售商(如商店、超市等)。

在首尔可乐洞批发市场中,指定批发商是关键角色,它们负责将农户提供的农产品以招标或拍卖的形式卖给中介人或参与买卖商,可乐洞市场共有 9 个指定批发商,其中:农协公共出售场所 5 个,水产协同组合公共出售场所 3 个,还有 1 个畜产协同组合公共出售场所。中介人参与拍卖投标,负责转卖农产品,参与买卖商是经营大规模超级市场或大批量农产品加工销售的商人。中介人机制起源于韩国传统的客主制度,从事委托买卖工作,并经营住宿、金融、批发、仓储、运送等业务(如图 2.4.2 所示)。

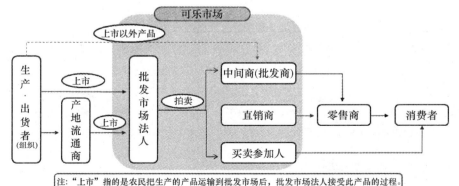

图 2.4.2 可乐洞农产品批发市场流通体系

可乐洞批发市场是韩国农产品批发市场最先将以往面议交易改为透明公正的竞价拍卖方式的市场,为确保拍卖的公正和公开性,早在 1997 年就开始运用电脑竞买和荧光屏显示现代设施,并将拍卖价格及时向全国多种媒体传输,引导韩国全国各种形式的农产品交易价格,对农水产品价格形成起着重要参照作用。

（3）农产品质量安全

可乐洞市场在农产品质量安全方面表现出色。首尔市农水产品公社负责检测可乐洞市场上农产品的农药残留,严禁不合格产品流入市场。可乐洞批发市场的农药残留检测分为"快速检测"和"精密检测"两种方式,分别由首尔市农水产品公社的农药残留检查部门和首尔市保健环境研究院负责。快速检测一般与农产品进场拍卖同时进行,采取随机取样的方式。合格产品可继续进入流通市场,可疑产品会被立即中止流通,并将样品交由首尔市保健环境研究院进行精密检测。根据精密检测的结果,农水产品公社决定下一步将采取何种行政措施。如果精密检测的结果依然不合格,则立即对该批产品进行销毁处理,停止该生产商供货资格一个月,同时向其他批发市场通报处理结果。这些措施一方面保护了中间批发商的利益,同时也使可乐洞市场产品的整体质量不断提高。

2.5 国外农产品流通体系比较研究

综合美国、法国、日本、韩国等国的农产品流通体系特点,制成表 2.5.1,通过它可以更直观地了解各种模式的异同。

表 2.5.1 国外农产品流通体系比较

	美国 （北美模式）	法国 （西欧模式）	日本 （东亚模式）	韩国 （东亚模式）
特征	产地直销	直销+批发市场	批发市场	批发市场
组织模式	政府、企业、农业合作社、农产品协会	产地农合组织销地批发市场	农协	公营、民营、一般法定批发市场
交易模式	期货、现货、直销	现货交易	拍卖交易	委托交易、拍卖交易
物流模式	产业加工一体化新材料新方法包装	加工、仓储一体化重视包装产品标识	生产加工销售一条龙、新材料新方法包装	服务体系和设备完备

（续表）

	美国 （北美模式）	法国 （西欧模式）	日本 （东亚模式）	韩国 （东亚模式）
食品安全模式	标准化生产 法律法规全面	标准化生产 分类检验批发商	市场准入制度严格，管理统一	制定标准 管理严格
信息管理模式	市场信息发布体系 计算机网络技术 现代信息技术	信息数据库 局域网和广域网	全国乃至世界主要批发市场的联网	农业信息化 服务体系
市场管理模式	产地直销	政府主导、大型零售超市占主体	销地批发市场	法定批发市场、类批发市场、共同出售市场
供应链模式	产地市场、销地市场为核心	销地批发市场为核心	批发市场为核心	批发市场为核心
服务模式	社会化服务体系	配套服务体系	增值服务体系	农业社会化服务体系
品牌建设模式	农业科技投入 "品牌农业"	"法国生活方式" "法国美食"展览	品牌标准化	品牌农产品
国际化模式	出口小麦、玉米、大豆	开拓国际市场 扩大对外经济贸易	绿色贸易壁垒	区域特产、设施园艺

由表2.5.1可见，先进的农产品流通体系模式具有一些共同的特点。从政府支持层面来说，由政府主导，重视规范立法，将建立完善的农产品流通体系视为国民经济的重要推力；从市场渠道层面来说，渠道环节逐步减少，流通逐步向规范化、法制化发展，流通效率高；从科技投入层面来说，注重加大农业科技投入，采用创新材料、创新方法进行包装，致力于发展冷链技术，积极使用信息技术，力求发展电子商务；从基础设施层面来说，外国的先进体系下的基础设施与服务体系均较为完善，社会化物流发展比较成熟，冷链基础设施完备。

第三章
中国农产品流通体系现状、问题及比较分析

随着我国以市场为导向的农产品流通体制改革的不断深化,农产品流通取得了很大的成效,但同发达国家相比,仍然存在很多问题,亟须深化变革。本章将在前两章分析的基础上,具体讨论我国农产品流通体系的现状并同发达国家的农产品流通实践进行比较,找到制约我国农产品流通业发展中存在的问题,识别出我国农产品流通发展的趋势。

3.1 中国农产品流通体系现状

3.1.1 中国农产品流通模式

改革开放30年来,以市场为导向的农产品流通体制改革不断深化,中国农产品流通取得了很大的发展成效,基本形成了以民间经营为基础、市场导向为机制、企业自主经营、政府适度调节的适合中国当前生产和消费发展状况且比较有效的农产品流通体系。当前我国农产品物流主要有四种模式,即直销型、契约型、联盟型及第三方物流模式。

直销型物流模式是由农户或农产品基地自营配送,将农产品送到批发市场或用户手中,这是一种最原始、最初级的流通形式。农产品直销物流模式一般有三种具体形式:一是农户直接与农产品批发商在产地批发市场进行交易;二是农户直接向消费者销售农产品;三是农户将农产品卖给上门收购的贩销大户,由贩销大户转移给零售商,再由零售商销售给消费者。直销型流通模式具有灵活性的特点,农户的销售收益可以及时兑现,这种形式适用于流通范围较小、流通数量较少的状况。然而,在直销型流通模式中,农户作为市场主体,由于其交易规模小,容易成为价格的被动接受者从而使利益受损;另一方面,由于直销型流通模式的流通量小,致使流通成本较高。

契约型物流模式有四种形式,即"农户+运销企业""农户+加工企业""公司+农户+保险"以及"公司+合作社"。这些模式克服了加工企业、大型连锁超市和农贸市场批发商原料来源不稳定的问题,为农户销售产品找到了相对稳定的渠道,也提高了对产品质量的控制力度。但弊端是农户在同企业的谈判中始终处于弱势地位,农民利益容易受到侵害,违约现象频发;企业直接面对分散的农户,市场交易费用高,配送成本居高不下。

联盟型物流模式是农产品批发市场、农产品生产者、批发商、零售商、运输商、加工保鲜企业通过利益联结和优势互补形成战略联盟。这种模式能够带动各方积极参与,节省了交易成本,各参与方在合作与竞争中发挥自身优势,专业化分工明显,提高了交易效率,也为物流主体建立了公共交易平台,使交易双方有更多的选择。但缺陷在于,由于处于一个战略联盟下,随着交易量的扩大,管理效率比较低,而且中间批发商仍然会对直接生产者和消费者进行信息封锁。

第三方物流模式是随着市场化程度的提高出现的专门从事农产品储运和流通加工的中间组织。它们不从事任何直接的农产品生产和销售活动,专门承担连接农产品从生产到流通的系统服务。这种模式促进了流通与生产的分工合作,降低了流通成本,提高了流通效率,有利于实现物流标准,成为我国农产品物流发展的方向,但目前还处于起步阶段,涉及范围非常有限,而且这种模式对管理人员的素质要求非常高。

3.1.2 中国农产品流通的优势

1. 巨大的生产量和消费量保证了充足的农产品流通需求

我国地域辽阔、人口众多,并且生活在不同地区的人们对农产品的消费习惯千差万别,消费多样性突出,构成了我国农产品的巨大生产量和需求量,为我国发展农产品现代流通业奠定了坚实的市场基础。

(1) 广阔的地域范围

我国陆地面积960万平方公里,由于不同地区存在光照、温度等气候差异以及耕地、水等资源差异,使得所产出的农产品种类、收获季节等方面都具有较大差异。为了满足人们日益增长且越来越多样化的农产品消费需求,农产品流通迎来了前所未有的机遇和挑战。比如,在寒冬季节,我国"南菜北运"工程几乎覆盖了全国各地,运输里程长达几千公里;同样,热带水果、东北大米等特色优质农产品也在全国范围内流通,满足全国各个地区人们的消费需求。

随着城镇化进程的不断加快,农产品生产地与消费地呈现持续不断的分离趋势:一方面,农产品生产基地不断向远离城市的郊区转移;另一方面,农产品消费逐步向城市集中。2006年编制完成的《全国特色农产品区域布局总体规划(2006—2010)》进一步加快了农产品生产基地的外移。这种生产地与消费地分离的趋势,不但拉长了农产品流通的距离,同时也大大增加了农产品流通的规模。

(2) 巨大的人口总数

我国总人口数2011年已达到13亿,如此庞大的人口所生产和消费的农产品数量是巨大的。从农产品生产规模来看,2005—2010年,我国主要农产品中,粮食产量由48 402.2万吨增加到54 647.7万吨;肉类总产量由6 938.9万吨增加到7 925.8万吨;水产品总产量从4 419.9万吨增加到5 373.0万吨;蔬菜产量从56 451.5万吨增加到65 099.4万吨;水果产量从16 120.1万吨增加到21 401.4万吨(见图3.1.1),主要农产品生产呈现出持续稳定增长的态势。根据农业部统计公告,2011年各主要农产品再次取得了全面增产。其中,粮食总产量预计达到57 121万吨,比2010年增长4.5%;预计蔬菜、水果产量分别达到6.77亿吨、1.42亿吨,增长4%和8%;肉类、禽蛋、奶类总产量分别达到7 950万吨、2 775万吨和3 825万吨,增长0.3%、0.4%和2.1%;水产品产量超过5 611万吨,增长4%。

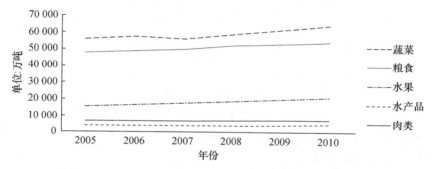

图3.1.1 2005—2010年我国主要农产品产量变化曲线
资料来源:《中国统计年鉴》。

随着农产品生产量的不断增加,农产品的销售量也在不断攀升。由于经济的发展和社会分工的逐步细化,农产品的生产和消费逐步从自给自足走向商业化和市场化,这给农产品物流的发展也带来了更广阔的空间。据推算,目前我国蔬菜、水果商品化的比例超过80%,水产品、畜产品商品化的比例超过70%,粮食商品化的比例也从2005年的55.9%提高到2010年的77.9%。农产品商品化比例的提高保证了充足的产销规模,这为农产品流通提供了发展空间。

(3)消费需求的多样化

随着经济的迅猛发展和生活水平的不断提高,人们越来越不满足于单一的饮食结构,而是开始追求方便、多样化、高品质的饮食。不同消费阶层对于农产品的消费需求也呈现出完全不同的特点,例如,工薪消费阶层追求便宜与实惠,主要消费一般的农产品,喜欢在农贸市场(菜市场)选购,价格比较优惠,消费量较大；年轻白领族和高薪退休阶层追求产品的外观、时尚与营养，消费中档以上的农产品，喜欢在超市购物，比较喜欢干净的农产品，如大棚种植的反季节时令农产品等；小康阶层消费要求比较高，多追求高档、独特、保健和愉悦等功用，如乌骨鸡、黑小麦等具有特色且品质优秀的农产品。消费者对于农产品方便、多样化、高品质的要求，推动了农业实现专业化、规模化、优质高效生产，也极大地带动了农产品物流的发展。

2. 交通运输业的迅猛发展为农产品流通奠定了坚实的硬件基础

鲜活农产品一般具有易腐烂、价值低的特点，如果缺乏高效率、低成本的农产品运输，农产品物流发展必然会受阻，农业发展的效益就会受损。近些年来，我国交通运输的快速发展为农产品流通奠定了坚实的硬件基础。目前，我国已经建成了横穿南北、纵贯东西的综合交通网络，包括铁路运输、公路运输、水路运输、航空运输和管道运输等，运输线路和场站建设以及运输车辆和装备等各方面也都取得了很大的进步。这必将推动我国农产品流通业的迅速成长，进而促进我国农产品流通业的总体发展。

3. 不断发展和完善的农产品市场网络为农产品流通提供了支持

随着我国农产品市场的逐步开放，农产品市场规模快速增长、市场主体发育迅速、交易方式和流通手段日益多样化，使得我国农产品市场网络不断发展和完善，为我国农产品物流发展奠定了良好的基础。近年来，我国农产品批发市场从数量、面积、交易总额及单位成交额等方面来看，均呈稳步增长趋势，且发展更趋专业化。截至2010年年底，我国占地面积30亩以上的农产品批发市场约有4093家，其中成交额在亿元以上的有1672家，约占市场总数的40.9%。亿元以上批发为主和零售为主的农批市场成交额分别为1.39万亿元和0.22万亿元，比2009年分别增长18.1%和13.8%。由此，2010年批发为主的市场成交额比重达到86.3%，较2009年提高0.5个百分点。批发市场的建立和发展使得农产品物流能够有梯次地覆盖产地和销地，丰富了市场供应，促进了农业的发展。

4. 工业反哺农业为发展农产品物流创造了有利条件

在长期接受农业哺育后，工业已逐渐强大起来，逐渐成为社会经济的主导部门。然而，农业的基础性、其所扮演的生存保障的角色是不可取代的，工业应该反过来支持农业的发展。工业反哺农业，是对新型工农关系和城乡关系的一种概括。工业反哺农业体现在以下多个方面：

（1）工业为农业提供技术和装备

工业支持农业最重要的体现就是工业为农业提供技术和装备。例如，拖拉机的出现使农业生产逐步由人耕畜作走向机械化,农业机械这一工业部门逐步形成,它专门为农业提供装备。此外,提供肥料、除草剂、杀虫剂、饲料添加剂的化工部门对于农业发展也功不可没。进入现代社会以后,工业领域的许多先进技术,例如天气预测、信息技术等,也逐渐应用于农业领域,大大推动着农业的发展。

(2) 工业为农业提供经济支持

工业对农业的经济支持体现在多方面,比如,政府的农业科技投入,政府对农业或农村的基础设施投入,政府为农业提供的气象信息等服务,政府对农业生产资料市场的监管,以及对农业生产资料价格的管制与补贴,银行对农业的贷款政策和利率政策,农产品物流的"绿色通道",以及农业税收优惠及税收调节、农业税费减免、工农业产品的价格差调节,等等,它们很多间接来自于工业。工业乃至社会全方位对农业的支持将有利于农产品物流和农业的发展。

(3) 工业为农业提供管理和物流方面的经验

和工业相比,我国农业生产、流通领域的组织方式和管理水平较落后,难以适应全球化竞争。所以,农业可以借鉴工业发展过程中所使用的有效的组织方式和管理理念。此外,与西方发达国家现代化、规范化、标准化的物流业相比,我国物流现代化还处于起步阶段,物流的硬件设施和管理水平都还存在相当大的差距。因此,我国要发展农产品现代物流,还需要参考国外先进经验,借鉴工业物流的先进思想和实践经验。

5. 信息产业和通信业的发展对农产品物流形成支持

进入知识经济时代,信息产业和通信业成为推动世界发展的高科技先导产业,也是提升其他行业进步的基础性产业。近年来,我国信息业的发展也很迅速,网络建设也取得了很大的成就,数据网、通信网、报纸、电视、广播等公共传媒也得到了极大的发展。截至 2008 年 12 月底,全国电话用户总数达 9.82 亿户,其中移动电话用户 6.41 亿户,互联网网民 2.98 亿户,网络与用户规模均居世界首位。数据显示,全国 99.7% 的行政村和 92.4% 的自然村已开通电话线路。现代物流是由"三流"构成,即信息流、商流和物流,其中,信息流是物流的先导,贯穿于物流过程始终。信息技术为物流的现代化发展提供支撑,因而信息化的发展可以强有力地推动整个物流科技与产业的发展。我国信息和通信业的发展,使得众多围绕着农产品物流信息、管理、控制的技术得以应用,这也将在很大程度上提高物流效率,为农产品现代物流发展奠定了基础。

3.1.3 中国农产品流通的发展机遇

(1) 优势农产品区域化生产为农产品物流带来了市场机遇

《优势农产品区域布局规划(2003—2007年)》的贯彻执行打破了"大而全、小而全"的生产格局,优势农产品区域化生产格局逐步形成。粮食作物九大优势产业带初步形成,2007年水稻、小麦、玉米、大豆集中度分别达到98%、80%、70%和59%。经济作物优势区域在全国地位稳步上升,棉花、甘蔗、苹果、柑橘集中度分别达到99.9%、63%、50.7%和54%,分别比2002年提高0.25个、5.6个、5.7个和4个百分点。九大粮食优势产业带对全国粮食增产的贡献率超过85%,为粮食连续四年增产、自给率保持在95%以上作出了突出贡献。棉花、油菜、甘蔗、苹果、柑橘等优势经济作物良种覆盖率明显提高,2007年优势区域产量分别为761.5万吨、951万吨、8 177万吨、1 750万吨、1 193万吨,占全国比重达到99.9%、90%、72.4%、63%、58%。《优势农产品区域布局规划(2008—2015年)》进一步确定,"重点培育16个关系国计民生、具有重要战略地位、对农民增收带动作用明显的优势农产品,形成一批国内外有一定影响的优势农产品产业带,建设一大批高产、优质、高效、生态、安全的优势农产品生产重点县(市、区、旗、团、场),形成一批规模化、标准化、设施化、品牌化的现代农业产业示范区"。农业生产结构调整和区域化优质生产使农产品物流的流向呈放射状多方向发展,给农产品物流带来了巨大的市场前景。

(2) 物流业的发展为农产品物流带来了发展基础

随着21世纪的到来,中国物流业总体规模快速增长、服务水平显著提高、发展环境和条件不断改善,为进一步加快发展中国物流业奠定了坚实的基础。2012年,全年社会物流总额177万亿元,同比增长9.8%;全国物流业增加值为3.5万亿元左右,同比增长9.1%;物流业增加值占GDP的比重为6.8%,占服务业增加值的比重为15.3%。一些制造企业、商贸企业开始接受并实践现代物流管理,实施流程再造和服务外包;传统运输、仓储加快向现代物流企业转型,大力实行功能整合和服务延伸;第三方物流企业快速成长。全社会物流总费用与GDP的比率,由2000年的19.4%下降到2012年的18%,物流费用成本呈下降趋势。

物流业的发展为农产品物流带来了发展基础。一方面,包括工业物流、商业物流等在内的社会物流为农产品物流的发展带来了基础设施上的便利,如物流业的发展促进了交通运输的建设和改善,物流业的发展促进了仓储设施、运输设备、包装产业的发展,这些都给农产品物流的发展带来了相当大的便利。另一方面,物流技术与管理在工业及商业领域的成功运用给发展农产品物流带来了技术和管理方面的借鉴,为农产品物流发展奠定了良好的基础。

(3)国民经济增长为农产品物流带来了发展机遇

健康、稳定的国民经济增长给农产品现代物流的发展带来了很大的机遇。国民经济的持续增长不仅对农产品物流形成了直接的拉动作用,还通过居民收入水平的提高和人民生活水平的改善,从而对农产品物流形成根本性的推动作用,强有力地支持了农产品物流的发展。居民消费能力和消费水平的提高给农产品物流创造了相当的利润空间和巨大的发展空间,这是激励农产品物流快速发展的动力源,"全面进入小康社会"的发展目标更是农产品物流发展的有力保障。

(4)加入WTO为农产品物流带来了国际化发展的机遇

加入WTO,为我国农产品物流的发展迎来了开放机会,迎来了交流与促进的机遇,其他成员国将对中国开放市场,并且由于WTO具有各个成员国之间互惠互利的贸易原则,我国能享受很多国家的最惠国待遇、发展中国家待遇,这为我国农产品出口提供了广阔的市场空间和利润空间。此外,加入WTO之后,我国可以利用开放的国际市场进行农产品以及相关农业资源的转换,例如,可以出口蔬菜、花卉、水果等劳动密集型的农产品,并适度进口粮食、棉花等土地资源密集型的农产品。在与其他成员国交易的过程中,我国农产品生产和流通企业还可以学习先进的农产品物流经验,提高我国农产品物流的水平。

(5)知识经济的发展为农产品物流带来了创新机遇

随着现代科学技术的发展和以网络为基础的知识与信息的传播速度加快,人类社会步入知识经济与信息化时代,这给农产品物流的创新和发展带来了机遇。农产品物流需要的仓储技术、运输技术、冷链技术、流通加工技术等都需要创新的支持,信息流的即时性、可靠性与充分性需要信息化的支持,全球卫星定位系统、射频识别技术、数据存储与交换技术、大数据分析技术和物联网技术等相关科技在农产品物流中的应用需要技术支持,而这些农产品物流的技术与创新都是在知识经济的大环境中展开的,因而知识经济的发展为农产品现代物流的发展带来了创新的机遇。

第三章 中国农产品流通体系现状、问题及比较分析

3.2 中国农产品流通体系的问题与挑战

我国发展农产品现代物流除了有以上优势和机遇以外,也存在着许多问题和挑战,只有在发展农产品物流的过程中通过引导、改革、调整等方式对这些劣势逐步加以改进、改善和提高,才能真正推动农产品现代物流的发展壮大。

3.2.1 中国农产品流通体系问题

(1) 农产品生产和流通分散,尚未实现规模经济效应

从农产品的生产上看,我国家庭化的生产模式使农产品产出不够集中,不利于形成有助于农产品现代物流发展的规模。我国从事农业生产的农户数量接近两亿多户,平均每户拥有七亩左右的耕地,他们以简单、零散的经营方式从事小规模运销,再加上每户家庭都进行多元化生产,造成农产品的交易品种杂、交易次数多、交易数量小,使得农产品的市场化和物流成本偏高,不利于规模化、集约化和现代化的农产品物流发展,从而在规模和市场竞争力上很难应对来自市场和大型现代物流企业的冲击,更无法与具有先进物流理念和现代管理模式的大型跨国物流公司竞争。

农产品分散化、小规模的生产造成了农产品流通的分散化。目前,在农产品流通领域,以现代组织形式专门从事农产品流通的经济组织所占的比重还不是很大,大部分农副产品的流通主体仍以小规模的个体经营者为主。无论是从生产到中间环节的汇聚物流,还是从中间环节到消费的分销物流,如果经营规模过小,经营能力过低,农产品物流的辐射范围就相应减小,物流链条相应加长。一个完整的物流链条如果中间环节过多,信息流、商流以及物流的成本都会大大提高。另一方面,小规模分散经营的农产品物流经营管理水平不容易得到提升。

(2) 农产品流通环节多,成本高,效率低

在美欧日,对于参与农产品流通交易的主体的资格一般有着严格的条件限制,不允许没有资格的交易者直接进行交易,只能通过有资质的代理人进行。这样,市场主体数量不多但规模都很大,且有明确的业务范围和领域。这样既保证了农产品流通的交易秩序,又保证了交易的规范化和公平竞争的实现。我国目前没有建立严格的市场准入制度,例如在农产品批发市场里大大

小小的农户、地头采购商、批发商、捐客、二级批发商、零售采购商充斥其中,这就造成我国批发市场流通主体混杂,规模小,数量多,导致市场秩序混乱、耗时耗力,流通缺少规模,交易缺乏效率。地头采购和零售市场更加分散和混乱,少量有实力的公司和大型超市起到了一定集中化作用,但更多的是极为分散的个体从业者和小商贩在广阔的区域上从事着农产品流通服务,难以对其实行有效管理。

同时,由于存在多重中介主体,中间环节复杂众多,经过反复落地倒运,致使流通过程不顺、成本很高,压缩了农民的利润空间,增加了消费者的购买成本。现有的流通过程效率低,损失大,我国水果与蔬菜等农产品的保鲜储藏比例不到20%,水果、蔬菜在采摘、运输、储存等环节上的损失率为25%—30%,而发达国家果蔬损失率则在5%以下。此外,我国农产品加工技术水平较低,农产品物流链过短,致使绝大多数农产品未经加工或仅经过简单的粗加工后就进入消费市场,农产品附加值低。

(3) 农产品流通各环节信息化程度低,导致结构性、季节性、区域性过剩

农产品的结构性、季节性、区域性过剩,是我国农产品流通中存在的普遍性问题。究其原因,是由于我国农产品流通缺少有效的电子交易平台,生产者和消费者之间缺乏有效的信息沟通,生产者仅仅通过价格调节生产规模,而价格对需求反映的滞后性导致生产和消费之间发生偏离,生产过剩现象时有发生。信息沟通仍然采用传统手段完成,信息化平台建设缓慢。因此,我国农户对于农产品生产信息的获得主要还是依靠传统方式,市场信息不能被有效用于指导生产。流通中各主体间的交易效率低,不透明,缺乏信息系统的有效支撑。这样,生产就很难适应需求的变化,农产品面临严峻的市场问题,也就必然导致农业增产而不增收。

(4) 农产品流通基础设施落后,流通专业化和标准化程度较低

与发达国家相比,我国农产品批发市场的建设、农产品仓储、交通运输条件和工具、信息网络平台等公共和准公共设施仍然落后;批发市场和流通过程中运输装备标准不统一,流通器具标准不配套,托盘标准化没有推行,包装标准与运输标准不配套。中国农产品流通组织建设还较缓慢,农产品流通缺乏专业化、产业化运作意识。大多数农产品流通组织的规模小,组织化程度低,管理水平落后,现代化程度不高,辐射带功能不强。

农产品物流的专业化水平基本取决于农产品物流设施、装备的技术水平与管理的先进程度。与我国农产品物流发展的基础薄弱相对应,我国农产品

物流的专业化水平基本上还处于粗放式的运转阶段。农产品物流的比较效益较低,政府的投入不足和其他行业的支持力度不够影响了我国农产品物流的专业化水平。农产品物流的专业化水平得不到提高,致使农产品物流的经济效益也得不到更大的提高;农产品物流的经济效益不能提高,则农产品物流的专业化投入不够,专业化发展水平也不能得到快速提高。农产品物流低水平徘徊的状况有待在创新和投入环节上注入新鲜力量和血液,这样才能推动其进入良性发展循环。

(5) 农产品交易方式和交易内容落后

我国当前占据农产品流通主导地位的批发市场大都只是为交易双方提供交易场地,档次低、功能单一,交易以对手交易为主,手段单一,服务与管理落后。我国农产品的交易方式多采取"协商买卖",即"对手交易"的方式进行。"协商买卖"交易方式存在着明显的缺点:一是协商买卖是买卖双方私下议价达成交易,不是竞价成交,透明度较低,竞争性相对较弱,不能充分体现公开、公平原则;二是一对一的议价需要寻找多个对手,不利于节约交易时间,不利于提高流通效率;三是对农产品的规格化、标准化要求低,商品档次不高;四是多数企业和农户之间是买断关系,订单履约率不高,一家一户的农民进入流通领域单打独斗,各自为政,难以适应市场需求变化,这些使得农民利益得不到保障。

相比之下,北美和欧盟农产品流通模式的交易方式以大规模交易主体的面对面或远程协商和协议交易为主,也有一定规模的交易以拍卖招标形式进行;日韩则以竞拍和协商为主要交易模式。这两种模式各自都有自己的特色和长处。

(6) 农产品流通中的安全问题日益突出

目前,我国农产品批发市场有的还是露天交易,场内经营环境脏、乱、差。有的封闭式市场内缺乏加工、储藏、保鲜、排污、物流配送等配套设施。大多数农产品批发市场没有建立农药残留检验检测系统,农产品质量卫生标准和市场内部的检验检测体系尚未建立,进入流通的农产品质量偏低,缺少检验手段和食用安全保证。

(7) 农产品流通国际化水平较低

我国农业产业化程度较低,农产品的流通市场化水平低,流通成本较高,国际竞争力较弱。特别是在一些大城市,农产品流通与城市发展所需的国际化水平还相距甚远。

3.2.2 中国农产品流通体系面临的挑战

（1）体制改革的挑战

虽然我国农产品流通已经全部从计划经济转向了市场经济，但由于转轨时间并不长，相关的保障和约束机制等尚未完善，配套的非制度性的物流价值观、文化、习惯等并未形成，已出台的制度也还需要经过长期实践的充分检验，而这一切都说明我国农产品物流发展的体制环境还处在建设中，因而体制改革的挑战仍然存在。

（2）经济投入的挑战

发展农产品物流需要多方面的大力投入，例如，农村物流基础设施建设的投入，运输、仓储、装卸方面的升级改造或新建投入，冷链物流体系建设的投入，信息化建设的投入，应对 WTO 竞争性挑战而对农产品流通进行的支持性投入等。尽管我国已经走向了工业反哺农业的发展阶段，但与发达国家的支持力度相比，差距还是很大的，因而发展农产品现代物流的经济投入对我国还是具有一定挑战性的。

（3）市场竞争的挑战

加入 WTO 之后，我国农产品流通全面走向市场化以及国际化，将面临国外大型农产品生产和流通企业的激烈竞争。短期来看，我国农产品流通业的竞争实力相对较差，在国际市场竞争中往往处于不利的地位。在我国农业的整体竞争地位没有提高之前，农产品现代物流也难以得到很好的发展。农产品现代物流的发展能够推动和支持农业的整体发展，而农业的发展也会给农产品物流的发展提供空间和支持，正是农业发展与农产品物流发展之间的这种相互作用与相互推动关系，使得处于优势的国家容易形成良性循环正反馈，而处于弱势的国家容易形成恶性循环。即便是初期微弱的优势，也会很容易被正反馈放大，成为未来巨大的竞争优势，这种正反馈效应给我国农产品现代物流的发展带来了很大的挑战。

（4）应对复杂需求的挑战

随着人民生活水平的提高，人们的消费水平和对农产品需求的多样化程度在逐步提高。农产品物流要面对这些需求复杂程度的提高，必然给农产品物流本身带来更大的挑战。

（5）农产品物流系统化建设的挑战

农产品现代物流是一个受到多种多样因素制约和影响的复杂系统，主要

第三章 中国农产品流通体系现状、问题及比较分析

包括制度、管理、技术、组织、人力资源与资本结构平台,其中每个平台又包含很多具体内容,只有这些要素相互协调才能构成农产品现代物流发展的完整体系。所以,要促进农产品现代物流的健康发展,首先要建立一个完整的农产品现代物流发展体系。在该体系的建立过程中,不仅需要考虑每个组成模块的功能和效率,还需要考虑不同模块之间的相互协调和匹配,这也是我国农产品物流发展所面临的一大挑战。

3.3 与国外农产品流通体系比较分析

近年来,我国农产品价格持续波动,农产品从田间地头到餐桌,价格差异很大,消费者普遍感觉菜价高,而农民又难以获得满意的收益。因此,农产品流通问题引起了广泛关注,也是"三农"问题的重要组成部分。以下我们从农产品生产、批发和流通三个环节对我国农产品流通模式和国际发达国家农产品流通模式进行对比,从中可以看到存在的巨大差距。

3.3.1 农产品生产环节比较

从生产环节,也就是农产品流通的供给角度来看,我国农产品流通市场具有以下特点:

(1) 我国农业生产最为分散,小规模生产和大市场流通之间的矛盾最为严重,批发市场作为主要流通渠道作用重大

从农业生产集中程度来看,从北美模式、西欧模式、日韩模式到中国模式,其集中程度逐步降低。美国农业生产最为集中,而且往往同一产品集中在特定区域,农场经营规模大,农产品生产区域化程度高,产地市场比较集中。这使得单个农场或农业协会不需要经过中间环节就可以直接为零售企业提供大批量、多品种的农产品。农户或农户团体在产地将产品进行分级、包装处理后,就直接送往大型超市、零售连锁店或配送中心,许多大型连锁超市也自建配送中心,直接到产地组织采购。这使得北美模式中经由批发市场的农产品仅在20%左右。

在欧洲,农业生产的集中程度比不上美国,但完善的社会组织和物流网络将农户生产有效地组织起来进行批发或直销,经由农产品在批发市场的比率大约在50%。在东亚,农业生产较为分散,而以批发市场为主的流通模式能有

效地解决小规模农业生产和大市场、大流通之间的矛盾,从而形成农产品经由批发市场的流通比率高的特征,在日本和韩国,农产品在批发市场的经由率在60%到70%之间。

我国农业生产最为分散,农户规模小,实力弱,同一地域中不同农户生产的品种往往也存在较大差异,规模化不足,尽管在各地都开始存在一定程度的集中化,即土地向种地大户集中或者由"公司+农户"等方式形成规模化生产,但从全国范围来看,仍然处于相当分散的状态,这使得批发市场成为农产品流通的最重要渠道,农产品在批发市场的经由率高达70%—80%。

(2) 我国农产品标准化和规格化水平低,质量缺乏保证

无论是北美、欧盟还是日韩模式,其共同特点是农产品的标准化和规格化水平程度都很高,这涉及农产品六个方面的性质:质量、重量、形状、包装、产地和品牌。美欧日有着比较完善的农产品法律法规和切实有效的执行系统,根据不同类型的农产品都设立了相应的分级标准,要求生产者做到分级分等、包装精良、标签说明完整、产地品牌清晰、严禁假冒伪劣。这六个方面的高度标准化和高度规格化大为便利了农产品流通,使得农产品更能有效地适应市场化的要求,有利于价格统一、实施拍卖、招标等高效的市场交易模式,并且能够提高农产品附加值,使农业从业人员得到更高收入。产地和品牌标签的规范有利于追溯制度的建设,极大地促进了农产品安全体系的建设,满足消费者对食品安全的要求。在农产品标准化规格化的基础上,农产品物流也易于规范化,北美、欧盟和日韩都能够实施农产品从预冷、整理、储藏、冷冻、运输、交易、配送全系列的规范配套,也能有效地降低农产品的中间损耗。

与发达国家相比,我国农产品的标准化、商品化程度很低,大多数农产品都是以原始形态进入批、零市场,缺乏精细加工,包装简陋、附加值低,中间损耗高。农产品非标准化,就无法进行公正、公开、公平的拍卖交易,也无法建设真正有效的追溯制度,无法保证农产品的品质和安全性。

(3) 生产组织化程度低,中间环节多,交易费用高,缺乏效率

从美国、欧盟到日韩,无论农场的大小,有一个共同点是:农户的组织化程度高,各种形式的农业协会在农业生产流通中起到了非常重要的作用,极大地提高了农产品的交易效率。在日本,农协组织的农户协同向批发市场出货,对农民委托销售的农产品采取代理制进行运营。作为组织农产品进入流通的关键性组织,农协把分散的农户组织起来,极大地增强了农民的市场谈判能力,

第三章 中国农产品流通体系现状、问题及比较分析

保护了农民的利益。此外,农协不仅为其成员解决产品销售、运输等问题,还将批发市场内的购销信息及时传递给农户,引导生产。美国的行业协会也发挥相同的作用,作为介于政府和企业之间的行业组织,由蔬果生产者、加工商、批发商、零售商、进出口商组织各类蔬果协会,有关流通方面的政策和建议都由协会与政府沟通,这样能有效组织蔬果生产流通,起到交流信息、衔接供需的作用。

与发达国家相比,我国农户的组织化程度很低,大多数农民是以个人身份进入批发和零售市场,缺乏市场谈判力量,只能是市场价格的被动接受者。从农户到地头采购商,在经由一级批发商、二级批发商到零售商,最后达到消费者,其中间环节多,运输和交易花费大量时间和费用,效率低,即便在农产品涨价的背景下农户也很难从中获取更高收益,大量费用被消耗在中间环节上,农产品流通系统的效率低。

3.3.2 农产品批发环节比较

从农产品批发环节,也就是从批发市场运作角度来看,我国有着自己的特点,也存在着差距和缺陷。

(1) 投资主体特点

批发市场的投资模式有三种:一种是政府主导,例如韩国可乐洞市场和日本中央批发市场,在日韩模式中这种形式居多,将批发市场视为重要的公益事业和基础设施,由政府主导进行投资;第二种是政企合营,政府投入一部分资金和企业进行合营,在欧盟模式中这种形式比较常见,例如法国汉吉斯市场;第三种是农业组织或企业投资,北美模式的批发市场往往是这种形式。当然在任何一个国家往往都存在这三种投资模式并存的现象,只不过是哪一种更常见一些的问题。

在我国,地方政府主导的形式比较多,和日韩模式比较像,往往都是由地方政府出资来建设批发市场,不过运营上也逐步在采取多种形式,例如委托民营企业来经营,市场的转让和出售案例也在日益增多,逐步在引入市场化原则进行投资和运营。

(2) 我国批发市场交易主体规模小、数量多,市场秩序混乱

与北美、西欧、日韩模式中对于参与批发市场交易的主体的资格一般有着严格的条件限制不同,我国没有建立批发市场准入制度,在任何一个批发市场里,大大小小的农户自驾车、地头采购商、批发商、捐客、二级批发商、零售采购

商充斥其中,这就造成我国批发市场流通主体混杂,规模小,数量多,导致市场秩序混乱,耗时耗力,流通缺少规模,交易缺乏效率。

(3) 我国批发市场硬件设施落后,物流系统效率低,鲜活蔬果损耗高

日美流通行业对鲜活农产品的保鲜技术先进,冷藏设备可以保证-30℃的储藏条件。日本已普遍采用鲜活农产品采后从预冷、整理、储藏、冷冻、运输等规范配套的流通方式,农产品生产后的商品化处理几乎达到100%。

我国批发市场正在进行大规模建设,冷藏物流和冷库贮存设备逐步得到实现,但从总体上来看,目前整个流通环节和批发市场的设施依然处于薄弱阶段,这导致大量鲜活农产品只能采取现货交易,收获后较少采用预处理措施,大多数市场没有完善的库存能力,这导致中间损耗高,形成大量的浪费。

(4) 我国批发市场信息化程度低,无法形成对农产品供应链的有效监控

在美欧日,整个农产品流通体系的信息化程度很高,能够实施对农产品流通的有效监控。美国通过使用条形码技术建立追踪系统,对产品供应链的物流流出状况和上游流入农产品的质量安全进行回溯,流通效率很高,农产品质量安全得到有效保障。日本批发市场的信息流通设施完备,实现了全国乃至世界主要批发市场的联网,电子商务快速发展。欧盟国家实现了跨国农产品流通的质量安全网络体系,通过各国的信息化合作达到多国农产品信息资源共享和跟踪追溯体系。

相比之下,我国批发市场信息化程度还很低,信息网络建设滞后,信息传播渠道不畅,网络利用效率低。目前只有部分大的批发市场能够提供采集后的价格和数量信息概要,只能让管理者了解价格走势和总体规模这样的宏观信息。无法跟踪控制农产品的确切流向,以至于出现农产品安全事故之后也难以确认真正的肇事者和责任人,无法建立真正有效的农产品质量安全体系。

(5) 我国批发市场的交易方式落后,以对手交易为主,交易费用高,交易效率低

北美和欧盟模式批发市场的交易方式以大规模交易主体的面对面或远程协商和协议交易为主,由于其中参与批发交易的参与者具有很大规模,同时产品的标准化、规格化程度高,因此交易效率很高,也有一定规模的交易以拍卖、招标形式进行。日韩则以竞拍和协商为主要交易模式。拍卖交易方式使批发市场所具有的农产品集散、价格形成、服务、结算和信息功能充分发挥,交易性

质比较公开、公平、公正,秩序规范,但这要求货物标准化、等级化、规范化。而以合约、订单为主的协约交易方式实行产销直接见面,流通渠道短、环节少,流通速度快、成本低,流通效率高。交易双方在遵守合约、恪守信用的基础上自主交易,合约和订单保证了农产品的量、质、价的稳定。这两种模式各自都有自己的特色和长处。

我国农产品交易仍然是以小规模对手交易为主,流通环节多,交易量小,交易费用高,往往需要货比三家,同时买卖双方还需要反复讨价还价进行交易,这导致交易效率低,耗时长,费用高,同时也使得批发市场价格不稳定,波动幅度大,市场价格具有明显的区域性。同时发达国家的交易结算方式都是非现金式,批发市场或者金融机构提供了方便的电子结算服务,而我国绝大多数批发市场仍然以现金结算为主,这导致市场安全性差,管理者也很难掌握市场交易具体金额,从而难以从交易中获取交易服务费用,导致批发市场财务困难,政府也很难解决农产品交易中的税收问题,缺乏有效的管制。

(6) 管理模式

在北美和欧盟模式中,对于政府投资的批发市场,往往由政府管理机构和职业经理人通过董事会形式进行市场化运营管理,政府管理机构负责实现农业政策和执行法律法规,职业经理人负责日常的运营,运营中强调批发市场的公共设施性质和农业安全职能。在日韩模式中,往往是委派管理委员会、职业经理人来进行管理,强调公益性和非营利性。在我国,投资主体多元化,地方政府、企业甚至个人投资批发市场后往往以盈利为目标,追求投资回报,这导致了诸多方面的问题,包括短期效应、对于农产品质量安全的忽视、粗放式经营等。

3.4 中国农产品流通发展趋势

3.4.1 流通环境变化

(1) 从"富余"时代到"不充足"时代

农产品需求持续上升,而供应已经达到了一定上限,我们将面临一个长期的"不充足"时代。由于新兴发展国家的经济增长和扩大利用农作物生物燃料等原因,消费需求不断增加,但城市化、沙漠化等又带来耕地面积越来越小的问题,所以供应达到了一定极限。有关部门预测未来 40 年农产品的价格将会提高两倍,如图 3.4.1 所示。

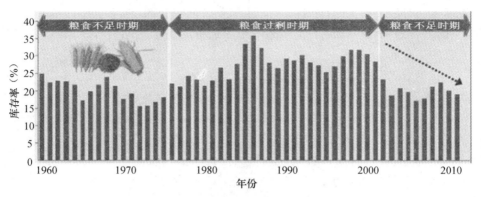

图 3.4.1　全世界粮食库存率趋势

资料来源:三星经济研究院。

(2) 从"稳定"时代到"不稳定"时代

今后世界经济的不稳定会导致农产品市场的不稳定,美元价值的变化和投向农产品批发市场的资金扩大,导致了价格变动幅度的扩大。还有气候变化和自然灾害的频繁发生将加大农产品市场的不稳定性。

(3) 从"安心"时代到"不安全"时代

最近随着农产品病虫害、动物传染病、转基因农产品的增加,农产品的安全性受到了极大的威胁。虽然农产品病虫害的发生次数减少了,但是个别病虫害规模却逐渐扩大。不仅有传统农产品病虫害,还有因遗传基因农产品带来的病虫害问题。

(4) 针对新趋势制定中长期对策

通过事先预防强化市场稳定性来应对农产品市场的不稳定性;给低收入消费层提供购买农产品及食品的支援,来解决因粮食不足导致的百姓经济困难问题;树立改善农产品稳定环境的方案。与此同时,有必要利用金融、保险系统对农产品市场进行风险管理,因此要扩大国内外供应基础、强化国际交流。要扩大公共储备量、利用民间储备设施、在海外构建农产品生产和流通的基地。最后,要转变农业是夕阳产业的意识,把农业视为新的成长动力,要通过价格决定机制和流通渠道的多样化来改善农产品流通体系,如图 3.4.2 所示。

第三章 中国农产品流通体系现状、问题及比较分析

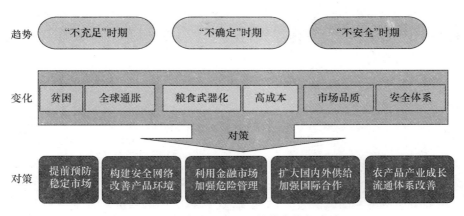

图 3.4.2 农产品流通环境的变化与应对

资料来源：三星经济研究院。

3.4.2 农产品消费趋势变化

（1）消费种类的变化

随着经济发展，百姓对食品消费的观念从"数量"和"营养"的量型消费，转变到了"味道""观赏""艺术"等质型消费。观察过去数十年的消费模式的变化，随着经济发展，谷类和薯类的消费减少，蔬菜、水果、肉类的消费随之增加。

（2）加工食品消费扩大

随着经济的持续发展，人们对加工食品的需求也越来越大，在外就餐的饮食文化持续发展。这意味着，过去不加工的农产品如今会被加工或者以餐饮业的方式流通，食品加工业、餐饮业的重要性加大了。

（3）追求饮食生活的方便性

随着双职工家庭的增加和女性社会活动的增加，家庭用餐与外出用餐的界限变得模糊，为了减少做菜的时间，在商店购买已经烹饪好的食品带回家吃的消费形式日益剧增。未来将维持这样的增长趋势，在短时间内可以食用的、代替家庭用餐的食品（Home Meal Replacement，HMR）的重要性越来越高。

HMR是指在商店购买已经加工好的食品带到家里直接食用的快餐食品，超市的小菜、面包、快餐、沙拉等是其代表，最近还开发出了速食方便米饭。消费者这一消费习惯的变化给农产品和食品的购买模式带来了影响，在购买场所、购买单位、购买形式上形成了追求便捷的倾向。

饮食生活简便化倾向体现在在外用餐费用支出的增长。未来在外就餐的趋势虽然会放慢脚步,可是随着女性就业的扩大及单身家庭的增多,对食品消费便捷化的趋向将会更明显。

(4) 扩大高品质和安全农产品消费

随着消费者收入的不断提高,消费者对农产品喜好也趋向高级化、健康化、便捷化,对高品质、功能性、绿色、新鲜、便捷的农产品的需求也在增加。最近转基因农产品有害性的争论、食物中毒的发生、疯牛病的扩散等事件,进一步提高了消费者的食品安全意识。消费者宁可花一般农产品数倍的价格去购买安全的农产品,因此绿色农产品的需求量急剧上升。

随着消费者食品安全意识的提高,农产品质量追溯机制越来越重要。农产品质量追溯机制是把农产品的生产、流通各阶段记录保留下来,提高农产品的可追溯性。

随着绿色农产品需求的扩大,消费者对有机、绿色畜产品和加工食品的需求也将扩大。以进口食品为中心的有机加工品市场,将在未来继续扩大。

(5) 消费者包装的发展

水果和蔬菜的消费者包装(consumer package)使得消费者在采购农产品时更为方便,也使得生产者能够提高产品的附加价值,因而是重要的发展方向。但近年来,企业为了营销的需要,有将产品过度包装的倾向,这将带来资源的浪费、环境的污染和产品价格提高等负面影响。

3.4.3 流通主体的变化趋势

(1) 农民及生产企业:规模化、差异化和组织化

以出售农产品为主要经济来源的家庭,在预期良好的条件下必然会有进一步扩大生产规模的打算,因为生产农户追逐利润的动力丝毫不亚于其他任何经济主体;规模化市场很大程度受到资源条件的约束,因此追求产品的差异化成为另一重要选择,尤其是农产品的生物特性,促使其差异化的技术可行性要比工业品大得多;差异化生产同样要求较高的自然禀赋,生产领域的经济主体为提高在农产品流通渠道中的地位,就有了第三种选择,即生产经营的组织化。这首先表现在农业的企业化运作并使自身组织化上,其次表现在生产者之间的合作组织形成和壮大上,最后表现在单一的农产品生产企业向农工商综合体发展上。

(2) 零售终端中连锁零售集团和大型超市异军突起

20世纪中期以来,现代连锁经营在发达国家取得普遍的成功,连锁经营和超市被称为是"现代流通革命"的两大标志,主要表现在:一是连锁综合性商店(超市)在消费终端替代独立的小型食品零售店;二是连锁超市在农产品流通中的主渠道作用日趋突出;三是超市对食品销售的重视程度和规模同步增长。

(3) 批发市场在农产品供应链中仍起着主导作用

支撑农产品流通的多重交易功能仍然存在。批发市场为供求双方提供交易场所、信息、方式和过程管理,从而实现其交易和集散功能,更为重要的是其具有价格形成、发现和结算功能。虽然经由批发市场的农产品相对数量在下降,但其仍占据农产品流通模式中的有利位置,在农业生产经营中发挥重要的辐射作用。而且,某种特定的农产品主要还是通过专业零售店销售,由此批发市场还是具有举足轻重的地位,可以说控制着农产品的流通。

批发市场与连锁零售集团一起在不断竞合中求发展。批发市场也是在不断发展变化,其与连锁零售集团的竞争性主要表现在:产地批发市场中的供应商往往在与连锁零售集团建立合作关系的同时,会逐步脱离市场的控制而减少流通环节。同时目前,农产品批发市场与连锁零售集团合作的情况也越来越多,超市资本、管理及技术介入批发市场,市场经营者办超市等各类产权渗透形式,为批发市场的新发展带来了生机。

(4) 政府施加的影响在逐渐减少

由于农业生产和农产品的特殊性,各国政府对农业生产和流通领域的政策引导作用普遍较强,对农产品批发市场也有很多的法律法规加以监管,如日本的《批发市场法》、韩国的《关于农水产品流通及其价格安定法律》、美国《农产品销售协调法》等。但是随着市场机制的日益成熟,政府对批发市场的控制权逐渐转移到市场经营主体手中。

3.4.4 流通主体间关系的变化趋势

(1) 流通控制权逐渐向农产品产业链终端发展

农产品作为"安全"性商品的供应,在政府和民众的双重压力下,在发达国家很早就进入供大于求的阶段,由此谈判的控制权逐步向生产加工、销售领域转移,再加上生产者往往是家庭经营而非企业化运作,更使得其容易丧失发言权,即便生产领域的组织化程度很高,农产品控制权逐渐向产业链下游企业组织发展的趋势仍然存在。

(2) 纵向联合成为满足需求变化和提升竞争力的需要

纵向联合是主体间关系定位的新趋势。首先,随着收入的提高和对自身健康关注的增加,发达国家消费者对农产品质量安全的水平要求越来越高,而控制生产源头是其中的关键,纵向联合为产业链中的主导企业实现这一监控目的提供了有效的手段。其次,需求变化带动下的纵向联合,也是那些处于弱势地位的企业组织改变生存条件的重要途径。再次,作为生活必需品的农产品,消费者自然越来越希望得到价低质高的商品,纵向联合有利于终端企业对整个产业链实施低成本的管理办法。最后,从供应链和供应链管理的角度看,包括一体化在内的纵向联合可以让企业在这一"经营的黑暗大陆"中,为寻找更多的利润空间而努力。

(3) 消费方式变革带来的零售终端企业的强势地位

发达国家消费者对农产品的需求主要在三个维度上有提高:质量、方便程度和价格。超市作为明确的市场主体,更有实力和信誉来监督产、加、销各环节,并以此向消费者提供安全食品;西方民众由于劳动力价格较高等原因,对食品的使用方便程度要求更多(我国居民对新鲜度要求更高),而超市显然更有资金条件对此进行投资以满足消费者;至于价格,原本就是超市立足商业领域的优势之一,更能够以低价吸引消费者。

3.4.5 交易方式多样化、技术与服务现代化

根据国外经验,对于大宗农产品,如粮食、棉花、油料、橡胶,由于易于储存和运输,交易量较大,且易于标准化,其品质易于鉴别,适合采用期货交易的方式,这种价格形成机制可以最大限度地抵御风险,降低不确定性,保护农户的利益;花卉、果蔬等易腐生鲜农产品比较适合采用拍卖等交易方式,随着信息化和网络化的发展,招投标、网上交易、直销、电子出价系统等也被广泛应用。

拍卖交易方式作为以公开竞价的形式将特定物品或者财产权利转让给最高应价者的买卖方式,是目前国际上规范批发市场价格形成机制的较为普遍运用的方式。在我国以对手交易方式为主的价格形成机制仍然占主导地位,相对而言,拍卖交易方式的优势主要体现在以下两个方面:

一是可以有效降低交易费用。传统的"一对一"对手交易透明度不高,各批发市场之间处于相互独立状态,交易主体对农产品的价格缺乏足够的信息,因此需支付高昂的信息成本,难以有效地降低交易主体之间的信息不对称和交易费用;采用拍卖交易方式,通过买方对同一批产品实行集中竞价交易,能

在短时间内形成基本反映市场供求关系的有效价格,最大限度地保证价格产生过程的公开、公平、公正。交易者不仅可以减少对商品质量、数量等信息的搜寻成本和省去反复谈判、讨价还价的时间,而且可以实现产品的最大价值,因而最终可以有效地降低农产品交易的费用。

二是可以有效提高农产品交易效率。传统的对手交易方式下的交易分散,无法通过交易次数的集约化和商品储存的集中化来实现规模经济并提高交易效率,不利于市场竞争和培育市场主体。短期来看,采用拍卖交易方式可以快速地处理大批量农产品买卖,提高交易效率。在高度商品化的拍卖制下,拍卖市场每天都会将当天的拍卖信息反馈到生产者和经营者手中,以便于生产者根据拍卖信息调整自己的产品结构、生产规模及上市时间。因此,长期看来,使用拍卖交易可以在一定程度上解决小生产与大流通的矛盾,更好地发挥批发市场调节供求、优化资源配置的经济功能。

拍卖交易的实现离不开技术与服务的现代化,发达国家发展了以信息技术为核心,以农业信息技术、储运技术、包装技术等专业技术为支撑的现代化农业供应链技术体系。中国应引进先进农业供应链技术,逐步实现农产品供应链作业的机械化、自动化和计算机化。

批发市场的提供方应该在组织商品流通方面提供完备的服务,不但要为买卖双方提供好的交易场所,而且还应该为买卖双方提供相关的服务设施和服务项目。从发达国家来看,其市场功能都非常齐全,充分考虑到上、下家客户以及政府和社会公众等各方经营和生活的需要,并在延伸服务上大做文章,非常方便客户需要,也能有效地促进生产和流通。

第四章
农产品流通体系创新管理设计

农产品的流通既是一种普遍意义的商品流通,又是一种具有特殊地位、特殊意义的基础保障性资源、战略性资源的流通。尽管人类已经进入到了太空时代,但人类在地球上得以生存依旧离不开对食物的需求,包括农作物种植和牲畜饲养繁殖的农业生产仍旧是为人类提供食物的唯一方式。人类的生存和发展必须建立在农业稳定和发展的基础上,没有其他产业可以替代农业的作用。因此,农业生产和消费的特殊性以及农产品所具有的不同于工业产品的特殊性决定了农产品流通的特殊性。

农产品流通既要解决很多的社会性问题,又要充分重视农产品流通本身的经济性问题。农产品的社会属性表现在它是人类赖以生存的基本条件,是人民生活的必需品,同时也是保障人民生活、维持社会安定的战略性资源,农产品的社会性在一定意义上体现了农产品流通的社会性。在市场经济中,农产品的经济性是农产品流通的根本动力,也是农产品流通与物流按经济规律运行的根本原则。

农产品流通的社会性与经济性同时存在,社会性是经济性存在的理由和基础,经济是为社会服务的,农产品流通只有通过经济的手段才能更有效率地为其社会性目标服务。我国农产品流通的市场化改革之所以走过了这么漫长而艰难的历程,除了客观条件不成熟以外,主要还是没有彻底地认清和处理好二者的关系,把农产品的社会性和经济性做了对立面处理,过多地使用了计划和行政的手段来保证农产品社会性的实现,忽视了农产品在流通中的商品特性和经济特征,违背了经济运行的基本原则,降低了流通效率和效益,制约了整个农业系统的协调与发展。

农产品按照一般环节在社会上进行流通,本身就存在经济性问题和市场性问题,政府只是规范市场和经济的运行,并为市场和经济服务,而不是靠参与、垄断或替代市场来主导经济。政府的直接参与容易破坏市场和经济的公平与规范,并不利于经济的发展。另外,诸多因素影响着农产品的流通和物流的发展,如农产品的商品属性、供求关系、流通体制、组织程度、管理与技术水平、基础设施、宏观环境及相关产业的影响因素等,同时流通与物流在经营过程中还存在着成本、效率、资源配置以及利益分配等问题,这些问题很难靠政府单独解决,只有以市场的方式运行才是最有效率的。

加入 WTO 后,世界经济的影响也成为农产品流通与物流发展的一种重要推动力。一切预示着市场化的流通在取得快速发展的同时,现代物流将更快、更全面地进入农业生产和流通以及消费领域,成为拉动农业发展的主要力量,

第四章 农产品流通体系创新管理设计

我国的农产品流通体系亟待创新发展。

4.1 组织模式创新

现代商业的发展使得企业间的竞争发展为供应链之间的竞争。农产品流通过程中的组织模式也应从供应链的视角加以分析。农产品供应链是一个跨产业(企业、农户、政府、消费者等)、竞争合作关系复杂的产业化系统。在供应链中联结各种直接和间接利益并伴随多种要素(产品、信息、资金等)流动的实体要素是各个节点企业,主要包括了农资公司、农产品生产者(农户或合作组织等)、加工企业、物流中心、零售企业(超市等)和消费者。一条完整的农产品供应链始于农业生产资料的供应商,止于农产品(含加工制成品)的最终消费者。本节将从产业模式创新开始介绍,经由供应链模式创新,重点提出流通模式和市场模式的创新,最后再到参与个体的创新,来一一解说现代农产品流通体系中的组织模式创新。

4.1.1 农产品产业组织模式的创新发展

(1) 现代农业园区

为了提高农户在农产品供应链中的地位和话语权,引导农户、加工企业和市场有效对接,使农产品生产走向专业化、商品化、国际化、现代化,我们需建立农产品生产合作组织来改变目前农户分散经营的状态。

有效的农产品生产合作组织应具有以下特点:

① 形成一体化的农业产业体系,实现产品附加值和加工收益的全面最大化;

② 使农产品顺利地进入市场并保障农业的基本经营收益;

③ 让农民在公平的情况下有效地获得以上两方面经营收益,同时维护和提升了农民的营业利益;

④ 能在推进农业组织化的过程中提高农民的现代化水平,让农民更好地融入现代社会并充分享有现代文明。

产业园区是由政府集中统一规划制定的区域,区域内集中了众多不同规模等级的企业、机构等,这些企业与机构互相分工合作,由产业园区统一管理。产业园区分为农业园区、物流园区、工业园区等。我国的农业园区建设需要通过创新承载起流通变革与超越的重任。

农业园区的创新以农业科技园为依托,以高科技为支撑,以农业设施工程为主体,功能具有多样化和综合化特点,便于集约化生产和企业化经营。入驻现代农业科技园的企业均为在都市农业和现代农业发展中能够起到引导作用的世界一流的农业企业,以市场为导向,将农产品定位在中高档市场,同时开拓国外市场。

（2）自由贸易区

自由贸易区(Free Trade Area,FTA)通常指两个以上的国家或地区,通过签订自由贸易协定,相互取消绝大部分货物的关税和非关税壁垒,取消绝大多数服务部门的市场准入限制,开放投资,从而促进商品、服务和资本、技术、人员等生产要素的自由流动,实现优势互补,促进共同发展。有时它也被用来形容一国国内一个或多个消除了关税和贸易配额并且对经济的行政干预较小的区域。

全球已有 1 200 多个自由贸易区,其中:15 个发达国家设立了 425 个,占 35.4%;67 个发展中国家共设立 775 个,占 65.6%。最典型的是美国对外贸易区的迅速增长。自由贸易区的功能也在不断扩展。目前世界上多数自由贸易区通常都具有进出口贸易、转口贸易、仓储、加工、商品展示、金融服务等多种功能,这些功能综合起来就会大大提高自由贸易区的运行效率和抗风险能力。

在自贸区中引进农产品交易,不仅扩大了自贸区的职能范围,也为我国农业进出口提供了货物进出自由、投资自由、金融自由的竞争优势。在自贸区中,农产品交易不存在关税壁垒和非关税壁垒,凡合乎国际惯例的货物进出均畅通无阻,没有任何国界限制;投资没有因国别差异存在行业限制与经营方式限制,体现为投资自由、雇工自由、经营自由、经营人员出入境自由等;外汇自由兑换,资金出入与转移自由,资金经营自由,没有国民待遇与非国民待遇之分。

（3）现代批发市场

本节提到的现代批发市场是在传统批发市场的基础上进一步发展完善而来的。现代农产品批发市场的创新模式摒弃了传统农贸市场的脏乱差特点,应用先进设备与技术,实现高效运营,加快了农产品的流转速度,提高了农民的盈利水平。自 20 世纪 90 年代以来,批发市场进入快速发展阶段,布局改革、结构调整、管理规范化的措施也卓有成效。根据国家工商协会管理局和全国城市农贸中心联合会以及《中国商品交易市场统计年鉴》的数据显示,2001

第四章 农产品流通体系创新管理设计

年至2008年我国农产品批发市场约4 100—4 300家,但绝大多数都是传统批发市场。随着市场需求的变化和农产品流通行业竞争的加剧,传统批发市场普遍面临着升级改造的现实,一批落后的批发市场将被淘汰。与之前几年的持续增长相比,2009年我国批发市场下滑至3 600家,我国的批发市场正处在变革发展的关键时期。

4.1.2 流通合作组织模式的创新发展

农业是国家的经济命脉,是我国的基础产业。而流通业又是生产与消费的重要枢纽行业,决定了生产产品的价值能否得以实现。农产品流通体制的发展决定了农业市场化的进程,也是打造现代化农业和现代化农产品批发市场的重要前提。因此,农产品流通体制的发展方向决定了农业甚至国民经济的发展。

我国农产品批发市场区域分布不均匀,亿元以上农产品批发市场平均交易额以干鲜果品、棉麻土畜、烟叶等为主的东部地区所占比例最高(68.1%),其次是以水产品交易为主的中部地区(15%)和西部地区(10.6%),东北地区所占比例最小(6.3%)。

现阶段,中国农产品批发市场的消费需求已经基本饱和,并已经出现了过剩,人均消费量开始呈现下降趋势,农副产品消费从量的需求向质的需求方向转化。在这种情况下,2010年出现了绿豆、大蒜、鸡蛋等产品价格的骤然上升,虽然这种哄抬物价的行为之后受到了国家的严厉打击,可还是暴露出了我国农产品流通体制的弊端。

在中国,农产品流通中缺乏信息服务,中间商拥有绝对定价优势,生产者与消费者在市场经济中处于被动地位,可轻易地被中间商隔开,信息不通畅,无法形成一个整体的大流通,生产方向往往无法正确把握;个体农民和个体商户规模太小,无法体现规模效益,议价能力弱,处于弱势地位;由于组织化程度低的零散个体农户众多,组织化程度低,导致交易的中间环节繁琐,交易成本上升;农民缺乏整体的流通意识,只关注自己的生产,不关心与下游的衔接,导致个体效率与整体效率的低下。

荷兰农产品流通体制的枢纽是拍卖,八成以上的果蔬农产品和九成以上的花卉通过拍卖销售出去;巴西的农产品流通体制注重与国际接轨,农产品出口是国家创汇的主要来源;印度开展"绿色革命",改革旧的农产品流通体制,建立法定市场,推动销售合作社的成立和仓储设施的建立;韩国的农产品流通体制注重流通设施的运用及物流和交易的高效化,建设农协共销场,消除中间商的阻碍,确保生产者与消费者之间信息的畅通。

近些年,中国农产品流通市场逐渐由以产地和销地批发市场为主转变为广域型、全国性的农产品流通网络,而广大农村则以地区性的自给自足型流通为主。确立和实施与发达国家同等水平的农产品流通体制,才能使生产者将注意力从"卖什么"转移到"怎样用低成本生产出优质产品",而消费者面临的也将会是一个更加积极的市场形态。

综上所述,中国农产品流通合作组织模式的创新发展有如下方向:一是农产品生产、加工、流通一体化;二是以批发市场为核心,建立大流通网络体系,提高管理水平,提高交易效率;三是提高经营者的素质和生产者的组织化程度;四是制定和实施与国际接轨的标准化体系,保障食品质量,增强我国农产品的国际竞争力。

4.1.3 市场组织模式的创新发展

市场组织模式的创新包含如下方面:一是农产品所有权有关的商业流通功能;二是可以支援商业流通功能的物流流通功能;三是提供交易信息的流通信息功能;四是解决生产地与消费地之间时间与空间差异的供求调节功能。

其中,占主要地位的是商业流通功能,包含农产品的买卖交易、价格形成、货款结算、金融运作、担保风险等功能;物流流通功能指对产出的农产品进行移动、集存、分散、储存、保管、搬运、运输等活动的实现;流通信息功能主要针对的是批发市场里参与交易的农产品的数量和价格信息,负责收集市场动向和价格等信息,并传达给农民、流通主体、消费者等;供求调节功能需要首先收集流通信息,然后分析出需求与供给,通过调节批发市场法人与中间批发商的运进量、运出量、存储、保管等功能来发挥作用,该功能对批发市场的自由发展具有制约作用。

4.1.4 农产品流通体系合作主体的创新发展

农产品流通体系的合作主体主要包括(如图4.1.1):

(1) 生产者

在农产品供应链中,农产品生产者是整个供应链的起点,是农产品流通的源头,为食品加工企业提供原材料,所以它的地位是非常重要的。在我国,农产品的生产者主要是农户。农村家庭联产承包责任制形成了当前农户小规

第四章　农产品流通体系创新管理设计

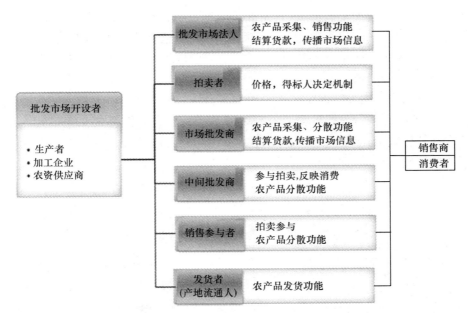

图 4.1.1　以批发市场为主的农产品流通体系的合作主体

模、分散经营的状况,而这种状况决定了农户在整个农业产业链中处于比较弱小的地位。

小农户经营方式是把大量的农产品通过集贸市场与批发市场,或者由产地批发市场经过中间商到销地批发市场,再经过当地的流通环节,最后到消费者手里。分散农户形成的传统生产习惯、经营意识以及生产组织形式,不适合以现代化超市为主要模式的市场,常常对接不畅,因此农户需要转变其在农产品供应链中的角色。

（2）加工企业

农产品加工,是把农产品作为研究对象,改变其外观及生物属性的物理及化学过程。也就是说,农产品加工是把农产品按其用途、功能等分别制成成品或半成品的生产过程。农产品加工业包含了食品工业、纺织工业、木材工业、纸品工业和橡胶工业等,本书所指的农产品加工主要是指食品加工。根据《中国国民经济行业分类与代码》,食品工业包括烟草加工业、食品加工业、食品制造业和饮料制造业四个大类。

农产品供应链的顺畅运行必须有一个动力源来推动重组,而这个推动整条供应链运行的动力源就是核心企业。农产品加工企业一端连接着农产品供给,另一端连接着农产品需求,具备成为农产品供应链"发动机"的天然条件。因此,农产品供应链运行得好坏,以及整条供应链竞争力强弱、规模大小等方面,很大程度上取决于供应链中食品加工企业的影响力。

（3）农资供应商

农资供应商为农产品生产者提供种子、种苗、农药、化肥、饲料、添加剂、薄膜等各种生产资源,农资的质量在一定程度上决定了农产品的生产质量。在农产品供应链中,农资供应这一任务多由供应链上的核心企业或核心企业指定的供应商来完成,如图 4.1.2 所示。

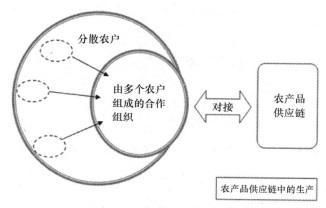

图 4.1.2　农产品供应链中的生产模式

（4）市场管理者(开设者)

为了实现市场的基本功能,市场管理者(开设者)承担了农产品批发市场的设施整顿与维护管理任务,以及与农产品贸易相关的各种合法公平交易的管理业务。

现代农产品流通体系中批发市场管理者的主要作用:

① 批发市场的开设与整顿、日常管理;

② 促进市场内交易当事人之间的公平竞争,促使产生更合理的价格;

③ 确立公平的交易秩序,改善环境,组织流通;

③ 制定标准化流程与包装,提高市场中交易的农产品的商品性;

⑤ 改善流通环境,提高流通效率,维持农产品的新鲜度;

⑥ 改善批发市场的管理与运营方式,激活市场。

此外,市场管理者还承担以下创新职责:

① 管理与运营设施;

第四章 农产品流通体系创新管理设计

② 维持批发市场的交易秩序；
③ 指导与监督批发市场法人、市场批发人、中间批发人等的商业行为；
④ 管理与监督担保和结算；
⑤ 收取批发市场与设施的使用费用、垃圾处理回收费用以及摊费等。

（5）批发市场法人

批发市场法人是拍卖制里的经营主体，负责对批发市场里运进的大量农产品进行优化和有效地集存与分散，公平地进行批发交易。批发市场法人主要是由批发市场管理者（开设者）指定的。生产者将农产品委托给指定的法人，法人将这些农产品在市场上进行批发交易或者由法人先将这些农产品全部收购再行批发交易。

批发市场法人的主要职能是将生产者委托的农产品拍卖给中间批发商或经销商，赚取手续费。因此，批发市场法人具有货物收集、价格决定、货款结算和信息传播的职能。

现代农产品流通体系中批发市场法人的主要作用是：第一，开发新产地，大量收集全国生产的各种各样的农产品；第二，通过拍卖或投标等的方法使农民们参加交易，决定价格，保持交易公平；第三，给农民预付货款，给中间批发商提供赊账或给发货者结算货款；第四，给批发市场管理者提供拍卖结果与市场交易情况的报告，传递流通信息。

（6）市场批发商

市场批发商是批发市场交易的中枢，由批发市场管理者指定市场批发商经营获许可的农产品，批发商以批发价格销售或代销这些农产品。市场批发商一般不采用批发市场法人的拍卖方式，而是通过收集与分散农产品来赚取利润或中介手续费等。

现代农产品流通体系中市场批发商主要承担货物集存与分散的职能。开发新产地，收集全国各地的农产品，确保货物的品质和数量后，直接与买方协商价格，然后以协商价格出卖或者全部购买后再行出卖的方式进行货物分散。

（7）中间批发商

中间批发商是实行拍卖制的批发市场中的主要经营主体。首先，中间批发商需要得到批发市场管理者的认可，然后参加批发市场法人主管的拍卖（可以中标），最后中间批发商将已中标的农产品（价格 = 拍卖价格 + 利润）销售给零售商。

但是，如果遇到批发市场法人的产地收集能力较弱而且批发市场里存在不易上市的商品等情况,中间批发商则可以代替管理者,许可此类农产品上市,将其收购或接受委托进行批发交易、中介销售,而不是在产地就将这些农产品收集然后再拍卖。

中间批发商有形成价格与分散货物两大功能。在现代农产品拍卖过程中,中间批发商通过将消费者需求价格反映到拍卖标牌上的方式来形成价格;拍卖以后,中间批发商将中标的农产品售卖给批发零售商或中介来分散货物。

(8) 发货者(产地流通人)

发货者,即产地流通人,是指在主要产地直接收集农产品,然后发货给批发市场的经营者。发货者的存在不局限于批发市场的任何交易制度,是向批发市场提供稳定供给的经营主体。

发货者在产地经过农产品的生产前、播种过程、生产过程、生产后的存储过程等环节之后,将其收集,并一直保持稳定发货。发货者的存在提高了流通效率,调整了农产品的发货,稳定了价格。

现代农产品流通体系中,根据收集形式的不同可将发货者分为三种:生产中货物交易型,存储型,以及反复收集型。

生产中货物交易型是指在农产品播种之后、收获之前将其购入,然后在收获后将其发货到批发市场的形式;存储型是指先购入存储性高的农产品,放入仓库,然后在适当的时间将其发货到批发市场的形式;反复收集型是指先购入比较少量的农产品,直接发货到批发市场,然后以相同方式不断补货的形式。

(9) 销售商

农产品供应链将农产品的生产活动、供应活动、销售活动纳入一个整体,形成一种衔接。销售商通过销售网络把产品送到消费者手中,实现整个农产品供应链的一体化功能。而农产品批发市场是农产品流通体系的中心环节,作用在于集散商品、形成价格、传递信息、提供服务等功能。

农产品零售商有专业的营销人员,他们能直接与消费者接触,并且能够比农产品生产者更直接地感觉到和更深刻地认识到消费者需求的变动。因此他们能对农民的生产起到有效的引导和牵引。零售商对农产品具有大量采购、均衡供应、常年销售的显著特点,因而随着大型零售商(超市)的发展,必将使更多分散的农民在龙头企业的带动下组织起来,使得农产品生产中各种生产要素能够合理调整,组织化程度也将大为提高。

农产品批发市场为生产者的生产计划与品种选择提供了信号,从而降低了生产者产前信息搜索的交易成本,弱化了农户生产的市场风险;另外,农产品批发市场集中了大量的买主和卖主,他们改变了农民在市场分散条件下面临"小数谈判"所导致的机会损失,由这些人所形成的竞价机制,不仅保证了价格的公平,提高了交易效率,更重要的是改善了农民的谈判地位,降低了谈判成本。

(10) 销售参与者

销售参与者是采取拍卖制市场里的经营主体。销售参与者首先需要得到批发市场开设者的认可,然后参加批发市场法人主管的拍卖来收购自己需要的农产品。销售参与者包括加工商、零售商、出口商、消费者团体等。

其中,有意向在批发市场里收购大量农产品的加工商、出口商、大型流通企业等销售参与者愿意直接拍卖的原因是:拍卖促进竞争,缩短中间流通路径,可带来预期效果。

在现代农产品流通体系中,销售参与者有形成价格与分散货物两大突出功能。特别是实际用户的购买行为,承担了大量农产品的快速分散。

(11) 消费者

消费者是农产品供应链的服务目标所在,也是整条供应链的终点,它具有群体性、普遍性和消费的持续性特点。我国作为一个人口大国,农产品已经成为我国消费个体的必需品,其需求量非常可观。

我国现有消费者的发展特点正在经历从"量的消费"到"质的消费"的变革。农业首先追求的目标则是数量上的发展,大部分人的数量需求得到基本满足后,经过结构调整而转入以质量为主的发展时期。

过去由于农业的发展水平普遍较低,在数量需求上也无法得到基本满足的情况下,农产品消费的潜在需求非常大,需求弹性也比较大。同时在普遍供不应求以及购买力水平较低的情况下,农产品的价格弹性也比较大。现在,随着生产力和社会经济的整体发展,社会逐步由温饱向小康发展,人们的购买力不断增强,生活水平也不断提高,人们不但要追求吃饱,更要追求吃好。纯粹的数量增长已经不能满足消费者的全部需求,部分消费者表现出了优质化和多样化的需求。图4.1.3表现了农产品消费的变化趋势。

当人们的生活达到富裕水平以后,这种由吃饱到吃好的转变基本完成,而健康和享受成了食品最基本的生活要求。绿色安全的食品数量充足供应以及多样化产品的丰富供应使得人们的数量需求和质量需求同时得到了非常大的满足,人们对食品本身的追求也开始逐渐减弱,转而追求食品功能属性以外的附加价值,享受食品消费过程中所带来的服务及文化。

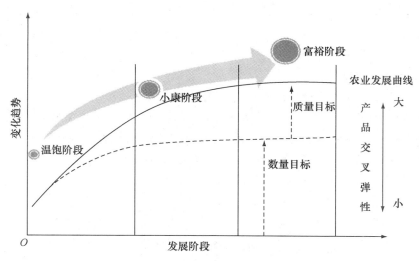

图 4.1.3　农产品消费变化的趋势图

4.2　设施现代化模式创新

4.2.1　设施现代化模式创新建设的基本方向

农产品流通体系设施现代化创新建设可视为重建现有批发市场,其目的并不是用更好的设施替换现有设施,而是提高流通的效率。

通过设施现代化创新建设,中国流通业对于出口与进口的农产品可起到流通枢纽的作用。作为区域社会的中心商圈,这些批发市场需要将消费者的集群效果发挥到最大,兼具休闲的复合文化空间功能。中国关注农产品流通领域较其他国家晚,因此中国需以设施现代化创新建设为契机,谋求更大利益,确保世界地位。

农产品流通体系设施现代化创新建设以阶段性循环(Rolling)开发的方式进行,从批发市场商圈的最小范围内开展,分为批发和零售两个领域的市场。除了目前的对手交易制度外,还引进了"批发市场复合交易体系",如拍卖制度和预约制度。而我们应该考虑到通过交易制度之间的竞争,可能形成交易量相对落后、无法跟随消费者需求变化和过度调整缩小交易制度区域的情况,因此在采取不同交易制度的区域,应尽量建立可变设施。

并且,还应在市场内部的物流和配送部门,建立库存和配送到家的设施,以满足需求。

4.2.2 设施现代化模式创新建设的主要内容

（一）设施现代化建设对象的主要设施需求

为提高农产品流通体系的批发和零售功能的运营能力，需要如下设施：支持有效管理的基础设施，满足消费者等批发市场用户需求的设施，满足地区居民和用户的文化和休闲设施等。这些就是设施现代化建设的缩影。

主要设施现代化建设分为7—8个设施类别：农产品交易有关的设施、物流设施、应对消费者需求的新设施、应对FTA等开放化的设施、卫生及品质安全管理设施、环境设施、文化及休闲设施、管理设施及配套设施等。

交易设施是指拍卖场、中间批发商和市场批发商店铺、有关商品仓库等。物流设施包括为冷链设施（冷链仓库和冷冻仓库等）保管、配送和分配的设施等。这两种设施作为发挥农产品批发市场原始功能的必要设施，其完善程度可为激活批发市场带来巨大影响。

为了应对消费和各种各样的需求，新设施主要包括加工设施、邮递室、水果后熟室等商品化设施。现代化供应链以危害分析与关键控制点（HACCP）为标准，同时建立卫生设备，旨在构建如家乐福和大润发等大型零售商场的供应链。

随着许多国家纷纷签署自由贸易协定，贸易自由化和一体化成为发展趋势。因此需要设立能够满足国际交易量的设施，主要有进出口公司的相关办事处、民政事务处等，使商业流通与货物流通相互联系。这些设施的建设程度对进出口公司的建立与参与起到一定的影响。

随着消费者收入水平的提高，食品健康和安全问题变得愈发敏感，对安全食品的需求急速上升。因此，现代农产品流通体系和现代批发市场需要能够对流通的农产品进行农药和有害物质含量的检测，保证进出口农产品的安全性，这时，需要建立安全检验设施。

另外，设施现代化建设还包括垃圾处理场所等环境设施和卫生间、餐厅、便利店、停车场等便利设施以及管理设施、配套设施的建设。

（二）主要设施的现代化方向

（1）交易关联设施

交易关联设施包括拍卖场、中间批发商及市场批发商店铺等批发流通设施，冷藏冷冻仓库等冷链设施，用于储存当日剩余的农产品和补充消费者需求的设施等。尤其是库存设施需要结合冷链系统,以维持农产品的新鲜度,延长商品寿命。

例如,日本批发市场持续应用冷链体系,即农产品在当地生产之后,运输至批发市场出售,最终到达消费者餐桌的整个过程中,均可保持冷藏冷冻状态。引进该体系之后,日本批发市场获得了巨大效益。

没有健全的冷链体系,短期内就难以获得巨大效益。批发市场应针对批发和销售阶段不断变化的消费趋势而持续构建冷链体系,在当地扩充冷链存货设施建设,满足消费者需求。

在冷链拍卖场引进冷链设施是必需的。因为即使用冷藏车将农产品从产地送到批发市场(保持冷链状态),但如果在拍卖开始或结束后农产品恢复常温的话,其新鲜度也会被降低。因此,在等待时间里保持低温仍然至关重要。

在以车辆为载体的交易制度下,如果不用冷藏车,在一个交易完成之前,在等待的时间里就需要尽量防止商品品质下降。采用预约制度的话,商品在冷链状态下被送至市场后需立即保管在冷链仓库里,但是移动到冷链设施环节或等待环节下仍会处于常温状态,亦有损品质。这是一个较难解决的问题,然而与其他制度相比,预约制的交易区域冷链管理的必要程度已经降低了。图4.2.1刻画了农产品批发市场冷链流通体系。

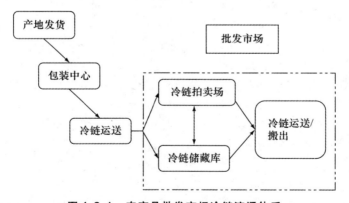

图 4.2.1　农产品批发市场冷链流通体系

为了完善中间批发商及市场批发商的商业交易,批发市场应该考虑改善其物流路径。拍卖结束后,中间批发商需要在短时间内迅速分散和运送商品,避免混乱,而市场批发商需要检查大型车辆入库和中小型车辆的运送工作。因此,中间批发商和市场批发商应该考虑到其各个店铺的位置,迅速处理残货,并优化店铺内农产品的移动路径。

第四章 农产品流通体系创新管理设计

（2）搬运与物流关联设施

通过引进现代物流体系，建设现代化农产品流通体系，改善物流设施就成为一个关键环节。现在，大量商品搬运为手工操作，没有进行规格标准化，例如，商品从当地运到批发市场，由员工亲自搬运装卸，增加了物流费用。

与冷链体系相同，在批发市场中，建立装卸环节相关的物流设施是推动当地流通改革的有用手段。因此，在拍卖场的中间批发商及市场批发商的仓库里，设立自动调节站台搭板和托盘计量器等，使车辆容易进入和操作，同时布置电动车和叉车，提高自动化和物流效率。

（3）小包装物流设施

随着产业化和工业化进程的加速，消费者人均收入得到了大幅提高。为了满足消费者日益增加和多变的需求，批发市场需要建立满足批发商和零售商需求变化的农产品商品化设施。商品化设施中最具代表性的就是农产品零散包装物流设施。在不久的将来，该设施将成为提高市场活力和竞争力的关键因素。

运送到批发市场的商品，只有小部分在产地已经包装好，剩余大部分商品还是需要在批发市场内进行包装。大量农产品从当地运送到批发市场后需要进行再甄别和再包装。

做甄别、包装等工作的包装设施主要处理蔬菜类和水果类商品，最佳方法是将这些设施设立在市场内物流路径较短的区域内，方便商品准备。

（4）各个设施的连接通路

批发市场内顾客购买蔬菜和水果时，需要使用多种设施，因此，为了方便顾客和塑造良好的购物环境，需要建立设施与设施之间的连接通道。例如下雨时，在设施与设施之间的人行通道上覆盖帐篷，为顾客提供便利；由于下雨对车辆的影响可忽略不计，故在市场内车辆通道上可不设置此种便利性连接。

（5）垃圾处理设施

通常，批发市场位于市中心，它不仅是批发和零售中心，而且是由文化空间、国际交易中心、交易设施等组成的综合中心。因此，构建垃圾处理系统是至关重要的。

垃圾处理设施包括农产品的干燥处理设施和可回收垃圾处理设施。通过设置垃圾减量器和脱臭设备、计量设施等装备，可构建环保型垃圾处理系统。通过重整、迁移现有垃圾处理设施，进行垃圾处理设施的现代化建设。

重整现有设施是指首先测算批发市场的垃圾量，按照处理能力而改善现有设施的使用。它的优点在于成本低,市场内外部利害关系者对此举较易接受。但是缺点在于重整是对现有设施的重新规划,对垃圾的处理能力还是有限,效果亦有限。

(6) 电子管理设施

农产品流通体系的信息化管理是随着批发市场的功能健全而日益增加的需求领域,因为管理信息的时间越长,成本越高。尤其是农产品种类和交易规格、等级更为细分化和多样化的今天,信息已经无法手工管理,随着批发市场的成长,对信息的细致管理需求逐渐凸显出来。

批发市场信息管理系统大体分为市场管理信息化和市场运营信息化两方面。市场管理信息系统帮助市场开设者或管理者维持批发市场的交易秩序和推进商务活动,管理市场内的设施;市场运营信息系统帮助批发市场法人、市场批发商、中间商、流通商等主体提高自身管理效率。图4.2.2是农产品流通体系设施现代化经营体系的概念图。

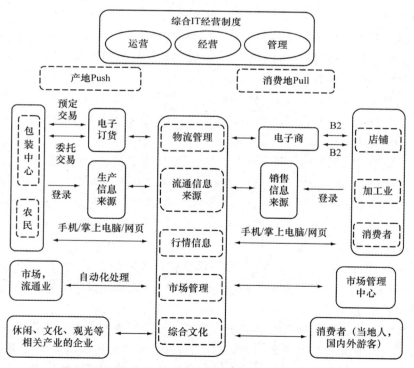

图4.2.2 农产品流通体系设施现代化经营体系概念图

4.2.3 设施现代化模式创新建设的市场运营

构建绿色批发市场,除了改造市场的内外部空间外,还需要有效利用屋顶来打造绿色空间。现有的批发市场大都没有考虑到周边的环境与该地区人们的居住环境。与过去不同,现代批发市场与区域社会息息相关,同进同退。在市场内部引进自然采光通风设施,给顾客一个舒适、环保、卫生的市场形象,会赢得消费者的好感。

从物流中心这一功能来讲,传统批发市场还有待加强。传统批发市场仅仅扮演收集和分散农产品的商务交易中心的角色,而现代批发市场建立在现代物流体系的基础上,承担着构建、存储、加工、配送到家庭的家庭物流配送中心的职责,建立单位货物装载体系,冷链流通体系与供应链管理体系等。

从国际交易中心这一功能来讲,现代批发市场承担着进口农产品的交易功能,需成立出口专用包装中心和进出口交易机构,建立贸易公司进出口支持体系,以提高国内农产品的海外出口商品化。

现代批发市场严格区分批发和零售区域,将批发和零售专门化。目前,传统批发市场上的交易比较繁杂,效率低下。因为传统批发市场大都以车辆为载体的交易制度为基础,批发和零售混在一起,没有明确的商业流通和物资流通路线。因此,需要发展批发市场的批发功能,将零售商和中小规模的流通商集中在零售设施范围内,为消费者提供便利,促进批发市场农产品的快速分散。

现代市场运营的概念包含市场管理、公共设施与具体设施管理、办公室与零售店铺管理等内容,提供全面服务,提高交易效率。除形成批发和物流等原有功能设施的集中区域外,更有新零售商圈和行政区域。主要设施有市场管理办公室、农产品质量及安全检验设施、教育训练设施、银行、药店等公共设施,市场流动管理者的办公室,以及休闲设施、零售店铺等。

4.3 交易模式创新

长期以来我国农产品流通体系的交易制度主要采用的是对手交易制度,由此带来了信息不对称、交易费用居高不下等一系列问题。拍卖交易自 1998 年深圳福田、山东寿光、广州花卉中心、云南斗南花市等市场推行使用以来,未有明显发展,普及面不足。2007 年,山东寿光蔬菜批发市场投巨资建起了电子拍卖大厅,但拍卖交易的商品量仅占总量的 2% 左右,说明拍卖交易仍不是寿光市场经常使用的交易方式。而预定制度是现代批发市场比较推崇的一种创新交易制度,推行与普及的力度很大。

然而在国外,拍卖制度作为与对手交易制度同等重要和常用的交易制度存在于各个农产品批发市场,水产品、蔬果、肉类、鲜花等农副产品经常以拍卖交易方式贩卖,拍卖方式已经与对手交易成为并行的两种基本交易方式之一。本节首先指出影响选择农产品流通交易方式的因素,接着重点从拍卖制度和现代体系独有的预定制度两方面来解说现代农产品流通体系交易模式的创新。

4.3.1 影响选择农产品流通交易方式的因素

在现代农产品流通过程中,选择一种特定的交易方式、形成适合自己的交易制度,需要受到内部因素和外部因素的影响。这些因素与交易方式之间互相影响又互相制约,它们决定着农产品流通体系(以及其中的批发市场)对交易方式的选择,反过来一个合适的交易方式可以缩短交易时间,缩小交易空间,减少交易费用,构建一个经济、高效的现代农产品流通体系。

内部因素是影响交易方式选择的关键因素,其中公平的买卖双方利益分配是核心,其余主要的内部因素包含市场管理和计量水平、交易方式设计合理性、市场开拓能力、员工素质(包括员工学习、培训的能力)等方面。

外部因素又可分为制度性因素和非制度性因素两种,均对交易方式的选择有显著影响。制度性因素包括地方经济发展水平、流通环境、市场秩序、信息化应用水平、政府宏观调控以及法律制度等;非制度性因素包括文化、风俗、传统习惯以及生产和零售组织化程度的影响等。其中,非制度性因素中对交易方式影响最大的是传统习惯,它在一定程度上阻碍了交易方式的创新。

总而言之,现代农产品流通体系要想选择合适高效的交易方式,需要全面考虑内外部因素的影响(如图4.3.1所示),选择一个合适的能够真正促进市场繁荣的交易方式。

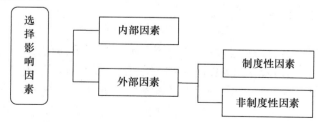

图4.3.1 现代农产品流通体系交易方式选择因素

4.3.2 我国现代农产品流通交易制度创新

我国现代农产品流通的交易制度主要有以下几种：对手交易制度、拍卖制度、预定制度和其他交易制度等。其中，对手交易和拍卖交易是目前最常用的两种较为传统的交易方式，而预定制度是现代农产品流通体系追求的创新交易制度。本节重点从拍卖制度和预定制度的创新角度诠释我国现代农产品流通交易制度的创新，最后总结了交易方式多样化与现代化技术服务带来的优势。

（一）主要交易制度解析

（1）对手交易制度

传统农产品流通主要采用的是传统的交易制度——对手交易。对手交易，顾名思义，是指买卖双方面对面的议价交易，又叫"集贸式交易"，往往以车辆为载体，在收集了农民生产的农产品之后，由农民组织或中介商向批发市场发货，然后，由市场内流通主体之间的交易方式决定价格。这种交易方式操作灵活，对产品质量无统一要求，是传统批发市场内采用的主要交易制度，但是存在交易成本高、成交效率低、议价过程十分耗时的缺点。因对手交易可使得市场内流通主体与发货者之间反复协商，在反复协商至交易成功之前，市场内堆放的大量商品常常会产生新鲜度下降，甚至腐败的情况。所以，在这种交易制度下不能进行快速交易，对发货者（农民）非常不利。

对手交易根据交易主体不同，分为交易双方规模相当的对手交易、以配送中心为主体的对手交易和以超市为主体的对手交易等。

（2）拍卖制度

拍卖是一种公开销售制度，能提高交易的公正性与透明性，通过拍卖可在短时间内交易很多物品，最终拍卖成交价格是所有拍卖参与者提供的价格中最高或最低的那一个。拍卖制度是卖方与采购者之间常用的竞争定价制度，要求使用该种交易制度的农产品流通市场拥有较高的管理水平、较先进的配套设施和较严谨的市场体制。拍卖制度起源于西方，在荷兰、日本、韩国和我国台湾地区的农产品批发市场中较为常见，其特点是产品信息完全公开，买卖双方处于平等的地位，交易费用降低，交易效率提高等。

采用拍卖制度的农产品交易流程为（如图4.3.2）：首先，农民或者中间商将产出的农产品运送到批发市场；然后，经过专门的拍卖者拍卖，将这些农产品售卖给提供最高价的批发商。批发市场法人通过拍卖将委托管理的农产品分配给中间批发商；中间批发商以中标价格购买后，将产品发货给大型消费者、批发商、零售商或餐厅、食堂等。中间批发商承担了将农产品配送到零售商的流通职责。

根据拍卖价格,可将拍卖制分为向上的拍卖和向下的拍卖。向上的拍卖是指把希望价格从最低提示到最高,没有提示更高价的人时决定拍卖价格的方式;向下的拍卖是指卖方首先提示最高价格,如果没有买方,就降低价格,然后再决定价格的方式。向下的拍卖特点是不能一直提示,只有一次性呼价的机会。我国农产品流通市场内采用的拍卖方式一般是向下的拍卖,又称为价格下行式或者荷兰式,如果被拍卖的是多单位的项目,则不会无底线地一直向下喊价,而会在拍卖过程中将价格持续到某一特定点,在此价格上总需求量等于固定供应量。

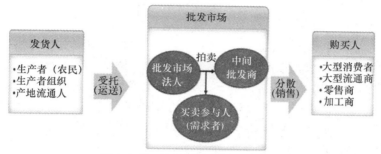

图4.3.2 拍卖制批发市场的流通体系

根据拍卖应标的方法还可将拍卖分为电子式与手指式,如图4.3.3与图4.3.4所示。电子式拍卖用应标器来显示价格,而手指式拍卖则用手来表示价格。从电子式与手指式的优缺点来看,电子式虽然初期投入及实施费用较高,并伴有维护保管费用,但能够有效而快速地开展业务,减少对拍卖的不信任;而手指式拍卖则不需要投入与实施等的附加费用,但是存在对拍卖过程不信任的可能性较大。并且,手指式拍卖对拍卖结果的处理需要相对较多的人力与时间,所以,不能将其称为先进的交易方式。尤其是在无拍卖经验的中国农产品批发市场实施拍卖制度,彼此的不信任可能制约该制度的发展。

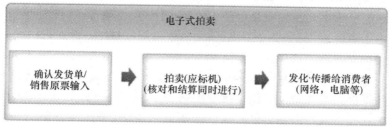

图4.3.3 电子式拍卖流程

第四章 农产品流通体系创新管理设计

图 4.3.4　手指式拍卖流程

（3）预定制度

预定制度是指农民或发货者将农产品委托给市场批发商，批发商再进行买卖的交易方式。预定制度不同于中国传统农产品流通使用的对手交易制度，它是一种创新交易制度。

在预定制度下，市场批发商与农民或发货者在将农产品出货之前，按照互相协作的原则来决定买卖价格和委托价格、中介费用，这样不但可以保持农产品的新鲜度，而且可使农民预测到出货数量。为了从农民、包装中心、农民组织等处持续获得需要的农产品，市场批发商提前与这些组织协议好价格、条件等。在决定最终产地与价格的时候，优先考虑消费者的需求和生产量。

（4）其他交易制度

其他交易制度包括电子远期合约交易制度、质押交易制度和网络交易制度等，它们随着现代农产品流通体系的建设也被逐渐地应用起来。

（二）预定制度与拍卖制度的区别

（1）影响价格的因素

预定制度下价格的高低不随拍卖参加人数涨落。如图 4.3.5 所示。预定制的优点是在货物运送到批发市场之前，市场批发商已经提前与农民协议好买卖价格与数量，虽然不能像拍卖制那样将货物迅速分散，但是能够稳定、持续地运送与分散。

图 4.3.5　预定制交易方式下批发市场的流通概况

（2）设施与技术因素

与能迅速地处理货物的拍卖制不同的是，预定制在市场内部或市场外部保有加工及包装设施、仓储仓库。市场批发商根据消费者需求，在这些设施与仓库等处实施产品化活动来提高商品的附加价值，特点是灵活运用例如农产品包装等的收获后管理技术（如图4.3.6所示）。

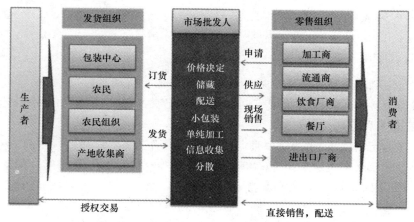

图4.3.6　预定制交易方式下批发市场的流通体系分析

（3）支持设备因素

预定制交易方式需要的支持设备与设备简易的拍卖制不同，还需要储存、加工、搬进、搬出等的流通设施的支持。表4.3.1比较了拍卖制与预定制的设施。

表4.3.1　拍卖制与预定制的设施比较

设施	拍卖制	预定制
拍卖场	必要核心设施	不需要拍卖场等共享设施；需要分散在店铺附近的支持设施
店铺	需要存货处理设施和产品加工的小型设施；多数是短期存储，故冷链存储设施需求小	为了收集、存储、加工、协作、运输等，需要综合设施；冷链存储、包装加工设施的需求大
店铺辅助设备	小规模中间批发商的办事处、纯包装加工设施、销售台等，需要的设施较少	谈判场所、销售商管理处、专门的包装加工设施、销售台等，需要的设施较多
车辆路径	运输车辆可进入拍卖场进行搬运；单向路线或双向路线	欧洲要求步行者通道的地方禁止车辆进入；市场内大部分是单向通行

4.3.3 多样化交易方式与现代化技术服务

根据国外经验,对于大宗农产品,如粮食(涵盖种类非常之广)、棉花、油料、橡胶,由于易储存和运输,交易量较大,且易于标准化,其品质易于鉴别,适合采用期货交易的方式,这种价格形成机制可以最大限度地抵御风险,降低不确定性,保护农户的利益;花卉、果蔬等易腐生鲜农产品比较适合采用拍卖等交易方式,随着信息化和网络化的发展,招投标、网上交易、直销、电子出价系统等也被广泛应用开来。

拍卖交易方式作为以公开竞价的形式将特定物品或者财产权利转让给最高应价者的买卖方式,是目前国际上规范批发市场价格形成机制中较为普遍运用的方式。在我国,以对手交易方式为主的价格形成机制仍然占主导地位。相比较而言,拍卖交易方式的优势主要体现在以下两个方面:

(1) 可以有效降低交易费用

传统的"一对一"对手交易透明度不高,各批发市场之间处于相互独立状态,交易主体对农产品的价格缺乏足够的信息,因此需支付高昂的信息成本,难以找到有效的方式降低交易主体之间的信息不对称和交易费用。采用拍卖交易方式,通过买方对同一批产品实行集中竞价交易,能在短时间内形成基本反映市场供求关系的有效价格,可以最大限度地保证价格产生过程的公开、公平、公正。交易者不仅可以减少对商品质量、数量等信息的搜寻成本和省去反复谈判、讨价还价的时间,而且可以实现产品的最大价值,因而最终可以有效地降低农产品交易的费用。

(2) 可以有效提高农产品交易效率

传统的对手交易方式下,交易分散,无法通过交易次数的集约化和商品储存的集中化来实现规模经济并提高交易效率,交易双方的约束软化,不利于市场竞争和培育市场主体。由于拍卖交易具有快速批量进行的特征,能够有效地提高效率。在高度商品化的拍卖制下,拍卖市场每天都会将当天的拍卖信息反馈到生产者和经营者手中,以便于生产者根据拍卖信息调整自己的产品结构、生产规模及上市时间,从而在一定程度上解决小生产与大流通的矛盾,更好地发挥批发市场调节供求、优化资源配置的经济功能。

美国发展了以信息技术为核心、以农业信息技术、储运技术、包装技术等专业技术为支撑的现代化农业供应链技术体系。荷兰建立电子虚拟的农产品物流供应链管理。中国应引进先进农业供应链技术,逐步实现农产品供应链作业的机械化、自动化和计算机化。

批发市场的提供方应该在组织商品流通方面提供完备的服务,不但要为买卖双方提供好的交易场所,而且还应该为买卖双方提供相关的服务设施和服务项目。从发达国家来看,无论是法国伦吉斯市场还是荷兰阿斯米尔花卉市场,其市场功能都非常齐全,充分考虑到上、下家客户以及政府和社会公众等各方经营和生活的需要,并在延伸服务上大做文章,非常方便客户,也能有效地促进生产和流通。

4.4 结算模式创新

目前我国农产品流通中买卖双方的交易结算仍以现金形式为主,这就造成了制度无法约束的漏洞,一旦出现纠纷,现金结算方式很难追寻到交易双方各自的行为,无法追究违约方的责任。这就造成了市场信用受到损坏,交易费用上升。本节从货款结算方式和程序两方面来说明现代农产品流通体系中结算模式的创新。

4.4.1 货款结算方式

货款结算是指在农民或发货者把农产品运送到批发市场后理算出农产品销售货款的过程。对农民来说,更高的销售价格不如在预定的时间收到正确的货款来得实在,因此,货款的保证与支付方法以及领取程序等对发货者都非常重要。所以,为了防止延期付款或者不支付货款等情况发生,市场开设者应直接监督、管理货款结算工作。

货款结算方式可分为公司结算方式、组合结算方式、金融机构结算方式及开设者管理方式。

一般来讲,公司结算方式中使用的结算公司是由市场的经营管理主体出资设立的市场内部独立结算的公司。由于包括市场开设者在内的多数管理人均有货款结算的义务,故小额出资者的管理费用可能会增加。

组合结算方式下,为了保证个别经营者对其货款结算义务的履行,设立了信用组合形式的法人,即在市场批发商无法兑付货款的情况下也能保证发货者收到货款。

金融机构结算方式的优点是相比其他方式来讲更能够保证货款顺利结算,有更高的公共性保证。然而,在较高金融服务费用的影响下,追求利润的金融机构并没有积极地服务于多数小市场批发商,保证其货款支付。

开设者管理方式是市场开设者通过金融机构对市场批发商的结算账户进行理算并支付发货者货款的方式。开设者具有对批发市场法人的信用进行管理和监督的责任,常对采用以车辆为载体的交易制度或预定制度的市场做货款结算调查。市场开设者在保证货款支付的同时提高了发货者的可靠性,但相对地可能会增加开设者的管理及经济负担。

批发市场法人与市场批发商也执行结算制度。批发市场法人或市场批发商计算出其批发的农产品货款,将结果给发货者,发货者再把结果提交给其他的结算仓库,收货款。一般情况下,运营拍卖制的批发市场法人为了结算货款,让参与拍卖的中介人预先缴纳保证金,将中介人的交易业绩限制在保证金的额度内。表4.4.1总结了四种交易结算类型的特点。

表4.4.1 现代农产品流通体系交易结算类型

类型	特点
公司结算	结算业务由独立的结算公司结算货款; 发货者、市场开设者、批发市场法人、市场批发商、生产组织、产地流通商
组合结算	市场批发商设立的结算组合,由该组合向市场批发商的户头结算发货者的货款; 结算货款由市场批发商负责
金融机构结算	市场开设者和金融机构签约,金融机构组织团队向市场批发商的户头结算发货者的货款; 市场批发商承担结算货款的业务,与组合结算方式类似
开设者管理	市场开设者亲自向市场法人的户头结算发货者货款的方式; 不设立结算公司,而是通过金融机构进行网络管理该户头; 市场批发人承担结算货款的业务,与组合结算方式和金融机构结算的方式类似,是两种方式的优点结合

4.4.2 货款结算程序

在日本、韩国等国家的农产品流通市场里,除与发货者有特别约定外,结算原则为在农产品销售时批发市场法人或市场批发商立即付清全部销售货款。该货款结算原则可作为通过其他结算仓库在批发市场上直接结算的另一种方法。

结算仓库的货款结算的程序如下:① 发货者制备发货单,提交给批发市场法人或市场批发商;② 批发市场法人或市场批发商收到发货单后做副本并提交给开设者设置的交易申报所;③ 交易申报所把标准结算书发给发货者和结算仓库,委托结算仓库结算货款;④ 在结算仓库给发货者结算货款,把标准结算书的副本提交给交易申报所。

批发市场法人直接结算货款的程序如下:① 发货者给批发市场法人提交发货单,批发市场法人保管该发货单;② 批发市场法人制备销售本票,按其实行拍卖;③ 批发市场法人按照拍卖的结果来制备标准结算书并保管,如图 4.4.1 所示。

考虑到货款结算的透明性、安全性、效率性等,仓库结算可结合公司结算、组合结算、金融机构结算、市场开设者管理等方式,按照市场情况与市场内管理主体的特性采用单一方式或多种方式结合。

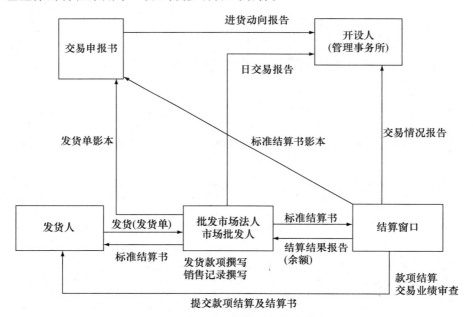

图 4.4.1　现代农产品流通体系结算流程图

4.5　仓储模式创新

4.5.1　采购管理创新

(1) 采购管理的概念和业务流程

采购管理是批发市场内的接到订货的流通商,通过产地购买、参加拍卖、对手交易等方式确保交付客户要求的订货量的过程。其中,批发市场内拥有库存的流通商,会通过自己保存的库存量进行采购管理。

采购批发市场的采购管理是把中间商、批发商、流通商等所提供的信息和农民组织、农民、产地所提供的信息结合起来,再根据该信息进行采购。采购的过程一般是定制销售计划、按照计划来确认交易货量、订货等(如图4.5.1所示)。

图4.5.1　采购业务流程

(2)采购管理的类型

采购管理一般可以分为两种:一是预定采购方式,即出货之前按照客户订单从供应商处订货;二是平时采购方式,即按照每天预定的货量随时订货。另外,还有一种紧急采购,即客户确认订单后,由于紧急情况追加订单时进行的紧急采购。

预定采购是从收到的客户订单量以及仓库、物流中心的库存确认工作开始,为了确保安全库存量,出货一天前从生产方订货的方式。

平时采购按照农产品、加工食品、粮食等产品的不同特征,进行不同方式的采购。农产品则按照当天的出货量在当日早上进行入货,因此出货当日的预测销售量和入货量需要一致。但是加工食品或粮食则按照当日的出货量在一天前从生产方订货,订货的标准是出货当日的预测库存量和ABC库存管制标准。

紧急采购是在可用库存量不足时才会采用,可用库存即每天订货结束以后的保有库存量和入货预订量的和。为了迅速补足库存,一般从邻近的批发市场或者交易方处紧急采购。

4.5.2　入货管理创新

入货包括入库和收货两个环节。

(一)入库管理

(1)概念和业务流程

入库管理是产品的所有订货、采购的流程结束以后,为了交给批发市场内外的中间商和消费市场,通过车辆从生产地配送到各个阶段的仓库和物流中心的管理过程。入库管理还包括对配送农产品的车辆,从装载到卸车的整个过程的管理和控制,按照入库日期进行货量、品类、保存位置以及检品等的管理。

入库管理的信息是指产品的出货、出库、库存管理等的基本信息,是生产物流的出发点。因此,为了预防未出货产品的入库,提高检验和出入库管理的效率,需要对整个过程实行标准化和信息化,这样才能实现以IT系统为基础的入货管理。

入库管理的工作是从配送的产品到达物流中心和仓库时进行的,先确认进货的数量和品质检查,完成检查后按照产品的类型和出货时期进行物流中心内部的配置(如图4.5.2)。

图4.5.2　入库管理业务的内容和流程

(2) 类型

入库通常按照产品不同的类型和农产品类别进行不同方式的管理。按照各个产品的特征,比如易腐烂程度、保管温度、类型、仓库内的位置等,分别组织可以共同管理的产品类,进行管理。因此,入库日期和配置管理极为重要。为了同日入库、同类产品的托盘化运输,需要进行物流中心和保管设备的配置管理。这样才能迅速地应对订单,迅速地拿取(Picking)产品。

大部分的农产品在一般情况下到零售食品商店入库。无包装或散包产品是放在瓦楞纸箱子或者可回收的塑料箱子里进行托盘化运输。一般箱子单位产品的话,把瓦楞纸箱或者可回收塑料箱子直接进行托盘化运输。

加工食品和粮食等产品的话是到食品商店的仓库里入货。如果这些产品中有电码化的产品时可以自动进行此运货。此外,客户退货的产品或仓库中过期的产品会另外进行退回货处理。

(二) 收货管理

(1) 概念和业务流程

收货管理是包括批发市场在内的不同运营单位进行交易时的出发点。它是一种销售,指的是接受客户的订单、调整订单、确认订单、跟客户沟通等所有的过程。它还向包括产品销售后的出货、进货、库存管理等环节提供所需要的信息。在现代化流通体系里,收货管理通常是由通过拍卖接到拍卖品的中间批发商和通过对手交易确保农产品的流通商为主。

收货管理是为了批发市场内的批发商、中间商、流通商等主体能够保持稳定合理的库存,防止在供应给消费者时出现问题。现代批发市场以 IT 综合运营制为基础,利用零售支持系统(Retail Support System,RSS)等电子系统,为批发市场提供交易价格、货量等信息,使得买卖双方进行更有效而迅速的交易。

收货管理是从接受客户订单开始,经过确定货量、确认订单、合计订单等环节,最后进行发单的过程。因此,需要在整个过程中按照客户的要求进行迅速而正确的处理,如图 4.5.3 所示。

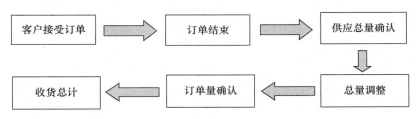

图 4.5.3 收货业务流程

(2) 类型

收货管理的订货类型包含预订订货、平时订货两种。有关订货的信息包括订货日期、到货地点、产品名、单位、数量到货日期、价格和其他要求等。其中,到货地点、产品名等信息在冷链仓库或物流中心进行电码化处理。

预订订单通常是以批发商、中间商等的仓库销售为标准,在出货两天前接受订单。预订订单的一般是百货店、大型折扣店、大型超市等大型流通商通过长期的订货或者会员制预测。尤其是对于具备 POS 系统的大型流通商而言,若是提前两三天下订单,可以稳定地确保货量从而减少产品管理中的损失。

平时订单是指出货一天之内接受订货的方式。但是,小量和小包装产品的话需要两天之内订货,这样批发商和中间商才能确保符合消费者要求的产品按时出货。另外,平时订单可以分类成一般性订货和小包装订单进行处理。百货店、折扣店、直销店等客户一般以"箱"为单位下订单,而小型食堂等客户一般以小包装为单位,提前两天下订单。这些餐饮业的客户的订货一般均为一次性加工的产品。订单通常是一站式购物(One Stop Shopping)的形式。对流通商而言,平时订单是稳定而持续的,是缩短研制周期的有效订单方式。

追加订单是指订货结束以后由于发生出乎预料的需求或者产品不够齐全

时进行的订货。这是平时订单过程中为应对预料不到的需求而发生的订货方式。但是,从原则上讲此种订单是不被允许的。批发市场内的库存或者物流设备一般都有已定的工作量和存货量,而且为了完成每天订单的工程,追加订单有时会难以处理。

（三）电子收货管理

电子收发货管理是指,在批发市场的流通过程中,通过电子系统支持有关农产品所有权转移的订单、订货等商务活动的系统,如图4.5.4所示。

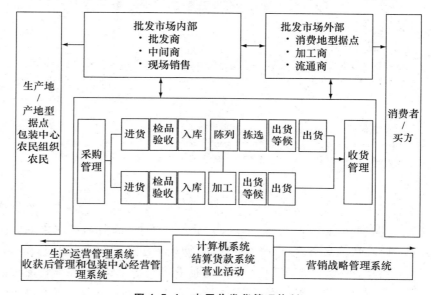

图4.5.4　电子收发货管理体制

电子收货不仅仅与批发市场中的拍卖、对手交易等交易方式的流通过程有关,还和跨组织部门的综合IT经营系统有关。

因此,电子收货管理帮助批发商、批发零售流通商、加工商、出口商等应对农产品购买方多样化的订货方式,同时会帮助管理产品。通过它按照交易方所需要的定量、时间、品质提供产品。这就是农产品供应链管理系统的起点。

4.5.3　库存管理创新

（1）库存管理的概念

库存管理是批发市场的各个单位有效地管理自己运营的仓库和物流中心内的库存。因为库存管理的好坏对经营有很大影响,所以从经营管理的角度

第四章 农产品流通体系创新管理设计

看,库存管理极为重要。

因为,新鲜食物在物流中心保管的时间过长会导致腐烂、折耗等问题。所以对农产品的库存管理而言,如何有效地进行先进先出的方法是关键。为了预防此问题的发生,按照不同的产品的特点应该要分开管理(例如常温、冷藏、冷冻等)。

(2)库存管理的类型

库存管理是按照产品的形态、品质、保管方法等特点进行相应的管理。一般有常规库存、等候库存出货、临时仓库库存、退货库存等类型。

常规库存是指在批发商、中间商、零售商、加工商、出口商等拥有的物流中心(保管仓库)里存储的可销售的产品库存。处理农产品、加工食品、粮食、生活杂物、畜产品等的销售点的库存、加工食品保管仓库的库存、加工食品销售商的库存等都属于正常库存。

等候库存出货是在保管库存和物流中心等地方为准备出货而等候的库存。出货就意味着库存的消除,其库存管理的时间就有所不同。同样,小包装产品是加工完成之后放在托盘中等候出货,在其完成出货行为的同时消除库存。

临时仓库是指,因农产品有难以调整生产日期和生产量的特点,为了有效地应对市场需求,而在额外建设的临时仓库里保管的库存。一般是按照加工前、分提前的状态进行保管或者以"箱"为单位放在货架保管。

退货库存是指,在出货点、批发市场的仓库和物流中心等地方发生的废旧物品和破损物等不可销售的产品,由退货的类别分为等候库存、退货品保管仓库库存等。

4.5.4 出货管理创新

出货包括出库与发货两个环节。

(一)出库管理

(1)概念和业务流程

出库管理是在批发市场的各个运营商之间发生交易时,按照不同客户的要求将货物发送到交易方的过程。它还包括在销售现场陈列产品、提供交易时所发生的信息等行为。为了迅速有效地配送,按照订单和交易方应该要划分不同的配送类型。按照不同交易方的位置、出货量、订单周期、发货类型等信息应该要积累不同客户的发货模型,分别进行管理。

出库管理的一般业务流程是，先收集预订出库信息，建立配货和调车计划。随后在物流中心，按照收到的信息建立拣选计划。出库等候完成。配送的车辆到达后，进行检验、装载、出库确认等程序，在交易明细单输入出库、出车、配送确认等信息。加工食品或小包装产品的话，会通过另外的工程到出库等候的状态，如图 4.5.5 所示。

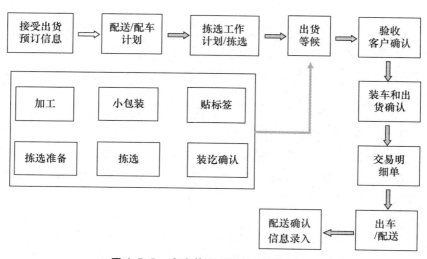

图 4.5.5　出库管理业务的内容和流程

（2）类型

出库管理按照不同的订单和销售方式、出库地点和时期，可以分为订单销售出库、现场销售出库、等候货物出库、紧急出库和仓库退回出库等方式。

订单销售出库是为了产品出库的前两天或出库前一天收到的平时订单出库的方式，现场出库是为了销售，在加工食品商店内，从加工食品保管库到加工食品销售点的方式。

等候货物出库，是把两天前以小包装加工形式收到的订单，在出库前一天进行小包装化，先送到冷链保管库保存后，按照预定出库的日期出货的方式。而小包装出库是将两天前收到的订单，按照订单总量进行选货到加工工作室，在出库前一天进行小包装和加工的方式。等候货物出库是按照不同的品目以托盘为单位进行挑选，按照产品类目的不同分批挑选货物，通过这样的程序可以保持最优越的等候状态。

紧急出库是出库时间内不能进行出库时，紧急分包配送车进行出库的方式。为了预防运营费和物流费的增加，从原则上是不建议的。因为紧急出货需要额外的人力、配送车等费用。

仓库退回出库是在仓库、物流中心等地货物发生的破损和废旧物的退回出库过程。

（二）电子发货管理

电子发货管理系统可以提高流通效率，尤其是对客户多样化、订单单位和品类细分化时更容易减少交易费用。而且为了保持长期的客户关系，建立一个系统化的电子供应链系统极为重要。

4.5.5 直接转运系统

直接转运是指从制造商的物流中心到流通商的仓库的流程中没有发生库存保管，货物到了物流中心之后直接装货到配送车，配送到最终目的地的方式。换句话说，将从仓库或物流中心取得的产品，不再送去库存保管，而是直接准备配送。如果食品行业实施直接转运的方式，会减少入、出库的时间和费用，提高运营效果。

4.6 配送模式创新

4.6.1 以批发市场为核心的传统模式创新

批发市场的优点是能够收集全国各地的多种农产品，然后迅速分散至每个消费者。以批发市场为核心的农产品流通体系可以降低农民在销售自己生产的农产品时为了获得市场端的需求信息要支付的所谓"搜寻成本"，因此适用于体积大、价值小、有腐蚀性的农产品。但是，农产品从产地发货后要经过若干级的中间商才能够销售到批发市场，再经过各级批发商或零售商等才能够最后销售至消费者，这样，以批发市场为核心的传统渠道往往要包含5—6级的流通环节。这就导致流通费用较高、流通时间较长、产品容易变质等问题。由于该体系下农产品流通过程中仅仅是产品的简单集散，质量管理缺失，产品规格与等级的区分也很模糊，难以提高产品的附加价值。

4.6.2 以配送中心为核心的现代模式创新

现代物流体系提倡减少流通环节，降低流通过程中所发生的费用，通过流通体系的垂直一体化建设，将以批发市场为核心的传统体系的5—6个流通环节缩短到 2—3 个环节。在批发市场为核心的传统体系中,农户生产的农产品仅仅是通过农民组织简单地收集起来,但在以配送中心为核心的物流体系中,需要将农产品根据产地、质量等信息进行分类,再通过商品化的包装后供给到配送中心。流通过程中这些超越了简单集散功能的活动可以大大提高农产品的附加价值。

4.6.3 以流通中心为核心的共有品牌模式创新

在以配送中心为核心的现代体系的基础上,进一步丰富配送中心的职能,建立流通中心,可以集中实现农产品的选择、包装和销售等目的,减少流通环节的数目。共同品牌是这种流通体系的特征,反映了流通中心可以将生产阶段与消费阶段综合起来运营。在这种模式下,消费者与农民之间不再是传统的买卖关系,而是实现消费者与农民的合作,在消费市场上开发、销售消费者需要的产品与品牌。

4.6.4 与生产链接的现代创新配送模式——当日交货模式

食品配送中有些产品需要制造完毕后当日配送到店铺,此种运营方式称为当日交货。该种模式是从生产预测开始,根据实际订单,调整最终生产量。从原材料的采购到整个生产过程都需要进行品质检查,保证产品的合格率,从而保证当日交货率。如果某一个阶段出现问题,必须要停止生产或者进行产品召回,以免影响同一批的产品。

但是在实际中,当日交货的食品大部分是制造的第二天进行配送,这使得该产品在店铺阶段的保存期也会相应变短。食品制造后如果配送超过了一日的时间就会导致消费者购买意愿的降低,这时需要折价出售(比如乳制品、冷藏食品等)。

4.7 加工模式创新:消费者定制型生产

营销在现代企业管理中仍然保持着非常重要的位置。虽然不少学者对营销有不同的定义,但都包含着"满足消费者的各种活动"的共同点。随着整个产业的高度化发展、大规模的生产系统和消费系统的出现使得营销被人们重视。在机械化和自动化等大规模生产系统之前,大部分的产品和服务处于供不应求的状态。因此,此时萨伊定律"供给创造其自身的需求"是最常见的表达形式。但是因为随之出现供应持续的过剩,这一说法开始受到了质疑。

在现代社会,缺乏的不是出售的产品,而是购买产品的消费者。因此,作为生产产品和服务的供应者为了在生产产品的同时,能够准确地把握消费者的需求并且避免供应过剩,开始了识别消费者需求的活动。

特别是在农业领域。由于生产过剩,导致农产品流通链上出现各种问题。尤其是像发展中国家和产业化水平较低的国家等以农业为核心产业的国家遇到的问题更为严重。农业的产业化以摆脱人民饥饿为出发点,在发展初期可以取得更多的投资。随着农业工作的机械化、运输的大量化和种植的省力化等方面的迅速发展,粮食短缺的局面在很短的时间内变成了粮食过剩的局面。

消费者不会对他们需求以外的量去买单。在发展初期,供应者虽然在某种程度上可以自己消费,但是很快就会意识到生产过剩的问题。除了出乎预料的气象反常等带来的临时性长势恶化之外,现代的农业难以保持"生产就等于销售"的结构,农民的收入跟过去相比,也每况愈下。这些都意味着,现代的农民不能只考虑生产,而要懂得把握消费者的需求。因此,先了解消费者的需求再生产的这种方式可以称为消费者定制型生产。

4.8 包装模式创新

农产品保鲜离不开冷藏,国内外都在大力发展冷链技术,这是消费者对农产品保鲜包装要求不断提高的结果。在冷库贮藏和冷链流通中,塑料周转箱、纸箱是最普遍的保鲜外包装方式,在防止水分散失上最有效的泡沫塑料包装的应用也日益增加。

在气调贮藏、冷藏的应用上,我国西北地区的红富士苹果贮藏、山东的蒜薹贮藏、辽宁的葡萄贮藏、南方香蕉的运输包装以及柑橘的单果包装贮藏等都采用的是简易气调贮藏,该种贮藏方式具有收效明显、投资低廉的特点,目前在我国使用最为普遍。同时,一些新型防腐保鲜技术和包装材料也在冷藏、气体调节和常见包装的基础上得以发展,开始用于农产品保鲜。这些新兴技术包括臭氧、负离子杀菌保鲜技术、二氧化氯杀菌保鲜技术、微孔膜和纳米膜等功能性膜包装技术、货架涂被保鲜技术等。

本节首先介绍现代农产品包装中心的概念和必要性,接着重点从现代包装体系的职能创新、包装中心运营、全产业链包装模式的角度分析现代农产品流通体系中包装模式的创新。

4.8.1 现代农产品包装中心的概念和必要性

国标《包装通用术语》和《中华人民共和国国家标准物流术语》(GB/T 18354-2006)定义包装为：在流通过程中保护商品、方便运输、促进销售，按一定的技术方法而采用的容器、材料及辅助等的总体名称。也指为了上述目的而在采用容器材料和辅助物的过程中施加一定技术方法的操作活动。

现代农产品包装中心，与传统的农民将生产的农产品在批发市场上直接销售或者通过农民团体在批发市场上销售，即"收集已经生产的东西，迅速地分销给消费者的单纯的流通"的概念是不同的。包装中心在生产阶段就以生产消费者需要的农产品为出发点，指导农民生产，选分，加工，通过这些操作生产出消费者需要的农产品，提高农产品的附加价值。

为了适应国内外农产品流通环境的变化，使用现代化的设施，引入现代物流经营体制，仅仅依靠批发市场的角色和职能转变是很难取得增长效果的。因为农产品在生产以后，作为有生命的物体，其生长活动是继续进行的，具有腐败或者商品性降低的特性。随着消费和生活水平的提高，在当前有限的流通水平和辅助条件下，要想打破农产品流通的瓶颈，满足多样的消费需求，提高满意度，减少流通费用，还要提高农民收入，这就迫切需要建立一套将新鲜农产品和优质农产品及时传递给消费者的流通体制(如图 4.8.1 所示)。农产品包装中心(packing center)就成了在生产地建立现代物流体制的标志之一。

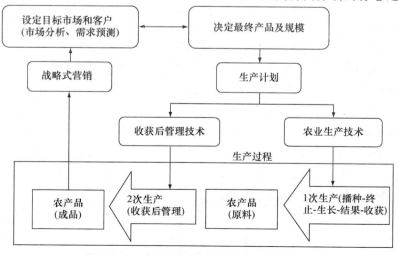

图 4.8.1 农产品包装中心生产—流通体系

4.8.2 现代包装中心的职能创新

（1）包装职能

包装职能包含了包装中心的自然职能和基本职能两方面。

自然职能体现在保护功能和方便功能两方面。保护功能主要保护的是产品的内容、形态、质量、性能和消费者使用产品时的安全；而方便功能则体现在方便运输、装卸、搬运、仓储保管等物流作业，方便生产加工、周转、封合、贴标、堆码、信息识别等操作，方便商店货架陈列展示与销售，方便消费者携带、开启、应用，方便包装废弃物的分类回收处理等环节。

基本职能是将商品进行商品化的过程。商品化是指从送货组织开始，首先对农产品进行原料调配、等级分类，然后对分好类的产品进行清洗、破皮、切段等简单加工处理工作，接着经过预冷、预干等生产过程保持新鲜度，最后将清洁后的产品提供给消费者的完整过程。

随着消费及销路的多样化，对多样性包装的开发和对消费者需求的正确选分管理等，也是包装中心对产品进行商品化要做的工作。为了对农产品进行高效选分和包装管理，在作物收获以后，包装中心利用选分、预冷、储存、包装、清洗等技术，对农产品实施差异化管理。还将建立完善的质量管理和食品安全管理体系，以提供新鲜的农产品和高附加价值的产品。

对于现代农产品流通体系下的包装中心来说，绿色、环保的产品包装能力上升到了更加重要的层面上。产品包装的绿色、环保包含两方面要求：一是材料、容器、技术本身对产品和消费者是安全的和卫生的；二是包装的技法、材料容器等对环境是安全的和绿色的。绿色、环保的包装在选材和制作上遵循可持续发展原则，选用节能、低耗、功能高、无污染的材料，这些材料或者可以持续回收再利用，或者废弃之后能安全降解。

（2）品牌化职能

现代包装中心实施以市场为中心的销售战略，将产地物流现代化，同批发市场的现代化建设相衔接。

农产品包装中心，是以满足消费者为目标而建立的，建立具有市场为导向的销售体系，制定以消费者需求为核心的市场销售战略和以消费者需求分析为主要内容的市场调查机制。

在营销方面，考虑到健康、营养、安全及环境等多种要素，通过差别化的商品策划、原料调配、销售管理、分选包装等阶段，策划新的销售活动。营销活动需要体现出包装中心的优势和商品的特性,以刺激消费者的购买力,并开发出相应品牌。根据消费者的喜好,通过引入品牌,建立商品差别化和市场细分化的营销模式。

在销售渠道方面,包装中心不仅可以承担批发市场角色,也可以承担大型流通企业角色,寻求例如团体供餐、学校供餐、出口、电子商务、军需、大型需求团体等多样化的经营。为了实现多样化经营,需要建立流通过程差别化的市场销售战略。

在销售管理方面,需建立电子订货系统等经营支持体系,但该系统在扩大或改善产地现代物流体系上的能力较为局限。因此在扩大商品需求量方面,不仅仅要通过广告、宣传和促销等手段,更要直接向消费者宣传推荐产品。

(3) 标准化职能

包装中心中生产的都是高质量的产品,为了使销售更加灵活,也为了使运营更加稳定,得到更多农产品购买和销售的委托,包装中心需要对这些农产品原料进行调度,并且以最快的速度出货。在这整个过程中,包装中心与农民之间形成了一个因出货协议而结成的合同关系。

为了增强与农民间的出货合作,包装中心内形成了一个以快速出货为目的的"会员制送货组织"。该组织不是以个别农民为单位,而是以送货组织为单位,在合同中明确对品种、播种、收获、培育条件和需求量等的要求,通过合同进行督促。该组织还负责在合同适用情况外裁决问题与纠纷。为了调配到优质原料,该组织还需要对组织内的农民进行指导,传授相关知识,并且代替其收货,以确保原材料的品质、数量的稳定。

送货组织中的农民对运送的农产品,根据发货时间的不同对其分选,实行等级制销售。根据分选等级与级别比率不同,再结合货款差异对其进行货款结算,促进共同结算的引入。共同结算不是在销售后马上通过既得的销售价格进行结算的方式,而是在货物销售以后,在一定时间段里的固定结算日进行货款结算,结算的日期可以延后。

(4) 初步再加工职能

初步再加工是指农产品在收获后对其进行分离、清洗、破皮、切断、包装、冷链存储等最初的增加其商品价值的工作。初步再加工职能是包装中心的传统职能,每个农产品在收货后都需要第一时间在包装中心进行初步再加工。在运输过程中,为了保护并增加农产品的价值,增加产品寿命,可以采取一些初步加工措施,例如对水产品、肉类、蛋类的保鲜、保质的冷冻加工、防腐加工等。现代批发市场不仅在传统清洗、分拣等环节上针对不同产品进行了更为细致的分类,更增加了包装、冷链存储等创新环节,尽量填补农产品在运送、加工和存储过程中的温度空白,保障了新鲜度。

初步再加工可以起到促进销售的作用。例如:将大包装或散装货物分装加工成利于销售的独立小包装;将蔬菜、肉类洗净切块以适应消费者需求;将以保护商品为主的运输包装改换成以促进销售为主的销售包装等。

(5)按物流设计职能

因包装中心具有调配、选择商品化的农产品的职责,为了实现高效配送过程,开发或选定配送方式非常重要。通常包装中心会保留直接运送的自有车辆、货架等,在中心内部设有子物流,商家可通过自己公司的物流将农产品运送到消费地(一次物流);或者将产品中转到综合物流中心的内部物流部门进行独立物流(二次物流);又或者委托外部专门物流企业承担产品物流业务,称为合同物流(三次物流)。在这3种方式中,一般包装中心会选择适合自己的经营条件的最有效的方式。

与冷链存储相连的是冷链配送。为了减少物流费用,包装中心需建立托盘化的全程配送体系(Unit Load System)。它是随着消费地的客户及消费者的需求而变化的,是阶段性的促进手段。

但是,在消费地批发市场或中间流通阶段,如果没有健全的全程冷链流通体系,就容易出现瓶颈现象。如果这样的话,产地冷链流通体系与高效流通的建立就十分困难了。

(6)设施及装备运营管理职能

现代农产品流通体系需要引入合适的设施和技术,实施创业计划及生产管理,重视设施和设备管理,实现高效运营。

包装中心采用基本的计划生产方式。将消费者需要的产品确定了商品等级以后进行计划生产,而后再收集。在对农民和送货组织的指导与咨询中得知,如果机器发生故障而迫使工作中断,会使生产者和消费者都受到损失。所以,设施及装备的运营和管理需要定期检查,随时应对紧急情况。

还有,为了提高设施及装备运营的效率,对于搬入包装中心的货物的数量、等级、品种等需要经过系统性的进出库管理,也需要电子化而非手动操作的自动化管理系统作为后备支持。以对农民和送货组织的生产和技术指导为基础,引入农产品的人力促进系统。

(7) 经营管理职能

包装中心拥有高科技的现代化农产业设备,和能够创收的经营体制。所以,包装中心应摆脱小规模经营体制般的旧的拳头式经营,以体系化经营管理为基础,会计记录及资产收益管理为支撑,结合资金管理、债权管理、风险管理等。表 4.8.1 列举了现代农产品包装中心的主要职能。

表 4.8.1 现代农产品包装中心的主要职能

分类	职能
包装	• 新产品策划及开发 • 选分(等级),规格,包装(标准规格商品) • 加工处理和冷链储藏 • 质量管理及食品安全管理
品牌化	• 树立市场指向性的市场运营战略——销售组合(4P) • 标杆市场,标杆顾客为对象的市场调查 • 市场细致化,市场定位 • 商品差别化及品牌化 • 选择流通程序及销售方式 • 选择价格决定方式 • 确保贸易条件的交涉力 • 广告,宣传及促销 • EDI 订货及电子贸易系统
标准化	• 以组织生产的农民为对象进行教育及指导 • 会员制发货组织的培育 • 合同增强原料的稳定性 　规定品种、播种、收获、栽培条件及产品引导时机等,明确在合同里 • 对生产者履行合同的优惠及不履行的制裁 • 共同选分及共同结算(pooling)
初步 再加工	• 初步加工处理(清洗,破皮,切断,分离等) • 初步包装 • 冷链存储
按物流 设计	• 合适的配送手段的选择及管理 • 保障供应系统(冷链配送)的构成 • 1 次物流,2 次物流,3 次物流
设施及 设备运营 管理	• 运营计划及生产管理 • 合理的设备及技术的引入 　选分期,预冷期,储存加工设施等 • 设施及设备的管理 • 仓库管理 • 自动化管理 • 人力管理,实现可追溯性

(续表)

分类	职能
经营管理	• 会计记录的保存和管理 • 资金和债券管理 • 风险管理 • 纯利和资产管理 • 人事管理，劳务管理 • 税务管理

对于包括临时工在内的员工，要进行系统化的人事管理。农产品选分、包装、搬运、加工等包装中心的工作不可能持续整年。根据包装中心所在的位置、生产作物的特性等，发货的时期是不同的。与长期雇佣的劳动者相比，随着农产品生产量的增加，操作的人力采用临时工或者短期工的方式越来越适用。对于这些临时和短期的员工，系统性的管理可以提高操作的熟练程度，在必要的时期可以保证稳定的供求。

包装中心的员工一定要有财务知识。与农民个人少量的生产配送的方式不同，包装中心拥有大规模的生产销售和商品化的多种流通过程的销售，涉及较多会计领域知识，尤其是税务领域相关的管理体制要配合得恰到好处。

4.8.3 现代包装中心的运营模式创新

（一）基本运营战略

包装中心的建立，是在消费地的现代物流体制下与合作伙伴共同实现的。产地的现代物流体制具有社会基础设施的性质，一般是在中央及地方政府的支持下或者以国有企业的形态来运营的。包装中心成立初期，消费地批发市场和产地的农民组织等对于现代物流体系的理解还不够，还未具备满足社会需求的使命感，故在短期内较难见到成效。所以，所选择的支撑企业必须业绩优良，并且已经经过市场长期检验，才能符合包装中心的长期发展战略。

中心的初期定位，为使其运营灵活化，最有效的选择合作伙伴的方式是公开竞争。竞选者首先提交商业计划书等文件材料，然后进行选拔。在选拔的过程中，要确保这些竞选者充分地理解和认同现代物流体制和包装中心的职能等，并对其正确判断。特别是商业计划能否实现这一方面，需要严密讨论。此外，包装中心灵活性方案等具体性问题和原料调配及销售策划的合理性等都是评价的主要方面。

还有，为了避免包装中心对选分和包装加工等设施装备的过分投资，需要对利润-成本（Benefit-Cost）和内部收益率（Internal Rate of Return）等指标进行分析验证。特别是在做经济性分析时，常有预计销售额过大的情况，需要注意做保守的确实的成本和利润分析。

根据农产品的特性，包装中心需要具备多种全产业链包装管理技术和高水平的设施运营技术，随之，设施运营和商品化的知识经验（Know-how）以及人力的确保也是必要的。因此，需要在批发市场和包装中心建立"现代物流专业人士"培育流程。

对于包装中心的运营灵活化发展，最大的制约条件是原有发货方式之间的竞争。包装中心以计划生产为基础，摆脱了原有的农民不考虑等级、类别、规格等而大批量包装直接销售的惯行方式。所以，要向为包装中心送货的农民提供不同于其他的流通销路和发货方式的差异化利益。如果不能发掘出吸引农民的价值，改变农民长久的发货习惯是困难的。

在日本，由神户生产合作社和全国农业合作联合会共同投资建成了全国最大的生鲜食品包装中心。该包装中心总建筑面积为 6 800 平方米，包括两座双层钢筋混凝土建筑物，分别为水产楼和畜产楼，有 300 个工作人员，每天可以加工处理及包装的农产品、畜产品、水产品各 6 万件，是日本国内规模最大的食品包装中心。

在美国等耕作规模大的国家，包装中心能减少全产业链的管理费用，是必要的设施。与投入个体劳动力或利用小规模设备少量发货相比，机械化的大量选分，体系化的品质管理，稳定的销路等，为现代农产品包装中心实现了规模经济。

但是，在耕作体制落后的中国，较易出现自己亲自投入劳动力进行操作的现象，而不是将农民的选分、包装等工作委托给包装中心。这是因为传统的批发市场以劳动力为核心生产要素，价格低廉，人力充足。所以，针对该问题而采取的相应措施将成为保证运营灵活化的关键。

在中国，农产品包装中心承担着提高农产品价格、增加农民收入的职责。因为如果不能增加农民收入，农民就会逃避向包装中心送货，那么原料的确保就很困难了，很有可能导致无法稳定地实现运营。

为了实现包装中心的灵活运营，迅速判断消费者需求，扩大商品化范围，需要制定一个能够创造出高附加价值的"创收型"运营战略，如图 4.8.2 所示。

第四章 农产品流通体系创新管理设计

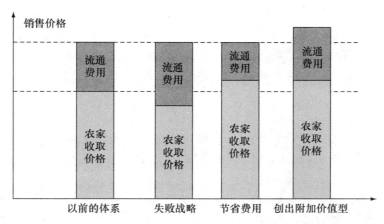

图 4.8.2 现代农产品包装中心的附加价值和经营战略

（二）创新运营模式

为了探求包装中心的运营模式，要求包装中心在产地组织化、运营效率化和销售网络化三个方面都拥有强有力的竞争优势。

（1）产地组织化

为了摆脱非指定的多数采用的农产品回收的原料调配方式，包装中心与农民签订农产品送货约定，将约定的农民组织起来，成立会员制的快速送货组织。

为此，应对与包装中心签订合同的农民实行会员制。对于包装中心，需要增加资本投入，加强农民对包装中心运营的责任感和主人翁意识。如美国的新时代协作组合，投入资本的会员才能拥有农产品的送货权，对于违反了送货合约的会员农民，要承担利润扣除和相应的处罚。

另外，要以包装中心为核心，组织农民联营，统一品种及栽培方式等；通过规定农家向包装中心送货的时间和顺序，调整送货量；严格规定单次送货量和送货频率以及品种，防止市场价格下滑，提高包装中心操作效率。

同时，包装中心和会员间的出资金额、借贷支付方法（共同结算制）、交货、验收及等级判定、供给、担保权、违约时处罚、合同履行等都要协定。

产地组织化管理还必须引入会员制送货组织体系和经销商品质管理体系。在选择收货时期、操作日程等的时候，与经销商谈收货操作的事宜。在指导生产者和引导标准品质的原料生产之外，送货时还必须执行严格的品质验收制度。

（2）运营效率化

为了实现包装中心的运营高效化，需要增加经营类别、改善物流体系和培养专门人才等相应的支持举措。而且，根据地区特性，主要类别产品和辅助类别产品的选定也要按照时间的差异进行适当调配，增加包装中心的创新和动力，提高工作的效率。

通过托盘的搬运系统来减少物流费用。但是，在发展初期，为了能最大化地利用卡车的托盘装载率，托盘的装卸效率和机械车的搬运速度往往不同步，另外，选分机、包装机、制盒机、储存仓库、冷链储存仓库与冷藏库等多种设备也需要储备来应对分选、包装、运营及其他紧急情况。

为了实现运营灵活化，商品化部门需要适时开发消费者需要的新产品，利用预冷、预干、储存、选分等收获后管理技术，促进新产品的商品化，开发多样型的小包装商品；经过清洗、破皮、打磨、腌制等1次处理，开发多种类别的蔬菜、水果沙拉等新鲜的产品，创造附加价值；通过人才促进机制，确保安全农产品生产体制的运行。

（3）销售网络化

在销售层面，销售战略的制定、各类流通过程和各种促销活动的进行等都是必需的。为了适应多变的消费需求，需要有市场指向性的销售方案和根据地区性消费群体细分的销售计划。

在出货方式方面，传统批发市场的出货方式是有限的，仅仅通过设施的现代化建设是不能构建批发市场的现代物流体系的。因此，对于商品化包装中心的农产品来说，要获得适当的价格保障是很困难的。在发展初期，应当以家乐福、大润发、沃尔玛等大型流通企业和现代物流体系相应的批发市场为主组织送货。

以此为基础，学校及公司等的团体供餐、野餐、出口等销售方式将导致流通渠道发生重大变化。通过差别送货，产生相应的差异性销售战略；利用包含广告宣传和商品展示的促销战略，促进大众消费。

4.8.4 全产业链的包装管理体系创新

农产品全产业链的包装管理可提高农产品附加价值和提升产品品质。由于收获后的蔬果产品是活的生命有机体，所以蔬果的包装与一般非生命商品的包装以及新鲜蔬果和蔬果加工品的包装均有着显著区别。

收获后管理是全产业链的包装管理的体现。收获后管理是指已经生产好

第四章 农产品流通体系创新管理设计

的农产品在从离开生产现场直至消费者餐桌的全部流通过程中,以延长流通时间为目标,针对其收获后可能发生的一切生理变化而进行的全程的预防性、技术性、经济性的生产活动。例如,通过保持新鲜度、防止腐败来维持商品的质量;或者通过提高质量和减少损失,来增加商品附加价值等。

针对全产业链的包装管理,将涉及许多影响因素,可以分几个阶段实施。这些因素相互联结,形成了网络系统,称为"全产业链中的包装管理体系",如图4.8.3所示。

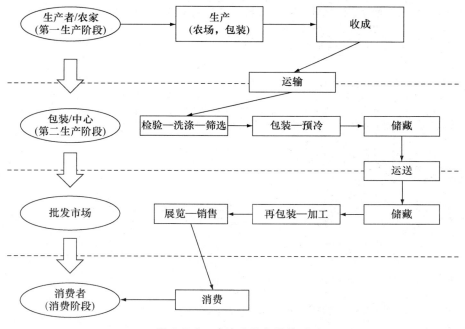

图4.8.3 全产业链包装体系

全产业链的包装管理技术根据农产品种类的不同而不同。因为农作物各自收获以后所产生的生理变化是不同的,所以针对不同作物收获后的生理变化需要采用不同的对策,对于检查、清洗、选分、包装、预冷、加工、储存、搬运等操作都要采用适当的方法。

全产业链的包装管理技术的引入,需要选择和配置与之相应的器材和装备、设施等,能够有效运营才是重点。在包装中心,与农产品的处理等有关的支持是必需的要素。品牌的开发、展示及销售等市场运营活动也受到作物收获后生理变化的影响。广义来看,这些市场运营活动都包括在全产业链中的包装管理技术中。

图4.8.3展示了全产业链中的包装管理体系的结构,现代农产品包装中心实行的包装管理活动主要在第2生产阶段上实现。实践中的包装管理技术可以整理为表4.8.2。

表4.8.2　各阶段主要的包装管理技术

阶段	主要的包装管理技术
收获	• 收获前要素(品种、气候、土壤、施肥、栽培技术等) • 收获最好时期的判断(根据短期或长期储存来判断成熟度) • 收获方法(收获工作团体) • 收获装备及收获机种的选择
选配	• 清洗 • 不良品(损伤品)及非规格品的分离
等级化 标准化	• 重量、体积、颜色、糖度及酸度等品质的评级 • 不同类别商品的品质规格和等级分类
整理 及加工	• 打磨机(清理、切段等) • 初级加工(新鲜蔬菜切断等) • 冷冻、冷藏、干燥、腌制 • 高级加工(果汁、果酱等)
预冷预干	• 不同类别商品的储存前处理及方式的选择
包装化	• 标准包装规格(与托盘连接) • 包装材料(冷链及常温流通用包装规格的区分) • 包装容器(搬运用、消费者用、礼品用、小包装用等) • 包装标记、包装设计及色调 • 条形码(识别码)
物流 标准化	• 与货板的规格相适应 • 与托盘的规格相适应
储存	• 冷链环境 　温度管理、冷气机、防热与防潮处理、防止热损失 • 乙醚去除/处理 • 对不同类别商品的储存前处理及方式的选择
配送装卸	• 冷链(冷藏冷冻)运送车辆 • 自动化及机械化装卸

4.9 食品安全管理模式创新

在现代农产品流通体系中,食品安全管理贯穿从生产到流通的整个过程(装卸、运输、保管等),用于区分农产品的等级,制定农产品的规格,规范生产者与流通商的行为。食品安全管理可提高农产品品质,减少不良交易所产生的经济损失。

在市场经济条件下,农产品质量安全有"市场性"和"公共性"两种性质。供应商与消费者之间对于质量安全信息存在不对等现象,一般消费者难以识别优劣,导致市场自身无法控制和调节产品质量安全,因此完全依靠市场自身的作用是行不通的。要在不断健全市场机制,推动形成统一、竞争、规范、有序的现代市场体系的同时,加强政府调控与管理,发挥政府主导作用,强化各项监管措施,推动农产品质量安全水平提升。安全管理制度是由政府机关及其他国家认可的机关制定的,规定农产品流通规格并对市场上交易的农产品实行检查。为了有效实施安全管理制度,在相关法律支持下,政府部门构建支撑体系,管理制度实施机构,建立整体安全管理过程。

农产品批发市场连接生产与销售,是监管农产品质量安全的重要环节。随着消费者对食品质量要求的提高,以及社会对食品安全问题的高度关注,农产品批发市场质量安全检验成为了关键。现代农产品流通体系中的管理信息系统有助于实现生产地与消费地的垂直一体化,将流通渠道上的断点衔接起来,确保整个流通渠道产品的品质。

建立安全管理制度的目的是在农产品生产及收获阶段,改善农产品的品质,提高农民的竞争力,减少农产品安全问题对交易的影响,减少农产品在生产、流通、消费过程中产生的费用,提高社会福利。

目前,我国现代农产品流通体系食品安全管理制度存在如下三大问题:

(1)市场准入把关不够严格

严格的市场准入把关是实行食品安全管理制度重要的第一步。然而在当前的形势下,市场竞争异常激烈,市场准入制度并不规范、普及,市场的管理者并不愿意单方面执行严格的市场准入制度,将客户拱手相让给并不规范的其他市场。再加上市场内商户与周围的生产厂家有着天然的联系,也使得市场准入制度执行起来困难重重。

(2) 质量追溯制度还不完善

农产品质量追溯制度贯穿生产基地到消费者餐桌的全流通过程,但目前的追溯系统只能追溯到批发商,几乎无法再向上追溯到生产环节。农产品批发市场的商户规模小、数量大,市场内的产品种类多,处于生产与销售的中间环节,向上对产品无所有权,向下对物流无控制权,因此全程实施质量追溯制度还面临很大困难。

(3) 质量应急预案过于简单

目前我国农产品流通体系的质量应急预案不足以及时发现并控制重大质量安全事故,降低影响和损失,是因为这些预案考虑的品种以及处理问题的过程过于简单。

如今,食品安全是一项在食品生产、加工、存储、运输、销售等过程中确保食品卫生及食用安全,降低疾病隐患,防范食物中毒的一个跨企业、行业、部门的系统化工程。也就是说,涉及食品种植、养殖、加工、包装、贮藏、运输、销售、消费等各个环节都应该符合国家强制要求标准,不应存在可能损害或者威胁人体健康的有毒有害物质,以导致消费者病亡或者危及消费者以及其后代的隐患,如图4.9.1所示。

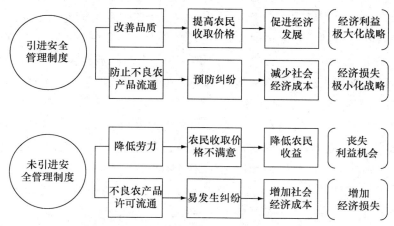

图4.9.1 引进食品安全管理制度与未引进该制度的效果分析

4.9.1 食品安全管理模式的创新体系与标准

联合国粮农组织(Food and Agriculture Organization of the United Nations, FAO)把食品安全定义为:所有人在任何情况下都能获得维持健康的生存所必需的足够食物。同时,研究范围也由地区和国家安全问题扩大至国际和全世界整体的食品安全问题上,力图通过加强国际间农业科研、贸易、资金和技术等方面的交流与合作,推动各国对世界粮食安全问题的重视。

农业产品质量安全是指:食物应当无毒无害,不能对人体造成任何危害。随着人民生活水平的提高,消费者对无污染和高质量食物的需求日益增加,对食品安全相关问题的研究也经历了一些转变。最初对食品安全问题的研究主要侧重于食品获取安全方面,20世纪80年代起,则更侧重于食品品质需要、食品卫生和营养安全等问题。

食品安全检验主要是针对农产品类型或特性上的改变,检验对象是同类型样品。例如,水果蔬菜的检查项目包括数量、重量、状态、包装状况、商品的统一性、品质等。其中,状态主要是指农产品的硬度、外表、腐败程度等项目;商品的统一性主要包括温度、外形、大小、色彩等;品质主要由成熟度、清洁度、色彩、腐败、缺点、伤口等反应。本节从危害分析与关键控制点技术(HACCP)与食品安全标准 ISO22000 两大创新点来阐述食品安全管理模式的创新。

(一)危害分析与关键控制点(HACCP)体系

以危害分析与关键控制点技术(Hazard Analysis Critical Control Point,简称 HACCP)为基础,根据食物安全系统(Food Safety Management System)和食品安全标准 ISO22000 推出食品安全和卫生的机制是现代农产品流通过程的必要组成部分。HACCP 通过鉴别、评价和控制影响食品安全的关键危害性因素,提高食品从最初生产到最终消费全过程的安全性。HACCP 体系认证在美国的食品生产企业使用非常广泛,在肉制品加工企业被强制执行,近年来在农产品生产加工企业中也纷纷开始推广。

首先,HACCP 是控制食品的品质和卫生的标准作业。HACCP 是指"食品在原材料、制造、加工以及流通的整个过程当中,为了预防危害物质的进入或污染,在每个环节重点管理和控制的一系列标准方法",是目前世界上公认有效的食品安全卫生质量保证系统。它可以对食品生产、加工过程进行安全风险识别、评价和控制,是食品生产、加工过程中对关键环节进行有效预防的措施和手段,有助于将食品的污染、危害因素降低到最低程度,确保产品的安全卫生质量。因此,HACCP 在现代农产品流通过程中处于非常重要的位置。

HACCP 的核心因素是分析危害因素和关键点控制标准。危害因素分析是指在食品流通的过程中,对可能发生的危害因素和重要性以及危险度的分析和评价,关键点控制是指对食品危害因素的控制、预防、消除等过程,它需要对整个农产品供应链进行管理。

（二）食品安全ISO22000标准

消费者或客户在持续不断地要求整个食品供应链中相关的组织能够表现并提供足够的证据证明其有能力确认和控制食品安全危害和其他可能对食品安全产生影响的因素。

因此，许多国家各自都建立自己的食品安全管理体系。但这些标准的不一致使组织无所适从，为此协调各国食品标准的国际食品标准ISO22000就产生了。这个标准更可以弥补ISO9001:2000对食品制作的不足及可同时共用。

ISO22000适用于整个食品供应链中所有的组织，包括饲料加工、初级产品加工、到食品的制造、运输和储存及零售商和饮食业。另外，与食品生产紧密关联的其他组织也可以采用该标准，如食品设备的生产、食品包装材料的生产、食品清洁剂的生产、食品添加剂的生产和其他食品配料的生产等。ISO22000系列标准的开发的主要初衷是：在不断出现食品安全问题的现状下，基于本标准建立食品安全管理体系的组织，可以通过对其有效性的自我声明和来自组织的评定结果，向社会证实其控制食品安全危害的能力，持续、稳定地提供符合食品安全要求的终产品，满足顾客对食品安全要求；使组织将其食品安全要求与其经营目的有机地统一。食品安全要求是第一位的，它不仅直接威胁到消费者，而且还直接或间接影响到食品生产、运输和销售组织或其他相关组织的商誉，甚至还影响到食品主管机构或政府的公信度。

1. 实施ISO22000标准的适用范围

ISO22000标准的所有要求在各个领域都是绝对通用的，无论组织的规模、类型，还是直接介入食品链的一个或多个环节或间接介入食品链的组织，只要使用标准者期望建立食品安全管理体系，就可采用ISO22000标准。这些组织包括：饲料加工者，种植者，辅料生产者，食品生产者，零售商，食品服务商，配餐服务商，提供清洁、运输、贮存和分销服务的组织，以及间接介入农产品供应链的组织如设备、清洁剂、包装材料以及其他食品接触材料的供应商等。

2. 实施ISO22000标准的目的

① 组织实施本准则后，能够确保在按照产品的预期用途食用时对消费者来说是安全的。

② 组织应该能够确保按照其声明的食品安全方针策划、实施、保持和更新其食品安全管理体系。

第四章 农产品流通体系创新管理设计

③ 组织应建立有效的沟通渠道,识别食品链中需沟通的对象和适宜的沟通内容,并将其中的要求纳入到组织的食品安全管理活动中,从而证实沟通的有效性。

④ 组织应建立获取与食品安全有关的法律法规的渠道,获取适用的法律法规,并将其中的要求纳入组织的食品安全管理活动中。

⑤ 通过与顾客的相互沟通,识别并评价顾客要求中食品安全的内容以及它的合理合法性,并能与组织的经营目标相统一,从而证实组织就食品安全要求与顾客达成了一致。

3. 实施 ISO22000 标准的意义

ISO22000 是一个自愿性的标准,但由于该标准是对各国现行食品安全的管理标准和法规的整合,可以说它是一个统一的国际标准。因此该标准会被越来越多的政府和食品供应链上的各个企业所接受和采用。

从目前情况看,企业采用 ISO22000 标准可以获得如下诸多好处:
① 与贸易伙伴进行有组织的、有针对性的沟通;
② 在组织内部及供应链链中实现资源利用最优化;
③ 改善与产品安全有关的文档管理;
④ 可以作为决策的有效依据;
⑤ 更加有效和动态地进行食品安全风险控制;
⑥ 通过减少冗余的系统审计而节约资源;
⑦ 提前对方案进行系统化管理;
⑧ 由于关注最终结果,该标准适用范围广泛;
⑨ 加强计划性,减少过程后的检验;
⑩ 充分提高勤奋度;
⑪ 聚焦于对必要的问题的控制;
⑫ 所有的控制措施都将进行风险分析。

4.9.2 创新食品安全管理模式的运营体系与设施设备管理

(一)食品安全管理运营中的规范化作业

除了 HACCP 外,食品安全管理运营中还需要一系列的规范化作业,这包括了:良好卫生规范(Good Hygienic Practices,GHP)、卫生标准操作程序(Sanitation Standard Operating Procedure,SSOP)、良好作业规范(Good Manufacturing Practices,GMP)和良好农业规范(Good Agricultural Practices,GAP)。

GMP制定了卫生环境所要达到的设备、个人卫生以及管理等方面的基本标准,在合格的卫生环境下制造的农产品才能保证此产品的食品安全和质量。

SSOP是关于食品生产企业如何满足卫生条件和如何按卫生要求进行生产的条例。SSOP是每个企业都应该建立和实施的一套已成文的卫生标准操作规程,它适用于具体食品生产企业,指导加工者如何达到卫生要求和规范。由于HACCP在整个食品供应链的环节中负责降低或者清除特别指定的重点环节里会发生的危害因素,因此,HACCP需要在GMP和SSOP的基础下才能有效地运行。

在农产品的生产与流通的过程当中,引进GAP对整个流通过程进行认证,农产品包装等卫生设备也被考虑在内。供应链管理系统为了将安全卫生的农产品提供给最终消费者,GAP要求在供应链中的生产者和管理者等环节组成单位,在生产和处理的过程中都需要遵守规范。在现代化流通系统中,通过供应链管理系统可以实现系统性的食品安全卫生管理。在农产品供应链的整个过程中,在危害因素减少的同时,将农产品生产、收获、包装等每个环节使用的化学用品、重金属、微生物等的管理信息透明地提供给最终消费者。

食品卫生的微生物学检验是食品安全管理的重要方面和重要手段,两者密不可分。通过检验,可以发现问题,并找出规律和解决问题的办法,所有工厂的卫生管理人员,在卫生管理的同时,也必须掌握卫生检验的工作,只有这样,才能有效地进行卫生管理。企业只有通过食品卫生微生物学检验与管理,才能更好地保证SSOP、GMP和HACCP等管理体系的正确运行与实施。

因此,通过食品安全管理运营中的规范作业,可以满足消费者对安全食品需求。从农产品生产到销售阶段构建一个能够确保食品安全的系统,不仅能够提高消费者的信任,还可以提高在国际市场上的竞争力,这也是该食品安全管理制度的最终目标。

(二)设施设备管理

HACCP和上述标准作业是为了更好地满足消费者对食品安全的需求,实现农业的可持续发展和绿色食品的生产,并满足国际贸易的需要而引入的。与HACCP和上述标准作业相配套,食品安全管理模式的建立过程中还需要对相关的设施设备进行卫生安全方面的管理,要预防因为设施设备而出现的交叉污染,要确保食品在流通过程中的设施设备上经过时的安全卫生,从而从设施设备的角度减少供应链中会发生的各种危害因素。

（三）食品安全管理的注意事项

① 考虑如何减少或者消除尘土等杂质。因为农产品本身的特点以及农产品的生产、收获、加工、包装等过程中均会产生大量泥土、灰尘等污染物。所以这是最优先考虑的问题。

② 考虑如何清扫和保持卫生。如果不能控制生产过程中所产生的污染物，就应该要迅速地清扫土、灰尘等污染物，预防设施设备等的损耗，提高运营效率。

③ 考虑如何减少交叉污染。因农产品生产行业的特点，不能把不同品目的产品放在一起处理，应该设计不同归类产品的工作区，提高设备运用的效率。

④ 考虑如何控制老鼠和虫子等危害动物的进入、滋生。为了预防农产品被此类动物损害，建设设备时需要考虑隔绝办法。

⑤ 考虑员工的个人卫生和环境卫生。作业中最重要的是员工的卫生。因此，建设时要考虑到加工工人和流通从业者自身的卫生和所处环境的卫生问题。

⑥ 考虑如何减少或者消除潜在的危害因素。在安全管理模式和农产品流通设施设备的建立过程中，要尽可能地提前减少和消除潜在的危害因素，以免在加工和流通过程中出现系统性的对农产品安全的危害。

4.9.3 促进食品安全管理模式创新的市场措施

农产品流通体系中的批发市场不仅是生产和销售的纽带，更是连接企业自身发展和社会责任的重要环节，需要市场自身的调控和经营者的管理来完善安全管理制度，达到全程可监管、可追溯。

（1）培养经营者的责任意识

农产品批发市场具有承上启下的作用，市场经营者承担着食品安全的监督责任，要想完善批发市场的质量安全体系，需要培养经营者自觉监督食品质量安全的意识。首先，要在思想和措施上将农产品批发市场纳入农产品质量安全管理体系，以实施《农产品质量安全法》为根本，逐步建立服务、管理、监督、处罚、应急为一体的监管工作体系；其次，要转变管理方式，调整农产品质量安全管理措施，变被动监督为主动控制；再次，要积极与政府部门、行业协会、生产合作组织配合，引导农民、批发商、消费者、媒体等社会各界加入农产品质量安全管理体系中，参与监督管理，提高整个社会的质量安全意识。

(2) 加强农产品质量安全监测

为了保证农产品质量安全监管的客观公正、科学有效,需要大力加强农产品质量安全监测管理,需要对以下几方面进行规范化整顿:监测方案制定、抽样与检测、数据分析和监督管理等。山东寿光蔬菜批发市场就是一个典范。国家蔬菜质量监督检测中心进驻山东寿光蔬菜批发市场,设立专门市场检测站,对所有进入市场销售的产品进行抽样普检,对经检测合格的农产品,出具检测合格证明;对检测不合格的农产品,依法强制停止交易、原地封存,并向农业行政主管部门报告。

(3) 建立食品经营台账

建立食品经营台账,实行记账制度,以便发现问题有据可寻。北京新发地农产品批发市场在运营中建立了台账,在销售每笔商品时均出示"销售信誉单",一式两份,买方和自己各留一份,以便退货和索赔时有所依据。

(4) 食品质量信息公示

在批发市场的醒目位置设置"食品安全信息公示栏",向消费者公示食品质量信息,及时进行消费警示和提示。建立12315投诉举报联络点,如若发现市场内有销售假冒伪劣食品的行为应及时向工商管理部门报告。

(5) 完善市场主体监督机制

建立健全市场主体监督机制,确保市场内的食品经营者拥有合法、有效的经营资格,杜绝无证照经营。同时加大农产品批发市场准入监控,规范货物查验、检测、报告、不合格产品处理等流程。

(6) 建立客户档案管理

建立客户档案管理,与每位生产者和消费者签订农产品质量安全协议书,逐渐完善质量安全管理体系。

(7) 建立农产品质量安全追溯制度

农产品质量安全管理遵循"产品管理—过程管理—源头管理—责任追溯"的流程。要想建立一个完善的长效质量安全管理体系,质量安全追溯制度必不可少。通过建立农产品质量安全追溯体系,可以实现从田间到餐桌的全程信息管控,实施信息共享,提升农产品质量安全整体水平。

(8) 建设预警应急体系

农产品批发市场应制定科学有效的农产品质量安全应急预案,形成监测、预测、预报、预警和快速反应体系,严格质量把控,做到防患于未然,确保快速反应、高效运转、妥善处理。

4.9.4 促进食品安全管理模式创新的政府措施

完善农产品流通的安全管理制度,需要政府的和市场管理者共同努力。政府通过立法和宏观调控,可提高制度完善的步伐,再通过公布质量安全信息等措施,督促安全管理制度的执行。

（1）立法

2003年,卫生部出台《集贸市场食品卫生管理规范》。

2004年,商务部出台《农产品批发市场管理技术规范》。

2004年,质检总局发布《食品质量安全市场准入审查通则》。

2006年,人大常委会出台《中华人民共和国农产品质量安全法》,明确了相关农产品市场主体的责任义务,细化了各级政府对农产品质量安全的责任划分,强调安全的食品是生产出来的,而不是检测出来的,注重培养生产经营者的保卫食品安全的意识。

2006年,商务部发布《流通领域食品安全管理办法》。

2008年,商务部发布《农产品批发市场食品安全操作规范（试行）》,对经营和操作提出了更高的要求,明确了农产品批发市场的食品安全行为规范,促使食品安全保障体系的完善。

（2）宏观调控或专项活动

自2007年国务院开展"农产品质量安全专项整治行动"以来,农业部也在实践中总结经验,针对农产品批发市场先后出台了7个部门规章和办法。2007年国务院开展"农产品质量安全专项整治行动",该活动提出"全国大中城市的农产品批发市场要100%地纳入质量安全监测范围",推行农产品批发市场整治与监测行动。此次行动对农产品批发市场的质量安全管理制度建设和管理措施起到了积极的推动作用。

（3）公布质量安全信息

2007年4月,农业部发布《农产品质量安全信息发布制度》,规范了农产品质量安全信息公布的原则、内容、方式和程序等方面,目的是为公众提供及时、准确的质量安全信息,优化产销效率。

4.9.5 实施食品安全管理模式创新的预期效果

通过食品安全管理模式创新,农产品交易就有了客观的等级与标准,可以实现凭等级公平定价,减少流通过程中的腐败、损坏、减耗等情况,实现标准化物流。随着农产品的规格化、标准化、等级化的推进可实现农产品的贴牌生产(外观上粘贴商标名),消费者可根据商标反复购买同样品质的农产品。

农产品包装中心可以促进农民组织的设施现代化与物流标准化体系的发展和组织经营方式的改变,使农民认识到品质管理的重要性,同时可在生产过程中引进初始价值的概念。

在流通过程里,品质的监督与保障是在交易双方的定价过程中实现的。过度的商人利润是对消费者与农民的福利与利润的剥削,在引进批发市场的综合交易制度的现代物流体系下,批发市场里各种制度的制定与实施将促进定价的公平与客观。

4.9.6 美国的食品安全管理模式案例

(1)概要

美国的农产品安全管理制度是根据联邦法规(U.S. Federal Regulations)农业部门第7条(Title 7,Agriculture)新鲜农产品有关方面法规第51则(Fresh Fruit,Vegetable and Other Products-Inspection,Certification and Standards)制定的。

食品安全的主要管理机关是农务部(United States Department of Agriculture,USDA),检验部门是取得政府认可资质的政府机关、民间团体、个人等,检验地区包括农产品的产地集存地与消费地、批发市场等,检验对象农产品的选定范围是经过委托人许可的任何商品,检验费用由委托者负责,如图4.9.2所示。

(2)组织机构与职能

食品安全检验组织对产地集存地和消费地市场均进行检验,采取双轨制。

产地是指以"州"为单位的包装中心或集存地区(也包括进口农产品集存中心),由所在"州"政府的检查员或取得政府认可资质的地区流通团体来进行检验业务。

对消费地市场和大型批发市场的检验,首先设置政府直接管理的办事处,然后批发商委托办事处负责检验事务。由于流通过程中农产品变质的几率较大,所以不可以发货方的记录作为检验依据。

产地检验报告书随着农产品发往消费地市场,一般情况下一份交给委托人保管,另一份交由当地办事处保管。产地市场信息需录入市场信息报告系统后从系统途径报告给中央政府。

消费者市场检验报告书是委托者向农务部提交的有关的市场信息。这些信息是农务部营销服务部制定农产品流通改善方案与改善品质的研究方案等的有效依据。

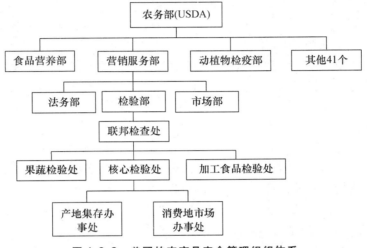

图 4.9.2　美国的农产品安全管理组织体系

（3）食品安全检验业务程序

食品安全检验是由委托者提出实施的,对总对象1%以上的农产品进行的检验。

委托检验需要至少提前24个小时并在合理的时间提出。一般情况下,24小时内可以完成检验程序的注册、现场检验、确认检验表交付等过程。通常检验员的现场检验需要2—3个小时的时间。接着,检验员编制表、确认检验表交付等程序最快需要约1个小时20分钟。具体的流程见图4.9.3。

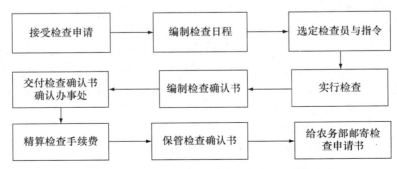

图 4.9.3　美国的农产品食品安全检验系统流程

4.10　信息管理模式创新

信息管理系统包括电子结算系统、安防监控系统、物业管理系统、内部信息管理系统、预警预测系统等。其中,电子结算系统和安防监控系统较常用在农产品批发市场中,分别有 37.5% 和 18.7% 的批发市场建立了该系统,而安防监控系统中的 IC 卡门禁系统和电子监控系统最为普及。而使用内部信息管理系统的典型代表是大连金三角市场,安装了预警预测系统的主要市场包括北京新发地农产品批发市场、济南饮马盛发农贸综合批发市场、莆田市涵江闽中蔬菜批发中心等。

农产品流通体系中运营的信息系统主要应用于各批发市场,可分为市场管理信息系统和市场运营信息系统两部分。市场管理信息系统主要由批发市场开办者或管理者为了管理设施、维持促进交易秩序和交易活动而建立的系统;市场运营信息系统是由批发市场内的批发市场法人、批发商、流通商等主体,为了提高自己的经营效益而建立的系统。

现阶段,我国农产品批发市场将建立信息管理系统作为发展重点,部分市场还搭建物流配送信息平台、筹建网站、建设电子拍卖系统,一起与全国乃至全球的农产品批发市场接轨,实时共享最新信息。本节重点论述了现代农产品流通体系中信息发布渠道的创新、市场管理信息化的创新、市场运营信息化的创新,以及基于物联网技术的农产品信息管理模式的创新。

4.10.1　信息发布渠道的创新

农产品批发市场可选择多种信息发布渠道,例如信息公告栏、电子屏幕、刊物报纸、网站等。其中,信息公告栏使用量最大,约 96.4% 的批发市场使用信息公告栏发布信息,它是最基本、最传统的信息载体,因长期使用而被广泛接受。而电子屏幕和网站是近年新兴的现代技术手段,因其使用方便、高效等特点,致使一经投入使用便迅速普及,目前已有超过八成的批发市场使用。而由于制作周期长、时效性差等缺点,刊物报纸的方式已逐渐退出舞台,现在还在延续使用该渠道发布信息的只有个别较大实力的大型农产品批发市场。

除批发市场法人以外,市场批发商、流通主体等的交易业绩以及交易信息等资料均属于个人商业秘密,一般来说,不能公开。因此,其信息系统等级需按照零售商或市场批发商的经营规模和经营者的经营方式来决定。这些组织基本都具备市场营销和信息经营管理等体系。

4.10.2　市场管理信息化创新

市场信息技术管理通过市场开办者的市场设备管理与交易秩序维持,教育并监控流通主体,达到传递流通信息等目的。市场信息技术管理包括市场流通管理、市场设施管理、市场秩序管理、物流品质改善管理、流通信息系统管理、顾客管理系统管理。

流通与设施管理包含以下五个市场管理信息系统:设施使用与签订管理系统、营业管理系统、货运申报系统、电子拍卖结果系统、拍卖修改检查系统。其中,设施使用及签订管理系统可以应用于押金管理和流通人管理中;批发市场法人、中级批发商及市场批发商的营业管理系统负责报告批发市场法人的对账资料和交易业绩单;货运申报系统是批发市场货运的电子申报系统;电子拍卖结果系统是在收到批发市场法人的拍卖结果后,把这些结果上传到网站的系统;拍卖修改检查系统是在拍卖完成后,检查已修改的拍卖内容的系统。

对市场管理部门来说,设施管理是可收取租赁费的信息技术。设施管理系统(Equipment Management System,EMS)是管理材料、设施、建筑、能源以及设计图纸的系统。租赁设施收费系统是租赁商人和一般公司入住者使用的系统。管理费及租赁征收系统涉及租赁费、电费和水费等。此外,市场秩序信息管理部门主要征收面包车、货车等停车费并发行定期车票。

4.10.3　市场运营信息化创新

市场运营信息管理以市场内流通主体通过拍卖决定价格并公开的批发市场法人的管理为主。包括拍卖管理、中批发商管理、货运管理、对账管理、电子交易系统管理、内部经营系统管理等。

批发市场法人或市场批发商大体存在于营销管理与经营管理两个部门。营销管理系统承担交易内容管理、对账管理、货运管理、货运及集团货运业绩管理、货运货款管理等;经营管理系统包括批发市场法人或市场批发商的会计及人事管理、交易及价格信息服务管理等。

特别要提出的是,批发市场法人使用的信息系统跟市场批发商的信息系统不同,它承担了拍卖及管理对账的信息技术部门的主要角色。电子拍卖系统是把电子拍卖以及网络结果传递给市场开办者的系统,如图4.10.1所示;而电子交易系统是支持与联结生产者和中批发商之间电子交易的系统,如图4.10.2所示。

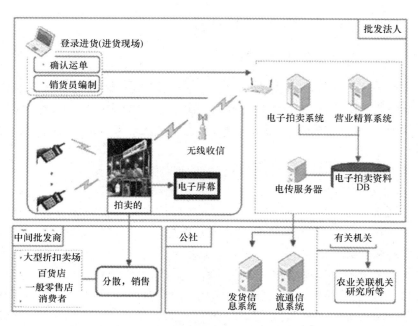

图 4.10.1 现代农产品流通体系批发市场的电子拍卖信息系统概念图

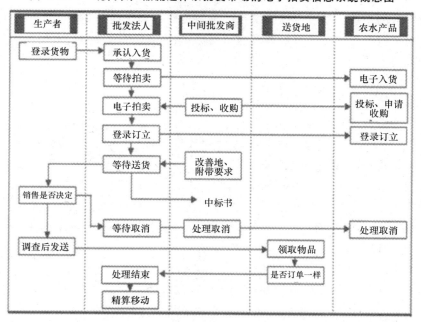

图 4.10.2 现代农产品流通体系批发市场的电子交易网络信息系统概念图

4.10.4 基于物联网技术的农产品信息管理模式创新

物联网(Internet of Things,IOT)又叫传感网,是新一代信息技术的重要组成部分。它以互联网为核心和基础,将各种信息传感设备与互联网连接起来,实现"物物相连"。物联网是在互联网基础上的延伸和扩展,可实现智能化识别和管理。

现代农产品信息管理模式的创新离不开物联网的应用,创新领域主要集中在农业生产环节和食品安全体系。

物联网应用于农产品生产环节,主要是建立农业大棚监控体系。在塑料大棚或者农田生产区安装温度或者湿度等的传感器,通过实时采集大棚内的温度、湿度、光照、土壤含水量等环境参数,可实现对农业信息的自动感应。

物联网应用于食品安全领域,主要是建立农产品追溯体系。通过建立"养殖—屠宰—加工—交易—流通—消费"完整的产业链来进行对农产品的全程信息追踪与溯源,实现全网络和全过程的食品安全管理。

4.11 批发市场管理模式创新

4.11.1 批发市场的流通变革重点

以批发市场为核心的流通变革是将现存高费用低效率的结构转变成低费用、高效率的结构的过程,旨在让生产者利润相对稳定的同时,以合理的价格向消费者提供高品质的农产品。变革在本质上推动了农产品流通体系的现代化建设。图4.11.1介绍了批发市场的流通变革的重点。

首先,世界各国纷纷推进本国农产品进口市场的开放化与国际化进程,促进国内农产品生产体系的进步,以标准化的农产品流通体系代替落后的传统农产品物流体系,提高了农产品流通的枢纽地位。尤其是在消费者的收入与生活水平日益提高的情况下,人们对绿色与安全食品的消费要求也不断增加,而同时多样性需求又居高不下,因此,我们迫切需要一个现代化的市场环境,建立农产品安全流通体系,在批发市场中设立运营农产品安全检验的专门机构。

安全检验机构不仅可通过等级评定体系与检验体系判定农产品的品质,还可将这些体系融入到生产过程中,从而生产出安全的、达到标准的农产品。然后,利用批发市场中的各种交易方法将这些农产品进行公平与透明的交易。

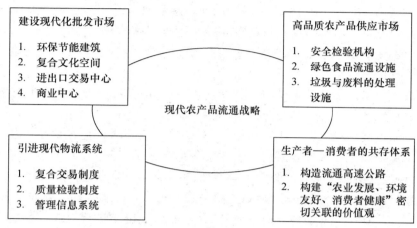

图 4.11.1　批发市场的流通变革概念

其次,改善市场环境、建设现代化批发市场和商场也是变革的重点。为了有效地改善环境,需要重修老化建筑和设施,提高公共设施的安全性;妥善处理农产品的保管、流通、销售过程中产生的各种垃圾与废料,提高环境卫生标准;加强与建设相关设施,提高服务水平。

最后,现代批发市场的选址尤为重要,所有的设施建设还应该考虑到物流的线路布局。优先建设节省能源、低碳的绿色设施,为建设集贸易、旅游、文化宣传为一体的现代化批发市场打好基础。

4.11.2　批发市场的流通变革措施

批发市场的流通变革需通过现代物流体系的引进与运行实现。流通变革措施包含以下五个方面。

第一,建立有竞争力的流通系统,这是现代物流体系的基本因素。加强物流基本建设,通过市场内外部物流系统之间的连接,提高批发市场的综合物流能力,激活批发市场里的批发零售流通业;加强批发市场内部流通企业的规模化建设,提高企业与市场的经营能力和顾客营销能力;引进"批发市场复合交易制度",实行竞争交易,既能使货主可以高价出售农产品,又能使顾客有机会低价买到优质产品,得到较大优惠。批发市场的交易量扩大了,过去利润最大化的盈利方式可转变为薄利多销的方式。通过此种转变,批发市场可实现规

第四章 农产品流通体系创新管理设计

模经济,提高其在市场上的竞争力。

第二,对流通环境的变化做出反应。随着消费者的收入及教育层次的提高,其消费的多样化和高档化需求也随之提高,因此高品质安全农产品的消费群体正在迅速扩大。这就要求我们对这一变化做出快速反应,构造 HACCP 农产品安全检验系统、管理信息系统、电子商务系统和农产品交易信息的市场综合分析系统等。通过这些系统,尤其是管理信息系统的建立,可以促进农产品流通业的发展。

第三,建设世界级的现代化批发市场。引进批发零售业的信息技术与现代交易制度,构造现代物流体系、电子设施管理体系和市场信息管理体系。

第四,建设与社区相协调的集文化、休闲、观光、贸易等功能于一体的绿色名品批发市场。由于农产品的腐败与污染频频曝光,已经引起了人们的厌恶,所以绿色批发市场具有较大的竞争优势。批发市场的变革不仅要打造绿色批发市场,还将打造公园型的批发市场,为社区居民提供娱乐与休息的文化空间,为国内外游客创造参观游览的景点。因此,批发市场不仅满足了消费者的购买需求,还可提供文化与休闲的享受。

第五,实现以顾客为中心的可持续经营。为了维持向批发市场运送农产品的农民与农民组织、在批发市场进行交易的批发商、零售商、消费者等之间的可持续交易关系,需要建立综合运营性的顾客管理体系。批发市场作为城市与农村的联结点,必须建立一个互相协助的体系,构造一个有文化氛围的"幸福市场"。图 4.11.2 说明了批发市场部门流通变革战略。

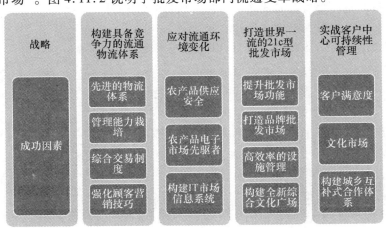

图 4.11.2 批发市场部门流通变革战略

4.11.3 现代化批发市场的管理模式创新

（1）批发与零售的混合模式

该模式是现在许多传统批发市场采用的创新模式，传统批发市场的体制转变较为困难，仅在交易方式上变革。由最初的只有批发无零售的模式改变为目前的批发与零售相结合的模式。有些批发市场以时间划分，上午批发，下午零售；有的批发市场以区域划分，东区批发，西区零售；有的批发市场以价钱区分，量大走批发价，量小走零售价。这种模式为交易双方增添了灵活性与便利性。

（2）消费者定制型模式

现代批发市场较为推崇的创新模式，属于订单驱动模式。该模式需结合信息系统，消费者可在线下与发货者直接预定，也可在线上与批发商或发货组织预定所需产品，发货者接到订单后，在保证最大客户满意度的情况下可合理安排自己的商品比例和发货时间。消费者定制型模式可缓解发货者或批发商的库存压力，减少因货品腐败造成的损失，降低环境污染，同时还可保证消费者收到新鲜的商品，培养批发市场客户忠诚度，加快资金流转。

（3）服务与休闲型模式

这是一种现代批发市场的衍生模式，作为销售业务以外的附加服务，为批发市场提供附加值。现代批发市场摒弃了单一的贸易场所功能，为消费者提供休闲散步的场所，提供绿色环保讲座、健康咨询等服务，将批发市场由传统的脏乱差形象转变为公园式绿色休闲场所，逐渐成为社区生活重要的一部分。

（4）绿色环保与物流基地结合的模式

批发市场与物流基地结合，可缓解城市交通压力，减少中转环节。一个完善的物流基地几乎包含了农产品自收货后至批发市场前的全部环节，发货者可实现一站式管理，省时省力。再加上一般物流基地都位于远离市中心的区域，大大缓解了城市交通，充分体现了绿色环保的理念。

传统批发市场在设施、卫生、安全、品质等方面的管理落后，不能满足消费者的高品质需求，再加上逐渐开放的市场环境正在不断改变着流通环境，使得农产品市场现代化进程变得尤为紧急。批发市场的现代化建设可以改善传统批发市场交易系统和流通环境，能够长期提高批发市场的商业效率与流通效率。"物流产业"已被列入中国十大主要产业，体现了政府对流通行业在政策上的支持。对现有传统批发市场的设施现代化改革可以首先在全国主要市场进行,选定一些具有充足条件支持流通变革的代表市场对推动设施现代化改革非常重要。因此,需要选拔具有代表性的批发市场。例如,北京市是我国绿色与品牌农产品需求量最大的城市之一,高收入水平带动了对健康安全农产品的高需求,因此,北京的市场可作为全国的示范。在北京市现有批发市场中,优先考虑交易量、商业级别和工作人员数量等要素来确定农产品批发市场现代化建设的方式和方向,如图 4.11.3 所示。

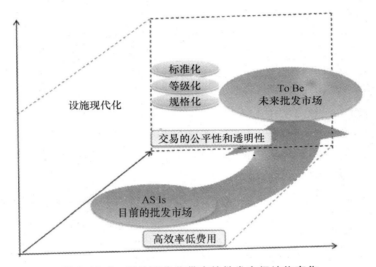

图 4.11.3　设施现代化带来的批发市场地位变化

4.11.4　现代化批发市场的职能创新

(1) 物流管理职能

物流管理可在时间和空间上提高农产品流通的效率,有效支撑农产品从生产地到批发市场,再从批发市场到消费者的整个过程。市场批发商主要利用信息技术与农产品生产地的包装中心和农民组织等进行约定交易或者委托交易;批发市场法人主要对产地运过来的样品进行电子拍卖交易。物流管理可以解决生产和销售的不均衡而产生的回收不平衡现象。

现代批发市场的物流管理汲取了传统批发市场的精华,包含了对从产地到批发市场的货运车辆的有效管理,虽然仍采用以车辆为载体的对手交易制度,但已不占主体,增加了使用托盘与集装箱进行运送与回收的比重。现代批发市场的物流管理可以减少物流成本,改善流通效率,缩小社会成本。

现代批发市场的分散渠道较为多样化。消费者与流通企业之间的B2B或B2C交易逐渐活跃,网上交易、电子商务、家庭电视购物等方式比重也在上升。

现代批发市场具有商业中心的作用,市场内小包装中心、加工中心和存储中心等发展迅猛,需要扩展市场商圈,使进出口企业、加工企业、流通企业更好地利用批发市场。

(2) 流通信息管理职能

保障农产品安全性的关键阶段在批发市场开始。目前,中国的生产—流通系统的安全管理不达标,消费者难以判断农产品是否安全。

现代批发市场要求流通管理系统与生产管理系统和品质管理系统相互结合。但是如果对每一个农民都进行单独管理必然会导致生产成本的上升以及生产力的下滑,所以现阶段为了克服这个问题,需要进行产地组织化管理。

产地组织化意味着生产主体从以农家为单位变为以包装中心、农民组织等规模较大的组织为单位,通过规模化生产,实现生产的标准化、等级化的产品化业务。流通管理将促进产地组织化和产品化,实现生产流通的信息管理。

生产以及流通信息管理容易被需要食品安全保证的高收入消费者所接受,这将成为管理信息系统在农产品流通过程中建立起来的推动力量。建立了管理信息系统的批发市场的使用群体也在增大,超市、百货店等大型流通企业将大量利用批发市场作为进货来源。批发市场的管理信息系统还可以使得政府更好地检测食品安全、制定和实施行业标准、防止不良、低质量的农产品进入市场。

(3) 市场状况信息管理职能

批发市场的中枢功能体现在价格均衡的实现和发布上。在当前,市场价格是需求和供给在对手交易过程中决定的。在市场复合交易制度下,货运商和消费者对不同交易制度下的不同价格有非常敏感的反应,所以在批发市场将实现多种价格决定机制。这就使得市场状况的信息发布变得更加复杂但也更加重要。在现代社会,通过手机、网络、掌上电脑、报纸等途径,可以迅速发布和跟踪批发市场价格。

市场状况信息管理可以把在市场上决定的农产品价格与交易数量等信息传达给农民、包装中心等发货者和流通业主、加工业主、消费者,缩小农产品的不均衡消费,促使消费者做出合理的消费行为。

市场状况信息的数据库还作为统计资料被公开使用在国家农业生产计划上,可以帮助解决消费不平衡和物价不稳定等问题,也可以促使农业生产及流通部门进行深入研究。

(4) 市场管理职能

利用管理信息系统,市场管理职能部门可以监管流通信息、物流信息、市场流通主体的营业及对账信息、设施管理信息等,并为消费者提供在批发市场运营的批发商、中小流通企业等的交易业绩、信用度、交易特点等企业信息,避免消费者在选择交易企业的时候受到损害。

(5) 复合文化空间职能

除了作为农产品流通过程中的商流、物流、信息流的关键节点外,现代批发市场还扮演着消费者和当地居民的共同生活社区和吸引外地游客参观本地农业展览的角色。通过引进购物中心、教育及文化中心、旅游场所及公园等,可以使批发市场发挥购物交易、文化交流、旅游参观、公园休闲等一系列的作用。例如,购物中心体现在销售国内外主要企业的服装、家电、生活必需品、加工食品等;教育及文化中心体现在可以面向当地中小学生和社区居民举办一系列有关农产品基本知识讲解、农产品产销体验等活动;旅游场所及公园体现在东西方农业博物馆、历史博物馆等的建立。

现代批发市场具有综合文化功能,摆脱了单纯的农产品交易的市场功能,可列入政府的城市开发计划。除一般消费者外,当地居民也可以享受批发市场的许多功能,也可作为国内外游客访问该地区时的购物、观光景点,给当地居民创造了工作机会,为激活地区经济贡献了力量。

4.12 零售市场管理模式创新

4.12.1 库存管理与需求预测

(一) 库存管理

在农产品流通领域,企业尽量不要保存过长的库存,以防止产品变质导致的损失。对于冷链,需要当天配送的食品供应应该提前配送。并且食品类经常会出现周末和节假日配送量增加的情况,需要提前安排好库存。

关于零售市场库存管理的方法,可以分为以下三种类型:

一是预定生产式,对需求量较大且不宜存储的商品使用,可以通过较为稳定的生产预测来确定生产数量,或者根据订单量来决定产量。

二是最少库存式,对于可以储存但库存成本高的商品适用。企业要特别注意库存带来的运营成本,尽可能保证持有的库存量尽量小。

三是库存储备式,适用加工时间长、库存成本低、保存时间长的产品。企业可以在销售季开始前根据需求预测确定需要提前生产的产品数量,做好库存准备。

(二)需求预测

任何类型的生产方式都需要明确的需求预测。因此,管理的关键问题是如何迅速而正确地预测,并且反映到生产管理上。在食品库存管理方面,通过供应链管理和管理信息系统,能够确保零售阶段的信息可以反映到整个供应链管理上。

跟工业产品不同的是,在食品的供求管理中,如果做不到生产、物流、销售之间的良好衔接,供应链一旦断裂将无法保证农产品的品质和安全,这是难以通过库存来缓冲的。因此,供应链上的各参与主体要达成计划一致,将产品流通周期时间最短化,充分协调。这也是冷链物流建设中最需要克服的难题。

预测产品的需求是库存管理最重要的环节。预测需求的方法主要有购买意向调查、Delphi方法、因果预测模型、时间序列分析和大多数企业采用的根据过去的销售量进行预测的方法。

需求预测并不能保证结果100%正确,因此要对需求做出快速反应。所以,不少制造业企业集中减少从采购到最终配送过程中的时间,提高时间性竞争优势。总时间越短,企业越需要提高有效地应对不断变化的客户需求的能力,才能减少预测负担。

企业通过快速反应这种方式,逐步发展到"需求拉动"的供应链方式,可以根据客户实际需求生产,在销售时快速补充库存,从而降低企业库存管理的成本。

4.12.2 引用冷链管理降低物流费用

大部分冷链产品的附加价值低于一般性产品,而且为了完成当日销售的目标,经常要最少化库存和配送费。但实际上,考虑到实际的物流费用负担,冷链的经营比一般工业产品更难做到。

对于食堂、加工商等客户需要365日、24个小时的快速应对。考虑到货物的新鲜度问题,从订单到配送等整个环节上都需要更短的周期。为了达到快速响应,就需要更高水平的物流服务。但冷链流通需要冷库、冷藏卡车等物流设备,需要相对高的设备投资和运营费用。因此,降低费用又成了另一个关键问题。为了克服这一点,需要引进冷链管理,不少企业采取集中配送、直接交易、第三方物流或利用电子商务直销等方法,不仅会降低各自企业内部费用,还会建立起一条完整的食品供应链,消除重复的管理系统,提高附加值,通过它能实现功能分担和工作减少化。

4.13 供应链管理模式创新

4.13.1 供应链管理(Supply Chain Management,SCM)

(一)供应链管理的概念

供应链是现代物流管理理论与实践发展的一个产物,是伴随着经济全球化和知识经济时代的到来而逐渐发展起来的一种全新的现代化管理理念,并且已在制造业中得到了普遍的应用。美国供应链协会对供应链的概念有这样的解释:"供应链,目前国际上广泛使用的一个术语,囊括了涉及生产与交付最终产品和服务的一切努力,从供应商的供应商到客户的客户。"

我国国家标准《物流术语》对供应链的定义是:"供应链是生产及流通过程中,涉及将产品或服务提供给最终用户活动的上游与下游企业,所形成的网链结构。"从狭义的角度讲,供应链是从原材料采购开始,经过生产、制造、销售到终端用户的全部过程。不同形态的产品在一系列企业中是以供应与销售的形式流动的,前一个企业是下一个企业的供应商,下一个企业是前一个企业的客户。

国际供应链协会(Supply Chain Council,SCC)把供应链活动定义为"所有的客户交互作用,从进入订单到支付发票;所有的产品(实际的材料或服务)交易,从供货商的供货商到客户的客户;以及所有的市场交互作用,从总体需求的理解到每个订单的实现。"

供应链管理是指通过共享生产商和分销商之间的信息流,在准确的时间和地点提供需要的产品,建立和维护一个客户活动的最佳网络。换句话说,就是对整个供应链系统进行计划、协调、操作、控制和优化的各种活动过程,其目标是要将顾客所需的正确产品(right product)能够在正确时间(right time)、按照正确数量(right quantity)、正确质量(right quality)和正确状态(right status)送到正确的地点(right place),并使总成本达到最佳化。供应链管理的前提就是根据销售趋势,预测需求、计划生产、原料供应等系统。因此,供应链管理主要有需求计划、生产计划和排程、供应规划和交通规划四大核心功能。但是，由于供应链范围的广泛，功能和信息的多样化等原因，按照不同产品使用不同功能的系统。

（二）供应链管理的目的

供应链管理的目的主要有三个：一是提升客户的最大满意度（提高交货的可靠性和灵活性）；二是降低公司的成本（降低库存，减少生产及分销的费用）；三是企业整体"流程品质"最优化，即尽可能地去除错误成本，消除异常事件。

因此，供应链管理以需求预测为基础，构建企业生产、库存和物流规划，能够确定"在某个地方生产多少个某产品""在某个物流据点布置某种程度的库存量"等决策，并且从整个企业的角度，按照定制的规划让各个工厂的生产线确定制造日程，能够确保原材料和零件的分包，使得企业能够提高生产的效率和计划性。与此同时，按照零件的交付安排和生产计划，可以确定交付计划。如果库存不够或者没有时，还可以给客户提供"到何时能够生产多少个"的回答。上述功能都是相互联动的。如果企业发现原材料会推迟，它可以调整整个生产计划，随着变化，生产基地也可以调整自己的计划，按照不同工厂的生产能力调整生产工程进度，其结果同样被反映到整个企业的生产计划中。这意味着工厂的生产线到整个企业都是可以随时调整生产计划的。

（三）供应链管理的载体

1. 计算机信息系统

包括两部分：

一是企业内部网，也称局域网，通常对企业内部的财务、营销、库存等所有的业务环节进行系统性地管理。

二是企业外部网，一般使用互联网，以便与上下游企业可以快速地进行沟通，及时解决问题，包括订单体系、管理体系、库存查询等，通过浏览器可浏览所有的公共信息，满足信息的逆向流动，提高企业与上下游企业之间的有效互动。

2. 物流配送中心

物流配送中心的职责之一是制定适应供应链管理的配送和管理原则。因此在整个物流运营环节中，配送中心不仅完成物流活动，还产生了大量的信息和信息的流动。因此，物流配送活动也是信息的载体。

(四)供应链管理的主要功能

现如今,经济的飞速发展促使企业必须不断地更新信息技术,不断地进步发展,才能和时代同步,个性化和可配置的产品、让人放心的承诺、按时交货、迅速响应客户不断变化着的需求及外界的经济环境都是至关重要的。因此,各行各业都需要创建协同化的环境,即建立供应链网络,在此供应链网络中,供应商、制造商、分销商和客户可动态地共享信息,紧密协作,向着共同目标发展。

而一个好的供应链需要一个好的管理方法,才能使其发挥最大的功效。供应链管理主要涉及四个主要领域:需求、生产计划、供应和物流。供应链管理是以同步化、集成化生产计划为指导,以各种技术为支撑,尤其以互联网/局域网为依托,围绕供应、生产作业、物流、满足需求来实施的。职能领域主要包括产品工程、产品技术保证、采购、生产控制、库存控制、仓储管理、分销管理等。辅助领域主要包括客户服务、制造、设计工程、会计核算、人力资源、市场营销等。

供应链管理的最根本、最主要的目的就是增强企业竞争力,最首要的目标是提高顾客的满意程度,即做到将正确的产品或服务,按照合适的状态,以准确的数量和合理的成本费用,在恰当的时间送到在指定地方的确定用户,整个环节最大化地提高工作效率,减少不必要的浪费。

(五)供应链管理的四个主要领域

1. 需求计划

在经济学中,需求是在一定的时期、一定的价格水平下,消费者出于自愿并且能够购买的商品数量。需求显示了随着价格高低浮动而其他因素不变的情况下,某个个体在某段时间内所愿意购买的某货物的数量。在某一价格下,消费者愿意购买的某一货物的总数量称为需求量。在不同价格下,需求量会不同。换句话说,可以理解为需求是价格与需求量的关系。

在供应链管理中,需求计划是通过将在每条供应链渠道上收集的信息分析后,按照分析结果预测出产品和服务需求的过程。需求计划能够准确地预测客户的需求,减少需求的不确定性,同时还可以给顾客提供更优质的服务。在整条供应链上,随着顾客所扮演的角色和谈判能力的日益增加,以客户为中心的需求研究与计划显得更为重要。

需求计划的目标是依附已知数据结合现实情况而定制的一个可信度高的

关于市场需求的预计计划。要做好需求计划就必须了解产品的相关信息以及产品销售的整个流程。可以说,需求计划的基础是产品的生产构成,它是决定如何进行销售预测的合并和分解的关键。需求计划运用统计方法计算出初步的预测,然后以此为起始点,通过与上下游供应商、销售商的合作以及对其包含的相关信息做进一步的修改调整。销售预测还需要对照已有的工作时间进度进行调整,这样才能使需求计划与内外活动保持同步。在施行需求计划时,必须评估每一个产品的产品生命周期并进行持续的跟踪,以发现其差异。引入新产品必须综合上一代产品的在库库存和采购管道中的半成品及零部件数量,从而做到物尽其用。

需求分析既要最大限度地减少预测错误,同时又要充分考虑需求的变数。依据生产模式(按订单生产,按库存生产和按模块定制生产)的不同反应缓冲保护区的设置也就不同。正因为如此,需求计划也会因为生产模式的不同而有所区别。各行各业对需求计划都寄予厚望,希望通过需求计划来了解客户的需求以及短暂需求引发的新老产品的交替规则。

需求计划给企业带来的最主要的利益包括:

(1) 库存精简

理论上可以达到客户服务水平的最小库存化。虽然不断变化的市场需求是企业所无法控制的,但是通过需求计划这一环节,我们可以对客户的需求达到较为清晰的认知层面。将计划内的需求与计划外的需求区分开来可以减少不必要的预测错误发生;将基于产品系列或型号和其零部件的连带需求以及选项功能的独立需求区分开来可以使需求更为清晰化;对区域性需求的了解可以帮助我们有针对性地准备库存。通过与销售方加强互动沟通可以让我们清楚地了解企业需求状况,从而制定更为精确的需求计划。计划周期的缩短可以帮助我们向供应计划环节更快传达需求信息从而避免企业库存量的过剩堆积。

(2) 降低库存过期风险

产品生命周期的缩短意味着对产品的需求和销售价格会在一定时间内快速贬值。对构成产品的组成部分也是同样道理。想要把库存过期的风险降至最低,其关键的一点就是要做到产品及其零件的供给、计划中的产品周期以及市场推广这三者之间保持同步共享。通过分析偶然性事件的状况以及某些特定事件对产品需求的影响,还可以把已经纳入计划内的事件与库存调整联系起来。这种按需求操纵零部件库存的做法可以大大降低库存过期的风险,从而使企业在一定程度上减少不必要的损失和影响。

（3）提升对企业重点关注客户的服务水平

定制需求计划时，需要区分客户群，并且相应调整内部对于占有预期市场份额的计划。当销售预测流程协同公司分配业务达成默契时，来自拥有优先权的客户或有特定送货地址的客户就会给出预测，并在公司主计划系统中保留相应的资源，以确保公司对这些具有战略意义的客户提供优质的服务。

（4）引入新产品流程的优化

当市场需求与利润空间在新产品引入阶段达到最高峰时，通常类似的产品会很快加入竞争行列。因此，为达到企业预定的利润目标，确保供应与需求在新产品引入阶段的平衡是极其重要的。企业所面临的最大问题是支持新技术的零件的供应，这是不可避免的。因此，与客户、分销合作伙伴以及供应商等积极探讨就可以快、狠、准地制定供需平衡计划。这样做可以把供给的不稳定与需求的不确定降低至最小程度，从而大大增加了成功引入新产品的机会。

2. 生产计划——定制与日程管理

生产计划是指一方面为满足客户要求的三要素"交期、品质、成本"而计划；另一方面又使企业获得适当利益，而对生产的三要素"材料、人员、机器设备"的确切准备、分配及使用的计划。

因此，如图 4.13.1 所示，一个生产计划包含了定制、定装、加工、批量、订存等不同环节并且无限循环上述步骤。

图 4.13.1　供应链模式下生产计划的步骤

(1) 生产计划的用途

① 物料需求计划的依据;

② 产能需求计划的依据;

③ 其他相关计划制定的依据。

(2) 一个优化过的生产计划必须具备的三个特征

① 有利于充分利用销售机会,满足市场需求;

② 有利于充分利用盈利机会,实现生产成本最低化;

③ 有利于充分利用生产资源,最大限度地减少生产资源的闲置和浪费。

另外,定制计划和日程管理指的是因考虑到其生产能力而提出制造日程最优化的过程。此功能与现有的信息系统材料需求计划(Material Requirement Planning,MRP)和能力需求计划(Capacity Requirement Planning,CRP)共同产生一种最优化的生产计划。

3. 供应计划

供应计划指的是在库存和运输资源的基础上,满足客户的需求,执行包括库存量补充、仓库管理等配送需求计划(Distribution Requirement Planning, DRP)的功能。广义的解释是指为保证供应各项生产经营活动的物品需要量而编制的各种计划的总称;狭义的供应计划是指年度供应计划,即对企业在计划期内生产经营活动所需各种物品的数量和时间,以及需要采购物品的数量和时间等所作的安排和部署。

在我国,企业的供应物流管理正处于从传统模式向现代模式转变的道路上。各个企业的供应物流管理发展速度仍然存在着一定的差距,有些企业已经在熟练运用计算机进行现代化的供应物流管理,而有些企业甚至还处在手工作业管理的模式中。这两者之间所产生的供应物流作业效率的差距也是可想而知的。物资供应计划是企业在计划期内,为保证生产任务的完成,确定各种物资需要量而编制的计划,是企业进行订货采购工作和组织厂内物资供应工作的依据,是促进生产发展、做好物资管理工作的重要手段。

通常,企业管理人员在了解市场供求情况、认识企业生产经营活动过程和掌握物品消耗规律的基础之上,才会展开对计划期内物品供应物流管理活动所作的预见性安排和部署。

企业编制物资供应计划的主要内容有:确定各种物资的需用量,确定期初库存量和期末储备量,确定物资供应量等。

① 计划期初库存量和期末储备量。由于生产任务和供应条件变化,计划期初库存量和期末储备量往往不相等,因而尽管物资需用量不变,但供应的物资数量却要发生相应的增减。当计划期初库存量大于计划期末储备量时,供应的物资数量就可减少,反之则要增加物资供应量。

② 物资供应计划的组织实施。物资供应计划的编制是计划工作的重要组成部分,是生产计划得以实现的物资保证。企业为了实现物资供应计划的各项内容,就必须认真组织订货和采购工作,落实各类物资的来源和供应渠道。

③ 确定物资采购量。工业企业的物资计划采购量的计算公式为:

物资采购量 = 物资的需用量 + 期末储备量 − 期初库存量
− 企业内部可利用的资源

企业内部可利用的资源是指企业进行改制、回收、代用和修旧利废的物资数量,这是一部分不可忽视的资源。

④ 计算物资需用量。物资需用量是指企业在计划期内为满足生产经营活动的各方面需要而相应消耗的物资数量。它不仅包括基本生产的需要,也包括辅助生产、新产品试制、技术革新以及其他各种需要。物资需用量的确定,是按照每一类物资、每一种具体规格分别计算的。

4. 运输计划

运输计划是分销资源计划(Distribution Resource Planning,DRP)集成的一部分。它以 DRP 为依据,用来计划发运货物的重量、体积及货盘数的计划过程。是指通过配送日期、交通状态、运输公司等不同限制因素,提出最优化的产品交运、配送等过程安排。

在运输计划中,从 DRP 中获得关于分销中心或接收厂的未发运的分销订单、确认的计划订单,根据产品重量和包装体积将其展开,并根据货盘和容器的大小划分订货量。这些运输需求是根据每个计划订单的开始时间进行计划的,产生运输需求后,将按时区汇总和显示这些需求。

运输计划报告包括了每周必须发运到各个分销中心的物料重量、体积和货盘数。通过这个报告,分销计划员就可以清晰了解到 DRP 系统,预见车船负荷的潜在问题,并在有充足时间的时候将这些问题一一解决。

运输计划系统必须包括一个运输计划汇总报告和一个显示具体运输需求

的报告。运输计划汇总报告按目的地、发运方式显示总的运输需求,包括:所需重量、体积和货盘数;目的地和发运方式的描述信息;超出或低于有效运输能力的负荷数量。运输计划时区(天、周等);用重量、体积和货盘数表示的有效运输能力。

而解决运输计划问题需要详细的运输需求报告,该报告显示每个发运需求,将这些发运需求汇总就成为总的运输需求。许多公司以周为时区做运输需求计划。但是,在某些情况下,必须每天都做运输需求计划,如香烟、软饮料等大批量生产的制造业。因为没有最终产品的仓库,所以这些产品必须每日或更快地运到分销位置上去。在这种情况下,以天为时区做运输计划是必需的。

表4.13.1说明了SCM的主要技能与内容。

表4.13.1 SCM的主要技能与内容

主要技能	具体技能	内容
计划	需求、供应计划	• 供应商的生产能力和零件的情况 • 整体需求优先级的调整 • 年、每月生产计划和协调 • 产品规划和管理(周期、供求调节)
采购	原材料选择和采购	• 选择,检验,保管签交 • 供应商的生产能力 • 原材料的品质 • 厂内采购 • 借给支付
制造	生产和生产支持	• 原材料的订单和出货 • 样本管理 • 包装和原料收付 • 设计变更 • 生产现况把握 • 具体生产安排 • 设备管理 • 品质管理

(续表)

主要技能	具体技能	内容
收货出货	收货管理 仓库管理 配送和保管 物流支持	• 收货输入/收货安排 • 客户管理 • 产品管理 • 贷款管理 • 出货 • 产品出货 • 运送配车 • 保管 • 通关 • 有关物流业务(交易方之间制单规定和原则,物流品质管理)

(六)供应链管理的作用

(1)供应链管理能有效地消除重复、浪费与不确定性,并且减少库存总量,从而创造竞争的成本优势。

(2)供应链管理能优化链上的成员组合,快速做出客户反应,从而创造出在竞争中,时间和空间优势。

(3)供应链管理通过建立成员企业之间战略合作伙伴关系,充分地发挥链上企业的各种核心能力,最大化地为自己创造竞争中的整体优势。

4.13.2 农产品供应链

供应链管理是现代物流管理的核心,在经济全球化的背景下,供应链管理已成为最有竞争力的方法之一。由于农产品所具有的特殊性,农产品供应链管理对于现代农业经济的发展尤为重要。一方面,农产品的易腐特性要求其物流应具有时效性;另一方面,消费者偏好的多变性要求农产品品种应具有多样性。食品的安全性要求农产品流通主体实施从田头到餐桌的供应链管理与控制。

因此,农产品供应链管理一般应包括两个方面的内容:

一是对物流关系或组织的管理,包括选择合适的物流渠道和供应链伙伴,确定合约方式,分派产生的附加值,维护与合作伙伴的关系,保证链条运转的流畅。

二是对农产品物流作业的管理,包括品种的开发和管理,标准的推行,质量的监控,包装、运输、储存、流通加工、配送等环节的优化等。

(一) 农产品物流的概念

农产品物流是指为了满足用户需求,实现农产品价值而进行的农产品物质实体及相关信息从生产者到消费者之间的物理性经济活动。具体地说,它包括农产品收购、运输、储存、装卸、搬运、包装、配送、流通加工、分销、信息活动等一系列环节,并且在这一过程中实现了农产品价值增值和组织目标。

农产品现代物流的作用表现在:能使农产品实现其价值和使用价值;使农产品在物流过程中增值;降低农产品生产与流通成本,提高市场反应速度,提高客户满意水平,提高农业生产的整体效益。

目前,农产品物流的发展方向是委托第三方成立专门的物流公司从事物流运营,即第三方物流,因此物流企业便成为了农产品供应链的重要实体要素。需要说明的是,物流只是供应链流程的一部分,并不等同于整条供应链。

(二) 农产品供应链的概念

在农产品供应链的概念方面,由于主流研究存在着缺憾和空白,国内有研究者提出以供应链中源物质是否具有生物属性为标准来对供应链进行简洁有效的分类。据此,可以划分和定义出两类最基本的供应链:农产品供应链和工业联接型供应链。农产品供应链则被定义为"以农业原料作为后续各阶段生产加工和运销主要对象的供应链的总称"。

有许多学者对农产品供应链进行了定义,主要有以下几种表述:

① 农产品供应链是由农业生产资料供应商、种植者、养殖者、加工者、中介代理、批发商、物流服务经销商、消费者等与农产品密切相关的各个环节构成的组织形式或网络结构。这一定义主要从农产品供应链的构成和组织形式来进行定义,没有提及供应链的核心——协同机制。

② 农产品供应链是以农产品为对象,围绕农产品经营核心,通过对信息流、物流、资金流的控制,协调农业生产资料供应商、农户、农产品经营者、消费者之间的利益需求,从农用产品采购开始,完成农产品生产作业、收购运输、分销的一系列过程。这一定义提出了农产品供应链的参与者之间是通过信息流、物流、资金流控制的,强调了农产品供应链的过程性,但是在农产品的物流环节中缺少了加工环节。

③ 农产品供应链,是指农产品从收购、加工、运输、分销直至到达最终消费者的整个过程,以核心企业为中心,对物流、资金流、信息流进行整合和控

制,形成由农户、生产商、批发商、零售商以及最终用户组成的上、中、下游供需网络。

结合其他学者对农产品供应链研究的成果,笔者在本书中提出农产品供应链的定义如下:**农产品供应链是围绕核心企业,通过对信息流、物流和资金流的控制,把农产品从农资供应、农产品生产、采购、加工、运输,最后由销售网络把产品送到消费者手中,进而将生产者、核心企业、分销商直到消费者连成一个整体的功能性网链结构模式。**

农产品供应链形成了一个系统,系统整体功能的发挥程度既受到系统结构的制约,也受到外部环境变化的制约。农产品供应链的结构是系统功能的内在基础,功能是系统结构的外在表现。因此,要更好地发挥农产品供应链的整体功能,需要研究其结构体系。

农产品供应链结构体系是将上下游企业作为整体,相互合作,信息共享,以提高物流的快速反应能力,降低物流成本的管理模式,如图4.13.2所示。这样,通过农产品供应链物流的整合管理,物流活动的每一环节为了共同的目标保持协调一致,有效地提高了农产品物流的效率和服务水平;通过农产品源头的绿色安全控制,确保农产品安全质量体系的良好运行。

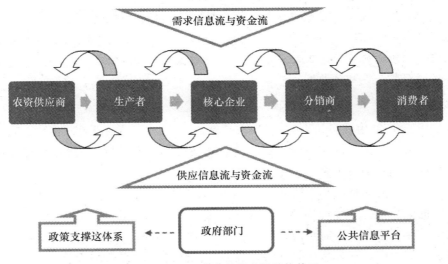

图 4.13.2 农产品供应链结构体系

在农产品供应链体系中,应该强调核心企业与上下游节点的战略合作伙伴关系,每个节点集中精力和各种资源从事比竞争对手更擅长的关键性业务,各节点之间协同运作来实现整体绩效的提升,这样既可提高每个节点自身的竞争力,又能使供应链上的企业获得更大的收益。

(三)农产品供应链管理的产生

农产品供应链管理始于 20 世纪 90 年代初,从研究危机中的美国杂货店开始,并结合了新的形势:消费者对农产品的需求量以及需求方式日渐加剧;随着农产品贸易全球化进程的节奏加快,农产品供应链必须广泛实施网络化管理;国内外农产品市场竞争激烈,部分农产品生产处于供过于求的状态;农产品质量和食品安全的要求日益严格,并且被越来越多的消费者所关注。

目前,新形势在不断改变,同时也带来了新的问题。这给农产品供应链上各个节点的参与者们也带来了新的机遇和挑战。

在市场竞争的过程中,位于农产品供应链上各个节点的相关农业企业或者合作组织,都需要不断地强化应对市场的能力,学会合理有效地协调好农产品供应链相邻节点间的信息交流。从农产品推式供应链管理向拉式供应链管理的转变过程中可以看出,农产品竞争中影响最大的关键因素是农产品的质量问题。所以,农产品供应链成为了保障农产品质量管理和食品安全的一种有效方法,也是农产品供应链管理发展的动力。

农业生产和工业及服务业的不同之处在于,在农业的生产过程中,作物更为依赖自然力、自然条件以及个体生命。而农业生产的季节性、区域性和集散性质又比较明显,同时,农产品具有的鲜活性又恰恰是人类生活中的必需品,具有消费普遍性和分散性。

(四)农产品供应链的特点

1. 资产专用性高

农产品因为受季节、气候、地域等自然条件的限制,其生产周期比工业产品的周期相对要长很多。

而农产品的特点是鲜活易腐(鲜活性、易腐烂),因此在流通环节必须实施一定的保护措施,才能保证符合质量要求标准的农产品进入消费市场。比如,农产品在流通环节中需要做到按类别分配、加工、整理、配送等作业,而农产品储运过程中有一部分品种因其特殊性必须采用特定的容器和设备(比如奶类食品、水产类等),这说明农产品流通比工业产品流通更具有生产性和资产专用性。因此,在农产品方面的投资相对需要更长的回收期。

2. 散乱的市场力量

第四章 农产品流通体系创新管理设计

我国农业以小户型农户家庭经营为基础,其人均资源占有量偏低,且农村劳动力严重过剩,大多数的农产品由分散的农户生产。相对其他市场主体而言,分散农户的市场力量很薄弱,如果在这个以小农户为主要生产力的群体里,没有一个核心企业或者是农民自主性合作社去组织农户生产和农产品流通,农业经营一体化就永远无法改革成功。

3. 市场不确定性严重

① 农产品鲜活易腐的特性限制了农产品在跨地区和跨季间的即时调节,这给农产品供应链带来了更多的风险。

② 我国农村正处于改革转轨的过程中,因此在农村市场运行中还存在着很多不规范的地方。而分散农户在面对这种问题很多的不规范市场时,很容易因为市场所给出的错误信号、错误判断以及错误指导而盲目生产产品,从而造成农产品"难买难卖"的情况发生。

③ 农产品和消费的分散性导致经营者难以占据垄断地位,而市场信息又极为分散,因此所有市场参与者都很难把握到准确的供求信息以及竞争中合作者的信息。

④ 农产品的季节性很强,部分产品上市后在短时间内是难以调节的,因此会给市场价格造成较大的波动。

综合上述几条而言,市场不确定性在增加了交易成本的同时,也增加了供应链整合中的机会主义倾向。

4. 对物流的要求较高

上文提到过农产品的特点之一是有区域限制性,但消费者的需求却是多样性的,因此农产品需要在多个不同区域进行流通交易。由于农产品的鲜活易腐带来的特殊性,即便是采取了保鲜等措施依然会造成一定程度的耗损,而这个程度的轻重又会根据物流流通时间和距离长短而有所改变,尤其是对流通配送有着极高要求的生鲜类农产品。

因此,这不但加大了流通成本,也对农产品流通发展造成了一定的阻力。要想进行改革,必须培养专业化的物流管理能力,提高农产品物流配送的水平。

(五)农产品供应链的流动环节

在农产品供应链中,除了实体环节外还有流动环节,这些流动环节即为供应链中的三大流:物流、资金流和信息流。农产品供应链中的实体环节是通过流动环节——联系起来的,通过控制物流、资金流和信息流来协调实体环节之间的关系,在整个供应链流动过程中实现供应链的平滑运转。

在农产品供应链中,物流、信息流和资金流的流向会有差异。物流向一方流动而资金流向相反方向;信息流(包括与农产品相关的政策法规、市场、经营、生产信息和与农产品物流本身运作相关的运输、库存、货物动态、人事、气候地理信息)是双向流动的,其中主要的需求信息自下而上流动,而供应信息流则自上向下流动。如图 4.13.3 所示,农产品供应链上的物流、信息流和资金流相互关联、相互影响,共同形成了一个完整的流动系统。

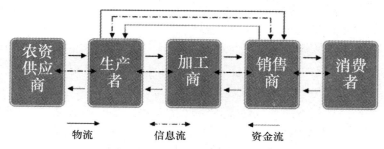

图 4.13.3　农产品供应链中的流动要素

1. 物流

农产品供应链中的物流指的是农产品生产之后所继续进行的一系列从供给方向需求方移动的物流活动,这些活动包括了农产品收购、运输、储存、装卸、搬运、包装、配送、流通加工、分销等环节,同时还存在着包装物、废弃物等的逆向物流。

2. 资金流

资金流是保证物料流动的动力,它包括信用条件、支付方式以及委托与所有权契约等。农产品的流动必然引发资金的流动,而农产品供应链上各节点企业的各项业务活动都会消耗一定的资源,资源的消耗同样会导致资金的流出,只有当消耗资源所生产出的产品出售给客户后,资金才会重新流回企业,并产生利润。

3. 信息流

农产品供应链中的信息流分为两个不同流向的信息流:需求信息和供应信息。这些信息流中包括产品需求、订单传递、交货状态及库存信息。供应链的运营和协调必然建立在各个节点企业信息共享的基础之上。

第四章 农产品流通体系创新管理设计

（六）农产品供应链的支撑体系

在整个农产品供应链的结构体系中，实体环节是整个体系的重要构成部分，而流动环节和实体环节结合起来构成了一个有机的、统一的整体，形成一个完整的供应链。而农产品供应链的结构体系中另一个重要组成部分则是相对应的支撑体系，它是农产品供应链平滑运转的重要保障。

农产品供应链的支撑体系主要有公共信息平台和相对应的法规政策体系。

1. 公共信息平台

农产品供应链的运作涉及多个主体，是一个复杂的社会经济系统，需要多方协作才能正常运行。公共信息平台是农产品供应链正常运作的重要支撑体系。农产品供应链信息平台的建立可使各节点通过信息平台及时发布企业最新的相关信息，实现上下游节点的高效协同运作；政府行业主管部门亦可及时发布与农产品相关的方针政策、新品种、新技术、技术标准、农产品的供求及价格等多方面层次的信息。

此外，该信息平台还可对相关企业提供针对性、定制化的信息服务，实现供应链上节点企业之间的信息互通、有效对接。

2. 法规政策体系

国家的法规政策通过调整农产品供应链中的产权关系，依靠各种有效的管理制度和激励政策，保证整个供应链的运转。法律法规体系对于农产品供应链具有很强的导向作用。例如，我国的《农民专业合作社法》已经生效实施，农民专业合作组织已超过 15 万个。这些农民专业合作组织围绕当地农业主导产业的发展，为广大农户提供农资供应、产品销售、产品加工等各类服务，有效地解决了小生产与大市场的对接问题。

（七）农产品物流运行机制

1. 共同决策

农产品物流供应链上的各个节点被农产品物流和农产品信息流有效地联系在了一起，从而实现了农产品从"田间"到"餐桌"的全过程管理。而农产品供应链协同则是农产品物流运行的保障，只有各节点间建立共同的决策机制，才能保障各节点间的信息对接、流程对接和标准对接，从而实现农产品的"物畅其流"。

我国农产品供应链的现况是主体由多个以家庭为单位的小农户组成，

因此规模小,但数量庞大,这个特点也意味着农户物流无论是融入有核心企业的供应链还是无核心企业的农产品供应链,均处于劣势群体。所以,农户合作组织的成立就更为重要,可以作为农户群体的代表而参与供应链的决策。

为保障农产品物流的顺利运行,可由农户合作组织代表、加工商、物流企业、零售商组成共同决策委员会,对涉及本供应链的重大事项进行协同决策,通过协同决策机制保障各方利益的均衡和信息的共享。

2. 价格机制

当农产品进入消费市场就形成了商品,由市场的供求关系来决定商品的价格。当产品供不应求时,商品价格就会上涨。相反,当商品的需求降低,供过于求时其价格就会下跌。在农产品市场中,产品的价格应该由市场决定,若由政府等相关部门规定价格,其价格则会发生偏斜问题,比如过于偏向消费者或者供给者。当价格偏向供给者一方时,最低价格会造成产品供大于求;而偏向消费者一方时,其最高价格则会造成供不应求。所以说,政府定价只会造成经济的不平衡,双方都得不到利润,因此这个决策权只能交给市场本身。

我国农产品市场中的农产品来自全国各地四面八方,而这些农产品进入专属的流通组织(比如批发市场)进行公平的竞争、按质论价,在公平合理的环境下货比货,这种方式不但效率高而且真实可靠。而最后得出的有权威性的价格不仅可以在一定程度上引导农产品的生产,而且可以稳定农产品市场。

(八)农产品供应链管理的必要性和特征

1. 必要性

随着农村市场体系的建立和健全,农产品供应链管理将在实践中得到广泛应用。良好的农产品供应链管理可起到如下作用:

一是,可以更好地满足消费者的需要,提高农产品的质量和安全水平,建立和提升品牌声誉、实现产品的增值。

二是,可以通过各环节之间合作程度的提高增进各环节之间的信任度,提高信息的双向流动性,也有利于生产者及时准确地了解市场需求,从而生产适合市场需求的产品,最大限度地避免浪费,降低交易成本和生产成本,提高效率。图4.13.4说明了农产品供应链系统流程。

2. 特征

根据供应链管理的特点,结合农产品的特殊性和农产品的市场需求性,农

第四章 农产品流通体系创新管理设计

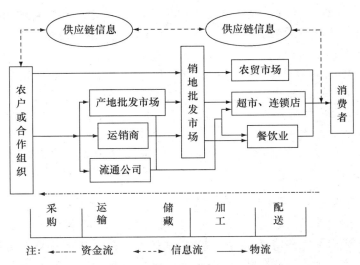

图 4.13.4 农产品供应链系统流程

产品供应链管理的特征主要有:

(1) 时效性更强

由于农产品自身所具有的易腐性和时效性等特点,因此对农产品供应链存在特殊的时间要求。农产品必须在保质期内迅速配送至目的地。所以,这对农产品物流管理提出了非常严格的技术与管理要求,建立快速的响应机制很有必要。

(2) 复杂性更强

因为农产品供应链的运作过程涉及农业、加工业、交通、批发和零售等各个层面的内容和多种多样的企业类型,相对复杂,环节较多。因此,企业之间也形成了一个复杂的网络关系,因而在运营管理过程中,需要更高层次的管理手段来解决这种复杂的关系。

(3) 协调性更重要

农产品供应链的结构相对复杂,农产品供应链上合作伙伴间具有一定的协调性,当某一节点分别属于不同供应链时,这时农产品供应链的协调性更为重要,需要更加关注农产品供应链的管理与实施。

(4) 动态性更强

整个农产品供应链具有非常显著的动态性。因为农产品供应链以农产品市场为导向,市场需求变化、竞争环境变化、产业结构调整以及国家政策调整与引导,均使市场表现出一种动态性。与之相适应,链条上各个农业企业也在不断地进行着战略与策略的调整。

(5) 风险更难调控

农产品供应链的风险是很难控制的,因为农产品生产本身具有自然风险(突发事件的一种方式)和信息风险。农产品生产在一定程度上容易受到自然环境的影响,并且还存在着信息滞后的特点。因此农产品供应链上的生产者与消费者之间往往存在着时间和空间距离,再加上供应链中"牛鞭效应"现象,使农产品种类风险进一步扩大,这将涉及农产品供应链上所有成员间的利益。

(九) 农产品供应链管理的发展趋势

1. 信息流

借助计算机网络和信息技术的支撑,现代农产品供应链将原本分离的商流、物流和采购、运输、仓储、代理、配送等环节紧密地联系起来,形成了一条完整的信息流。而这条信息流将农民、供应商以及批发商、零售终端以及客户整合起来形成完整的供应链。这条供应链实现了对农产品物流各个环节的实时跟踪、有效控制和全程管理,合理地达到了资源共享、信息共用。

无论是生产企业、政府监控部门或第三方物流公司等,都可以通过计算机网络的相关平台发布相关信息,广泛且有效地介入信息流,从而在农产品供应链中发挥作用。

以信息流为纽带的农产品物流供应链管理模式的优点是:

① 供应链的信息充分共享,全程供应链的可视性;

② 提升服务质量,改善客户关系;

③ 物流配送功能由专业化的第三方物流公司完成;

④ 农产品种植者、供应商和经销商都可获得更大的利润;

⑤ 降低农产品流通各个环节的交易成本。

2. 技术流

农产品的生命和价值之所在是"新鲜和安全"。而鲜活农产品极易腐烂变质、含水量高、保鲜期太短等问题,大大限制了运输和交易时间,所以对运输效率和流通保鲜技术的高要求才能解决这个问题。

在国外,农产品从采摘到配送至市场进行出售,是一个品质不断提高的过程,但我国目前的情况却因为农产品物流在生鲜农产品的分级、包装、运输等环节上缺乏相应技术的有效支持,没有形成各环节相互依托的技术流,导致与国外的情况恰恰相反。美国蔬菜水果物流则更被列为典型学习对象,其产品一直处于采摘后需要的冷链状态并形成一条完整的冷藏链:田间采摘后预冷→冷库→冷藏车运输→批发站冷库→超市冷柜→消费者冰箱,水果蔬菜在这种物流环境下的损耗率仅有1%—2%。而我国在果蔬生产中,只重视采前栽培、病虫害的防治,却忽视采后储运及产地基础设施建设,致使其在流通过程中的损失相当严重。其果蔬采后的腐烂损耗,几乎可以满足2亿人口的基本营养需求。由此可以看出,农产品供应链中技术流至关重要。

3. 标准化流

按照分工和专业化理论,现代化的大规模生产越来越依赖于标准化。而农产品供应链中缺少了标准化也会影响农产品物流效率和效果,从而影响整体效益。

提高品质、确保安全的关键所在是要求所有参与者使用统一的标准规范去运作。因此,必须加强和促进农业的标准化生产,在产前就需要把所有生产资料统一标准化,产中的栽培、饲养等技术规程以及产后的加工、质检以及包装等全过程必须规范化、标准化,实现农产品的优质化。同时,为保证农产品供应链的畅通,产品分类、物流术语、物流作业、编码和各项服务等也均需统一标准化。

4. 增值流

在农产品供应链中,人们的最终目的之一是价值增值流。为了达到最大化的经济效益,必须加强产品的增值。换句话说,产品的增值是伴随着其供应链的衍生而逐渐递增的。也就是说,在农产品供应链中,各参与主体相互协作,通过信息流、技术流、标准化流等使整个链条和各节点价值达到最大化的增值。

4.13.3 供应链信息管理系统

农产品供应链信息管理系统的构建是实施农产品供应链信息管理的重要过程。根据农产品供应链的通用模式,先从总体上分析农产品供应链信息管理系统构建的目标与任务,在此基础上,对其系统进行总体需求分析,确立其系统的逻辑模型,并为农产品供应链信息管理提供决策支持。

农产品供应链信息管理系统的构建是通过对其所共享的数据采集、处理、加工及整理等过程,为农产品的相关农业企业提供基础、支撑信息,满足消费者对农产品供应链的客观需求,支撑物流各种功能的实现;同时通过共享信息支撑决策者或相关人员通过该平台进行决策。该系统一方面是农产品供应链管理部分,其中,系统除包括供应商、生产商、零售商、物流公司、消费者的处理能力以外,还具有后台的企业管理、合作伙伴论坛管理和经营分析等功能;另一方面是信息管理和处理部分,包括信息管理的内容和信息管理内容的处理。最后,再有机地将这两部分内容与功能结合起来,为相关人员或农业企业进行决策提供有效的依据和决策支持。

供应商(农户或合作组织)、生产商(加工企业)、配送中心、零售商(流通与零售)、消费者等五个实体形成农产品供应链,他们各自的分工不同,供应商需要提供生产资料的供应,是源头;加工企业负责将生产资料转化为终端消费者所需要的产品;配送中心负责将产品送到零售商和消费者手中,在整个农产品供应链流程中十分重要,是联系各环节的纽带;零售商主要是通过渠道和销售平台把农产品最终销售给消费者;终端消费者就是农产品供应链末端的用户,他们从零售商处购买产品。

农产品供应链信息管理系统的平台是总体框架中的信息管理部分(如图4.13.5所示),它的主要功能有:

第一,农产品供应链上信息管理平台是综合度最高的管理信息系统,它以农产品供应链共用基础信息系统为支撑,农产品供应链上相关节点间的信息交换与交流,实现信息的交换与共享,为农产品供应链上各节点间提供必要的信息资源。

第二,协同供应链是数字供应链的神经中枢,是实现农产品供应链的各节点成员之间资源整合与管理协作的基础。它为农产品供应链的所有节点成员提供统一高效的沟通界面,对其所涉及的需求信息和物流资源进行全面的整合,以最优的资源配置、最佳的路径和方案的选择来满足农产品供应链一体化、集成化运作的供给与需求。协同作业平台所涉及的运作环节包括采购管理、生产与计划、物流管理、库存控制等若干方面。

4.13.4 基于现代批发市场的推动式供应链体系

(一)核心企业主导模式

在农产品供应链的自组织过程中,总会有一个供应链节点参与者充当整个供应链的发起者,这个节点的参与者可以是生产者、加工企业、批发商、零售企业或者第三方物流等。而该供应链上的核心企业是否具有良好的协调能力

第四章 农产品流通体系创新管理设计

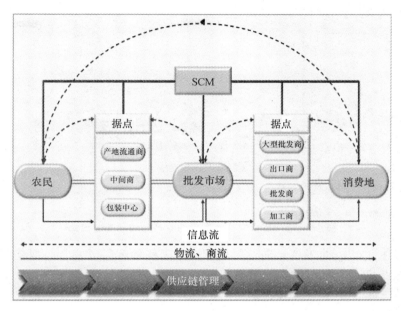

图 4.13.5 供应链系统结构

关系着这条供应链最终运作效果的好坏以及整体竞争力的大小。

核心企业主导管理模式是农产品供应链上的核心企业通过自身的行为,在市场机制的调节下,对农产品物流实行全程管理、全员管理、全程优化,使得农产品在生产、储存、加工、运输、销售等诸多环节有必要的保证。

(二)批发市场主导模式

我国传统农业物流模式中,农产品物流是由生产者、加工企业、零售企业一起执行,但是每个环节都各自执行管理相应的任务。但都是小规模的物流,这种物流配送的缺点是成本高,效率低,并且配送可靠性也偏低,没有保障可言。在传统的农产品物流模式中,农产品物流是生产者、加工企业、零售企业分段执行,都是小规模的零星物流,物流配送的成本高、效率低,配送的可靠性得不到保障。

如图 4.13.6 所示,当运行以批发商为主导的供应链模式时,其主要流程是批发商通过农户集散农产品。这种模式主要用于农产品中类似粮食、棉花等大宗型农产品的流通中。在这种模式的运行下,批发商一边和各个农产品的小户型生产者(或者农户合作组织)以及农产品加工企业相对接,另一面和零售企业相对接。因此,农产品批发商可以接受零售订单并且直接转向生产者(农户、农户合作组织)和加工企业订货。

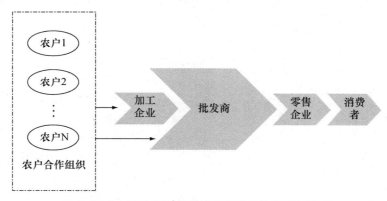

图4.13.6　以批发商为主导的农产品流通管理模式

这种模式中,批发商设立专门用于信息采购的部门以及专门搜集整理农产品需求和价格信息的部门,并且利用现代化信息技术将信息及时准确地回馈至供应链成员,以便于帮他们做出正确的决策。所以说,上文中的以批发市场为主导的农产品物流管理模式并不属于传统的"两阶段"批发市场模式,它是集合了信息搜集、共享功能为一体的现代化模式。

(三) 加工企业主导模式

以加工企业为主导的农产品物流模式是指农产品不经过传统的批发商这个中间环节,而是由主导供应链的加工商直接销售给各级零售商,如图4.13.7所示。

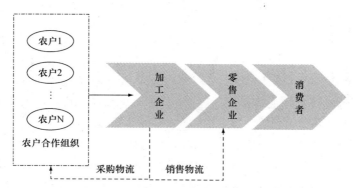

图4.13.7　以加工企业为主导的农产品流通管理模式

在这种以加工企业为主导的物流管理模式中,做带头领导作用的加工企业不仅仅要承担加工过程中所有农产品原来的采购,半成品、成品的加工,运输等工作,还要承担加工过后的产品销售物流。这种产销直接联系对接,中间环节大大减少,没有了以往的复杂,不但可以提高农产品的物流配送速度,还能降低物流上消耗的时间和成本。

加工企业与农户可以协定彼此的权利和义务,以低投入获得稳定的货源,还可以根据市场行情实行二次结算。这种方式可以提高农民参与市场的能力和生产积极性,同时也能分享到农产品加工时期和流通环节中增值的收益。

但必须注意的是,这种模式必须把物流职能融入农产品加工企业内部,若不能科学地管理内部化的物流职能,则有可能降低整条供应链的作业效率。

(四) 零售企业主导模式

在以零售企业为主导的农产品物流管理模式中,零售企业可以直接面对消费者,如图 4.13.8 所示。这种模式的优点是,零售企业能获得第一手最直接的信息资料,比如市场的需求等。当零售企业持有详细充分的信息、强大的流通信息网络时,加工企业与零售商充分合作,可以实现信息共享、利润双赢的局面。环境的变化使得加工企业越来越倾向于加强与零售商的合作,并使零售商在供应链中拥有比以往更重要的主导权。

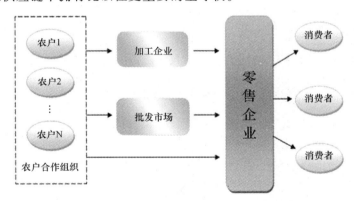

图 4.13.8　以零售企业为主导的农产品流通管理模式

投资建设自己的现代化农产品物流配送中心是目前大型零售企业的必行之路。这种隶属于自己企业的物流配送中心,实行统一的配送,可以在企业内部形成一个稳定运行、完全受控的物流系统,从而满足零售点对农产品的各种要求,比如多个不同品种、不同批次、一定数量并且及时配送等。与传统农产品物流模式相比,这种新模式减少了很多中间繁杂的环节,更便于实施生产源头卫生安全控制，使产品的品种、质量、数量与价格最大限度地适应市场需求。

（五）第三方物流整合模式

1. 第三方物流整合模式流程

由于生产和流通之间还依然缺乏有效的协作互动，目前物流的整体优化还有待继续完善。因此农产品物流的核心企业主导模式虽然从局部看是高效的，但实际上是比较散乱且缺乏效率的。我国目前农产品物流的发展趋势是将农产品物流配送功能从加工商和零售商处剥离出来单独交给专业的第三方物流企业来完成。使整条物流链的各个节点参与者都能转至自己的工作，农户合作组织和各个分散小农户转至于农产品生产，加工企业转至于农产品后期加工，零售企业转至于农产品进入市场后的销售，如图4.13.9所示。

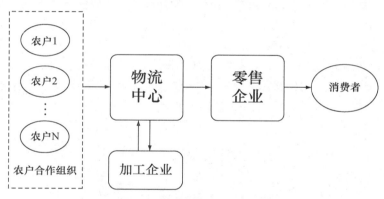

图4.13.9　农产品流通体系的第三方物流整合模式

2. 实施农产品物流的第三方物流整合模式的优点

（1）依靠契约制度保障运行

第三方物流商通过完成合同规定的服务方式来获取报酬，而客户则支付费用来享受第三方物流商提供的物流服务。契约把合作双方连接在了一起创造了利益共享。而第三方物流商在运作时从采购、质量、配送、交验、结算、付款等都有严格的约定和评价考核标准，这为农产品物流业务的顺利开展提供了保障。

（2）专业化

第三方物流企业所提供的农产品物流服务与技术都是相对专业化的，它比其他生产企业、加工企业等都更专注于物流方面的技术和设施建设。比如在购置专门的冷链冷藏集装箱时，建设冷链冷藏仓库进行农产品的储存保管等。

(3) 对农产品市场的迅速响应

规范科学的作业农产品物流，可使整个物流时间大大减少。所以，第三方物流企业借助其专业的物流设施、计算机信息系统和自动化系统可使资源调度在短时间内完成，从而对农产品市场的任何情况做出及时迅速的响应。

(4) 准确、及时、全面的农产品物流信息

若想充分地利用市场信息，将供应商与销售商互相联系起来，促成交易，平衡供需，因此这种市场信息就必须真实可靠，及时全面。而第三方物流企业的信息优势比较明显，通过建立专属的信息网络系统，快速收集相关信息并科学处理信息。这种方法可以及时全面地了解农产品市场的相关信息，并且加以使用。

4.13.5 基于消费者定制的拉动式供应链体系

(一) 概念

本章中描述的拉动式供应链体系包含着多重意义，在营销领域运用尤为广泛，对农业而言同样如此。在以批发市场为中心的传统流通结构中，基于消费者定制的供应链结构意味着革新批发市场的传统功能。在传统的流通系统里，批发市场作为农产品生产地和消费地的连接要点，被动地执行着收集、分发、定价、存储、加工、包装、销售等多种功能。而在消费者定制的供应链中，批发市场要特别关注和主动满足消费者的需求。这就要求批发市场能够提高从生产到消费的整个流通系统效率，实现对消费者便利性和满意度等的提高。总的说来，基于消费者定制的拉动式供应链体系特别强调消费者对高品质、低价格、及时消费的需求等。为此，在这样的供应链中，生产者应该要调整生产量才能减少(Save)农产品的腐烂数量；对批发商等流通商而言，应该要改善流通链和交易方式才能够降低(Save)流通成本，由此消费者才能购买到适当价格的安全(Safe)农产品。拉动式农产品供应链中的上述特点可以被总结为"3S"，如图4.13.10 所示。

(二) 基于消费者定制的现代化流通系统供应链结构

批发市场就是传统农产品流通的中心，现代化流通系统也是从传统农产品流通中的批发市场开始过渡到整个农产品供应链过程。一般而言，不少生产者仍然缺乏营销概念的知识，改变现有的生产方式会带来收入的不确定性，

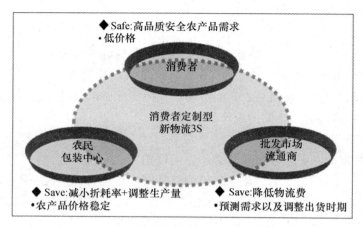

图 4.13.10 现代农产品流通体系消费者定制型 3S

因此大部分农民趋向于保守方式——按照传统的方式生产。大型超市等现代流通主体已经加入到了农产品流通渠道中,参与流通市场竞争,加速了基于消费者定制的现代化流通系统的构建。现代流通渠道不仅是一个农产品的交易平台,也起到负责交易的活跃、分析消费者需求、根据消费者结构中的变化调整货量等作用。

随着超市的加入,批发市场也开始重视如何满足消费者的需求。因此,在农民和批发市场、超市之间,标准化和规格化的需求使得农产品包装中心发展起来。在农产品流通链中,生产者和批发市场等供应链成员共同构成产地市场。产地市场将消费者需求反馈给农民,再让农民通过识别消费者的需求、规避农民种植风险并通过生产和运输调度预测需求,最终规划产量。与此相反,在整个流通链中,批发市场、超市和消费者之间共同构成销地市场,通过小包装、标准化和商业化确定消费者需求,扮演着批发、零售和营销的角色。

作为重要的市场主体,批发市场应提供全面的管理信息系统,支持产地和销地的产品和信息完整流通,如图 4.13.11 所示。在销地市场,通过零售支持服务系统(Retail Support Service System,RSS)的支持把握消费者的需求,从而进行营销活动。而在产地市场,通过生产运营管理、收获后管理和包装中心、经营管理系统等支持,进行农产品的生产计划、提高生产效率、商品化等活动。

4.13.6 闭环供应链体系

闭环供应链(Closed Loop Supply Chains,CLSC)是近年来提出的新物流概

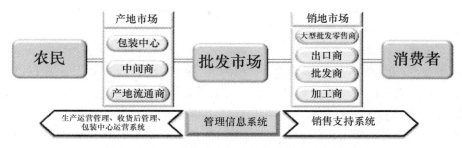

图 4.13.11　现代农产品流通体系的 DEPO 结构

念。闭环供应链是指企业从采购到最终销售的完整供应链循环,包括了产品回收与生命周期支持的逆向物流。

闭环物流在企业中的应用越来越多,市场需求不断增大,成为物流与供应链管理的一个新的发展趋势。闭环供应链诞生的目的是为了减少污染排放和剩余废物,通过物料的流动进行封闭处理达到少污染、少浪费的目的,同时又可以以较低的成本为顾客提供服务。

闭环供应链除了传统供应链的内容,还对可持续发展具有重要意义。所以传统的供应链设计原则也适用于闭环供应链。

(一) 闭环供应链与传统供应链的区别

1. 传统供应链

传统供应链是将供应商、制造商、分销商、零售商到最终消费顾客连成一个整体的功能网链结构,如图 4.13.12 所示。围绕核心企业,从采购原材料开始,制成中间产品以及最终产品,最后由销售网络把产品送到消费者手中。

图 4.13.12　传统供应链

传统的供应链管理是协调供应商、制造商以及销售商三者之间的关系,当三者关系达到某种平衡点时,就可实现高效率、低成本地达到一定的客户服务水平。传统供应链是单向的,以供应商为起点,以客户为终点,相应的产品生命周期也从生产开始,经过使用,到报废终止。

2. 闭环供应链

闭环供应链是在传统供应链基础上发展的,除了传统供应链原有的环节外,增加了由第三方回收商运作的废旧产品回收环节、维保(维修、保养)环节和退货环节,并且与正向环节相互作用。

闭环供应链由"正向"和"逆向"两个方向的物流构成,终端客户为"正向物流"的终点,同时也为"逆向物流"的起点,如图4.13.13所示。闭环供应链的产品生命周期并没有因为产品的报废而就此终结,而是通过第三方回收商这个环节对报废品回收再利用,并且延长产品的生命周期。在回收产品数量、质量和回收时间等方面的不确定性,使得闭环供应链系统相比传统供应链在物流、信息流和资金流三个方面更为复杂。

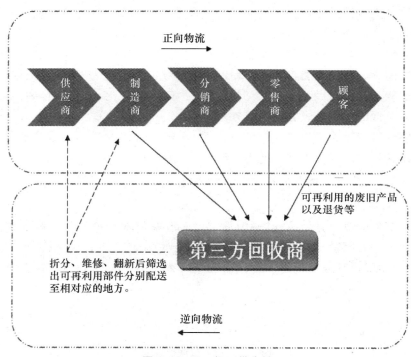

图 4.13.13　闭环供应链

3. 传统供应链与闭环供应链的区别

传统供应链与闭环供应链在物流方向、结构、生产目的、产品生产周期等方面有着很大的区别,尤其在可持续发展方面。其实,传统的供应链设计原则中有适用于闭环供应链的地方,但必须考虑减少废气排放和废物生成,需要用到很多先进工具进行评估和分析,因此对于供应链中的参与者和消费者都是一个全新的面貌。

闭环供应链所面向的系统无论从其深度还是广度都大大超越了传统供应链,它不是简单的"正向+逆向"供应链,而是涉及从战略层到运作层的一系列变化,其复杂程度和难度都远超过正向供应链。

闭环供应链管理的目的是为了实现经济与环境的综合效益,该理念不仅有助于企业的可持续发展,也有助于整个国际社会的可持续发展,在构筑"强环境绩效"方面,闭环供应链表现出的优势远远超过了传统供应链,已成为供应链未来发展的必然趋势。

(二)闭环供应链的形成

传统的供应链是以降低成本、提高竞争力为目的,以经济效益为中心而存在的。但是相比现状来说,却缺乏对可持续发展的必要认识,是一种物质单向流动的线性结构。这种单向流通的行为,生产时消耗大量资源而消费后所产生的废弃物则成为了垃圾,有一大部分都会对生态环境造成严重的污染。

因此,在减少生态污染、降低成本、减少浪费的改革目标下,新一代供应链应该在传统供应链的基础上增加回收、检测/筛选、再处理、再配送/报废处理等一系列环节以及相关网络。将各个逆向活动置身于传统供应链框架下,并对原来框架流程进行重组,形成一个新的闭环结构,使所有物料都在其中循环流动,实现对产品全生命周期的有效管理,减少供应链活动对环境的不利影响。这种废物再利用的新一代供应链就是闭环供应链。

闭环供应链的产生最初源于环境的持续恶化、资源短缺和法律法规的限制等多重压力。欧盟在环境和资源保护方面的立法尤其广泛和深入,广泛采纳扩大生产者责任及污染者付费原则并尽量促使环境外部性内部化。这些规定和标准不仅约束欧盟国家的企业,而且对在欧盟国家销售相关产品的企业同样有效,将产品出口到欧盟国家的企业,为欧盟国家企业提供某种零部件的企业等都需要为自己生产的部分承担相应的责任。

(三)闭环供应链的特点

在不断变革的现代经济、环境等外在因素的影响下,闭环供应链的出现为整个生态提供了非常多的帮助。而它不同于传统供应链的方面是:

(1)多重因素

不同于传统供应链的只考虑成本和服务,闭环供应链还要额外考虑环境因素,使目标函数更加复杂,整条供应链的循环也更加复杂。

(2) 闭环供应链的系统更加复杂

封闭的系统中因为增加了逆向的废旧产品物流,正好与正向的商品流相互作用,在商品的供应或废旧产品的收集方面,其数量、质量、时间等具有不确定性。

(3) 推/拉特性

由于不是所有废弃品都可以回收再利用,所以废旧产品的供应和需求之间经常发生不平衡的情况。旧产品的供应无法满足生产商对废旧产品的需求。

(4) "肉"多"狼"少

闭环供应链中,逆向物流的"原材料"来自于经过筛选后的废旧产品。虽然"原材料"的来源非常广泛,且废旧产品均以很低的成本或几乎零成本的情况下进入逆向供应链的。但也正由于这些"原材料"的价值很低,无法造成庞大的利润空间,因此对此业务有兴趣的企业客户还很少。

(5) 未开发的市场机会

闭环供应链产生的初衷是为了保护环境、减少污染,因此在闭环供应链持续完善并且不断推广的过程中,有可能会导致现有生产过程中副产品市场的重组,使原供应链环节中所有节点所产生的废料都可能变成有用的产品。

(四) 闭环供应链独有的设计原则

根据闭环供应链的定义可以知道,其目的是为了帮助企业达到最大利润而减少成本,所以在对物料的流动进行封闭处理时,减少污染,筛选剩余废物,同时以尽可能低的成本为顾客提供服务。

因此,闭环供应链对可持续发展具有重要意义。当然,传统的供应链设计原则也适用于闭环供应链,下面对闭环供应链独有的设计原则进行研究。

(1) 用可持续发展的标准约束供应商

选择供应商需要增加额外的要求标准,比如必须为供应商解决两难的问题:如果供应商生产可重复使用的零配件则有可能会因此而失去一部分业务。其实这种损失是可以得到挽回的,供应商可以将维修等业务外包给原始制造商,一方面供应商可以通过模块化设计回收产品;另一方面,原始制造商具有专业的知识和相关设备,可以提供相比供应商更好的服务。

(2) 善于利用各种管理方法

ISO9000-14000、生命周期评估方法、环境会计方法等可以帮助企业识别需要改进的地方。举例来说,使用较少的能源不但对环境有好处,而且由于减少成本而对公司也有利,同时又避免了潜在的环境法律责任。善于利用这些管理方法是企业可持续发展的重要前提,为了取代不可再生资源和具有污染的技术,企业应尽量使用太阳能、风能、水能和地热能等,以便减少能源消耗。

(3) 核算产品或服务的成本

开发设计出的可回收产品应该具有下列特点:经久耐用、可重复使用、使用后可无害化回收、在废弃处置时对环境友好;产品功能应具有可扩展性,这样才能在使用时能提高生态效益和可再用性;设计产品应遵循模块化、标准化原则,这样可以使维修更加容易、部件和物料可重复使用(甚至可以跨供应链使用)。

(4) 建立新的市场

借助于新技术将废物处理的物料转变成有用的副产品,为企业把利润最大化。处置选址地点应尽可能地接近终端消费者,这样可以便捷地获得来自消费者的废旧产品。此外,企业应尽可能提供废弃物处理服务。

(5) 应付不确定因素

在回收的废旧、废弃产品中,只有一部分是可以再循环利用的。但在一批庞大数量的废旧、废弃产品中预测出可再利用产品是很困难的,因此需要分散进行分类、测试工作把可再利用和不可再利用的回流产品区分出来。由于逆向渠道固有的推/拉特性,即使在完美信息状态下,在回收产品的供给和需求之间也存在着不匹配问题和回收渠道的选择问题。

不断变化的产品和服务也在不断推动设计的变化,为了达到生态最优化,必须多研究一些备用的设计方案。

(6) 升级再循环的设计

有学者认为产品如何设计是一个关键因素,决策时要考虑模块化、物料类型、供应商的参与程度、可拆解性、生命周期、所用设备的类型、产品中模块/部件的标准化程度,影响决策的参数包括污染的产生、能源的使用、残余废弃物、生命周期成本、生产技术、辅助材料、副产品、可回收性、产品复杂性、产品功能等。

(7) 对物流网络设计与回收方法进行匹配

有些研究者对成本和服务驱动式的网络设计进行了案例研究后得出的结论是:在与传统的正向物流相比时,闭环供应链有一些明显不同的特点,尤其在流程方面。

产品回收网络的典型特点是:它包括专门从事收集与运输的汇聚部分、将可再利用产品配送到市场的发散部分、与回收处理各个环节有关的中间部分。他们对物料回收、再制造、可再用部件、可再用包装、保修和商业回收等的网络进行了区分。

（五）闭环供应链的运营模式

1．运行主体结构

如图 4.13.14 所示，完整的闭环供应链由供应商、制造商、销售商、客户、维修商和第三方回收商六个环节组成。闭环供应链的物流可以看成由"正向"和"逆向"两个方向构成。

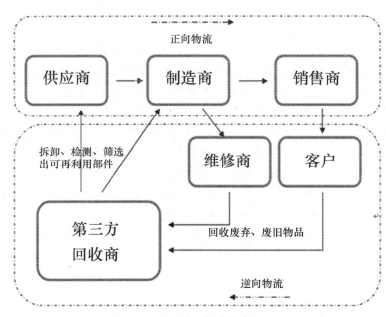

图 4.13.14　闭环供应链

正向物流是供应商提供"原料"，由制造商生产"产品"，然后配送至销售商"销售"给客户的环节。也可以看做是一条"采购→生产→销售"的运行路线。

逆向物流是以第三方回收商为基础，顾客消费后会产生"废弃/废旧产品"，而维修商收集由制造商生产中产生的"废弃部件"检测出可用的废弃部件再回收给第三方回收商，最后由第三方回收商回收客户和维修商处的废弃/废旧产品，并且经过拆卸、检测等步骤筛选出可以再利用的物品送至制造商再进行生产。报废品划分为可再生物料、可再利用零件、可再制造部件。

(1) 可再生物料

可再生物料不可直接重新利用,但可以作为零部件生产企业的原材料,由第三方回收商运往该零部件生产企业,有利于资源循环再利用,如钢铁、铜、铜合金、铝及铝合金等金属材料以及橡胶、工程塑料、木材等非金属材料。

(2) 可再利用零件

该零件不需经过任何修理,只需经过清洗、翻新和低成本维护即可重新再利用,如集装箱、瓶子等。由第三方回收商运往以该零件为原料的供应商或制造商。

(3) 可再制造部件

制造加工企业以该部件为基础,经过拆卸、检验、清洗、更换部分零部件等工序使该部件达到"新产品"的状态,如汽车发动机、轮胎、蓄电池、变速箱等等。由第三方回收商运往加工、装配该部件的供应商或制造商。

2. 运行模式

制造商是正向物流的核心,在整条链中起着重要的作用,所以以制造商为中心,研究闭环供应链的运行模式。

在输入作业线上,制造商从供应商处获得原材料,并且加工制成成品;从第三方回收商回收可再利用零件和可再制造部件;在输出作业线上,制造商将生产好的成品配送至销售商;给维修商和供应商提供可以维修再利用的废弃零件。在制造商系统内部,各个环节之间也存在着物流的流动。

在整个闭环供应链中,一部分可再生物料、可再利用零部件和可再制造部件均可以成为制造商生产所需要的原材料或零部件,成为制造商在编制主生产计划(MPS)、能力需求计划(CRP)和物料需求计划(MRP)时主要考虑的因素。所以说,在这条闭环供应链中,制造商和供应商是彼此相对的。

(六) 闭环供应链的生产

1. 闭环供应链的生产计划

在供应链整体运作的环节中,生产计划是非常重要的。第三方回收商从回收的可以再利用的产品并把它们分类后提供给制造者,但是回收产品和可再利用的零部件的时间和数量是不确定的。所以,闭环供应链必须有相应的生产计划。

例如,在每一个时间周期中预测可回收产品的数量以及各零部件的数量,并相应根据现有条件等各方面因素做出调整和完善,然后执行以预测出需求的原材料为基础的生产计划。

这个方法可以使我们在一定的时间内对以下情况做出详细分类：

① 要分解产品的数量；

② 能被再使用的零部件的数量；

③ 生产的新的零部件的数量。

2．新产品和再生产品的替代

大多数被认为能够再生产的产品都具有一个相同的特点：持久、耐用。它们通过市场逐渐地展示出显著的生命周期。它常常在新产品的生命周期中被同时投入到市场，从而影响了新产品的销售动态。因此这种可再生产的产品成为了新产品的廉价替代品。

曾有人通过研究关于新产品和可再生产品合并的动态管理，他们在某种程度上保留了再生产设置的两个主要特点：

① 新产品和再生产品之间的可替代性；

② 再生产品的扩散因有限的可再生、可再利用的产品原料而受到了很大程度上的限制。

3．闭环供应链的误区

由于闭环供应链还没有真正地在各大企业领域普及，所以大多数企业依然认为遵循可持续发展方针会付出很高的成本。目前，真正建立并且实施闭环供应链的公司还很少，即使建立了也是迫于法律的压力。而这中间所存在的观念误区最主要有两个因素：

（1）忽视生命周期法

糟糕的产品设计会引起废旧产品回收中的许多麻烦。因此设计逆向链时应遵循与正向链和谐共处的原则，已有的供应链对逆向供应链的设计具有强烈的影响。而选择恰当的供应商并让他们参与到产品设计和部件修理活动中，对产品的设计以及维护会有更快速和符合产品设计的帮助。

同样，对服务进行延伸并提高服务水平也可以提高生态效益和产品的可重用性，这一点在使用阶段尤其突出。

（2）将可持续性排除在优化方法外

由于产品必须经久耐用、可重复使用、回收时无公害、废弃处理时对环境做到低污染或者零污染。对环境来说，使用的能源越少越好，而且在降低企业消耗成本的同时能避免潜在的环境法律责任，这也是业务保持可持续发展的前提条件。所以将整个系统中的能源使用作为一个优化标准非常重要。

而太阳能、风能、地热能等自然再生能源非常重要,它可以替代或减少不可重用的以及容易引起污染的技术。

4. 回收商品的价值

目前真正使用闭环供应链的企业还是比较少的,造成这种局面的主要因素是因为很多企业管理者对逆向供应链的了解还不够充分,由于忽视了逆向供应链中的速度问题从而无法明白逆向供应链具体能给企业带来多大的帮助。

一般他们把快速反应当做正向供应链中的一个重要因素,尤其是那些产品会快速磨损的产业。而对逆向供应链的消极态度会减慢回收商的回收速度,因此即便是消费者会返还产品给制造商,也会因为减慢的速度导致再产品的大部分价值丧失。

尽管逆向供应链为回收产品提供了一个规模庞大的潜在的可回收资产,但由于制造商能获得的利润和总体相比还太小,缺乏动力。所以大部分产品的价值在长期的拖延中慢慢被消耗掉了。由此可见,制作一个适当的逆向供应链设计来竞争利益是非常有必要的。

5. 减少错误的再回收

错误的再回收是指销售商回收的产品里包含了完全丧失功能,无法再利用的产品以及错失本来可以再利用的产品。因为回收再利用废弃产品中包含了功能测试、翻新、再包装等环节,除去这些环节所造成的物质成本,还有一环环上所消耗的时间,因此错误的回收会造成一定额度的损失。

由于再回收所产生的成本均为生产商所承担,所以要减少错误的回收,就必须要求零售商作出努力,比如零售商需要让消费者了解哪些商品是他们最需要最适合的。也可以利用供应链协调方法来减少错误的回收。

(七)闭环供应链的应用与发展

很多企业逐渐地意识到了闭环供应链的重要性,它不仅可以帮助企业获取竞争优势和扩大利润,还有机会占取更大的市场。经济利益是驱动企业主动或者前瞻性地实施闭环供应链的最根本的原因,是闭环供应链管理为企业降低成本和增加盈利的直接体现。

闭环供应链管理可以有效地实现废弃物再利用、再循环,并且间接地给企业带来新的利润和机遇。同时,也对环境污染起到了一定的改善作用。所以说高效的闭环供应链管理所带来的收益是非常明显和可观的。

现在,闭环供应链在实施中依然存在一定的困难,很多企业相对来说还是缺乏对闭环供应链的了解;逆向供应链系统的构建也还需要考虑到废弃物分拆筛选以及再制造时所产生的成本;废弃物不同程度的维修等相关重要问题的复杂性;企业的品牌形象是否会因为翻新二次使用产品而受影响;闭环供应链的设计可能会遇到的一些不确定性的委托等等。但个别行业,如电子、汽车、机械等已经因成功利用闭环供应链扩大利益而成为了学习典范。

闭环供应链不是简单的"正向+逆向",其所面向的系统无论各种角度都已经大大超越了传统意义上的供应链。而因为闭环供应链又涉及从战略层到运作层的一系列变化,因此其复杂程度和艰辛度都也远超正向供应链。

在构筑"强环境绩效"方面,闭环供应链表现出的优势已成为供应链未来发展的必然趋势。而闭环供应链管理的目的是为了实现"经济与环境"的综合效益,从大的方面来讲,闭环供应链管理的成功实施有助于整个国际社会的发展;从小的方面来讲,也有助于企业的可持续发展。

目前,闭环供应链已应用于以下领域:

第一,法律法规强制要求企业必须回收处理废弃产品的行业,如报废汽车(如欧盟的 ELV3 指令)、废旧电气电子设备(如欧盟的 WEEE4 指令),以及废旧电池等。

第二,企业能够从闭环供应链管理中直接获取经济效益的产品,包括使用过的金属和各类包装材料、废旧汽车、电器、计算机等。

第三,通过接收顾客退换货和渠道退换货来提高顾客服务水平以及增强竞争能力的行业,如 B2B 和 B2C 电子商务企业(淘宝、京东等)、信息产品制造业等。

(八)闭环供应链的发展趋势

闭环供应链系统是一个近几年才开始兴起的一项研究,因此还没有一个完整成型的理论体系。此外,受闭环供应链的不确定性和信息制约等因素的困扰,大多数的研究还仅限于对问题单一运作期情况的考虑和研究,并且其研究的重点基本都集中在系统的组织结构,而很少有人对系统的信息结构和决策结构进行研究。因此,闭环供应链里,还有很多未知的领域有待继续研发和探究。

由于在产品生命周期内、产品使用期结束后、产品生命期结束后三个阶段内消费者均有可能返还产品。所以,闭环供应链应该要求更详细的计划和控制,避免情况变得复杂。每种类型的产品返还都要求逆向供应链适应回收产品的特点以使产品回收价值的最大化。

很少有企业和研究部门把逆向供应链当做一个商业过程,而是把它当做一个独立的个体来研究探讨。而企业和研究部门总是关注实际问题以及战术问题,却忽略了战略问题。而回收产品在质量、数量和时间上是不确定的,因为大多数企业往往对回收产品的态度非常消极。有一些企业甚至拒绝再生产产品的销售机会,他们害怕再生产产品的销售会损害新产品的销售和产品的品牌,而且再生产产品的销售渠道很难打开,并且销售数量和时间都是不确定的。

大多数关于闭环供应链战略上的研究可以大致上归为两类:一是闭环供应链的成员的最优策略,二是调查能够促进闭环供应链活动的有效的立法方式。

一般的方法包括原始材料使用的税收、重复利用的补贴、处置费用、抵押物偿还系统和生产者支付计划等。

闭环供应链的研究仍需要不断拓宽新领域。让企业意识到回收商品的价值就必须为企业制定一个可行的商业模型,把环境可持续发展有效地融入商业机会中。目前已有的研究大多涉及"绿色供应链"或"对环境依赖的再生产",但企业总是把环境问题看做负担,是需要最小化的成本,而不是一个机会。

在美国,企业已经在经济方面的因素影响下逐渐对逆向物流供应链开始着重研究(比如,据美国《新闻周刊》2007年报道,美国的企业每年在废品回收方面损失1000亿美元的收入);而在欧盟,越来越多的企业则是在法律因素的强制下开始对逆向供应链感兴趣。

我国企业将会逐渐意识到他们必须经历一个物流供应链必然的发展过程。随着全球经济的加剧,产品生命周期不断在缩短,面对越来越严峻的环境问题以及更多针对营销和消费的商业回购政策的出台,企业非常需要一个能将所有产品回收的有效商业模型。企业可以通过这种商业模型合理回收可再利用产品,从而达到减少成本、扩大利润以及友好的环境处置。

总之,闭环供应链开辟了一系列新的、有趣的研究领域,它也给有意义的学术研究提供了一个机会。

(九)闭环供应链契约协调

在全球资源日益枯竭以及环境保护标准不断提高的背景下,我国农产品逆向物流面临着越来越多的挑战。农产品逆向物流为供应链各节点企业增加新业务的同时对企业的农产品逆向回收及处理能力也提出了新要求。良好的闭环供应链运作模式可以实现真正意义上的资源循环利用、废弃物有效处理，为整条供应链创造更多的价值。闭环供应链实现物料封闭处理及循环利用，它作为一种集成化管理手段，帮助逆向物流获得技术与资源，以便与传统正向物流相兼容。

供应链由不同的经济实体组成，各自有不同的优化目标和私有信息，这些优化目标往往与系统整体优化目标相冲突，协调是供应链成功运行的关键。系统协调多个子系统对其目标资源等进行合理安排，以调整各自的行为，最大程度地实现系统和各自子系统的目标。供应链契约协调主要讨论如何通过适当的契约协调策略和方法，协调各供应链成员的决策，以提高供应链的运作效率。

闭环供应链所要解决的问题是资源最大化的再利用和减少废弃物品处理对环境的污染，合理协调主体之间的均衡利益，从而促进各方努力回收废旧产品、提高回收率和再制造比率。把契约协调机制扩展到闭环供应链中，并结合闭环供应链的独有特征，从总体框架的角度，研究闭环供应链的激励机制和运作原理。

1. 信息对称情形

信息对称时，供应链中成员拥有的私有信息透明，实现了信息共享。信息对称情况下，比较经典的契约有数量折扣契约、回购契约、价格补贴契约、收益共享契约、回馈与惩罚契约等。信息对称情况下，为激励回收商的努力程度，提高产品回收率和再制造率，需要定性分析和描述逆向供应链利益协调的激励手段方法，并结合传统供应链契约协调的机制方法，探讨在逆向供应链中的适用性，并研究其发挥协调影响的方向和程度。而制造商作为主方首先设计出的契约协调策略中也包含了一定的激励机制，其他成员企业作为从方决定是否接受该契约，并以一定的从方策略响应主方。

（1）数量折扣契约

数量折扣契约指制造商可根据回收商提供回收品数量的大小对价格进行打折或加价，从而刺激回收商的回收努力程度和积极性，增加回购量。数量折扣在实现系统效率改善方面非常有效，它承担了激励回收商的回收努力程度和利润分割的重要任务。

从 1967 年 Crowther 最先研究数量折扣的优化问题开始，数量折扣就一直成为协调供应链成员的有效策略。从供应商角度出发，得到确定需求下的最优数量折扣。允许供应商以任意数量订货，增加了最小边际利润、库存持有成本和价格折扣约束。当一个供应商有多个零售商系统,并以卖方为领导者建立 Stackelberg 博弈模型,研究表明当需求为价格敏感时,仅仅有数量折扣不能达到渠道协调。当需求为随机变量时,利用报童模型设计了一种多折扣政策,并证明了多折扣政策比单折扣政策能达到更高的期望利润。

(2) 回购契约

Pasternack 研究了需求期很短的商品定价问题,并建立了优化模型进行分析,运用优化定价和退货策略来确保渠道协调;研究表明:以全价格部分退货时可以确保一个供应商一个零售商系统的渠道协调,但对多零售商系统来说不是最优的,而以部分价格全部退货可以取得多零售商系统下的渠道协调。

我国学者通过比较集中和分散的供应链系统中各成员的多种合作形式,结合集中效应和契约效应对供应链系统利润的影响,给出了回购契约实现渠道充分协调的条件,研究应用回购契约实现三层供应链渠道的协调问题。

(3) 价格补贴契约

价格补贴契约是通过引入价格补贴参数,建立模型发现随机需求环境下的制造商与零售商渠道,在回购和价格补贴上可以实现完美协调的必要条件以及回购与价格补贴运作策略的差异。有学者通过对 HP、IBM 等 PC 机销售中的价格保护策略,建立随机动态规划模型研究了单个周期产品两阶段销售的情况,探讨了通过价格补贴实现系统协调的必要条件。

价格补贴契约是一种价格保护策略,在考虑回收风险和由于市场原因或回收品质量的不确定性等待因素影响下,致使回收商的回收品售价下跌时,为了自身长久的利益以及不使回收商因此产生消极的态度,制造商应该根据有关承诺对回收商实施一定的经济补偿。这种渠道激励方法是通过保护合作伙伴的利益从而维系上游回收商忠诚度的一种措施。

(4) 收益共享契约

收益共享契约在普通情况下可任意分割系统协调和协调利润。供应链上下游企业的收益共享契约可以实现三层供应链的协调。我国学者对供应链协作进行了博弈分析,并得到如下主要结论:

① 收益共享契约在信息共享的情况下大大优于普通契约。

② 把两种契约进行对比发现,供应链绩效与企业合作伙伴数量有关;普通契约中,合作伙伴的数量与供应链绩效成正比;在收益共享契约模式中,合作伙伴的数量与供应链绩效成反比。

③收益共享契约分配因子的选择自由度随合作伙伴数增加而减小,并且可以通过渠道效用最大化来确定分配因子的取值。

逆向供应链收益共享契约通过与回收商对回收品的利润共享可以提高回收商的积极性。是制造商降低回收商的回收风险,提高其回收积极性,在回收商以正常价格或较低的价格把回收品售给制造商的基础上,制造商给回收商一部分再制造或者销售收益来完成自身的延伸责任的协议。

(5) 回馈与惩罚契约

所谓回馈与惩罚契约是制造商对回收商是否完成计划内任务后所给予的奖惩约定,当回收商超额完成任务时,超额部分将给予奖励。否则,将对没有完成任务的部分进行惩罚。

回馈与惩罚契约主要适用于对代理人的努力水平。一些学者建立优化模型来分析如果销售商缺货时,惩罚契约是否会对销售商起到刺激其增加订单量的目的。但是惩罚契约并不容易实行,因为销售商会采用各种手段来掩藏实际信息从而达到减轻惩罚的目的。这使供应商很难掌控准确的销售商相关信息。

在这种优化模型中,销售商会根据随机选取的一个订购量来观察市场需求,从而决定实施的努力程度。所以,当市场需求与产品订购量较强时,销售商就不会付出太多努力。也就是说,对于制造商与销售商之间的回馈契约问题,假设努力水平与订购量的选择同时发生,并把回馈契约分为线性回馈与目标回馈两种,证明了两种回馈形式都可以使供应链达到协调状态。

在经典供应链契约模型下,供应链达到协调状态时系统风险的分配状况证明了在退货政策中供需双方的风险始终不变,而在目标回馈策略中,销售商风险始终大于供应链系统的风险。

(6) 特许经营契约

特许经营契约是为了使制造商和零售商达成利益共同体而出现的,制造商规定在特许零售商销售其新产品的同时销售必须承担回收废旧品的责任,制造商可以给零售商在批发价格和回收价格方面的优惠。这种契约比较容易应用于知名品牌商品的经营,对销售商来说承担的风险很小。

(7) 全部购买承诺

逆向物流供应链的最终目标是环境保护和资源利用最大化。制造商则通过逆向供应链尽可能地回收所有可以再利用的产品进行二次生产。因此为达到利润最大平衡度的目的,制造商可以同回收商签订全部购买承诺契约,只要是该制造商所生产的产品,在一定的价格内均全部回购。如此不但可以最大化地降低回收商的风险,保障其回收利益,也可以提高回收率,达到协调的目的。

契约研究主要偏重于实施条件;契约内容中制造商与收购商协商的有关价格、生产、配送决策;契约的形式及有效期;契约中组织成员的关系;契约对逆向供应链效率和回收率的影响等。

2. 信息不对称情形

不对称信息下的契约模型的研究,主要采用的分析方法是信息经济学中的委托-代理理论,如表4.13.2所示。在再制造逆向供应链中,制造商是协调的主体,为了实现其生产者的延伸责任而形成产品回收中的委托方,逆向供应链中其他成员,如回收商等负责废旧品的回收、存储、运输、分拣等工作,形成逆向供应链协调中的代理方。即在委托-代理理论中,将拥有私有信息的供应链成员称为代理方,将不拥有私有信息的供应链成员称为委托方。

表 4.13.2 信息对称情况下供应链几种经典契约

经典契约	所属类别	本质	实现协调的情况	
			完全竞争	非完全竞争
数量折扣	订货和定价决策	激励	可实现	取决于价格弹性
回购契约	定价决策	激励、共担风险	依靠成本结构	可实现
价格补贴	定价决策	激励、共担风险	依靠成本结构	特定条件
收益共享	定价决策	激励、共担风险	依靠成本结构	可实现
回馈、惩罚	订货量决定	激励	可实现	可实现

重要信息的不对称情况是关于回收商回收的成本结构和供应的质量、数量状况,以及制造商的生产计划、历史销售数据等。

3. 闭环供应链的收入共享契约

由于制造商和销售商都是以各自利益最大化为决策原则的不同利益主体,所以无论是在正向供应链中还是在逆向供应链中,销售商订货量的最优决策都不是整个供应链渠道订货量的最优决策,这就产生了利润双重边际化效应。为了尽可能地减少或者杜绝这种情况所带来的损失,许多学者认为可以通过供应链契约的角度来研究供应链不同利益主体之间的协调问题。关于供应链契约可分为定价契约和订货量契约两类:

① 定价契约,有数量折扣、回购、减价补贴及收入共享等。

② 订货量契约,有最小购买量、弹性数量及后备协议等。

研究不同决策结构下供应链的效率损失或者利润双重边际化效应,并对逆向供应链的协调从理论上做了较为理想化的分析,但在实际运作过程中,该协调措施的实施在很大程度上依赖于制造商对销售商的监督与管理,费时费力。

而利用收入共享契约来避免利润双重边际化效应相对比更为适当。其优点是,管理费用相对而言比较低,制造商不用去监督销售商就能判定销售商实际劳动付出水平和销售价格这两个决策变量;同时能使整个供应链的利润在制造商和销售商之间可以按照任何比例进行分配,这样就使契约更接近实际。创新点如下:

① 更切合实际的运作过程应该将制造商从销售商回购旧品的价格作为制造商的决策变量。

② 通过收入共享契约,销售商将产品以低于生产成本的价格从制造商处收购,并同时将销售商的销售收入分享给制造商,通过双方的谈判控制收入分享比例。这样能够避免利润双重边际化效应所导致的效率损失,使整个供应链的效率达到集中决策下的最优值。

为符合"谁付出,谁收益"的原则,销售商可以获得制造商回收废旧产品的全部收益,这样就能提高销售商的回收努力水平,从而达到集中决策模式下的回收努力程度;销售商无论从契约要求的角度抑或者自身利益最大化的角度来确定销售价格和回收努力,都会与集中决策下的目标一致,从而减少了制造商对销售商的监督和管理费用。

4.13.7 农产品闭环供应链体系

(一) 农产品逆向物流

在农产品闭环供应链系统中,虽然逆向物流与正向物流方向相反,但同样也伴随着资金流、信息流和价值流。逆向物流是闭环供应链的逆向环节,闭环供应链的闭合回路过程离不开逆向物流。但因为受到经济社会发展的限制以及对逆向物流的了解还不够全面,加上农产品回收和废弃处理的技术也并不发达,导致目前对农产品逆向物流的研究还非常少。

为了农资供应商、农产品生产制造商、流通加工直到消费等各环节中所产生的原料废旧物资,以及各类包装物等一切能够被再循环使用的废弃、废旧物

第四章 农产品流通体系创新管理设计

资可以得到有效地再利用,对以上物资实行封闭回收后再生产或使其得到正确处置,以减少环境污染的从农产品供应链下游各节点企业向起始点移动的过程。在发展农产品逆向物流的道路上,首要任务就是促进农产品闭环供应链的良性循环,实现农业、经济、社会和环境协调发展。

它包含农业废旧物资回收物流和农产品废弃物处理物流两部分:

1. 农业废旧物资回收物流

将农产品正向物流中各个环节所产生的可进行再加工、再利用的物质实体进行回收处理活动,具体包括各种塑料包装、纸箱、瓶罐以及副产品(如动物粪便)等回收利用,它通过对废旧物资的封闭处理的再利用与正向物流构成闭环链。

2. 农产品废弃物处理物流

主要对不可再利用的物料、废弃物进行焚化化学处理后运到特定地填埋,这种处理仅仅是为了环境保护,并不具有任何价值。但是环境污染越严重,资源浪费越多就表明该条供应链系统溢出的无价值物质越多。从循环经济的角度来看,农业废旧物资可以被重复利用,农产品废弃物使用后就报废的,不能重复利用。鉴于基于闭环供应链的农产品逆向物流所具有的独特性,因而其有以下特点:

(1) 动态复杂性

农产品在正向物流中,包含物流的储存、运输、包装、装卸搬运、流通加工、配送及信息处理等功能,因此每个物流环节或节点上都有可能产生可回收或废弃物处理的物质实体。正常的程序是筛选出有毒、有害的废弃物进行化学处理使其无毒化后再运至指定地点进行垃圾填埋。而无毒害可再利用物品则经过一系列拆卸维修翻新等工序最后送至供应商和制造商。但由于这一程序非常地耗时耗力,所以无法做到快速将处理后的物资送回给供应商,所以就会发生逆向供应链中回收中心废旧产品的供应与农资供应商的需求难匹配,供需失衡的情况。而且整个回收过程不但存在着各种物资分类、混杂以及废物产生时间等不确定性;回收物也有质量差异、包装不统一、处理方式差异化等问题,这些问题使农产品逆向物流操作过程更加复杂。

(2) 内容丰富性

农产品的回收包含对农产品的过期退回、包装材料的回收、生产与流通加工中农副产品的再生利用等,如禽畜粪便的能源化、肥料化处理等;农产品废弃物处理包含对有害物质的无害化处理、焚烧填埋处理等。其中,禽畜粪便是天然肥料,它回收可以"变废为宝"实现循环利用,已经成为农产品闭环供应链中能源循环利用的重要研究内容。

(3) 效益性

闭环供应链的实施,实现了对一些有毒污染物的无害化处理,并通过对废弃物的分类处理,使得对环境的污染程度降低;同时对废旧物资的循环利用,不仅可以节约有限的资源,符合可持续发展的目标而且从根本上降低各节点企业及整条供应链的成本。也就是说,农产品逆向物流降低对环境的污染和资源的浪费,同时创造巨大的生态效益和经济效益。

(二) 农产品闭环供应链逆向物流模式的构建

农产品的正向物流产生的衍生物则是农产品的逆向物流,它是正向物流的延续和发展,如图4.13.15所示。因此,为实现正向物流和逆向物流的无缝对接,充分发挥农产品闭环供应链系统的最大效益,需要整体考虑农产品正向物流及逆向物流的全部流程。农产品闭环供应链背景下其逆向物流的运作模式,由于逆向物流贯穿整条供应链,所以其主体是多元的。

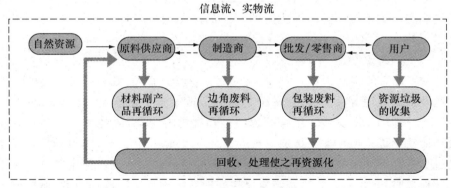

图 4.13.15　逆向物流模式

下面对各节点企业的分工或功能作简要介绍。

① 农资供应商为农场/农户(制造商)提供种子、化肥等生产物资及各种包装材料,并将逆向物流回收的各种可再生农用物资简易处理后重新投入供应链。作为正向链起点和逆向链终点的农资供应商是实现物料闭环的关键环节。

② 农产品制造商(农户)利用供应商提供的生产资料进行规模化的生产

第四章 农产品流通体系创新管理设计

并将生产过程中的副产品如动物粪便等进行密封处理并循环利用,对废旧薄膜等再生资源进行回收处理。

③ 农产品配送加工中心对初级农产品进行系统化处理,包括再加工、再包装以及废料的处理和加工后各类包装物的回收处理。

④ 销售商销售农产品的同时负责统一回收塑料箱及外包装并对废弃物及有害物作分类进行正确处置。

⑤ 消费者是正向链的终端也是回收物的主要产生源。由于消费者分布广泛,所以回收量很大,应对各类废旧物资进行系统化的收集和分类处理。

⑥ 农资回收中心负责将各个节点产生的农地膜、各类塑料箱袋及纸箱、包装统一收集后分类、检验、加工、储存等,并将处理后的物资送至供应链起点再循环。

⑦ 政府作为市场的调节者和监控者,也是农产品逆向物流的间接参与者。

（三）实施农产品闭环供应链逆向物流模式的对策

1. 优化闭环供应链

农产品闭环供应链的逆向物流核心企业负责协调整个闭环链,制定闭环链成员的准入标准和运作流程,保证农产品废旧物资的有效运转。因此,农产品闭环供应链要培育具备相当规模、发展势头良好及信誉有保障的核心企业。鉴于各参与主体利益目标的一致性,为了形成集约化优势,供应链上的核心企业应加强与各参与主体的沟通交流,共同探讨、分析并解决影响长期合作的制约因素,增加相互信任并加强合作,共同分享逆向物流的市场机会和利益,实现闭环链上企业的共赢。

同时,对农产品逆向供应链进行有效管理,从管理、技术、环境、文化等方面培育整条供应链的核心竞争力,并通过核心竞争力要素的获取、创新与整合,建立闭环供应链核心竞争力形成机制,实现协同运作,在追求和分享市场机会和利益的同时形成系统化优势。

2. 增强消费者农产品逆向物流的参与意识

消费者是废旧品的主要来源,相比较其他节点企业废弃物的回收,消费者分布十分广泛,但也正因如此,对该主体的回收活动较困难。如果没有消费者对逆向回收行为的支持,仅依靠法规和经济措施,企业的逆向物流目标是很难达到的。

因此,为了让公众了解农业废旧、废弃资源回收再利用的重要意义,需要在全社会范围内进行舆论宣传，普及逆向物流的知识，引导社会公众普遍树立节约资源、变废为宝、保护环境的意识。最重要的一点是要引导消费者自觉理性的消费，主动购买可再循环的农产品，这样不但降低了资源的消耗速率，延长产品生命周期，还能促进逆向物流市场的健康发展。

另外，消费者在消费过程中应注重对垃圾的回收和处置，支持农产品废旧物资的社区网点回收活动，为逆向物流提供物资保证，避免对废旧物资处理不当造成环境污染。

3. 引入第三方逆向物流企业

专业的第三方物流企业可以在闭环链中根据各节点企业的具体需求提供个性化的物流服务，并对各节点产生的回流产品集中处理，通过专项分工模式进行农业废旧物资回收以及废弃物的处理，利用规模回收处理的专业优势和成本优势，降低产品的回收成本，实现资源的优化配置，形成良好的规模效益和环境效益，准确快速将回流产品送达闭环链的终端。

农产品逆向物流涉及的内容非常多且复杂，对于逆向物流终点的农资供应商来说，快速回收处理农业物资并且投入供应链是比较难以达成的。但第三方逆向物流企业无论是从资金实力还是处理技术、综合管理水平等方面都比供应商更具有优势。所以，最好的办法是农资供应商、农户、农产品销售商集中经营自己的核心业务，将逆向物流业务委托外包以实现专业分工、提高运作效率。

4. 农业废旧物资回收再利用体系的构建

完善社区或街道回收网点，规范回收市场秩序，培育一批农资回收处理的龙头企业，构建以社区回收、街道网点为基础，回收市场为核心，加工再利用为目的的服务网络健全、设施完善、管理科学的农业废旧物资回收再利用体系，应做到如下几点：

（1）建立社区回收网点

应创新对农产品供应链各个节点企业的回收方式，采取定时、定点上门回收或网络预约回收的方式，保证废旧物资的能有效并且封闭回收。同时应该逐步在各个社区或街道建立一批规范服务的回收网点。鼓励回收并且对目前分散的回收方式进行规范和引导。

（2）建立回收市场的统一规范秩序

在符合城市规划和环保要求的前提下，应该建立统一的规章制度，使农产品逆向物流回收处理中心可以合理布局、分工明确、规范运作。同时，完善回收市场的废物收集、分拣、储存、加工、价格形成、交易等功能。

（3）加强与农资供应商的无缝对接

农资回收处理中心积极推进物流标准化建设的同时还要实施信息共享、管理系统化及作业集约化，以提高物流运作效率与水平，降低物流活动的成本，才能很好实现与逆向物流终端的无缝对接。而这一步骤对农产品最大化的循环再利用有很大的影响。

（四）加强扶持和监管

农业物资回收再利用行业虽然利润低，但却是社会效益和环境效益显著的公益性质行业。政府应建立督促体系，对社区等回收网点的建设、回收市场基础设施、污水及废弃物处理设施等建设项目，给予多方面政策支持，并鼓励社会资本投入再生资源回收体系建设，逐步形成政府间接引导、企业直接投入、市场高效运作、社会积极参与的发展机制，对于存在安全问题的农产品特别是那些有毒的农产品加强召回。

政府等有关部门存在较高约束性，所以对农业物资回收再利用未来良好的发展有着强大的辅助作用。

（五）建设专属的信息网络平台

在这个信息化的时代，先进的信息网络平台能够提供高效便捷的信息服务，为农业及相关企业提供商贸物流活动相关的信息资源。它对逆向物流系统进行全程管理，保证信息流在整条闭环链中传递流畅。将生产、流通、加工、消费等各环节链接起来，通过电子数据交换等现代物流信息技术实现数据的自动采集和交换，跟踪逆向物流过程中物资的第一次输入到最终被处理的全过程。

建立农产品废旧物资的物流信息管理系统是非常有必要的，它可以减少农产品逆向回流时发生的盲目性和不确定性，使整条供应链上的资源与信息有效的互相共享。实现了闭环供应链中农业物资无缝对接的顺利运行，保障了逆向物流企业能够及时处理产生的农业废旧物资和废弃物，从根本上解决牛鞭效应、响应迟缓等问题。

4.14 服务模式创新

相对于传统农产品物流服务，现代物流服务在外延和内涵上都有了很大的扩展。在外延上,除了传统的储存、运输、包装、流通加工等服务外,还包括了物流信息服务、供应链管理服务、金融服务、批发市场管理服务等。从内涵上看,现代物流配送服务和现代物流仓储服务较传统的物流服务都有很大提升,进一步降低了物流服务的成本,提高了物流服务的效率。

传统物流与现代物流的区别主要表现在:传统物流服务只实现物体的位移,而现代物流提供价值增值服务;传统物流服务是被动的,现代物流服务是主动的;传统物流靠人来管理和控制,而现代物流依靠强大的物流信息系统;传统物流服务无统一服务标准,而现代物流实施标准化服务;传统物流侧重点到点或线到线服务,而现代物流强调构建全球服务网络。

本节主要介绍围绕批发市场展开的服务模式创新,服务模式创新的其他方面将在本章的其他小节详细介绍。

4.14.1 市场运营与管理的服务支撑体系

(一)市场运营的服务支撑体系

现代综合批发市场除了面临创新服务的开展外,还面临着市场日常运营及管理方面的问题。因此,为了实现现代综合批发市场运营及管理效率的提高,需要制定各种规则,在实践中可以称之为3D全方位的运营管理制度。

与传统批发市场不同,现代综合批发市场的3D全方位运营管理制度包含了拉动(Pull)战略,即提供交易空间,先用消费者吸引战略将客户吸引到市场,再以细致的计划为客户提供营业项目,并辅以专业的人员培养机制。

首先,客户、消费者的经营支持战略是一个通过现代物流体系批发市场中的信息通信网络和综合经营以及3D全方位制度实施的项目,包括批发零售商的激励项目和现代流通专业人员培养项目等。通过整合综合批发市场的零售和批发功能,促进了灵活销售;通过现代流通专业人员培养项目,为批发市场培养了专业的人力资源;通过电子化仓储与订货管理,增加了市场利用时间至24小时实时运营。

其次,为了促进绿色的现代化流通,需要将培训作为重要的环节。具体形式可以在高校和公司内部开设讲座,利用现场体验实务教育和理论教育等方式,以这种基本教育项目为基础,以批零商和流通企业等为对象,为公司的行政和业务人员、高层管理者和基层操作者等进行培训,实行差别教育。

最后,消费者吸引战略可依据3D全方位制定具体实施细节,规划出每年、每月、每周及每日的项目计划。例如,在绿色健康主题公园和世界品牌购物中

第四章 农产品流通体系创新管理设计

心内为消费者提供每周主题项目,引导消费者管理自己的健康计划。这样才能满足客户各种各样的消费欲望。

(二)市场管理的服务支撑体系

对于目前还没有引入现代物流体系的批发市场来说,引入综合经营的全方位运营管理制度和信息通信网络是不可能的。因此,批发市场需要首先适应现代化的物流体系,才可以实行有效细致的战略。

综合经营的全方位运营管理,应该按照三个阶段计划推进。

第一阶段,选定某个特定地区示范运行,确保示范的开展。例如,在我国可以以北京为中心,在几大农产品批发市场内进行。

第二阶段,以全国范围为对象,有步骤地扩大适用范围。在这阶段,以示范单位的成果和第一阶段的经验为基础,通过专业化指导进入实现盈余经营的阶段。

第三阶段,计划将示范范围扩大为全世界,交易对象扩大到在海外居住的侨胞和外国人等。综上,如表4.14.1所示。

表4.14.1 3D全方位系统的三个阶段实践计划

阶段	服务范围	主要内容
第一阶段	地区服务	示范地区的选定运营和基础经营的开展
第二阶段	国内服务	通过以全国范围内有阶段地扩大运营和专业化的经营实现顺差经营
第三阶段	世界服务	吸引海外居住的侨胞和世界各国消费者

4.14.2 交易平台创新

传统批发市场的商业性、物质性功能因"空间"因素受到极大限制,而当今通信技术十分发达,现代批发市场正在构筑现代物流体系的标准化、规格化等,消费者不需要亲眼看到实在的商品也可以在网上购买到同等品质的农产品。

因此,网上交易可以扩大农产品交易人员、扩展农产品交易区域。目前网上交易可分为两部分共同实施,第一部分是建立网上购物商城,开拓农产品批发零售商业领域;第二部分是支撑网上购物商城的线下服务。如果建立好了共同营销、共同物流、IT综合经营、信息系统的共享、消费者个性化的供应链供给系统等,则现代批发市场已经向"服务线上/线下的综合批发市场体系"跃进了一大步。

网上购物中心可以兼营批发和零售,而网上购物商城则以零售为主。为了促进企业之间的交易(B2B),要求建立稳定的清算和信用认证交易制度,为此,拥有完善和稳定交易制度的互联网批发交易市场("网上交易所")逐渐盛行。在这个市场里 B2B 交易占主导,拥有虚拟购物场所,具备供应厂商的会员注册、商品审查和商品搜索及收款内容查询等创新功能,而且,支持多种交易与支付类型,同时还结合了线下的共同配送功能,是一个全面性的一站式购物服务体系,如图 4.14.1 所示。

为保障网上交易的安全,需构建信用等级实名制度和信用卡结算系统。该系统按照每笔交易额的大小扣除使用者固定比例金额的手续费,保障了结算货款的安全,减小了非面对面交易中货款结算发生损失的几率。

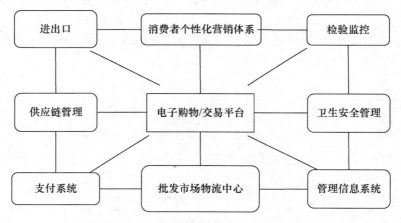

图 4.14.1 网上购物和网上交易运营体系图

4.14.3 国家储备管理创新

粮食应急管理已经被各国政府和企业重视,在全球变暖等世界性异常气候频繁发生时,粮食短缺成为重要的危机。批发市场还承担着国家储备服务的功能。农产品贮藏设施作为食品安全危机管理机构有重要的作用,储存品种以农产品、水产物、畜产品谷物等为主,制定每个品种的保鲜管理体系,建立循环式的电子商品库存管理体制。

利用批发市场的新贮藏设备稳定物价,协助实现政府的公共性功能。通过考察灾难的级别和范围、产品的产量和收获量等因素,贮藏设备的运营计划与政府的灾难管理计划保持一致。然而,批发市场无法考虑整个区域,因此在保管农畜水产品时,只能尽可能地维持产品最佳新鲜度,达到商品损耗最小化。如果保管期间不发生灾难的话,考虑到新鲜度和产品损耗程度等,应对产品进行损失最小化和销售的评估,按计划保管。

因此,产品储备基本上要求每3年循环一次,按照每个商品的特点,制定其产品的保管期限(1年、2年、3年),时期结束替换商品。

4.15 融资模式创新

随着农业生产技术的不断进步,世界人口的不断增长,农产品的产量与质量都有了较大的飞跃,而特色农产品的需求量也随之增大,越来越受到消费者的重视。此时,整个农业都进入了一个快速发展的阶段。相对于传统农业发展来说,现代化的农业供应链物流发挥了至关重要的作用。由于农业生产费用较大,需要大量的资金支持,针对目前落后的农产品流通现状,急需金融机构的加入。

然而,目前的金融机构无法为农民提供及时、便捷的服务,主要有两个原因:一是贷款风险大,二是贷款利润低。而这两个原因都是源于农业生产自身的特点:点多、面广、线长,农户贷款额度小且分散,农业生产不可控因素较多,贷款的风险和利润都不如发展城市大客户理想。因此,多数银行不愿意将资金投入到农村,而转向节省大量人力物力的非农业企业,甚至还出现了"只收储不放贷"的农村信贷机构。由此可见,农村本身不缺资金,只是资金无法为农民所用。

从银行角度说,商业贷款需要有抵押和担保,而大多农民在这两方面都不能满足条件。农民在自家宅基地上建成的房产不能用来抵押,导致农民没有足够的抵押物而无法筹借到金融机构的抵押贷款。并且,银行的贷款手续繁琐、环节多、费用大,另外还有公证部门的手续和费用,导致农民办理银行贷款的成本增加,最终放弃从正规金融机构筹款而转向民间借贷。

然而,有一些供应链物流企业可以承担起为生产农产品的农户提供资金支持的任务,不仅可以避免农户在生产过程中因资金缺乏导致的连带问题,而且可以将农产品的生产与物流更高效地融合在一起,形成整体物流模式。在农产品物流设施的应用开发上,冷链物流占有非常重要的地位,占据了大部分物流金融的资金。

4.15.1 融资模式创新是现代农产品流通发展的必然

（一）中小企业融资艰难

中小企业在国民经济中处于举足轻重的战略地位，是大型企业发展的根基，是中国摆脱经济危机的助力，对促进国民经济增长和社会发展起到了关键的作用。然而，在企业融资方面却屡遭拒绝。一般认为，中小企业之所以难以获得银行融资包含以下几个方面原因：

第一，中小企业信用等级不够，主要原因为管理制度不规范、财务信息不透明等。

第二，对中小企业信用支持体系建设不足。

第三，银行较难取得中小企业全面的信息，继而产生对中小企业的不信任。

第四，中小企业的财务状况不能满足银行信贷条件。

（二）供应链管理模式不断变革

随着市场竞争的不断发展，现代企业已从传统的单个企业竞争转变为一体化的供应链整体竞争，开启了"横向一体化"的供应链管理模式。供应链管理强调提升附加价值，着重共赢的实现。在供应链管理模式下，供应链金融可以发挥出较大作用，它可以提高企业的竞争能力和业务规模，增加高附加值业务的服务能力，提升企业的经营利润，使各参与方共同获利，提高企业的一体化服务水平。

（三）金融机构竞争激烈

金融机构不仅能够为银行吸引更多和更稳定的客户，扩大银行的经营规模，而且能够协助银行处理质押贷款业务中的质押物评估、资产处理等业务，尤其是质押物仓储和监管这些物流类的服务，更加需要金融机构的参与和协助。所以，金融机构的竞争也越来越激烈，更由此产生了供应链金融领域的业务。

（四）供应链金融可提高企业竞争力

企业在运营中涉及大量的库存——原材料库存、在制品库存、成品库存等，这些库存在很大程度上代表了一个企业的资金实力。银行等金融机构考察企业基本都是以库存为基础，以库存物品为质押物，为企业提供贷款，要求企业在之后的生产经营和销售中偿还这些贷款和相应利息。供应链金融可提

高企业的市场竞争力,主要体现在以下三个方面:

(1) 提高供应链的协调性与效率性

在当前的经济形势下,市场竞争已经逐渐由单纯企业间的竞争转向了供应链之间的竞争。供应链整体绩效的提高有益于该链条上各个企业的运营发展,反之,链条上任何一个企业综合实力的增强都会提高整条供应链以及该供应链上其他企业的竞争力和运营绩效。

一个供应链的核心企业往往规模较大,竞争力较强,因而拥有较多话语权,在交易中处于强势地位,对其上下游配套企业在交货、价格、付款等方面都有较苛刻的要求,常常造成这些企业资金上的困境。而这些上下游配套企业多数为中小企业,本身发展已经存在较大局限性,信用意识淡薄、融资渠道狭窄以及社会信用体系不健全等,再加上核心企业的压力,导致这些中小企业很难从金融机构筹措到所需资金,就更加剧了其资金链的紧张,最终导致整个供应链出现失衡,降低了整体竞争力。

因此,竞争视角从单位企业间转向供应链之间,供应链金融应运而生。供应链金融的一个重要任务就是从供应链的整体角度出发,有效缓解中小企业的融资困境。它借助链条上核心企业的信用实力或单笔交易的自偿水平与货物流通价值,为上下游的中小企业尽量提供全面的金融服务,缓解该链条上资金流动不畅和分布不均衡的问题,将供应商、制造商、分销商、零售商直到最终用户连成一个整体,通过有效地协调供应链,实现整个链条的持续运作和不断增值。

(2) 从现代化的融资视角为企业服务

传统中小企业融资考察的关键点是企业的信用级别和风险控制能力,然而,中小企业在这两方面很难达到银行等金融机构的标准,这个问题一直以来都是中小企业融资困难的关键。然而,供应链金融模式下,银行等金融机构的融资视角从传统的评估企业本身的信用和风险,转变为评估整个供应链及其业务的信用和风险控制能力。这种方式评估出来的风险,才是融资业务真正的风险。采用现代化的融资视角,能够使更多的中小企业得到金融机构的融资服务。

(3) 包含多样化的参与主体

传统形式的中小企业融资,参与者仅限于信贷机构、企业、第三方担保人,而供应链金融模式下的中小企业融资,需要供应链上更多部门的参与,除金融机构和融资企业外,还需要链条上的核心企业、上游企业和下游企业及物流企业等各部门和主体承担不同功能,发挥不同作用,相互协调、共担风险、共享收益,从而提高供应链金融的整体绩效,实现多赢模式。

4.15.2　现代农产品流通融资模式创新的意义

（1）缓解企业资金压力

在农产品供应链中,中小企业尤其是处于上游的农户资金能力有限,往往出现资金周转困难的情况,现代农产品供应链融资服务可以通过质押为企业和农户提供短期资金帮助,推动农产品生产向规模化方向发展,有效缓解经营发展过程中遇到的资金难题,加快农产品流通。

（2）提高银行竞争优势

推进现代农产品流通融资服务,可以为银行和金融机构在稳定原有顾客的同时,带来新的利润,增加存款量。在融资过程中,物流企业作为第三方对库存商品提供监管服务,并负责将企业库存信息及时准确地反馈给银行和金融机构,并且提供抵押/质押物价值评估和拍卖等服务,降低资金提供方的风险。正是由于物流企业的加入,导致现代农产品流通融资服务可以相对顺利地开展工作,农产品生产者/中小企业可以较为频繁地得到资金帮助。

（3）提高物流企业附加价值

从物流企业角度出发,作为监管质押贷款商品的第三方机构,同时得到银行和企业的信任。为了提供完善的服务,物流企业一方面需要增加配套能力,另一方面需要更好地融入到农产品供应链中去,发挥效用。因此,现代农产品流通融资服务提高了物流企业的综合竞争力和企业价值,同时加强了与客户和银行之间的关系。

（4）增加抵押物灵活度

现代农产品流通体系中的融资服务对抵押物的要求较为灵活,不仅限于固定资产等原始抵押物形式,接收农产品为抵押物,一旦出现担保风险,银行可以用物流企业监管的抵押农产品将风险降低至最低。

4.15.3　现代农产品供应链的创新融资模式

（一）构建现代农产品供应链模式

（1）产供销一体化

现代农产品流通体系采用"公司＋农业合作社＋农户"的模式,把分散生产的农民与批发市场联系起来,使公司、农业合作社、农民结合在一起成

第四章 农产品流通体系创新管理设计

为经济利益共同体。采用产供销一体化的模式可加快农产品流通,增加农民收入。

（2）农超对接

将农业合作社与批发市场、大型超市、企业等以订单形式联结在一起,减少中间环节,增加农户销量,加快农产品流通,推进"农超对接",稳定市场供需和价格环境。

（二）形成农产品供应链金融体系

由于农产品供销公司和批发市场在整个供应链中处于核心地位,拥有中心调配职能和完善的信息系统,可与上游农户、下游销售商有效沟通,起到一个承上启下、中央控制的作用。因此要想建立一个完整的农产品供应链金融体系,关键节点是农产品供销公司和批发市场。农产品供销公司和批发市场向银行或金融机构提供担保,办理应收账款质押融资、应收账款保理融资、保兑仓融资、存货质押融资或预付账款融资等业务,缓解自身和链条内其他企业的资金压力,保持农产品流通市场畅通。

（三）尽快出台农产品供应链金融相关政策

重点培育一批创新示范企业,鼓励跨地区流通,提高产业集中度,形成和完善以企业为主体、市场为导向的现代农产品流通创新体系,成功探索并制定出一系列具有全国示范意义和推广价值的机制及农产品供应链金融政策。

（四）加大供应链各环节的金融支持力度

发展农产品供应链融资,需要该链条上每一个环节的紧密配合,银行、金融机构、核心企业、上下游中小企业甚至每一个流程间都需要相互依赖和合作,这就要求在传统农产品流通时代游离在链条以外的银行等商业机构也参与到现代农产品流通中来,进入到生产、物流、销售和资本活动中,深入企业内部,发掘这些企业的潜在需求与能力,为其提供相应的金融服务,促进现代农产品流通融资体系的构建。

（五）积极发展冷链物流融资

目前,我国的农产品流通已逐步由常温物流向冷链物流转化,减少了大量因物流中的温度问题而造成的损失。发展农产品冷链流通,迫切需要银行和金融机构为农产品企业提供冷链金融服务,缓解冷链物流对企业提出的更高级、更复杂的技术要求以及更多的建设投资,降低农产品企业因技术原因而承担的高风险,以提高农产品质量,保障消费者的健康安全。

（六）建立供应链金融信息服务体系

供应链金融的电子信息服务体系应用先进的技术和完备的系统,交易结算速度快,融资效率高,服务质量好,提高企业的财务透明度,利于银行和金融机构获得较为全面的企业信息。因此,供应链金融信息服务体系在建设现代化农产品流通体系中可以起到举足轻重的作用,在融资过程中有效提高银行和金融机构与企业间的沟通效率,减少企业在融资活动中产生的费用,减轻企业财务负担,提高其财务运营和控制能力。

（七）为中小企业提供灵活服务

在现代供应链中,由于中小企业无法占据市场主动权,常常面临核心企业和客户的双重压力,若是仅仅依靠自有资金运营,对中小企业是一个巨大的挑战。在这种情况下,急需金融机构为中小企业提供相应的融资服务,缓解这些企业的现金流压力,帮助他们提高运营效率,减少资金成本,降低企业生产运营成本,继而回馈下游客户,提高供应链整体绩效。针对这个问题,银行等金融机构出台了三种分别面向客户和中小企业的创新融资模式:客户融资购买模式、应收账款融资运营模式及厂商融资模式。

4.15.4 现代农产品供应链创新融资模式的可行性分析

（一）需求分析

中国农业从20世纪80年代开始产业化经营至今,已经形成了农产品供应链管理模式,现代化农产品供应链已经形成。现代化农产品供应链的发展促进了链条上核心企业与农业生产个体户和中小企业之间的合作,扩大了这些个体户和中小企业的市场份额,推动了他们的发展,随之而来的就是这些企业生产规模的扩大和对资金需求的增加。因此,现代农产品流通体系迫切需要银行等金融机构为农产品供应链上的非核心企业提供量身打造的金融服务,开拓以核心企业为依托的现代农产品流通体系融资创新业务。

（二）供给分析

2005年,深圳发展银行率先与国内三大物流企业——中国对外贸易运输（集团）总公司、中国物资储运总公司和中国远洋物流有限公司,签署了战略合作协议,开启了我国供应链融资业务的序幕。随即国内各大商业银行、农村信用社和村镇银行等金融机构也陆续推出自己的供应链金融服务产品。例如,中国银行的融易达和融信达组合融资方案,中国工商银行的"沃尔玛供应商融资解决方案",光大银行的小企业产业链担保产品融资业务等。

根据中国银监会公布的信息,2009 至 2011 年间,全国 35 个省(区、市,西藏除外)和计划单列市共计划设立 1 294 家新型农村金融机构,其中村镇银行 1 027 家,贷款公司 106 家,农村资金互助社 161 家。这些新型农村金融机构主要集中在中西部地区和我国的中小县城,供应链金融机制可以保障资金提供方的信贷安全,并为其创造新的利润源泉。

(三) 效益分析

从用户角度,农产品供应链融资为广大农户带来了福音。由于农产品供应链的上游,大多数是个体农民在进行家庭作坊式生产、养殖,现代化程度低,没有资金来扩大生产与养殖规模,无法获得规模效益。而与此同时,近些年人民生活水平的提高导致对高品质的肉、蔬菜、水果等的需求急速增长,造成了市场供不应求的情况。因此,农民获得资金支持可以提高农产品供应链上游的现代化程度,降低成本,提高质量,增加农民以及整条供应链的经济效益。

从银行角度,农产品供应链融资为商业银行等金融机构降低了信贷风险,同时扩大了业务范围。长尾理论指出,大量的小客户积聚起来所占的总市场份额可以与大企业不相上下,甚至更优质。水桶理论告诉我们,只有均衡发展才能提高整体效益。因此,银行等金融机构不应只关注供应链中的核心企业,应把注意力多投向中小企业,这部分企业拥有巨大的资金需求和上升空间,为它们提供资金扶持,可以迅速看到成效,逐渐培养成为银行的优质客户。

综上所述,现代农产品供应链融资可以合理降低整条供应链的风险,更科学地把握市场讯息,更为理智地评估农产品生产者,有效解决农民资金困境。通过农产品供应链融资业务的开展,有利于提高中国农村金融服务水平,提高了上下游企业的竞争力,也有利于核心企业的发展;提高了农产品供应链中资金的使用效率,也有利于提高中国农产品供应链的竞争力;促进了新农村建设,也有利于提高农民收入水平;拓宽了商业银行和农村金融机构的服务领域,也有利于创造新的利润增长点。

4.16　发展模式创新

4.16.1　现代农产品流通体系发展模式创新思路

农产品流通体系的现代化建设及示范型综合创新批发市场建设的最终目的,是通过流通产业创新促进农民的收入和农业发展,并且提供给消费者安全的食品,改善国民生活的质量。

通过建立示范型批发市场,迅速将其效果扩散到其他城市乃至全国。为此作为示范样本的市场应将早期取得的成果投入到继续发展中,并提出短期快速回收成本的方案。最终将示范样本的效果扩散至全国,推动农产品流通体系的现代化建设。

当然,项目初期示范型批发市场取得成功是不容易的。因为综合事业领域具有多样性、互补性,所以引入现代物流体系的批发市场,除了涉及农产品流通领域以外,还与现代综合事业领域相结合。通过结合,推进综合管理和"3D全方位运营管理制度",现代批发市场可开拓领域,创造新的商业模式,以交易的透明性和现代化系统等为基础,在东西方逐渐扩大的交易中抢占先机。

由于世界各国大卖场连锁化等原因,购买各自需要的农产品和原材料的全球采购越来越普遍,因此,传统批发市场的销售量在逐年减少。为了批发市场的生存和农产品流通体系的进步,需要构建现代综合批发市场。

4.16.2　打造创新型现代综合批发市场

将自然、文化、历史资源与现代批发市场结合,开发城市新型旅游线路,可以促进综合批发市场向专业化迈进。将批发市场打造成城市的农业生命科学博物馆、绿色健康体验馆、会议中心、文化公园,以及具有全世界各类品牌和商品的购物中心等。同时批发市场还负责储备和保管粮食资源,承担国家物价管理和确保国家粮食安全的职责,如4.14节所述。

为了支持现代创新型综合批发市场的建设,需要开拓四大创新领域,如图4.16.1所示,并且在现有批发市场内按照各自功能和作用,建设新的卫星设施和运营设备。这四大创新领域分别是:

第一,农业生命科学博物馆和绿色健康生活体验馆。批发市场为消费者制定农业现场体验活动和为消费者进行中医检查,主要内容包含健康预防和健康评估等。

第二,绿色健康生活休闲主题公园和购物空间。旨在推荐安全食品,传递健康生活理念,向全世界传播绿色饮食文化。其中,中国的气功可作为日常健康运动介绍给消费者,构建学习体验绿色健康运动的氛围与空间。同时,构建健康农产品和世界品牌商品的购物中心,提供丰富的产品支持文化休闲产业的建立。

第三,绿色健康会议。在批发市场内建设世界博览会场,召开健康、医疗和食品等相关博览会和座谈会,在交流的同时还可增加来自世界各地的客流,向全世界宣传中国的现代综合批发市场。

第四,安全食品储备。通过互联网交易和共同物流,现代综合批发市场可在履行价格形成职能的同时储备安全食品。

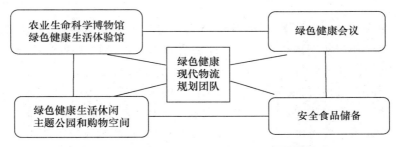

图 4.16.1　现代综合批发市场四大创新领域构成

4.16.3　建立历史和文化共存的商业模式

只有收集和分散作用的传统农产品批发市场的时代已经结束了。传统方式很难激活批发市场,因为大型流通企业更多的情况是不经过批发市场,而是在产地直接将货物传递给消费者,所以在传统批发市场模式下这种流通渠道发展较为迅速。当今社会,随着经济的发展,衡量一个批发市场的经营管理水平已经由单一的商业交易量指标,逐渐延伸为同时提供大量的商业交易与体贴的生活服务为指标。为参与者建设相关设施、提供周到细致的交易有关服务,可提高交易效率,减少交易费用与交易纠纷,节省交易时间,继而提高整个市场的运营效率,促进批发市场的繁荣发展。因此,批发市场需要新的发展模式,就是"综合领域和综合经营"。运用综合领域和综合经营体系的批发市场就是现代综合批发市场。

现代综合批发市场不仅仅是商业概念,还是历史和文化意义上的创新。在规划建造批发市场时,要将现代和古代,新科学技术农业与传统农业,服务业、生产和消费及休闲活动等结合起来。可将批发市场与中国传统农业文明、传统中医学以及中国文化相结合,突出中国特色,构建具有代表性的现代复合型批发市场。在现代综合批发市场上,传统批发市场职能与农业生命科学博物馆、绿色健康体验馆、综合经营部等新领域部门一起有机运营。这样建造的批发市场成为社区居民和国内外游客都可以参观游览的选择,体味中国的生活文化,体验中医学,享受购物。现代批发市场不是单纯销售农产品的场所,而是同时还销售着文化和健康,为游客的健康负责,树立当地农产品批发市场销售安全食品的新形象,也是一个国家农业、工业实力和文化软实力的体现。

4.17 品牌建设模式创新

因为农产品种类繁多、属性各异,再加上地区性的环境差异(经济环境、地理环境等),所以短期内很难形成一种完全通用的现代物流模式,因此从世界范围内和我国的实际情况看,农产品流通在相当长的时间内会有几种模式并存,这几种主要模式构成了农产品流通发展的综合模式。

但随着社会进步,分散的农户会向农业合作组织方向发展,以批发市场为核心的传统体系将向以配送中心为核心的现代体系和以流通中心为核心的共有品牌体系发展,物流园区、农产品零售组织和连锁是农产品现代流通发展的趋势,因此会形成"合作组织 + 物流园区 + 零售连锁"和"合作组织 + 零售连锁"两种主流的现代物流发展模式。现代农产品流通体系的品牌建设模式创新分为以配送中心为核心的现代体系和以流通中心为核心的共有品牌体系两方面,如图 4.17.1 所示。

4.17.1 以配送中心为核心的现代品牌体系

以批发市场为核心的传统体系与以配送中心为核心的现代体系之间,在交易形态上最大的区别是各个流通主体是否具有独立性。在以批发市场为核心的传统体系内,中间商与批发商之间形成"一锤子买卖"的交易关系,二者相互独立或者维持相对松散的联系。但是,在以配送中心为核心的现代体系中,各个市场主体之间在一段时间内、一定的价格条件下形成专属关系,这种长期稳定的合作关系将带来以下几点好处:

第四章　农产品流通体系创新管理设计

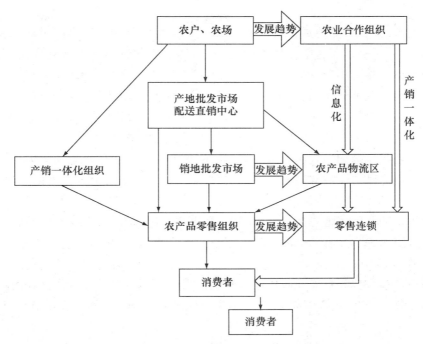

图 4.17.1　产销一体化发展模式

第一,农户可以稳定地销售自己生产的农产品,获得收入,其他流通主体也能够稳定地获得品质和价格稳定的农产品。这样长期的合作关系可以节省流通过程中的交易费用,避免生产与消费的不均衡所产生的价格波动,提高整个农产品流通的效率。

第二,流通过程中的农户和企业可以稳定地获得规定质量级别的产品,方便控制产品的品质和追溯生产、流通过程。通过现代化的农产品仓储、加工等方法,实现农产品的规格化、标准化,提高农产品的附加值。

第三,交易方式可以实现现代化,通过信息系统管理产品从农户到配送中心再到销售终端的各个环节,实现流通体系管理的电子化。

4.17.2　以流通中心为核心的共有品牌体系

尽管以配送中心为核心的现代体系在流通环节中可以获得上述优势,但其产品仍然很难具有品牌效应。因此,还要进一步建立以流通中心为核心的共有品牌体系。在这种体系下,农产品品牌将是由农民、农民组织、包装中心、批发市场等组织所有的。

传统上,农产品流通仅仅意味着农产品的集散,不涉及产品的再加工和包装等活动,但是以配送中心为核心的现代体系是覆盖了整个农产品的供应链:从农户的田地到消费者的餐桌上。只有标准化、规格化、商品化、差别化的产品才能进入流通体系,收获的农产品还需要通过选择、加工、包装和商品化等阶段才可以销售到市场上。也正是因为如此,传统的批发市场需要升级为配送中心以及更为现代化的流通中心,承担起加工、贮藏、分拣等职能。

农产品流通的一大困难来源于产品品种的多样性和生产地的分散性。这就使得农产品的品质与规格千差万别,供需之间也经常会出现不匹配的情况。因此,为了对应流通商的需求,需要在产地扩大生产规模和农产品总量。这种扩大不仅仅是简单地提高产量,而是在规模化的过程中实现专业化,并且使得农户和流通中心拥有共同的品牌。

共同品牌的建立有利于提高产品的竞争力。开发共同品牌的先进组织与省政府、市政府、县政府一起使用"地区农产品共有品牌"。采取这种方法的优点是能宣传该区域,而且可以促进该区域优秀农产品的销售。地方政府具有"地区共同品牌"的品牌所有权,其使用权是给包装中心和农民组织的。这意味着地方政府保证该地区生产的农产品的品质。为了该过程,地方政府制定农产品的生产过程、规格和品质的标准,并授权和监督农户和流通中心使用"共有品牌"。产品销售的前提是要实现农产品的商品化,这是指通过开发消费者满意的商品,促进积极的消费行为。所以生产农产品时,需要仔细地进行消费者调查,考虑生产成本等因素,即当"市场调查→商品化→宣传→促销"等方面顺畅时,才能有效提高需求。

4.18 国际化模式创新

4.18.1 构建国际化品牌的农产品交易体系的必要性

农产品与其他产品不同,生产有明显的季节性,但却需要四季供给,来满足消费者的需求。在主要生产期,因生产过剩,会发生过剩供给现象;生产期过后供给量会减少,在此期间,消费者对农产品的需求超过供给,为此将出现如农产品涨价等问题。储藏性好的品种、四季可生产的农作物及可长期保存的品种,不会产生供给不足所引起的价格浮动问题。由于农产品本身的特性,需求与供给之间很难达到很好的平衡，因此考虑地区或国家之间的供给不均匀或稳定价格，有必要进行农产品的相互交易。

北半球和南半球气候相反，东方（如中国、韩国等）和西方（如美国、欧盟等）所产的农产品（相同的品种）生产季节也有不同，因此国家之间进行农产品交易的可能性很大。例如，中国消费者很难在冬天购买葡萄，但在全球贸易的环境中，消费者在秋天和冬天就可以买到智利产的进口葡萄。

全球化的农产品交易也是农产品流通的一大职能，即"缩短生产和消费之间的距离，提高地区效应的活动"，用时间、空间来缓解产品的生产地区和消费地区不同所带来的问题，使无法种植某种农产品的地区也能消费到此产品。

全球化时代的市场开放要求国家相互之间要战略合作。为了确保自身的经济利益，让国外农产品进口到国内市场销售的同时，也要把中国农产品销售到国外。需要注意的是，全球化贸易需要同等质量的产品在市场上进行公平有序的竞争和交易。但是目前，我国出口的产品往往还是低品质和低价格的，而把高品质、高价格的国外产品进口到国内，这使得中国的农产品国际化道路还有很长的路要走，需要打造中国农产品全球化所必须具备的高品质、高价格的产品和流通体系。

4.18.2 进口品牌农产品的品种构成

世界交易量最多的农产品分布在生产产地特别广的地区或特定地区，以产量多的品种为主，如表4.18.1所示。在世界上交易最频繁的农产品是水果而不是蔬菜。与水果类相对比，蔬菜类生产周期短，储存性和流通的附加值也低，但可以一年多次生产。反而水果类一年只能生产一次，所以会出现缺货现象。因国际经济贸易、文化交流、国际旅游的发展与增加，要满足各国消费者对水果类的要求。

表4.18.1　主要世界品牌农产品品种和生产国

品种	主要生产国家	品种	主要生产国家
橙子	美国,智利,南美	猕猴桃	澳大利亚,新西兰
葡萄	美国,智利	柚子	美国
苹果	美国,新西兰	菠萝	菲律宾,美国
樱桃	美国,智利	柠檬	美国,智利
香蕉	菲律宾,厄瓜多尔	蓝莓	中国,美国,加拿大,芬兰,韩国,朝鲜

以上品种的农产品与中国形成了相互竞争和共同发展的关系。目前,韩国和新西兰已经形成互相供应猕猴桃的关系,在韩国秋冬可以生产猕猴桃,在新西兰春夏可以生产猕猴桃。通过猕猴桃的进出口交易,生产者可以得到稳定的收入,并避开国内猕猴桃的竞争。结果是消费者一年四季可以享受新鲜的猕猴桃,并且生产者可将得到的收益投资在生产技术的开发上。

对于交易量较多的 10 个品种来说,中国主要生产地生产的产品和国外主要生产国生产的产品没有冲突,所以相互之间没有竞争,并保持相互得益。但是,一部分生产产地与中国北方地区的产地有竞争。我们应以中国本土为主,促进美国、菲律宾等国家北半部与中国北方生产基地相互竞争和合作的关系,通过学习先进国家标准化与规格化来促进品牌的发展。

美国加利福尼亚州葡萄的生产是从第一年 10 月到第二年 1 月为止,美国华盛顿州生产的樱桃从 10 月到 11 月为止,与中国的生产时间几乎没有冲突。但是,与其他生产国有可能发生冲突。

南半球国家生产地与中国南部地区生产地会出现冲突,但是还是可以保持相互保护的关系。南半球国家智利的葡萄生产时间为 1 月到 5 月,樱桃生产时间为 1 月到 3 月,几乎没有与中国冲突。但是,智利等南半球国家销售到中国北京、大连等地区需要一个月以上的时间,所以要确保水果的新鲜度。

目前在 FTA 体系下,中国对国外品牌农产品占领国内市场还没有很好的限制方法。所以,我国需要通过国外品牌农产品的进口,来学习与提高国内农产品的品质,并从低品质、低价格的出口发展成高品质、高价格的出口。之前世界品牌产品是通过我国香港地区进口到内地,但是 FTA 竞争时代传统惯例和流通费用的增加,目前直接进口到中国大连、天津、青岛、上海、深圳、香港等地。这样一来就减少了流通费用并保持了农产品的新鲜度。

4.18.3 我国农产品国际化战略的实施步骤

(一)把世界品牌农产品"请进来"

把世界品牌农产品"请进来"的战略分三阶段实施:第一阶段是为了实现进口农产品的高效流通,建立交易基础设施和共同营销网络;第二阶段是建立在中国三个地区的农产品物流园区,构建物流网络;第三阶段是将现有的进口流通渠道转为出口流通渠道,并扩大交易范围。

第四章 农产品流通体系创新管理设计

（1）第一阶段

第一阶段的主要内容可以先在世界范围内选定10种左右世界品牌的水果作为对象，然后设计流通和营销战略，建设先进的批发市场与国际物流中心及交易特区。

① 在世界品牌农产品中选择10种水果商品，建立采购、营销、物流和利益分配等经营战略。

② 建设世界品牌商品化的物流中心特区，为销售进口世界品牌开展营销活动。

③ 把全国零售和批发市场作为对象，举办农产品流通说明会，以及选定流通负责人负责国际贸易专门交易平台会员，以及世界品牌农产品的进出口和国内流通，从而汇总全部的国际贸易专门交易平台网点。

（2）第二阶段

以物流园区为主建立国内流通网，以现有的交易物流特区为中心树立能够交易流通的物流区域。首先以北京、上海和广州3个大城市为对象树立地域流通网计划，这需要考虑各个城市的人口、产业水准、物流和商圈等的综合因素。

① 以北京为中心建立北方地区的共同营销供给系统。

② 以上海为中心建立中部地区的供给系统。

③ 以广州为中心树立南部地区的供给系统。

（3）第三阶段

在第一、二阶段运营系统的基础上，建立稳定的流通系统，将东西方的农产品交易扩大。

① 建立世界农产品的综合营销系统，通过共同采购、营销、流通，减少约5%的费用并创造收益。

② 利用进口农产品的流通系统运营经验和技术秘诀，打下中国农产品的出口基础，进而实现中国农产品的全球化战略。

③ 为了扩大中国品牌农产品的进口建立完善的流通体系。

（二）让中国品牌农产品"走出去"

同"请进来"战略一样，"走出去"战略也将分三阶段实施：第一阶段，要培养共同品牌和国家品牌；第二阶段，要建立农产品的国内流通网络，在中国二线城市和地区扩大物流中心和建立流通体系;第三阶段,把农产品的进口流通渠道转换为出口流通渠道并扩大交易范围。

(1) 第一阶段

第一阶段的主要目标是寻求地区优秀农产品,提高市场竞争力,发展共同品牌,力争建立国家品牌。

① 选定产地和品种,形成共同品牌。

② 各产地使用联合共同品牌。共同品牌应当有品牌管理规则,这带来地域之间品质的均衡,保证消费者能够购买符合质量标准的品牌农产品。

③ 共同营销,政府支持参与共同品牌事业的企业开展联合营销活动计划。在发展进口农产品的流通渠道的同时,构建农产品全球化的流通渠道系统,通过现有国际贸易专业平台会员激活农产品出口流通网络。

(2) 第二阶段

在第一阶段的基础上,实施共同品牌和国家品牌的营销综合计划,以国家品牌的国内流通网建设为重点。

① 为了建立稳定的销售网和供给网,在北方地区建立世界品牌特区,构建共同营销、流通、利益分配系统。

② 以中部和南部地区为中心扩散销售网和供给网。

(3) 第三阶段

在第一、二阶段的基础上,稳固和完善流通网络,这会带来稳定的市场贸易并实现东西方农产品的积极交易,该阶段的关键是物流园区的运营。

① 举办关于中国品牌的农产品和流通事业的推广会,并通过专门的咨询会争取农产品出口的机会。

② 在海外市场建立连接世界的农产品贸易物流园区,扩大出口贸易范围。在大连、天津、青岛、上海、深圳和香港的港口建设贸易保税仓库。

③ 通过海外和国内市场实现双方贸易往来,促进东西方之间积极的交易。

第五章
北京市新发地现代农产品流通体系实践

5.1　发展历程

北京新发地农产品批发市场成立于 1988 年 5 月 16 日,是由北京花乡新发地村农工商联合总公司兴办的一家村办集体企业,位于北京市南四环马家楼桥南 1.2 公里处,京开高速公路(106 国道)新发地北桥西侧。

经过二十多年的发展,新发地从无到有,从小到大,实现了自身发展目标与市场经济的完美结合,成为中国农产品行业的领头羊。2014 年市场占地面积 1 820 亩,有管理人员 1 700 多名,总资产达 40.6 亿元,是一处以蔬菜、果品、肉类批发为龙头的国家级农产品中心批发市场。市场主要经营蔬菜、果品、种子、粮油、肉类、水产、副食、调料、禽蛋、茶叶等农副产品,现有固定摊位 5 558 个,定点客户 8 000 多家,日均车流量 3 万多辆(次),客流量 6 万多人(次)。市场的交易量、交易额连续多年名列全国同类市场前茅,其中蔬菜、果品两大项的供应量分别占北京市场总需求量的 70% 以上。

北京市新发地农产品批发市场 2010 年实现总交易量 1 000 万吨,总交易额 360 亿元;2011 年市场各类农副产品总成交量为 1 200 万吨,实现总交易额为 400 亿元;2012 年总交易量 1 300 万吨,总交易额 440 亿元;2013 年市场交易量达到 1 400 万吨,交易额实现 500 亿元。据统计,目前新发地高峰期日吞吐蔬菜 1.6 万吨、果品近 1.6 万吨,被誉为北京市"大菜篮子"、"大果盘子"。

5.2　组织模式

作为全世界五十多个国家和地区优质农副产品的交易平台,北京新发地农产品批发市场为中国农业产业化发展作出了极大贡献。首先,它丰富了首都市民的餐饮生活,让市民每日都可以吃到新鲜的蔬菜和水果;其次,它激活了北京的城乡经济,使城市和乡村互相联结,取长补短,缩短了城乡差距,加速了中国农业产业化进程;最后,它培养了一批新型农民,通过示范作用,培育了一批适应市场经济规律的、拥有现代化农业思想的新型农民,带领他们走上致富之路。

除了新发地,在农产品流通过程中还存在着农户、经销商和消费者等流通主体。这些主体同新发地一起构成了农产品物流的组织者,是整个物流过程得以完成的实施者。每一个主体的素质高低和物流功能的完善程度都极大地影响着整个农产品物流的效率和成本。这些主体之间的有效互动对提高农民收入、保护消费者利益、增强鲜活农产品国际竞争力起着重要的作用。作为核心企业,新发地市场也有责任促进其他主体进一步发展壮大。具体做法如下:

(1) 促进农户的组织化程度提高

即加强农业专业合作社和农业协会的建设,把分散的小规模的数量众多的农户组织起来,形成规模,产生规模效益,降低交易成本和物流成本,便于市场监管。

(2) 加强产地批发市场的培育

产地市场更接近农户,加强新发地同其他地区产地市场的联系,可以更好地传递市场信息给农户,从而引导生产、促进物流的顺利进行,并降低物流成本。

(3) 加快培育专业的第三方物流公司

目前,我国真正专业化的第三方物流公司还很少,以批发市场为主导的冷链模式的建设离不开第三方物流公司的发展。

5.3 仓储、配送、加工、包装模式

(1) 加快市场升级改造,减少农产品中间流通环节

近年来,新发地有效利用政府的政策支持,针对市场需求,结合我国农产品流通现状,加快对现有市场的建设和改造,升级市场交易内容和交易方式,创新市场管理和经营方式。对于有条件的商品,直接采用"超市+批发市场+基地"或者"消费者+配送中心+农户"等配送方式,减少中间流通环节,降低流通成本,提高流通效率。在批发市场内建立农产品配送中心,推进集约化共同配送,对产品进行生产性的在途加工和配送中心加工。

(2) 进一步增加冷链基础设施的规模

使用冷库等冷链设施对易腐果蔬食品进行保鲜,使易腐果蔬食品从生产到消费的全过程始终受控于各种制冷设施设备,从而进行连续不断的保鲜处理,保证了产品品质。构建农产品冷链系统、保鲜系统和仓储系统等是一项重要内容。由于农产品具有易逝性和损耗大的特性,拓展农产品的冷链物流半径就成为完善农产品批发市场基本功能和提升农产品批发市场增值服务功能的关键环节。新发地现有冷库规模还远远不能满足市场需求,成为制约冷链建设的关键原因,因此,新发地需要进一步扩大冷库等冷链基础设施的建设规模。

（3）拓展完善的全过程冷链系统

由于农产品批发市场交易的多为蔬菜瓜果食品，对保鲜、安全有较高的要求，所以批发市场要拓展冷链覆盖范围，确保农产品从产地到流入批发市场再到流出批发市场这一全过程中农产品的质量。

新发地地区目前有新发地批发市场和中央批发市场，是北京市最大的食用农产品供应基地。2004年，新发地市场建成了全市最大的农产品保鲜库。为发展海产品经营业务，新发地拥有冷库容积4.8万吨，但仍然不能满足市场需求。这样，可储存的时间和品种就很少，经营者只舍得用冷藏库储存蘑菇这些高附加值的蔬菜，所以一般菜品基本上现到现卖，最多过2天，到第3天、第4天基本就不能再销售，只能扔掉。据估算，目前市场的冷库需求缺口在5万吨以上。

5.4 安全模式

（1）严格食品安全监督

新发地在其全国的农副产品批发市场均建立了食品质量检测机构，严格把关食品安全，保障了新发地的消费者可以放心吃到安全的健康食品。新发地市场还在2001年成立了北京市第一家猪肉产销联合体，加大了食品安全监测和追溯力度。

（2）重视商标知识产权保护

2000年，新发地农产品批发市场申请注册了新发地商标，并制定了商标管理办法。之后新发地一直使用35类新发地商标经营市场并销售农副产品，并且严格执行商标管理办法，保护其注册商标。

（3）提倡科学管理方法

新发地批发市场坚持"以人为本"的经营理念，提出"让客户发财，求公司发展""一切为了客户、为了一切客户、为了客户的一切"的经营思路，崇尚"以道德经济促进市场发展"的经营原则，在市场内部建立科学规范的市场管理体系，督促商户诚信守法规范经营。

5.5 信息管理模式

（1）建设供应网、分销网的布局

新发地针对区域特点、农产品特性、交通状况、需求特点，建设合适的农产品物流服务,合理规划出以新发地市场为中心向城市辐射的供应网和分销网布局。

(2)农产品流通信息化建设

信息是农产品供应链的神经系统,从农产品的产前、产中到产后的储存、运输、加工及销售,每一个环节的物流信息应做及时处理,方能应对市场变化。市场信息对农产品产生的风险和影响主要表现在以下几个方面:农产品市场信息的公共性,导致信息供给的需求不足;信息不完全,导致生产决策风险;信息不对称,导致交易收益风险。建立现代化全程的农产品流通信息系统可以有效地消除农产品流通过程中的市场风险和质量风险。

5.6 批发市场管理模式

新发地作为首都地区最大的批发市场,应该首先立足自身条件,提高自身的基础设施水平,并协助和促进相关流通主体的基础设施建设。

新发地注重加强批发市场的基础设施建设。农产品批发市场的固定资产投入较大,基础设施建设的完备和便利与否决定了一个批发市场经营活动是否能够有序和有效地开展。因而加强基础设施建设,是新发地物流发展的基本要求,也是保证整个产品冷链物流顺畅进行的基础和前提。基础设施建设主要包括以下四个方面:

- 农品批发市场建设以及农产品加工配送中心建设。
- 农产品仓储设备建设,如冷藏汽车、机械冷冻库、气调库等。
- 交通运输条件和工具设施建设。
- 农产品运输配送网络的选择和建设。

5.7 供应链模式

目前,新发地市场虽然已经成为农产品批发市场的龙头,在北京市乃至全国的农产品流通中发挥着无可替代的作用,但比起发达国家的批发市场还相对落后,面对未来市场对农产品交易的更高需求,新发地仍然需要进一步升级提高。随着农产品流通业的发展,新发地农产品批发市场的运营战略一直沿着产业链纵向延伸。从社区蔬菜商店直营战略向农产品基地连锁经营战略演变,标志着新发地进入了快速扩张时期。

（1）社区蔬菜商店直营战略

2007年开始,新发地在北京设立了超过50个直营社区蔬菜商店,以"把新发地市场搬到您家门口"为服务宗旨,将新发地的市场品牌优势转化为社区便民的服务品牌,促进农产品流通产业纵向资源整合。此举得到了政府的大力支持,将其作为一项为消费者带来实在收益的民生工程推广下去。

（2）农产品基地连锁经营战略

2009年8月,新发地农产品批发市场正式收购河北涿州大石桥农产品批发市场,并开始全面管理,迈出了新发地农产品基地连锁经营战略的第一步,企业进入了快速发展阶段。随后,新发地市场与山东招远农产品市场、盛产葱蒜的山东临沂、以花牛苹果闻名全球的甘肃天水、人参果故乡甘肃武威批发市场等都达成了合作意向。随着新发地农产品基地全国连锁经营战略的全面铺开,新发地批发市场的果蔬农产品将直接从产地采购过来,新发地公司和新发地市场中的购买者都可以在新发地批发市场里面购买到其他地区的农产品,减去了中间商产生的费用,提升了企业自身的盈利水平,优化了整个农产品流通产业。

（3）选择合适的冷链物流模式

当前,我国主要农产品冷链运输在各个环节不能有效衔接,从产地到批发市场的运输往往依靠一些运输公司,而在批发市场环节主要依赖于市场的冷库等设施,各个环节没有很好地整合在一起。包括新发地在内的大部分农产品批发市场的储藏保鲜设施、产品加工、分选、包装设施、市场信息收集发布系统、市场管理信息化系统、农产品质量安全检测系统等建设滞后,交易方式落后,导致农产品损耗率高,农产品物流运作效率不高。在这种情况下,新发地批发市场应该立足现状,完善自身冷链建设,提高自己在冷链物流中的作用,探索适合国情及自身实际的冷链物流模式。

综上,农产品基地连锁经营战略和社区蔬菜商店直营战略贯穿了从农产品产地到零售的整个产业链条,通过全国布点,新发地市场对农产品供应链进行了整合,减少了流通中间环节,增加了经营品种,同时更进一步降低了批发和零售价格。实施基地连锁经营,使批发市场更加靠近货源产地,有利于新发地批发市场在当地直接采购特产、生鲜、农产品,运往北京;实施社区蔬菜直营,使批发市场更加靠近最终消费者,令消费者可以吃到新发地在产地采购到的新鲜蔬果。这两种战略结合起来,再加上合适的冷链物流模式,使新发地逐渐摆脱了从中间商接货的模式,减少了流通环节,既提高了流通效率,又降低了批发和零售价格;既提高了消费者手中产品的质量,又降低了农产品损耗的成本。

5.8 服务模式

新发地的经营理念是"以德治场,以道德经济发展市场",企业精神是"诚信、团结、实干、创新"。

现代农产品批发市场的核心功能是服务,服务于客户购买行为,服务于批发商、农民和采购商的销售行为。新发地的成功,极大程度上可以归功于其先进的经营理念、"以人为本"的企业精神和"让客户发财,求市场发展"的服务宗旨,将市场自身的利益和客户利益捆绑在一起,为市场参与者搭建一个良好的交易平台、沟通平台。正是因为新发地农产品批发市场的这些先进理念,使得该市场先后被评为"全国文明市场""农业产业化国家重点龙头企业",走在了行业前列。

5.9 发展模式

新发地重视企业发展,认为若要为客户提供一个安全的交易场所,聚集更多的客户,维持持续稳定的发展,就需要建立规范严格的企业管理体系。经过多年探索,新发地总结出"在严管中规范,在服务中搞活"的发展模式,不仅持续严格监督食品安全、重视保护商标知识产权和提倡科学管理方法等,更是在推动法规建设、技术投入和人才队伍建设等方面也加大了力度。

(1) 推动法律和标准建设

到目前为止,我国在农产品流通领域尚无一个可供参考与执行的具有广泛约束力的标准,与鲜活农产品物流有关的法律多是部门性、区域性的,从而制约了我国农产品流通业的健康发展。一个行业能够稳步发展需要以相关的国家标准作为保障,对已进入市场和即将进入市场的企业进行规范化、标准化管理。

因此,新发地批发市场应充分发挥自身在行业中的优势,联合行业协会、高校和研究机构以及物流企业,加紧对农产品物流所涉及的各种标准进行整合和修订,促进我国现代农产品流通的健康发展。

(2) 重视技术开发、管理创新和人才培养

现代农产品流通涉及各个方面的新技术,建设农产品流通体系将不得不

面对很多的技术问题和管理问题,如保鲜、装卸、包装及市场管理等,而且这些技术和管理活动在很大程度上决定了农产品物流的作用是否能够有效地发挥和体现。作为批发市场的龙头企业,新发地拥有一支经验丰富和善于学习的管理团队和技术团队,从而可以通过加强物流技术的开发和管理方式的改变最大程度地发挥冷链物流带来的作用。

在市场升级和冷链建设过程中,新发地能够灵活处理存在的障碍因素。在新发地农产品批发市场的发展过程中,一些环节还不完善,存在很多影响升级改造的制度、体制、机制、市场等障碍因素,这就需要切实处理好这些因素可能引发的一系列相关问题,并且在建设过程中培养一批熟悉农产品流通和冷链物流的管理人员和专业技术人员,形成专业人才储备。

5.10 品牌建设模式

北京新发地农产品批发市场主要经营蔬菜、果品、肉类、粮油、水产、副食、调料、禽蛋、菌类、茶叶、种子等农副产品,是一处以蔬菜、果品、肉类批发为龙头的国家级农产品中心批发市场。2013年,市场各类农副产品总交易量为1 400万吨,总交易额为500亿元,是北京市政府重点支持的一级农产品批发中心市场,其强大的客户购买力、充足的客源和货物流通量,加之巨大的升值潜力,又为广大客户提供了良好的经营环境和交易平台。其中蔬菜供应量占到全市总需求量的70%以上,水果80%以上,进口水果90%以上。作为农产品流通环节的重要主体,新发地批发市场正在致力于自身的品牌建设。

由于新发地处于整个农产品流通的中心环节,冷链物流建设对于新发地市场的未来发展至关重要,并且,目前我国农产品流通链条中,冷链物流是最为薄弱的环节。因此,进一步加强冷链建设是北京新发地农产品有限公司做大做强、建立自己的品牌优势、进一步奠定首都"菜篮子"龙头的重要举措,也是北京新发地农产品批发市场响应政府号召,繁荣首都鲜活农产品市场,实现市场升级改造工程的重要组成部分。

5.11 国际化模式

为落实科技部、北京市人民政府共建国家现代农业科技城的建设协议,以现代服务业引领现代农业,走一、二、三产融合之路,通过资本、技术、信息等现代服务要素的聚集,打造国际化的现代绿色农产品交易平台,实现农产品优质优价,带动农业企业增效发展,促进优质安全生态高效的食品与农产品产业链建设,保障首都食品供应安全。2010年8月25日,北京市科委、丰台区人民政府、科技部农村中心共同启动了国家现代农业科技城——新发地国际绿色物流区建设项目。

新发地国际绿色物流区将整合科研院所、企业、检测机构等食品安全方面的科技资源,转化应用食品绿色供应链技术创新的最新成果和奥运食品安全科技成果,从流通领域为首都食品安全把好关键一关。通过应用"从农田到餐桌"的全程检测和追溯管理技术系统,实现食品安全保障功能;通过应用食品与农产品进出口"一站式"服务和电子交易技术系统,实现食品与农产品国际化流通贸易功能;通过应用IC卡会员管理和交易结算技术系统,实现现代信息、金融服务功能;通过应用交易数据的综合处理技术系统,实现信息决策与安全预警功能。

该物流区以"面向世界、立足北京、服务全国"为发展方向,以现代服务业引领现代农业为发展理念,建立以现代企业制度为基础的经营管理模式,高效便捷服务全球客商,带动全国各地的高端农产品在京销售,实现"农产品品牌和营销管理在京,生产加工在外"的总部经济发展模式,为全国食品与农产品物流业的发展提供技术引领和服务支撑。通过科技资源集成、科技成果集成转化应用、机制创新和现代农业模式创新,新发地国际绿色物流区将成为中国食品与农产品走向世界的重要窗口,成为我国高端食品与农产品国际交易的平台,成为国家现代农业科技城的亮点工程。

第六章
首农集团现代农产品流通体系实践

6.1 发展历程

2009年,北京首都农业集团有限公司(以下简称"首农集团")由三家公司重组成立,但是集团的历史可以追溯到1949年的北京平郊农垦管理局,即后来的北京国营农场局。当时农场的任务即是保障北京的肉、蛋、奶、果蔬等农副产品供应,在很长一段时间内担任市民的"米袋子"、"菜篮子"和"奶瓶子"。

2009年首农集团重组成立后,资产总额达300亿元,员工4万人,土地面积近11万亩,下属国有全资及控股企业64家、中外合资合作企业31家、境外公司3家,实现营业收入100.2亿元、利润总额近2亿元。

6.2 组织模式

2009年4月,经北京市政府批准,北京三元集团有限责任公司、北京华都集团有限责任公司、北京市大发畜产公司重组为北京首都农业集团有限公司。其中,北京三元食品股份有限公司为上市公司。

首都农业集团在畜禽良种繁育、养殖、食品加工、生物制药、物产物流等方面具有明显行业优势,业已形成"从田间到餐桌"的完整产业链条,拥有5家国家级重点农业产业化龙头企业和"三元"、"八喜"、"峪口禽业"、"太子奶"、"丘比"五个中国驰名商标,"三元"、"华都"、"双大"3个"中国名牌",以及一批著名商标,并与多家国际知名企业建立良好合作关系,具有较强的市场竞争力和影响力。

6.3 仓储、配送、包装模式

自2010年始,首农集团就有计划于5年内在北京五环和六环之间至少建造8个仓储配送基地,目前东郊物流配送基地已经建成并投入使用。

首农集团有关负责人表示,物流配送基地建成后,首农将以统一标准定点采购肉、菜、蛋、奶等农产品,并统一经由食品安全检测。检测合格后,将这些食品分拣成超市和商场适用的小包装,由基地运送到北京的各大商场超市,实现"从田间到餐桌"的安全产业链条。

第六章 首农集团现代农产品流通体系实践

6.4 加工模式

首农集团将自身的科研和管理优势与京外、京郊的土地和劳动力优势相结合,打造首农特色生产加工模式,形成了"以北京为总部,以大都市市场为网络,以国际化市场为外延,以京津冀区域为生产基地"的空间格局。

(1)三元食品生产线

首农集团在北京市大兴区瀛海镇建设食品工业园,整合了"三元"食品在北京的四个加工厂,应用新设备与新技术,采用中央全权控制的生产线,实现了生产区域无人操作的生产加工模式。这种模式不仅提高了生产效率,还减少了碳排放,更进一步完善了食品安全体系。

(2)怀来大发肉鸡项目

在河北滦平县,首农集团建设了一个集养殖、培育、生产、加工、配送于一体的怀来大发肉鸡一条龙项目。该项目不但充分发挥了首农集团自身的优势,而且可以享受到当地廉价的土地和劳动力优势,同时又能带动当地农民脱贫致富。

(3)华都肉鸡产业项目

首农集团与河北武强县签订了肉鸡产业扶贫项目,由旗下的华都集团在武强县建设一个肉鸡产业项目,集种鸡饲养、饲料加工、肉鸡孵化、商品肉鸡放养、肉鸡屠宰加工于一体。

6.5 安全模式

首农集团建立了一套完善的安全管理制度,经由育种、养殖、加工、配送等环节,从产品标识到产品追溯,再加上后期的产品召回,实现了对从原料到产品整个生产过程的实时检测和对运输、销售的完整监控,不符合国家标准的产品一律不允许出厂,问题产品一律及时召回销毁,保障了整个链条上的食品安全。

6.6 信息管理模式

"十二五"期间,首农集团重点打造了零售终端体系,借助自身的优势资源,建设电子商务平台。

2012年10月18日,首农集团党委书记、董事长张福平做客城市管理广播,向市民介绍了首农集团电子商务方面的新进展:"首农电子商务网站已开发建设完成,预计年底上线。届时,市民登录首农官方网站,可购买三元牛奶等首农系列产品。我们还将在部分社区建设品牌专营店及便利店,增设三元梅园店,让新鲜的乳制品直接进入社区。"

6.7 批发市场管理模式

首农集团在自有土地资源上建设了几个产品展销中心,作为批发零售市场。

(1) 农产品进京节点

南三环路草桥地区处于农产品进京的重要节点,首农集团在这里建设了一个全国优质的农产品展销中心。

(2) 环京城物流配送圈

在朝阳区黑庄户和京顺路、大兴区西毓顺、昌平区南口、通州区永乐店五个地区,首农集团建设了五个物流配送园和安全农产品研发展示展销中心。这五个配送及展销中心相互联动,形成了一个环京城物流配送圈,共同担负起进京农产品的检测加工、分拣分装、组合配送、信息引导、仓储物流、交易零售等任务。

6.8 零售市场管理模式

为了应对市民对农产品日益增长的数量需求和质量要求,首农集团在"十二五"期间重点打造零售终端平台。重点从两方面着手:

一是大力发展电子商务平台建设;

二是在各大社区全面开展社区首农品牌专营店和便利店建设。

6.9 供应链模式

2009年,重组后的首农集团致力于打造完整的绿色全产业链条,从育种到养殖、加工再到配送,实现全程可追踪、可监控。拥有完整独立的冷链物流体系,货架式冷冻储存能力居北京市第一位。通过在生产中使用速冻机、仓储中使用冷库、配送和运输中使用冷藏车、销售中使用超市的冷柜等,令产品从生产车间到消费者餐桌的全过程都处于冷链中。冷藏车全部装有GPS,可以进行运输途中的实时监控,形成了一个无缝链接的全过程冷链物流体系,在供应链的各个环节为农产品提供了质量保障。

首农集团着力在三大业务板块打造绿色全产业链条:种业和畜牧养殖及投入品为主体的现代畜牧业,以乳品加工和肉制品加工为主体的食品加工业,以及与之相配套的物流业。力求在2013年实现主营业务收入200亿元,到2015年达到300亿元,成为能代表首都形象、主业突出、实力雄厚、具有核心竞争力的大企业、大集团。

6.10 服务模式

加快建设北京外埠蔬菜供应链基地,是解决首都日益扩大的蔬菜需求与本地市场供给不足之间矛盾的必然要求。在需求层面,作为拥有2 000万人口的首都,安全、优质、充足的大众蔬菜供应是关系到市民"吃饭"和社会秩序稳定的民生工程。在供给层面,北京62%的面积是山区,蔬菜种植生产受到土地资源和水资源的限制,造成蔬菜供给不足;同时,北京农业的定位为都市型现代农业,更倾向于满足生态、休闲、观光、文化、教育等高层次需求,而且随着工业化、城市化的进程,满足上述需求的功能会日益突出和强化。在2010年北京市农村工作会议上,市政府提出了"深化农业区域合作,支持本市龙头企业在外埠建设农产品生产基地,促进农业产业链集约化经营管理,增强首都农产品应急保障能力和市场控制力"的发展要求。

首农集团作为北京市都市型现代农业旗舰,承担着保障供给、保障食品安全、保障物价稳定的重要使命,是北京市安全农产品应急保障体系主要承载单位之一。首农集团"十二五"期间,计划建设100个蔬菜标准化示范园区,总面积达10万亩的安全农产品生产基地。根据应急保障体系的需要,考虑到地理位置、气候特点、交通运输条件、蔬菜生产基础及上市时间种类,首农外埠蔬菜基地主要分布在河北、山西、山东等省市,直供距离在500公里以内的地区。

6.11 融资模式

（1）与北京银行的战略合作

2009年，首农集团组建初期，与北京银行签署了战略合作协议，获得了北京银行提供的综合授信20亿元，重点用于三元食品工业园项目、巨山有机农业示范园项目、金星鸭场建设项目、北京黑猪育种基地建设项目和凯拓三元"智能不育技术"种子项目等。北京银行的这一举措，对首农集团发展现代农牧业和食品加工业等优势产业提供了大力支持，推动了首都农业经济的快速发展。

（2）与北京农村商业银行的战略合作

2010年5月，首农集团与北京农村商业银行签署战略合作协议。在未来3年内，首农集团及其参股、控股企业将获得北京农商行提供的50亿元授信额度，形式包括流动资金贷款、中长期项目贷款、经营性物业抵押贷款、银行承兑汇票、保函、信用证、贴现、贸易融资等。北京农村商业银行为首农集团提供的这一融资，旨在打造银企支农新模式，未来将在综合授信、银行结算、业务创新等金融服务领域给予集团帮助，并在规定范围内提供优惠。

（3）国家开发银行支持首农菜篮子工程

2011年9月8日，首农集团与国家开发银行在北京国际饭店正式签署了《支持首都"菜篮子"三保障体系建设合作协议》。根据合作协议，"十二五"期间，国家开发银行将充分运用"投、贷、债、租、证"等综合服务手段，为首农集团的发展提供长期稳定的金融支持和全方位的金融服务，合作融资总量达到300亿元。双方将以"菜、肉、蛋、奶"等"菜篮子"为重点，围绕"现代农牧业、食品加工业、物产物流业"三大板块开展合作，构建以"保障食品安全、保障物价稳定、保障市场供给"为特征的都市农产品生产、加工、销售体系。同时，积极探索"政府引导、企业运作、金融支持"的合作模式，重点实施以"建基地、占高端、做龙头、保安全"为内容的都市型现代农业建设与农业产业化经营等措施，达到引领、示范、带动都市型现代农业发展的目的，力争在"十二五"末期，有效提高首都农产品的自给率、控制率、合格率和应急保障能力。

6.12 发展模式

首农集团坚持科学发展，加强第一产业、第二产业和第三产业的融合，重点打造集生产、生活和生态于一体的现代化都市农业体系。具体做法如下：

（1）聚焦主业，做强做大核心业务

首农集团非常重视主营业务，主张在做强主营业务的基础上加快发展步伐。为了实现核心主业各板块的均衡发展，集团时刻注意研究国家政策，正确把握宏观经济形势的走向，在发展核心产业的同时，十分注重优化产业布局，与此同时发展其他产业，尤其是被看做新经济增长点的培育性产业。

（2）务实高效，推动重点项目建设

首都菜篮子工程，河北定州现代循环农业科技示范园区，山东寿光、河南新乡奶牛示范基地，智能化牧场，武强肉鸡产业扶贫项目，双塔绿谷都市农业示范园，北京黑猪养殖基地建设，草桥、双桥、南郊、长阳等物流项目，首农研发中心，东科源市场综合科研楼，大连东港、方泽圃城市生态商务中心，双桥水泥库创意文化休闲园等物产项目，延庆农场综合开发项目，东郊、西郊、南郊、北郊、双桥、南口、东风等农场政策保障性住房、棚户区改造及自主开发项目，双河农场项目等，都是首农集团现阶段需要按部就班、逐步启动、事关全局的重点项目。

（3）求实创新，加快转变发展方式

首先，农场转型。首农集团发挥资源优势，与时俱进，深入了解新时期市场需求，消除发展中的短板与瓶颈，将农场培育成为利润过亿元的强势业务，引领若干业务进步，促进整体提高。

其次，整合资源。围绕核心主业，以重点业务和重点项目为依托，与国内外著名企业保持良好沟通与合作，有效利用各方资源，注重供应链协同合作，加强信息沟通，实现整体链条共同进步。

最后，自主创新。增强技术创新能力，提高冷链物流水平，研发创新食品，打造"首农味道"，推动品牌化建设。

（4）扎实推进，提升集团管控水平

在运营中完善流程，在管理中优化体系，压缩管理层级，优化组织结构，淡化集团总部的行政色彩，畅通决策传导体系，简化流程，提高效率，是首农集团一直以来为提升集团管控水平所做的一系列工作。加强成本分析核算，促进内部资本调配，提升一线人员的法律风险意识，梳理工作流程，规范品牌宣传与使用等，都是推动首农集团发展的良性举措。

（5）自主创新，对接科研机构

首农集团积极与大专院校和科研机构联合，连续 10 年承担国家科技部重大科技专项和科研课题,通过自主创新研发,应用最新的科技成果和创新的奶牛养殖技术,科学调整饲养工艺和口粮结构,使奶牛在高产的同时降低氮磷排放,建立了现代环保型奶业发展模式,以最短的时间生产出高产、高效、生态的原料牛奶,建成了一个现代化的高效生态技术集成体系,推动了首都奶牛养殖业的技术变革。

6.13 品牌建设模式

作为北京市现代农业的领先企业,首农集团传递"安全立业,业精于农"的理念,以"首农"品牌为核心,建立"首农"主品牌,以质量托底,以创新技术引领,以产学研联动,打造旗下子品牌(三元、华都、双大等)互为支撑、协同发展的集团品牌体系。

(1) 质量保障

自2009年集团成立以来,首农一直在不遗余力地进行着品牌建设。在企业文化部对品牌宣传的影响力、消费者关注度和接受程度等方面进行深度调研后,得出了现代品牌建设的意义与做法,随即对旗下的既有品牌进行了整合。短短几年时间,其三元乳品、黑六猪肉、八喜冰淇淋等品牌,由最初的不知名、门可罗雀,逐渐跻身国内著名品牌,为消费者所青睐和追捧。

首农集团的品牌建设原则是"以质量推动品牌建设";品牌理念是"安全立业,业精于农";品牌宣传口号是"安心之选,首农集团"。得益于这些朗朗上口、易于理解的宣传口号,首农集团的品牌形象很容易被消费者所接收,现在已深入人心。

"以质量推动品牌建设",首农集团不仅仅将其作为一种精神和一个口号,而是实实在在这样做的。以三元乳品为例,三元乳品主张稳健发展,不盲目扩张。在选择种源方面,首农集团从20世纪90年代初开始便将国外先进的种牛引进到中国,将其改良、培育、推广,到目前为止,三元绿荷27个养殖场的平均产奶量逐年以500—1 000公斤的数量增长。在生产加工方面,养殖场全部实行标准化,进行疫病控制、奶牛分群、配方研究、统一挤奶、牛奶冷链控制等。在饲料采购方面,三元采用高标准严格把关,所有采购的饲料必须经由专门机构的分析化验,合格后才能签订购销合同。经过层层地严格把关和市场考验,三元品牌已经得到消费者的认可。尤其是在近几年,国内频频出现乳品安全事件,三元牛奶仍然能够独善其身,质量经得起任何考验,树立了一个"放心奶、安全奶"的品牌形象。

(2) 技术创新

首农集团注重品牌建设,强力推动技术创新,打造"首农味道"。旗下的三元牛奶就是一个成功的例子。三元种业绿荷奶牛养殖中心现奶牛总存栏4万头,其中成母牛2万头,年产优质原料奶近2亿公斤,牛奶质量获国家绿色食品A级证书,是人民大会堂国宴专用奶生产基地。现已通过了国家良好农业规范(GAP)认证,是全国唯一的农业标准化良好行为AAAA级企业,并成为国家学生奶奶源基地。

首农集团一直以来都注重品牌建设,率先提出"按质论价"的牛奶收购政策。其牧场充分结合奶牛生理特点、气候条件等因素,配套建立了与之相适应的环境控制系统,为奶牛创造了一个干净、舒适、干燥的饲养环境。采用集约化奶牛生产工艺,高效高产地生产出优质、安全、生态的牛奶。三元品牌牛奶包装盒上面记录了每盒/袋牛奶生产的过程:

第一步,6:30,近郊牧场奶源采集;

第二步,8:00,奶源检测;

第三步,10:00,巴氏杀菌;

第四步,第二天3:00,冷藏运输;

第五步,6:00,到达超市货架。

(3) 产学研联合

首农集团肩负着发展首都绿色食品产业的艰巨任务,实行标准化、集约化生产,为首都人民创建一个安全稳定的食品保障体系,并担负着突发事件、重大灾害和疫情发生时首都的食品应急供应任务。

北京三元种业科技股份有限公司是首农集团畜牧业的代表,拥有较强的科研基础和经济实力。2010年4月16日,北京三元种业科技股份有限公司畜牧研究院揭牌成立。畜牧研究院设有2个专家委员会、8个研究所,整合利用国内外的先进科技资源和技术,以建成具有国际科技优势的企业科技创新体系为目标,以制定种业中长期科技规划、申报科研项目、课题实施及管理、组织技术研发、开展技术研究、整合企业内和社会科技资源等为职责,为三元种业和首农集团可持续发展提供全面的科技支撑。

6.14 国际化模式

北京首农集团旗下的种业和示范牧场自 2009 年以来,年年创造全国奶牛年均单产的最高纪录,成为我国奶牛业的领军品牌。奶牛生产基地单产记录的不断刷新,意味着我国牧场在不断引进、消化、吸收世界先进科学技术,标志着我国规模牛场生产管理已达到国际先进水平,同时也表明了中国奶牛业提升牛奶产量和质量的决心。首农集团构建和完善了我国现代化牧场管理体系和奶牛高产技术体系,正引领着我国奶牛养殖业向现代化和国际化迈进。

第七章
中粮集团现代农产品流通体系实践

中国粮油食品(集团)有限公司(以下简称"中粮")是我国目前最大的粮油食品进出口公司,同时也是实力雄厚的食品生产商,其旗下产品遍布国际粮油食品市场,在与大众生活息息相关的农产品贸易、生物质能源开发、食品生产加工、地产、物业、酒店经营及金融服务等领域成绩卓著。

7.1 发展历程

1952 年,中粮集团有限公司(COFCO)成立。自成立以来,共经历了四次更名:1965 年更名为"中国粮油食品进出口总公司",1998 年更名为"中国粮油食品进出口(集团)有限公司",2004 年更名为"中国粮油食品(集团)有限公司",2007 年更名为现在的"中粮集团有限公司"。如今,它已由一个以农产品和食品进出口贸易为主业的公司,发展成为一家跨粮油食品贸易、物流、农副食品加工、食品制造、生物化工、地产酒店、包装和金融等多产业领域的大型国有企业,名列全球企业 500 强。

中粮集团的发展大体分为三个阶段:
- 1952—1991 年,成立初期,以农产品和食品进出口贸易为主业。
- 1992—2004 年,实现了战略转型,将主营业务由传统的贸易代理向粮油食品加工等领域转化。
- 2005—2013 年,提出了"有限相关多元化,业务单元专业化"的集团战略,将中粮集团由粮油产品原料的贸易商与提供商角色转变为综合性的粮油食品运营商角色。

7.2 组织模式

中粮集团按照《公司法》的有关规定设有董事会、监事会和经营班子等对集团运营进行负责。集团下属 34 个业务单元,8 个一级职能部门,28 个二级职能部门。其业务单元和职能部门如表 7.2.1 所示,企业架构分布如图 7.2.1 所示。

表 7.2.1 中粮集团的业务单元和职能部门明细

业务单元		职能部门
小麦部	包装实业部	集团办公室

第七章　中粮集团现代农产品流通体系实践

（续表）

业务单元		职能部门
大米部	中粮地产（集团）股份有限公司	【秘书部】【公共关系部】【总务部】【IT发展部】【培训中心】【离退休干部部】
糖业部	物业投资部	战略部
玉米部	酒店投资部	【战略管理部】【投资管理部】【品牌管理部】【研究部】
中粮期货经纪有限公司	凯莱国际酒店管理有限公司	人力资源部
生化能源事业部	三亚亚龙湾开发股份有限公司	【人才发展部】【培训部】【激励报酬部】【员工关系部】
啤酒原料部	中粮集团（深圳）有限公司	研发部
油脂部	BNU公司	【产品管理部】【技术管理部】【综合管理部】
小麦加工事业部	金融业务部	审计部
新疆屯河投资股份有限公司	资产管理部	【绩效审核部】【内控审计部】
中粮酒业有限公司	中国茶叶股份有限公司	法律部
中粮可口可乐饮料有限公司	利海国际船务有限公司	【合同与公司法部】【诉讼与知识产权部】
巧克力部	中土畜三利发展股份有限公司	党群工作部
中粮食品营销有限公司	木材部	【直属党委办公室】【纪检监察室】【工会办公室】
粮谷贸易部	中土畜三利香精香料有限公司	
果菜水产部	中国粮油饲料有限公司	
食品贸易部	中谷粮油集团公司	
肉食部		

资料来源：国务院国有资产监督委员会网站，http://www.sasac.gov.cn。

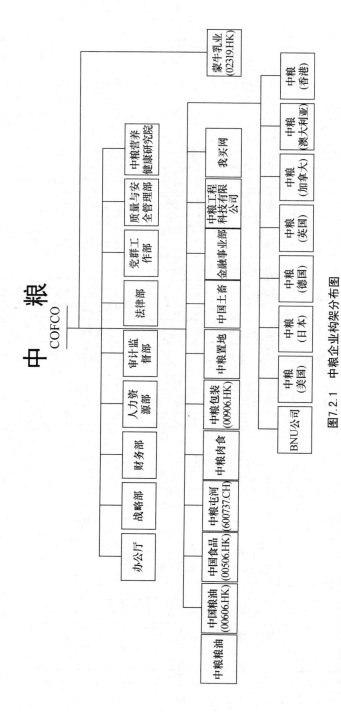

图7.2.1 中粮企业构架分布图

资料来源：国务院国有资产监督管理委员会网站，http://www.sasac.gov.cn。

7.3 交易模式

中粮集团目前所有的农产品交易由国内外进出口贸易以及电子商务组成。

（1）国内传统交易

在传统交易模式的基础上，中粮利用重组中谷集团后的机会加紧在东北、黄淮海和长江流域等粮食主产区建设粮食采购网络，在东北、东南沿海和长江中下游主要港口建设粮食转运网络，在华南、华东和京津等粮食主销区建设粮食营销配送网络。

（2）国外进出口交易

中粮一直是调剂国内粮、油、糖余缺、参与国家宏观调控的主渠道。目前，中粮占全国小麦进出口量的95%，大米、玉米出口量的70%，原糖进口量的70%。

（3）电子商务交易

"中华食物网"（www.FoodChina.com）是由中粮集团与我国台湾地区大成集团、美国ADM等17家知名企业联合组建的粮油食品交易平台。其目标是成为中国乃至亚洲最大的粮油食品电子商务网站。

"我买网"是中粮近几年新建立的一个B2C模式的电子商务网站，致力于打造中国最大、最安全的食品购物网站。目前，"我买网"提供休闲食品、进口食品、粮油、冲调品、饼干蛋糕、生鲜食品、婴幼食品、果汁饮料、酒类、茶叶、调味品、方便食品、早餐食品和厨具用品等多种品类。

7.4 仓储模式

在我国国内粮食市场上，中粮是目前最大的市场化流通企业，拥有300万吨仓容的粮库，175万吨的中央储备粮储备能力，80余座粮库，500家购销网点，自有港口（码头）吞吐量达到1 000万吨/年。

上述设施遍布国内16个省市自治区，涵盖了粮食主产区、主销区和关键物流节点。

7.5 配送模式

7.5.1 电商 B2C 配送

"我买网"是中粮集团旗下新创立的以通过网络进行购物消费的网站。以北京为例,其配送模式为:

我买网实行阶梯运费规则,北京运费计算方法:

① 单笔订单满 50 元(重量≤5kg)免运费。
② 超过 5kg,超重费用 1 元/kg,不足 1kg 按照 1kg 计算。
③ 单笔订单满 100 元(重量≤10kg)免运费。
④ 超过 10kg,超重费用 1 元/kg,不足 1kg 按照 1kg 计算;此后按照每满 100 元作为递增基数类推。
⑤ 北京城八区首重 5kg 内,订单 50 元以内,首重费用为 5 元,超重费用依照阶梯运费规则计算;北京郊区、天津城六区与可配送天津郊区,首重 5kg 内,订单 50 元以内,首重费用为 10 元,超重费用依照阶梯运费规则计算。

7.5.2 配送范围

北京城八区、天津城六区订单商品出库后送达时间为 24 小时。

北京郊区、天津九郊区订单商品出库后送达时间为 48 小时。

大港油田、武清、蓟县、静海县订单由北京中通大盈物流有限公司配送,不支持货到付款。

顾客所提交的订单将由库房每日统一发货一次,订单审核截止时间为每日 17:00。即 17:00(含)前生成的有效订单将于当日出库;17:00 后生成的有效订单将转入次日发货。

其他特别提示:果蔬生鲜食品订单审核截止时间为每日 11:00 点,即 11:00(含)前生成的有效订单并且在线支付成功,出库后将在 24 小时内送达;11:00 点后生成的订单将在 48 小时内送达(配送范围:北京城八区)。1 000 元(含)以上的货到付款订单,一般需经客服与顾客联系确认后方可通过审核。

7.6 加工模式

7.6.1 农产品加工

中粮集团向国内外的食品生产商、食品贸易公司和零售商提供植物油、糖、肉类、蔬菜水果、淀粉制品等农副食品，主要有植物油加工、制糖、屠宰及肉类加工、蔬菜、水果和坚果加工等。

中粮农产品分类多种多样，以茶叶举例来说，中粮的茶叶年生产加工能力达到5.5万吨。其中，中粮拥有具备世界先进水平，集拼配、除杂、称量、包装于一体的全自动清洁化加工生产线；运用先进的PLC（可编程程序控制器）控制系统对茶叶生产线进行自动化全程管控，控制成品茶中夹杂物在0.05%—0.1%，优于行业标准1%，达到国内先进水平；同时，中粮拥有国际领先水平的意大利IMA-C24型袋泡机、日本三角袋泡茶机以及各种茶叶小包装设备，雄厚技术与先进设备完美结合，生产、加工、包装层层把控茶叶品质，引领中国茶叶生产加工技术的发展。

中粮通过对种植、检测、采购、加工、物流、销售每个环节的控制，努力实现对食品安全、品质优良的保证。

7.6.2 饲料加工

中粮以农副产品为原料，采用国际先进的加工设备及配方理念，运营和在建饲料加工厂近20家，年饲料生产能力超过300万吨，未来将进一步拓展至800万吨。同时，中粮大力吸收最新技术、推动产品创新，为广大养殖户提供品类齐全、品质稳定、安全健康的畜、禽、水产饲料系列产品。

7.6.3 屠宰及肉类加工

（1）预冷排酸

通过采用先进的预冷排酸工艺，使猪肉的颜色红润，有自然光泽，味道鲜美，营养价值高，符合现代营养学的要求。

（2）精细分割

依照出口食品卫生标准新建了花园式的肉食品加工厂，并配备了先进的分割、包装设备，分割加工执行HACCP食品安全控制体系，整个工序严格控制在冷链环境内，确保肉品的新鲜、卫生。

（3）工厂化包装

率先推出工厂化气调小包装。加工好的猪肉产品经过微生物检查合格后，在冷链加工车间进行充气密封包装，防止病源微生物繁殖，有效避免了肉食品在运输过程中发生的"二次污染"，是真正的"免洗肉"。

（4）先进深加工工艺

将传统中式和先进西式肉制品加工工艺相结合，经过数十个小时精心制作而成，奉献美味产品，满足现代家庭健康和快乐生活的需要。

（5）严格检测

引进分光光度计、色谱仪等行业先进设备，检测每批次产品，确保肉食品的合格率。

7.7 包装模式

中粮集团是中国包装领域的龙头企业，旗下的杭州中粮美特容器有限公司是中国最大的印铁制罐生产企业，是中国印铁容器开发生产基地；无锡华鹏嘉多宝瓶盖有限公司是亚洲地区最大的金属瓶盖生产企业之一。

中粮包装作为综合性消费品金属包装领域的龙头企业，是中国最大的金属包装集团。拥有十家全资子公司和一家绝对控股公司，全国布局近二十多间工厂。

中粮将目标定位于中高端的消费品客户群，拥有三片饮料罐、食品罐、气雾罐、金属盖、印铁、钢桶和塑胶等七大类主要包装产品，主要应用于食品、饮料、日化等消费品包装，深度覆盖茶饮料、碳酸饮料、果蔬饮料、啤酒、乳制品、日化等消费品包装市场，并且具备出众的一站式综合包装服务能力，拥有领先的技术研发机构，主导和参与制订多项包装产品行业标准，拥有21项中国包装技术专利，并荣获多项国际包装大奖。

7.8 安全模式

中粮目前拥有非常完善的产品质量控制体系以及食品卫生安全管理体系，并且已经达到美国和欧盟的要求标准。以目前市场重点关注的乳业产品为例，中粮在全国19个省区市建立生产基地29个，年生产能力达670多万吨，年销售额超300亿元，累计创造产值1 600多亿元，累计缴纳税款80亿元。

中粮控股的蒙牛集团投资12亿元建成高科技乳品研究院暨高智能化生产基地,拥有亚洲最大的单体液态奶加工厂以及中国第一个挤奶机器人,巡更系统为原奶安全加上"电子锁"。每一滴原生奶均在几小时内通过全程保鲜的现代化运输链。生产线上的每一包牛奶都要经过9道工序、36个监控点、105项指标检测,只要有一项检测项目不合格,整批产品都不允许上市。

蒙牛高科技乳品研究院的分析中心配置了近3 000万元的先进仪器和设备,拥有硕士以上学历人员27人,定期对公司的原料和成品进行农药残留、兽药残留、致病菌鉴定、营养成分、维生素、添加剂、重金属、微量元素等共367项食品安全项目检测,切实保证公司出厂的产品符合食品安全要求。

7.9　零售市场管理模式

中粮集团与荷兰SHV集团属下的SHV万客隆公司合资创办了中贸联万客隆仓储式连锁会员店。中贸联万客隆第一家仓储式会员店北京洋桥店于1997年11月开业,第二家酒仙桥店于1998年12月开业,至今销售额已累计近40亿元,取得了良好的经济效益和社会效益。

"中华食物网"是由中粮集团与台湾地区大成集团、美国ADM等17家知名企业联合组建的粮油食品交易平台。网站主要面向大中华地区开展网上粮油食品在线交易以及信贷、担保、资信评级、在线咨询、商品检验等增值服务,其发展目标是成为中国乃至亚洲最大的粮油食品电子商务网站。

7.10　供应链模式

2009年,中粮集团提出打造全产业链的战略定位。这一全新的供应链模式以消费者为导向,通过对种植与采购、贸易及物流、食品原料和饲料原料的加工、养殖屠宰、食品加工、分销及物流、品牌推广、食品销售等各个环节的有效监管和控制,实现从田间到餐桌的全产业链贯通,使得食品质量安全追溯制度变得可能,有利于形成安全、健康的食品供应全过程,更好地满足消费者日渐挑剔的食品安全要求。以大米产业链为例,中粮集团从源头抓起,通过严格控制选种、种植、加工等环节来确保大米质量,然后通过中粮直营店将福临门等品牌大米销售给最终用户,实现了从田间到餐桌的全程覆盖,让消费者吃上绿色、健康的大米。

为了实现全产业链战略,中粮在农产品加工和食品行业做了一系列收购——收购目标包括蒙牛、五谷道场这样的企业;"中粮系"公司纷纷上市,引入战略投资者和职业经理人;中粮进入互联网领域,并且推出了颇让人耳目一新的病毒式品牌市场营销——"中粮生产队",让网友以最快的速度全面了解中粮产业链的全程。

中粮集团的全产业链战略包括纵向一体化和横向一体化两个方面。其中,纵向一体化是指中粮集团在自己的能力范围内沿着每条产业价值链尽量向着上、下游延伸和扩展业务,增加自己所掌控的供应链环节;横向一体化是指中粮集团对多个产业价值链之间的物流、财务、品牌等资源进行整合,发挥整体优势。

7.11 服务模式

在奉献营养健康食品的同时,中粮还为消费者建设优美的生活空间,发展旅游休闲产业,提供优质生活服务。以"全服务链城市综合体"建设为依托,中粮致力于打造集居住、购物、餐饮、娱乐、休憩、社交、办公为一体的生活空间。

随着北京西单大悦城、北京朝阳大悦城、沈阳中街大悦城、上海大悦城和天津大悦城的开发和运营,短短两三年时间里,大悦城的品牌家族已经形成,已经或者正在成为所在城市、所在区域的"新地标"。成都、杭州、广州、深圳、烟台……未来,更多的大悦城将在这些城市落户,如图7.11.1所示。

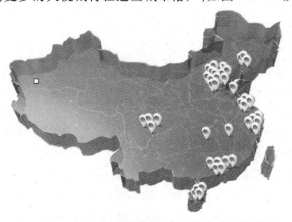

图7.11.1 中粮大悦城规划图(此处省略南海诸岛)

第七章 中粮集团现代农产品流通体系实践

国内一系列品牌知名度较高的住宅项目也是由中粮成功开发的,如:北京祥云国际生活区、上海中粮海景一号(顶级豪宅)、上海翡翠别墅、成都中粮御岭湾、成都祥云国际生活区、深圳中粮澜山、深圳鸿云等数十个项目,每个项目都以高品质、高定位、高附加值等因素获得认可。

中粮通过打造北京华尔道夫酒店、三亚美高梅金殿度假酒店、北京长安街W酒店,将世界顶尖的酒店品牌引入中国;中粮在中国经济最具成长性的环渤海经济圈、长三角经济圈、珠三角经济圈和沿江中西部四大区域拥有数十个住宅地产项目;并且投资开发的三亚亚龙湾国家旅游度假区,17年间从一个鲜为人知的湾区蜕变为中国顶级度假胜地。

中粮目前布局北京、上海、天津、成都等中国发展最迅速的城市,打造统一的运营管理平台,推动住宅、商业、工业、旅游地产和酒店业务的整合。实现住宅和持有经营型产品的合理搭配组合,在推动业务规模快速增长的同时带来稳定的现金流回报,形成优质资产,为股东和投资者创造稳定利益。同时调配资源,积极配合国家需求。

2010年11月,中粮集团与北京市政府签署《关于建设"中国北京农业生态谷"协议》,将在房山区打造集农产品加工、绿色种植、产业研发和国际交流等为一体的都市型现代农业示范区,共同探索解决"三农"问题、城乡统筹发展的新模式。

除了为消费者提供个性化的服务之外,中粮集团还通过旗下的中粮世通为企业提供高效、安全的一体化食品供应链服务,致力于为客户提供进出口代理、采购、仓储、运输、配送、初加工、渠道分销、信息管理及供应链金融的一站式服务。

中粮世通根据客户需求实现半自动或全自动化仓库管理流程。中粮世通预计完成部署后仓库管理的每个业务流程处理速度可以加快50%,能有效降低劳动力成本,提升运作效率。针对来自食品及餐饮连锁行业的不同客户,该解决方案亦有助于中粮世通更准确、灵活地处理每宗订单,并增强库存可视性和准确率,让其客户可以全程跟踪食品配送流程,有利于双方共同实时监控与把关食品输送的质量和安全。

中粮世通率先在其华南区的深圳物流园部署Infor WMS仓库管理解决方案,目标在本年底完成最核心的第一期工程,并在未来两年扩展系统至其他8个业务大区,于3年内逐步实现系统优化。

Infor为中粮世通实施的SCE供应链管理套件包括物流账单管理(3PL

Billing)模块,双方并将进一步探讨智能集成平台(ION)和物流运输配送解决方案(TMS)的应用。Infor 最新的 SCE 供应链管理套件共包含仓库管理系统(WMS)、物流运输配送解决方案(TMS)、物流账单管理(3PL Billing)及劳资管理系统(Labor Management)4 个模块,可以为客户提供更具竞争力的专业解决方案,满足企业的快速成长需要。

7.12 融资模式

20 世纪 90 年代初,中国进出口贸易持续高热,中粮通过香港资本市场买壳上市。从 1993 年 8 月到 1994 年 1 月,利用 5 个月时间花了 6 000 万港币把 2 家上市公司的壳资源买过来,并完成了上市公司的交接工作,一上市就融资 17 亿港元。

2001 年,中粮集团将其总资产的 80% 一次性并入在港子公司——中粮香港,中粮香港依据资本市场规律,把握时机分批次注入中粮在香港的两级上市公司"中国粮品"(后改名"中粮国际")和"鹏利国际",使中粮国际的股价从 1.5 港币左右摸到 2.6 港币。

2005 年,中粮通过全面重组新疆屯河投资股份有限公司和收购华润,控制了两支上市股票——＊ST 屯河(600737)和华润生化/CRBC(600893)。同年 11 月,中粮成为深圳市宝恒(集团)股份有限公司的第一大股东。

2006 年 4 月,深圳市宝恒(集团)股份有限公司更名为"中粮地产(集团)股份有限公司"。中粮地产成为整合及发展中粮集团房地产业务的专业平台,中粮通过采取逐步注入优质资产等多种形式,使中粮地产成为具有品牌优势的房地产开发商。当年年底,中粮又整合了丰原生化,增加了一个生物质能源方面的融资平台。

中粮集团不仅在股本市场运作,在债务市场也取得不少成绩。有了在香港买壳上市的经验,中粮集团确定通过中粮在美国的金融公司和中粮在香港地区的财务公司开展多渠道的国际融资业务。1994 年,中粮在美国芝加哥成功地发行了 2 亿美元的商业票据,紧接着,又利用其香港鹏利公司的信誉,以其资产作为抵押,在 1995 年、1996 年融到国际银团低息贷款 6 000 万美金。

2002 年,中粮将中粮香港 5 年期银团贷款进行再融资,并将原来的 1 年期美元商业票据换成 3 年,大幅降低了融资成本。此外,中粮还对汇率、利率风险进行动态管理,降低了汇率、利率波动对公司的影响。

7.13 发展模式

中粮集团有限公司从最初的粮油食品贸易公司发展成为中国领先的农产品、食品领域多元化产品和服务供应商,是中国目前最大的以全产业链模式经营发展的大型集团企业,主要集中在农产品、粮油食品、番茄果蔬、饮料、酒业、糖业、饲料、肉食以及生物质能源、地产酒店、金融等领域的发展。

中粮力求以客户需求为导向,在从田间到餐桌、从农产品原料到终端消费品的全程中,通过对全产业链的系统管理和关键环节的有效掌控、各产业链之间的有机协同,实现全面协调可持续发展的目标。

中粮从粮油食品的贸易和加工起步,产业链条不断延伸至种植养殖、物流储运、食品原料加工、生物质能源、品牌食品生产销售以及地产酒店、金融服务等领域,在各个环节上打造核心竞争能力,为利益相关者创造最大化价值。并通过日益完善的产业链条,中粮形成了诸多品牌产品与服务组合。作为投资控股企业,中粮旗下共拥有4家香港上市公司,以及3家内地上市公司。

7.14 品牌建设模式

中粮作为一家以粮油食品贸易加工为主的、多业务的投资控股企业,通过充分发挥粮食贸易主渠道及中国食品主要供应商的地位,满足了国家和人民对粮食、对食品日益高品质的需求;建立了国内外贯通的粮食贸易、分销、物流、加工体系,建立了品牌食品的研发、物产物流、分销体系;利用香港资本市场,促进体制及治理结构改革,建立了真正国际的大粮食、大食品加工及贸易商的地位。

中粮集团已经连续八年入选财富世界500强,其业务横跨农产品、食品、酒店、地产等领域,旗下众多优秀品牌(如长城葡萄酒、福临门食用油、金帝巧克力、可口可乐系列饮料、凯莱酒店、凯莱物业、鹏利地产、中粮面粉、COFCO牌啤酒麦芽、中粮美特印铁制罐、华鹏瓶盖等)。

由于"中粮"这一品牌的知名度远远低于这些子品牌的知名度,2006年,中粮将旗下各子品牌进行整合,统一了中粮新标识,提出"自然之源,重塑你我"作为新中粮的品牌核心价值,打造"大中粮,无边界"的阳光文化,全面提成中粮整体品牌形象。

7.15 国际化模式

中粮集团顺应经济全球化的发展趋势,在公司内部建立全球视野的资源配置体系、管理架构和运行机制,积极参与国际经济合作与竞争,实现资本利润最大化。通过重组、改制,中粮集团进一步强化核心业务和核心竞争力,同时组建了中粮粮油进出口公司(主营粮油糖政策性贸易业务)、中粮国际(香港上市公司,主营粮油食品生产加工业务)、鹏利国际(主营地产投资和酒店管理,2003年退市)、中粮发展有限公司(主营非上市业务)和中粮金融(主营人寿保险、保险经纪、期货等业务)五大经营中心。

其中,中粮国际的发展目标是成为中国和亚太地区最大的食品公司之一和境外投资者进入中国食品工业的主要渠道。

2012年6月中旬,蒙牛与全球最大的有机乳品供应商丹麦Arla Foods及中粮签署战略合作协议,后者以22亿港元入股蒙牛,持股约5.9%,成为继中粮之后的第二大战略股东。

2013年,中粮集团在北京房山区域启动一项上百亿元投资的农业生态项目,并与以色列私募基金Infinity(英飞尼迪集团)签署框架协议,双方拟共同开发。该项目开发面积将达到11.2万平方公里。前期英飞尼迪集团和LR集团将会向生态谷和相关农业项目投资超过10亿元,并计划在未来追加投资至100亿元。

第八章
顺鑫农业农产品流通体系实践

8.1 发展历程

1994年,北京市顺义区开始农业产业化战略部署,将北京市鲲鹏食品集团公司、北京市牛栏山酒厂和顺义区粮油加工厂等10家畜养、加工和原粮转化的龙头企业重组,建成了北京市泰丰现代农业发展中心,即北京市顺鑫农业发展集团有限公司的前身。1998年11月4日,顺鑫农业在深圳证券交易所成功上市。

北京顺鑫农业发展集团有限公司(以下简称"顺鑫农业")是一家集农产品生产、加工、物流、销售为一体的综合性大型企业集团。2003年年底,顺鑫农业公司总资产由最初的115 708万元增至193 864万元,净资产由最初的74 266万元增至116 512万元。

顺鑫农业围绕"大农业"概念,打造三维一体的优势产业(知识、资本、技术),先后荣获"农业产业化国家重点龙头企业"、"中国农业产业化经营20大龙头食品企业"、"中国肉类食品行业50强企业"、"中国食品工业企业100强"、"中国制造业500强"、"中国信息化建设500强"、"北京奥运会残奥会先进集体"等多种荣誉。

8.2 组织模式

顺鑫农业发展集团有限公司是北京市第一家农业上市公司,注册资本43 854万元。顺鑫农业下设6家分公司和16家控股子公司。

8.3 交易模式

8.3.1 传统交易模式

通过把现有产业和市内多个零售网点整合起来,建立了密切的业务合作进行销售,如批发市场、大型购物超市以及小型菜市场等。

8.3.2 创新交易模式

现顺鑫农业建立"我鲜吃"商城和"我鲜团"等电子商务B2C平台,定位于

第八章 顺鑫农业农产品流通体系实践

顺鑫农业旗下优质农产品购物网站,如图 8.2.1 所示。

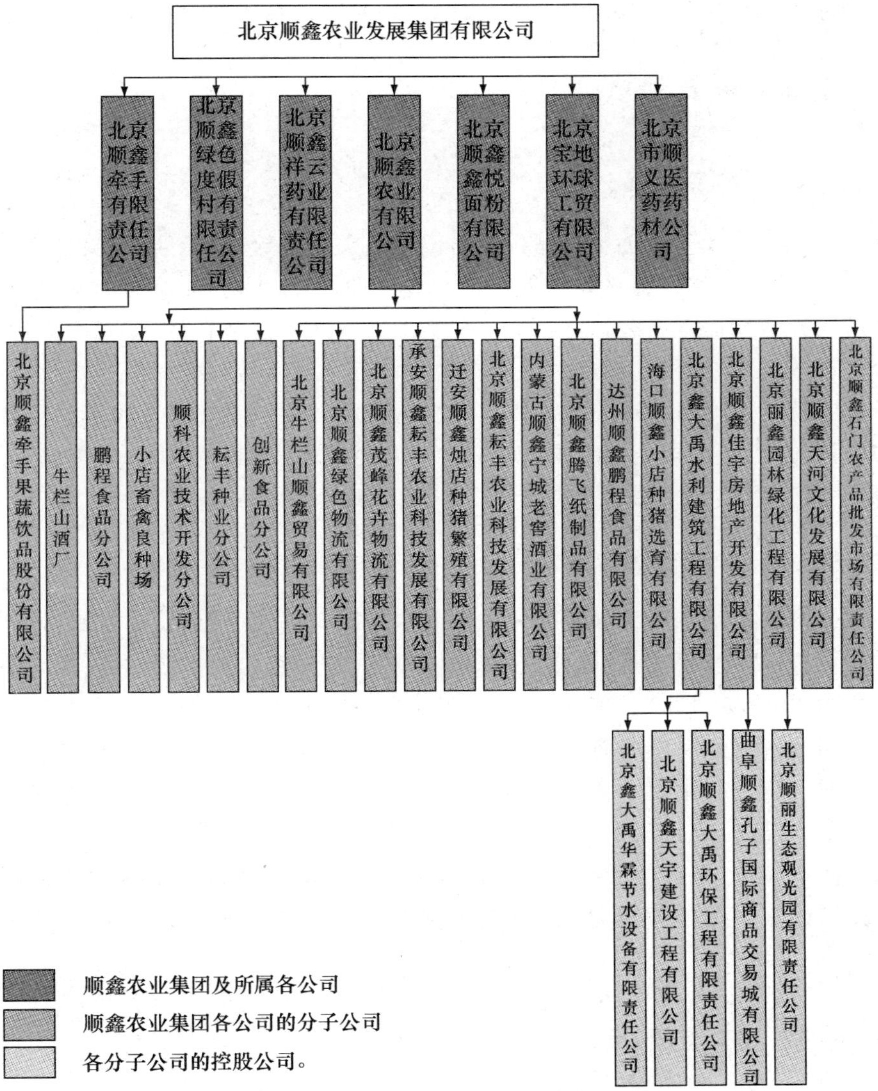

```
北京顺鑫农业发展集团有限公司
```

第一层(集团所属各公司):
- 北京顺鑫牵手有限责任公司
- 北京顺鑫绿色假度村有限责任公司
- 北京顺鑫祥云药业有限责任公司
- 北京顺鑫农业有限公司
- 北京顺鑫悦面粉有限公司
- 北京宝地球环工贸有限公司
- 北京市顺义医药药材公司

第二层(各分子公司):
- 北京顺鑫牵手果蔬饮品股份有限公司
- 牛栏山酒厂
- 鹏程食品分公司
- 小店畜禽良种场
- 顺科农业技术开发分公司
- 耘丰种业分公司
- 创新食品分公司
- 北京牛栏山顺鑫贸易有限公司
- 北京顺鑫绿色物流有限公司
- 北京顺鑫茂峰花卉物流有限公司
- 承安顺鑫耘丰农业科技发展有限公司
- 迁安顺鑫烛店猪繁殖有限公司
- 北京顺鑫耘丰农业科技发展有限公司
- 内蒙古顺鑫宁城老窖酒业有限公司
- 北京顺鑫腾飞纸品有限公司
- 海口顺鑫小店猪选育有限公司
- 达州顺鑫鹏程食品有限公司
- 北京鑫大禹水利建筑工程有限公司
- 北京顺鑫佳宇房地产开发有限公司
- 北京丽鑫园林绿化工程有限公司
- 北京顺鑫天河文化发展有限公司
- 北京顺鑫石门农产品批发市场有限责任公司

第三层(控股公司):
- 北京鑫大禹华霖节水设备有限责任公司
- 北京顺鑫天宇建设工程有限公司
- 北京鑫大禹环保工程有限责任公司
- 曲阜顺鑫孔子国际商品交易城有限公司
- 北京顺丽生态观光园有限责任公司

图例:
■ 顺鑫农业集团及所属各公司
▨ 顺鑫农业集团各公司的分子公司
□ 各分子公司的控股公司。

图 8.2.1 顺鑫农业发展集团有限公司

"我鲜吃"产品坚持以顺鑫农业集团产品为主打,整合集团旗下所有产品,包括牛栏山白酒,创新切分菜、沙拉,顺科波士顿生菜,耘丰菊苣茶等 8 类农副产品。为丰富产品种类,还引进了新疆、西藏等地特产,满足消费者对优质、特色、健康食品的需求。繁多的产品中,"我鲜吃"对供应商严格管理控制,所销售商品的企业均具备食品安全认证,产品具有检验合格报告。

8.4 仓储模式

8.4.1 创新食品分公司

顺鑫农业旗下的创新食品分公司位于北京市"绿色国际港"顺义区金马工业区,其50 000平方米的仓储配送中心容纳进货验收、储存、流通加工、配载等系统运作空间。创新公司的托盘货架系统可容纳上万个仓位,实现商品分类、分区存放;多种规格的搬运、拣选车辆,减轻了人员负荷,提高了工作效率;电子标签拣选系统(DPS)进行拣货,有效提高商品拆零(箱)配送效率和处理能力。同时,创新公司还拥有国内独有的专业冷藏车,能够实现"一车多温、一车多配、一次到达",创造全程配送"三个一"的新标准。

8.4.2 空港果蔬保鲜公司

顺鑫农业空港果蔬保鲜公司位于北京市顺义区天竺镇,毗邻首都机场,总占地面积17 000平方米,总建筑面积6 600平方米,总容积2 500吨。项目总投资5 000万元人民币,目前已投资3 000万元。保鲜周转库功能齐全,高温保鲜库4间,可储存1 700吨各种蔬菜及鲜花;气调库4间,一次可存水果600吨,存储时间可达120天以上;有冷链冷藏库1间,可存放200吨肉食品,温度-18摄氏度;有冷链冷冻间2间,冷冻容量10吨,温度-30摄氏度。该项目是空港附近面积最大、保鲜技术水平最高的保险库。公司出租库房给过往机场的货物提供储藏和保险服务,同时也利用其仓储保鲜能力自营高档果蔬的进销业务。

8.5 配送模式

顺鑫农业的配送模式是从种植基地到工厂,从储存到加工,从配送到销售,根据不同种类的果蔬、畜禽产品的保鲜要求,智能控温,提供全程冷链一条龙服务。因顺鑫配有国内独有的专业冷藏车,一车多温、一车多配、一次到达,所以一直拥有创造生鲜配送"三个一"的新标准。

专业冷鲜库,温度随心设定,保证大于48小时的超长保鲜度。自动化温控车间,中心智能调控,可根据加工产品的不同,在0—12摄氏度范围内设定每个车间理想的保鲜条件。

顺鑫农业集团旗下的电子商务网站"我鲜团"依托顺鑫集团自有的农产品物流配送体系,以快速的信息收集、迅捷的仓库作业、流畅的货物配送、简捷的货物交接为支撑,精准、快捷地将货品送到客户手中,确保食品"鲜"度。

随着订单量的增加,顺鑫农业以北京地区作为试点,使用全程GPS配送冷藏车,加强车辆运输过程中的温度监控及运输管理,实现了生鲜食品全程冷链监控和北京区域范围冷链物流的全覆盖。

8.6 加工模式

8.6.1 农产品加工

顺鑫农业创新食品分公司信奉健康源头是品质的基础,与国内绿色基地签订五年战略合作计划,依照国际绿色食品标准,制定了种前检验、田间检验、收获检验等一系列规范流程,确保果蔬、畜禽产品新鲜、纯净、无农药残留。

10万级空气洁净度的无菌加工车间,兼用紫外线和臭氧两种消毒方式,车间内所有设备都严格按照规定时间进行消毒杀菌。人流与物流分行,避免交叉污染,工作人员进入车间前必须经过黏尘、洗手、风淋等一系列严格的消毒程序。

顺鑫农业拥有国际最领先的日本PC加工线,打造生鲜果蔬、畜禽产品精细加工的高科技旗舰。同时配有智能数字化切割刀,无论是块茎类食品还是生鲜肉类产品,或丁、或片、或丝,尺寸随心调整,外形整齐划一。

顺鑫农业旗下的产品系列有创新快捷后厨系列、创新调理立烹系列、创新西式糕点系列、创新日式料理系列、创新鲜切蔬菜系列、创新沙拉系列、创新汤羹系列等。

8.6.2 肉食品加工

鹏程食品分公司是顺鑫农业旗下的一家集种猪繁育、生猪养殖、屠宰加工、肉制品深加工及物流配送于一体的农业产业化重点龙头企业,单厂屠宰量位居全国第一,目前是北京市最大的肉制品加工基地,其生鲜产品在北京市场占有率达到 40% 以上。

鹏程通过发挥产业化经营优势，加快食品安全体系建设步伐，主要举措有：抓源头，建立生猪饲养基地；管中间，严格产品检疫、检验；控终端，进行定点销售和挂牌管理。通过这些举措实现了从生猪货源、产品加工到市场销售各环节产品质量的有效控制。

鹏程获有 ISO9001 国际质量管理体系认证，同时也是首批获得全国工业产品生产许可证、HACCP 认证，并取得国家无公害农产品认证的公司。连续多年被指定为"两会"等国家大型会议的特供食品提供商。"鹏程"商标荣获中国驰名商标、鹏程牌鲜冻分割猪肉被评为中国名牌产品，鹏程品牌荣获全国三绿工程畅销品牌、北京影响百姓生活十大品牌等百余项荣誉。

鹏程旗下的生鲜肉产品有副食系列、精加工系列、生鲜肉系列等；熟肉产品有熏香肠系列、熏火腿系列、中式酱卤系列、酒店系列等；另外还有种猪系列、调理肉系列及礼盒系列等其他产品。

8.7　安全模式

顺鑫农业集团自配食品检测中心，在原有基础上与北京市理化分析测试中心合作，每天可对 180 多个样本进行检测，使市场的"农检"工作从定性检测转向定量分析检测，且出具的检测报告具有法律效力，将北京市"食品放心工程"落到了实处。

8.8　信息管理模式

顺鑫通过网络信息中心每天向国家农业部、商务部、北京市农业局、商务局、发改委、顺义区人民政府等重要部门报送价格信息，引导农副产品生产、运销和消费，以及在有效缓解种植户在生产、流通中存在的信息局限性和盲目性方面做出了积极的贡献。

8.9　批发市场管理模式

北京顺鑫石门农产品批发市场是北京市农产品批发市场中唯一由上市公司控股的农产品批发市场。市场成立于 1994 年，位于北京市顺义区仁和地区石门村。市场占地面积 50 万平方米,建筑面积 15 万平方米,现设有蔬菜、水果、粮油、水产、肉蛋禽、快速消费品等六大经营区域,商品辐射全国 20 多个省市、200 多个区县。

市场建有安全监控、食品检测、网络信息、电子结算、废弃物无公害处理五个中心,逐步形成了工商、公安、卫生监督站和市场主办单位四位一体的管理模式。

8.10　供应链模式

顺鑫农业已建成从农产品加工到物流配送的相对完整的产业链条,形成了以农产品批发市场、生鲜加工、物流配送为核心的组织体系。

在供应链管理上,顺鑫物流以国际现代物流智能电子技术为基础,开发了供应链管理系统,为企业客户提供高效优质的物流配送和数字化精确的库存管理。仓库内部所有作业,包括进货、出库、补货、退货、上架、盘点、复核,均采用条码和自动扫描技术,利用无线射频/手持终端完成作业,使整个物流配送中心实现无纸化作业。

通过互联网,顺鑫物流实现了物流信息配送平台的网上业务操作,信息的输入、存储、整理、分析等的效率得到了大幅度的提高,有效满足了业务部门和客户对商品信息、作业信息的查询和控制。

8.11　服务模式

顺鑫农业旗下的北京顺鑫石门农产品批发市场自建网站,并在网站内按时更新农商供求信息以及应季价格行情表等相关信息,供农商和顾客查看。

8.12　融资模式

顺鑫农业是经北京市人民政府京政函[1998]33 号文批准,由北京市泰丰现代农业发展中心独家发起,以募集方式设立的股份有限公司。改制过程中,中心以其经评估后的部分经营性净资产 31 390 万元投入股份公司,按 66.9%的折股率折为国有法人股 21 000 万股,占发行后总股本的 75%。

自 1998 年上市,顺鑫农业在国内证券市场通过首次公开发行 A 股和两次配股,累计募集资金 76 983.25 万元。

顺鑫农业围绕主导产业投资了一系列提高产品科技含量的技术改造项目和拓宽产业链的项目,并陆续收购或参股了顺鑫牵手公司、顺鑫石门市场、鑫大禹水利建筑等企业,并对牛栏山酒厂、鹏程食品分公司等企业进行了升级改造。在延伸公司产业链的基础上,更加突出了有规模、有影响力、有优势的企业,加速其发展壮大。9 年来,公司累计投资达 13 亿元,牛栏山酒厂、鹏程食品、顺鑫牵手等一大批有影响力、有知名度的企业迅速成长起来,成为公司利润的重要增长点。

8.13 发展模式

经营上,确立围绕大农业概念,坚持资本经营和产业经营协调发展的工作思路,对优质资产进行整合,企业综合实力不断提高。

管理上,逐步确立"总部—企业"两级管理模式:公司总部作为战略规划中心、投资决策中心、资本运营中心、政策及信息研究中心,重点研究中长期发展问题;各分公司、子公司为生产经营中心,即以经济效益为中心,重点研究市场营销和企业内部管理问题。

顺鑫农业通过做大做强主导产业,发展辅助产业,形成了业务多元化、管理专业化的现代农业企业:
- 做大种猪繁育、肉食品加工产业;
- 做强白酒产业;
- 完善农副产品生鲜加工及绿色物流产业;
- 发展房地产开发、水利施工及建筑施工等辅助产业;
- 积极培育农业旅游观光等业务,实现多渠道和谐发展。

顺鑫农业目前是北京市"放心肉"定点供应单位和猪肉储备的定点承储单位,同时也是北京市"菜篮子"工程的重要组成部分,长期保障着首都的生活食品供应。

8.14 品牌建设模式

顺鑫集团目前已经拥有的知名品牌包括:"顺鑫"、"牛栏山"、"鹏程"、"牵手"、"宁诚"、"小店"共 6 个中国驰名商标,8 个省级著名商标,1 个国家级非物质文化遗产。连续多年被评为农业产业化国家重点龙头企业、中国制造业500强、中国食品工业企业100强。

以牛栏山为例,牛栏山是顺鑫农业旗下最著名的品牌,从1998年公司上市开始,顺鑫农业就一直经营这一中国百年名品。从选料、糊化、发酵到蒸馏、灌装等十多道关键工序,注重对每一个工艺细节的把控。因此,牛栏山酒厂仍然是目前北京地区保持自主酿造规模最大的白酒生产企业,并且是最早拥有"中华老字号"、"中国驰名商标"、"中国酿酒大师"的白酒企业,最早获准使用"纯粮固态发酵白酒标志"的白酒企业;唯一一家"在太空开展清香型酒曲实验"、唯一一家获得"原产地标记保护产品"认定、唯一一家获得"全国工业旅游示范点"、唯一一家通过"国家级实验室认可"、唯一一家将"二锅头工艺标准"纳入国家标准的白酒企业,为二锅头之宗。

牛栏山酒厂从2004年开始调整产品结构,扩大市场推广力度。公司把产品分为低端酒与高端酒两种界限,其分界点是50元人民币:低端酒的销量占总销量的86%,中高端占14%,但利润占比已经达到50%以上。而原来主要做二锅头的北京市场,现在逐步往"一城两州三区"扩展。低端市场是中高端的品牌基础,由于二锅头这个品牌在老百姓心目中根深蒂固,特别是北京地区。虽然低端酒的利润低,但因为其销量所占比率比较大,所以会依然做下去。

根据顺鑫农业自己的估算,牛栏山酒已经占到北京白酒市场销量份额的50%,销售额的占比也是第一名。在北京二锅头市场中,份额超过70%,红星只有20%多,因此顺鑫农业把中高端酒的推广重点放在了外埠市场。

第九章
锦绣大地农产品流通体系实践

9.1 发展历程

1998年2月,北京锦绣大地农业股份有限公司(以下简称"锦绣大地")成立,由13家股东出资,在中关村科技园区注册,注册资本3.66亿元人民币,国有资产占74%,是一家以民营机制经营、国有资产占74%的农业高科技股份制企业。该公司在北京地区合同租赁土地12 000余亩,内蒙古自治区约20万亩。

自成立以来,锦绣大地共获得100余项荣誉和证书。2003年被国家八部委评为农业产业化国家重点龙头企业,并于2005年通过复评;是国家发改委批准的现代农业高新技术示范基地;是科技部确定的"十五"第一批国家级科技创新型星火龙头企业和国家级星火外向型企业、"863"三倍体"湘筠鲫"鲫鱼示范基地、海洋"863"耐盐抗海水蔬菜中试基地;是国家外专局引进国外智力特色农业示范基地、北京市安全农产品生产基地、北京市农业标准化生产示范基地;被美国可持续发展研究所授予可持续发展商业标志。

锦绣大地的发展方向是以科学发展观、可持续发展理论为指导,以现代企业制度为基础,市场为动力,高新技术为支撑,标准为保证,资本为纽带,科学管理为核心,打造科、工、贸一体化的现代农业产业集团。主营业务包括现代农产品流通业、农产品加工业、农业高新技术的研发与产业化和现代生态产业四大框架。其发展目标是成为华北最大的绿色安全食品、酒店用品交易平台,亚洲超大规模绿色产业基地,以及中国食品物流示范基地。

经过多年的努力,锦绣大地已形成了优良品种开发、生物技术和动物胚胎工程、天然药物、生物制药和生态修复等四大核心技术体系;以及一个市场支撑体系,即农副产品批发市场及绿色安全食品物流生产配送中心;形成了市场、产业、技术和价值四大链条,依靠技术进步促进产品升级、产业升级。锦绣大地直接带动了近二十万户农民增产增收,在全国起到了一定的产业示范作用,对于带动区域和农业产业化发展、促进三农问题的解决具有重要的作用。

9.2 组织模式

锦绣大地有七家控股公司,分别是:北京锦绣大地农副产品批发市场(锦绣大地物流港前身)、北京锦绣大地农业股份有限责任公司进出口公司、北京

第九章 锦绣大地农产品流通体系实践

大地常青保健食品有限责任公司、内蒙古林西锦绣大地农业有限责任公司、北京锦绣大地物流配送有限公司、北京锦绣大地风华兽药有限公司、贝尔尼奇兽药(北京)有限公司,其组织结构如图 9.2.1 所示。公司产品及服务辐射整个华北、东北乃至全国。

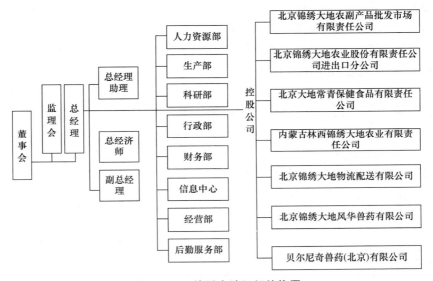

图 9.2.1 锦绣大地组织结构图

锦绣大地具有一支包括 MBA、规划师、项目管理师、质量工程师、注册会计师、经济师、工程师、营养师、畜牧师、园艺师等复合人才在内的高素质的人才队伍,这是锦绣大地蓬勃发展的重要基础。

锦绣大地还与中国科学院、北京大学、清华大学、中国农业大学、中国农科院,以及美国、加拿大、英国、法国、荷兰等国相关院校、研究所开展密切合作,先后承担 6 个国家"863"中间试验、30 余项省部级课题。获得专利 25 项,其中:发明专利 13 项,地方和企业标准 33 项,新技术及产品批准卡(黄卡)19 个,中兽药证书 47 个,中药颗粒配方标准 412 个。这些为锦绣大地的农产品生产和流通的现代化和标准化打下了坚实的技术基础。

9.3 交易模式

目前,全国农产品批发市场 98% 以上是以现货交易为主。然而,从现代流通业发展趋势来看,市场经营将从现货交易为主,逐步发展到"物流、商流、信息流"三流结合,同时进行中长期合约交易,引导农民根据市场需要组织生产。

锦绣大地经过多年的升级改造,已经逐步实现由对手交易向拍卖交易、网上交易过渡。市场保留了目前我国批发市场普遍采取的对手协商交易方式,逐步提升发展为协议订单交易、委托代理交易、拍卖交易。在新建成的蔬菜水果交易厅、粮油交易厅、肉类交易厅内设立拍卖交易示范区,鼓励经营大户和规范化的经营组织进入示范区进行拍卖交易。

拍卖示范区拍卖的农副产品主要为即时交割的现货。农副产品买卖合同为标准合同,由批发市场设立的拍卖部拟定。农副产品拍卖由市场指派的拍卖员主持,交易市场公布当日拍卖的农副产品品种、规格、价格、质量及数量。委托人拍卖的农副产品必须符合市场拍卖部规定的规范品种、规格、包装、计量。竞买人凭证件参与拍卖,并向市场拍卖部交纳保证金。

同时,锦绣大地还在建立电子商务平台,大力发展农副产品的网上交易,更及时准确地为经营者提供经营消息,并且与相关行业网站交易平台对接,实现农产品供求双方网上交易,节省时间和成本。

在结算方面,锦绣大地采取现金交易和结算卡相结合的方式,并将分阶段逐步取消现金结算。结算中心为交易者设立账号,汇总每天的交易者代码和交易额,为交易双方提供转账结算服务和缴收交易管理费。升级改造之后的锦绣大地将在市场内采取统一电子结算方式。

9.4 供应链模式

农副产品的从产到销,需要有一整套物流运作流程:生产基地—市场准入—绿色加工及绿色包装—检测中心—配送体系—全程冷链物流—零售终端。锦绣大地的供应链模式基本上符合北京市农产品流通的一般模式(如图9.4.1所示),它处于批发市场环节。北京生产的农产品中有些品种占商品流通量的比重仍然比较小,其中蔬菜和水果有相当一部分都是来自外地,通过农产品批发市场进入北京市,并经过各类商贩、集贸市场、早市、超市等流通环节进入消费者手中。以农产品经销公司、农产品物流配送中心、生鲜超市为代表的新兴农产品流通方式在农产品流通体系中取得初步发展,为建立现代化的农产品流通渠道奠定了一定基础。

为了打造成为亚洲超大规模绿色产业基地,锦绣大地将投资10多亿元,建设总面积50余万平方米的物流港,使其成为集批发、展示、商务等多种功能

第九章　锦绣大地农产品流通体系实践

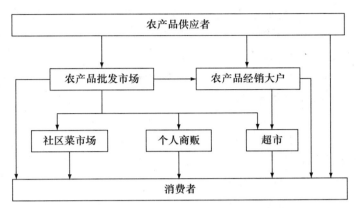

图9.4.1　锦绣大地的供应链模式

于一体的现代化商贸平台。锦绣大地现代化物流港是华北最大的进出口食品、酒店用品交易平台,北京地区最大的名优酒水交易平台,以及北京地区最大的绿色安全食品交易市场。

锦绣大地物流港经营的是绿色产业和现代物流产业,是对此前锦绣大地农副产品批发市场的优化升级。同时,批发市场的物流系统也为物流港的运作提供了较好的基础。锦绣大地的批发市场和物流港2007年商户6 000余家,此后入驻商户数量以每年30%以上的速度递增。物流港的投入使用使得原有批发市场的产品结构和经营规模都有了不小的改变,如新增水产品的加工批发,目前中国的10个水产品名牌中已有7个入驻物流港。

物流港是商流和物流的结合,规模化的经营形成后,对物流港的软硬件设施、物流服务水平等方面必定带来更高的要求。从某种意义上说,批发本身就是一个物流的过程。物流港内的商品品类众多,包括蔬菜、水果、肉类、蛋禽、水产、粮油、调料等十几大类。这个体系由一系列的商户构成,他们上游连着生产厂家,下游连着各级批发商、零售商,整个业务中存在采购、仓储、展示等环节,而每个商户都接近于一个完整的物流体系,各方面交叉起来就变得很复杂。

锦绣大地现有的物流系统包括四大体系:专业冷链+食品物流体系、网络与信息服务体系、产品质量控制体系及城市物流配送服务体系。

9.4.1　仓储模式

生鲜农产品的特性使得它对仓储条件的要求较高。首先,农产品最大的特点是易腐性,并且在高温下会产生食品安全的问题。其次,水产、蛋品、冷冻食品及酒类、干果等很多食品都需要一个适宜保存的温度,这些都要求批发环节在冷链物流建设方面投入大量的人力、物力进行完善。而目前的情况是,北京的冷库资源不足,涉及冷链物流的流通、加工、销售环节的建设不够完善。同时,政府缺少相应的政策引导和扶持,特别在建设规划方面。

锦绣大地在农产品仓储基础设施方面具有很大的优势,它在升级改造项目的前期就已经投资建设了 15 000 平方米的仓储区以及容量为 4 000 吨的冷库保鲜区。箱式卡车将生鲜农产品运送到装卸口,农产品进入配货车间进行相应的检测、分类和简单加工,然后被送到仓库进行适当的存放,仓库区一般采用高层货架,以充分利用存储空间。

9.4.2 配送模式

锦绣大地拥有自己的物流配送队伍——北京锦绣大地物流配送有限公司,这是一家依托母公司强大的实力和良好的商业信誉,整合批发市场、物流港、检测中心、大地优质品牌等优势资源,通过销售自有优质产品以及代理优质品牌等形式,专业从事农副产品、食品、酒水饮料分销渠道建设与经营,面向机关、团体、企事业单位等提供全程服务的专业营销公司。北京锦绣大地物流配送有限公司承接物流配送业务,全面覆盖批发市场渠道、餐饮渠道、商超渠道及团购渠道等,产品品类齐全,可为客户量身定制一揽子服务,降低客户的物流成本,加速资金周转,提高服务效率。

此外,北京锦绣绿泽商贸有限公司也是锦绣大地集团旗下的企业,依托锦绣大地批发市场强大的产品聚合力,充分整合产地资源和物流资源,专业承接农副产品的团体订购及配送业务,包括蔬菜水果、大米杂粮、海鲜肉类、山珍干果、禽蛋、食用油等。通过提供绿色、有机、无公害的食品以及便捷、高效、准确的物流配送服务,努力成为我国食品物流行业的领军企业。北京锦绣绿泽商贸有限公司目前已成为 96156 北京市社区服务热线的合作伙伴,承接北京市区范围内各个社区的配送业务,包括居民日常生活的米面粮油、水果蔬菜、海鲜肉类等。

锦绣大地从 2001 年开始做超市和便利店的绿色食品配送,遇到了收货排队、结款速度慢等问题。一个大型超市一天可能有很多辆车在同一个时段送货,这就是一个分散配送和集中配送的问题。为了能做到集中配送,锦绣大地被打造成一个超市的供应基地、采购中心,提供"一站式"服务,这样可以在收集补货信息等方面实现更高的效率,同时大大降低仓储、运输成本。

在冷链物流系统中,锦绣大地利用信息技术进行解决方案管理。考虑对整个流程的温度控制,包括使用数码温度计、附设温度报告,记录整个流程及每个交收过程的温度。

9.4.3 加工包装模式

我国农产品交易中初级农产品占主要地位,附加值较低,而深加工农产品较少,使得我国农产品的竞争力不足。然而,锦绣大地非常重视农产品的加工包装,主要通过礼品配送卡的方式实现。

目前,锦绣大地礼品配送卡已经成为众多企事业单位每逢佳节职工福利及商务往来馈赠的首选。

9.5 市场管理模式

9.5.1 锦绣大地农副产品批发市场概况

北京锦绣大地农副产品批发市场是华北最大的农副产品批发市场之一,是由北京锦绣大地农业股份有限公司、海淀区国有资产投资管理公司等股东按现代企业的法人治理结构投资建设的现代化市场。市场始建于2003年4月,注册资金6.5亿元,其中北京锦绣大地农业股份有限公司以94%的股权控股。

北京锦绣大地农副产品批发市场,整个市场占地2 000余亩,包括8个市场板块:干果调料市场、水果市场、蔬菜市场、海鲜市场、肉类市场、粮油市场、酒水市场、酒店用品市场等。

北京锦绣大地农副产品批发市场分为南北两区。南区主要经营品种包括调料、干果、厨具、牛羊肉、酒水小食品和茶叶等。其中,调料的成交量已占到北京市场一级批发量的60%以上,是华北地区最大的调料集散地。牛肉批发日交易量为80吨。羊肉批发日交易量达到120—150吨,占北京市场一级批发量的70%以上。北区则包括蔬菜、水果、水产、肉类、粮油和自营的绿色安全食品专营市场等6个专业市场。2004年成交额超过60亿元,2005年成交额达到70亿元,是京西地区最大的农副产品批发市场。粮油交易区淡季日成交量约1 100吨,旺季日成交量2 200吨,大约占北京市场份额的40%;蔬菜交易区日成交量约30万公斤,占北京市场份额的15%;果品交易区正常运营后进口水果和精品水果的交易量将占到北京市场份额的60%以上。

整个锦绣大地汇聚全国各地 5 000 余家商户,经营各地名优特产达上万种,其中绿色有机食品千余种,产品销售辐射华北、东北、内蒙古等北方主要地区,是北方地区最重要的绿色有机食品的集散地之一。目前,北京锦绣大地农副产品批发市场入驻商户达 4 000 户,新增商户平均每年超过 30%,经营品种逾万种,多项交易份额在北京市占据高比例。2005 年市场交易额达到 70 亿元,辐射华北、东北及周边多个省市和地区,并荣获"中国食品物流示范基地"称号。

9.5.2 锦绣大地与北京市其他农副产品批发市场的比较

为了更好地了解锦绣大地当前所处的市场竞争环境,需要将锦绣大地与北京市其他主要农副产品批发市场进行比较,主要包括新发地、大洋路、岳各庄、八里桥、石门和水屯这六个农产品批发市场,其地理分布如图 9.5.1 所示。

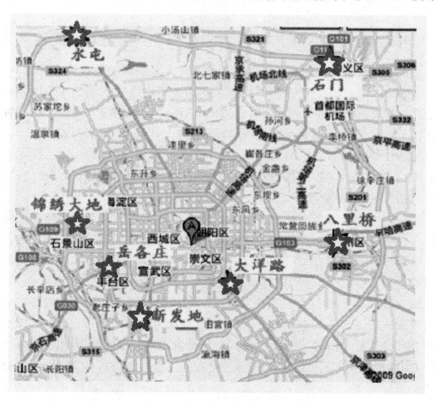

图 9.5.1　北京市七个主要农副产品批发市场位置分布

关于这七个农产品批发市场的具体比较如表 9.5.1 所示。

表 9.5.1　北京市七个主要农副产品批发市场基本比较

	锦绣大地	新发地	大洋路	岳各庄	八里桥	石门	水屯
建立时间	2003 年（农副产品）	1988 年	1997 年		1998 年	1994 年	1996 年
地理位置	海淀区西南部,南邻阜石路,距四环路 3 公里、五环路仅 600 米	丰台区京开高速路新发地桥西侧,南四环外侧	东南郊三环路东侧,十八里店乡大洋路商业街中段,毗邻京沈和京塘高速公路	四环路西南角,京石高速公路与丰台路口交汇处	通州区,五环和六环之间,由紧临的京通快速路与北京 4 条环城路和市区连通	顺义区,与首都国际机场毗邻,北京市六环路从市场西侧擦肩而过	昌平区,卫星城西南 2 公里,毗邻中关村科技园区昌平园,近在咫尺的京包、京通铁路连接西北、东北九省区
占地面积（万平方米）	66.6	101	32.6	13	40	50	40
建筑面积（万平方米）	39	25	7		11.5	9	10
2008 年成交量（亿公斤）	15	78	22.5	9	8.74	16.7	35
2008 年成交额（亿元）	120	260	57	30	37	64.7	52
单位产品附加值（元/公斤）	8	3.33	2.53	3.33	4.23	3.87	1.49
单位面积成交量（万公斤/平方米）	0.23	0.77	0.69	0.69	0.22	0.33	0.88
单位面积成交额（万元/平方米）	1.80	2.57	1.75	2.31	0.93	1.29	1.30

从地理位置来看,北京现有的几大批发市场主要分布在北部、南部、西

南部市区或城乡结合部。北京市西部（海淀区西部和石景山区）缺少一个有一定规模、辐射力较强的农副产品交易中心。在京西地区的锦绣大地农副产品批发市场南邻阜石路，距四环路仅 3 公里，填补了北京西部城近郊区蔬菜食品供销主渠道的空白。此地区以及门头沟常住人口约 300 万人以上，流动人口总数约 150 万人，按照人均消费农副产品 1 公斤计算，本地区日蔬菜需求量约在 450 万公斤左右。随着北京城市建设的发展，本地区一批新建居民小区将陆续落成，对农产品的需求也呈增长趋势，为市场发展提供了庞大的消费群。

从交通优势来看，随着北京的城市建设与发展，环境、道路、交通等条件将迅速改善，北京市农产品批发网点将逐渐集中，并减少对二级批发市场的需求。锦绣大地农副产品批发市场位于北京市海淀区四季青乡廖公庄宝山村界内，地处海淀区西南部。南邻阜石路，距四环路 3 公里，五环路仅 600 米，五路火车站 3 公里，丰台火车站 5 公里，地理位置十分优越。

从经营特色来说，锦绣大地建立绿色安全食品安全港，致力打造绿色安全食品品牌，其海洋产品综合大厅是目前北京最大的水产品交易中心。锦绣大地虽然成交额与成交量不是最大的（低于新发地），但其单位产品的附加值很高，是其他几个农副批发市场的好几倍。

锦绣大地农副产品批发市场具有扎实的基础设施。目前市场已建成 5 个特色交易区（建筑面积共 40 000 平方米）、13 栋配套商务楼、20 000 平方米停车场、3 座大型冷库及 20 000 平方米的仓储区、10 000 平方米道路和 10 000 平方米的绿化区。此外，还建有现代化农产品安全质量检测中心、餐饮服务楼以及银行、邮电、通信、商务中心等配套服务设施和 40 000 平方米的客户公寓，基础设施比较完善，具有良好的经营条件。

锦绣大地农副产品批发市场拥有自有基地 20 余万亩，主要为蔬菜、杂粮和牛羊肉基地；合同基地 40 余万亩，覆盖了北京、天津、内蒙古、辽宁、河南、河北、云南等地区，通过保护价收购、合同订单等形式，建立了水产品、蔬菜、水果和山特产品的生产基地。在北京地区建立了蔬菜、牛肉、水果、鸡蛋等共 5 个基地。基地货源货品金额占总货品金额的 75% 左右。在生产基地建立了产地标识和质量可追溯系统、产品入场安全检测系统和产品加工配送质量安全检测信息系统，确保批发、零售和配送的产品质量安全。

9.6 信息管理模式

在持续的升级改造进程中,锦绣大地非常重视信息管理系统的建设。这是因为,建立信息中心是实现农副产品批发市场电子信息化管理的重要步骤,是使市场管理规范化的关键所在。信息中心服务是农副产品批发市场的一扇窗口,对农副产品批发市场有很好的宣传作用,能迅速扩大农副产品批发市场的知名度和影响力。同时,加强信息化建设,可以为市场的数字化综合管理打下基础,为市场培养数字化人才。另外,由于商户、客户是农副产品批发市场最重要的资源之一,所以商户、客户信息对企业来讲是最重要的价值,会直接影响农副产品批发市场的经营,以及对商户、客户需求及行业发展趋势的把握。

锦绣大地信息化系统的基本实施方案是,整个信息化系统控制中心位于升级改造区业务楼内,设置主服务器、Web 服务器、数据服务器等。核心主干网通过商务网站接入互联网,实现与各买卖客户、银行、政府信息网、农产品经营企业等的信息交流。对于批发市场的各业务管理部门和交易大厅,通过接入交换机连接到核心交换机接入信息中心服务器,实现数据传输和信息共享。

锦绣大地的信息化管理系统主要包括以下几个模块:

(1) 电子结算系统

它以本地 IC 卡交易为主,异地网上交易为辅,主要功能包括账户管理、账户信息处理、交易模块、使用者管理、品种管理等,为信息发布提供准确及时的交易信息和供求信息。

(2) 电子监控系统

全面监控批发市场的日常运营情况以及电子结算系统的交易情况。

(3) LED 显示屏

它及时将信息发布给农产品经营者、农产品生产者,方便不同阶层的用户了解市场政策和行情。

(4) 信息基础平台

建设网络基础设施,建立网络系统安全架构、网络管理。

(5) 信息采集与发布系统

通过门户网站、LED 显示屏等多种交易发布渠道,及时地将电子交易平台的信息发布给市场相关的农产品经营者和生产者,方便不同阶层的用户了解市场政策、行情。

（6）电子商务交易平台

建立网上谈判系统、网上竞价系统、网上交易系统、支付与结算系统、会员管理与认证系统、交易分析和监控系统等等。

（7）拍卖系统

实现网上农产品拍卖与现场拍卖流程，满足供需双方用户交易需要，降低交易成本，提高交易效率。

9.7 质量安全模式

北京地区每年食品消费总额已超过 630 亿元。从消费特点上而言，城市居民对产品质量和品牌的重视程度逐渐提高。然而，目前北京市食品安全方面存在的问题主要有：食品供应渠道复杂，控制难度大；外来人口较多，制售假冒伪劣和有毒食品的违法行为屡禁不止；建筑工地食堂隐患较多；农副产品批发市场基础设施总体水平不高；北京市和外埠供应进京食品的生产企业、物流配送中心自检体系不完善；食品安全标准不健全；国内外食品安全的情报信息掌握得还不够及时；食品安全方面的法律支持力度还不够等。

锦绣大地抓住了农产品流通逐步走向绿色安全食品的趋势，大力投资进行农产品质量安全控制方面的建设。

9.7.1 检测中心

为了打造成绿色食品的集散地，锦绣大地于 1998 年成立了检测中心，隶属北京锦绣大地农业股份有限公司。按北京市质量与技术监督局的要求，于 2007 年 6 月由北京锦绣大地农业股份有限公司与北京锦绣大地农副产品批发市场有限责任公司投资，成立了北京锦绣大地技术检测分析中心有限公司（以下简称"检测中心"），为独立法人单位。

检测中心于 2002 年 9 月通过了北京市质量技术监督局的计量认证（CMA 认证），于 2004 年、2005 年和 2006 年进行 4 次扩项，并于 2007 年 9 月通过 CMA 复审，现可承担食品、食品包装材料类、一次性卫生用品、水质、土壤、饲料、有机肥料等 7 大类 246 个参数、8 个项目的检测。2005 年 8 月 8 日通过了中国实验室国家认可（CNAS），可承担包括食品、食品包装材料及卫生用品、水、土壤、饲料、有机肥等 6 类产品中的 165 个项目的检测。

检测中心具有与其检测参数、项目、数量、精确度和准确度相匹配的仪器设备资源，拥有美国安捷伦 HP6890 气相色谱仪 3 台、HP1100 液相色谱仪 2 台、HP5973N 气质联用仪 1 台、美国 WATERS Acquity 高效液相色谱仪（PDA）和液质联用仪（TQD）各 1 台、AA-300 PE 原子吸收分光光度计 1 台、AFS-230 原子荧光分光光度计 1 台、DX120 戴安离子色谱仪 1 台、UV2401PC 紫外分光光度计 1 台、MK3 酶标仪 1 台、精密分析天平等高精密度的大型检测仪器 10 余台，配套仪器设备 170 余台。检测实验室占地面积 1 000 平方米，通风、温度环境条件良好。

检测中心有一批专业素质良好的技术和管理人员，现有高级工程师 3 人，工程师 4 人，助理工程师 17 人；其中博士 2 人，硕士 3 人，大本与大专 19 人共 24 人。他们品学兼优熟悉业务，能遵循质量方针与目标，以较快的速度提供科学、准确的检测报告。

中心具备良好的研发能力，2004—2007 年共参加了国家认可委组织的能力验证 11 次，制定了 15 个企业标准和参加制定了行业标准 4 个，参与国家标物中心定值项目 8 个，实验室比对 12 次，申请国家资助项目 12 项。

从 2004 年到 2006 年，中心每年检测样品量在 2 万个以上，年检测有效数据 5 万个以上，检测报告 4 千份以上。在食品生产和流通领域中形成食品安全检测体系，可提供食品安全质量指数，可出具公正性、权威性、科学性、准确性、及时性的检测报告，是一个具有研发能力、能承担检测任务的检测中心。

9.7.2 锦绣大地物流港

2006 年 6 月，北京锦绣大地农业股份有限公司投资 6 亿元，建筑面积 15 万平方米的锦绣大地物流港一期工程投入使用，作为北京市"菜篮子"的重要枢纽，它是将原先的农副产品批发市场升级为绿色安全食品物流港，支持 2008 奥运会食品供应。

锦绣大地物流港建成后，锦绣大地农业股份有限公司将继续扩建交易场所，建设绿色安全食品物流配送中心和加工配货车间，建立产品供应基地，开拓销售连锁和专柜，形成第三方物流，完成电子服务、仓储、金融服务系统，全面落实市场准入。锦绣大地农业股份有限公司在全国"百县工程"有很多名特优产品，而物流港的建立，将打通通道，把安全、环保的绿色产品推向全国。通过物流港布局展示，消费者很快就能找到自己需要购买的产品的位置，商户和消费者之间的交易也更加快捷、方便。而物流港将设监管系统，对食品的准入标准、系统检测、网络营销进行监督,提高了食品的可信度。

9.7.3 绿安市场

北京锦绣大地绿色安全食品专营市场以检测中心为质量保障基础,通过对农产品全程生产、监控、检测,确保农产品的达标,以绿色安全食品的生产、加工、配送、批发、连锁经营为主。绿色安全食品专营市场配送处主营蔬菜、水果、粮油、肉类、干果、食用菌类、酒类、饮料、海鲜、茶叶、奶制品等近400个品种。

2001年5月,北京锦绣大地种植的蔬菜经北京市食用农产品安全生产体系建设办公室认证,获得北京市食用农产品安全证书。2004年9月,北京锦绣大地蔬菜经农业部农产品质量安全中心认证,符合无公害农产品标准要求,准予在产品或产品包装上使用无公害农产品标志。绿色安全食品专营市场积极响应北京市食用农产品安全体系建设的要求,倾力打造"首都社区绿色安全菜篮子工程"。北京锦绣大地绿色安全食品专营市场使真正意义上的放心食品走进寻常百姓生活。

9.8 品牌建设

9.8.1 大力倡导绿色农产品

面对激烈的市场竞争,锦绣大地必须不断提升农产品质量,推动产品品牌化发展,才能在农产品市场上生存和发展。

锦绣大地注重发展无公害、绿色、有机农产品,以满足消费者对农产品质量安全和环境标准越来越高的要求。以无公害农产品作为市场准入门槛,加快产地认定和强化产品认证;绿色食品作为安全优质精品品牌,主要以满足高层次消费需求为目标,带动农产品市场竞争力全面提升;有机农产品是扩大农产品出口的有效手段,坚持以国际市场需求为导向,同时也要立足国情,发挥我国农业资源优势,因地制宜地发展有机农产品。总之,无公害农产品和绿色食品要迅速提高市场占有率,而有机农产品要突出资源优势,提升质量和效益。

锦绣大地重视对农产品的市场化包装,树立其农产品的品牌形象。对农产品生产、流通、营销相关主体进行培训,提高其整体素质。农产品生产、流通、营销过程中的相关参与主体也是决定农产品品牌形象的重要因素。分期分批分类,加强对相关人员的业务培训,提高农产品生产流通队伍整体素质。充分调动和保护营销人员的积极性,增强营销队伍的拓展市场能力。完善营销网络建设,以农产品营销协会为纽带,在国内大中城市增设农产品直销网点,开辟市场,从而拓宽农产品营销渠道,加强优势农产品促销,为创建农产品名优品牌做好营销服务工作。

锦绣大地建立了比较完善的与农产品质量有关的监督管理体制,包括质量安全标准化体系、农产品化学投入品控制体系、质量安全可追溯体系等,以此作为进出口农产品生产和销售的评价指标,推动产品质量的提升。坚持无公害农产品、绿色食品和有机农产品"三位一体、整体推进"的发展思路,加快发展进程,树立品牌形象。

9.8.2 2008奥运会打响品牌

"绿色奥运"的承办理念带动了经济的发展,奥运会给锦绣大地提供了一个良好的契机,除了向饭店供应绿色食品和相关用品外,锦绣大地物流港还会借助体育赛事开展产品营销等各种活动,吸引消费者的目光,更重要的是体育运动所推崇的公正、和平、健康、绿色的理念扩展提升了公司的内涵,增加了品牌的美誉度。在奥委会考察团考察北京期间,锦绣大地接待了世界拳击运动委员会主席唐·波特,获得极高的评价,为展示绿色北京、绿色奥运、科技奥运起到了一定的作用,给其留下了极其深刻的印象。

9.8.3 锦绣大地观光园扩大宣传

为了推动我国农业向高效益、生态化、产业化发展,提高农产品附加值,锦绣大地将现代科学技术运用到农牧业领域,以生物技术、信息技术、农业工程、植物生理、动物营养等五大专业领域为技术支撑,形成了畜牧业、种植业、观光农业三大支柱产业。

锦绣大地农业观光园于1999年4月28日经北京市旅游局批准为农业观光园区,向社会开放。锦绣大地农业观光园区有网球场、游泳池、垂钓园等娱乐场所;有组培、育田、水培蔬菜、驯养等车间;有太空香菇生产、现代蔬菜生产工厂;有桃园、葡萄园等果园;有蔬菜配送、胚胎、生物制药、信息等中心;还有珍禽养殖场、农业演示厅、绿谷计划实验基地等,融娱乐、观光、农业、科技于一体。

观光园区分为南区和北区。南区占地5 000亩,在海淀区四季青乡,以高新技术研发和工厂化生产示范为主;北区在海淀区上庄乡,以生态农业和生态观光为主,围绕湿地的经济、社会、环境工程进行建设,园区内水面达到600亩,建有400亩荷花品种池塘、100亩雁鸭湖、200亩天鹅湖,引入30种水禽,自然栖息的野鸭、白鹭达到100余只,湿地植物达到100余种。园区1998年已通过国家级环保局的评估,可分为21个参观点,如植物组织培养车间、胚胎中心、检测中心、蔬菜工厂、食用菌展示、绿色安全食品展示、生态农业、湿地项目、配套的体育活动中心等。

观光园区交通便利,就餐住宿便捷,基础配套设施完备,为人们展示了21世纪现代农业的风采。对外开放的主要有组培室、水培蔬菜工厂和种畜饲养场。游人不仅可以了解现代农业,还能享受到都市的田园风光。

9.9 锦绣大地的成功经验

首先,锦绣大地重视农产品的品牌化。与我国其他农产品批发市场粗放式的经营模式不同,锦绣大地十分注重农产品的质量,通过对农产品的加工包装,提高了农产品的附加值,增加了农民收入,也起到了广告宣传的作用,为未来的发展和壮大铺好了路。观光园的建立则是把农产品生产变成了旅游业的一部分,这对于树立起锦绣大地农产品高质量的品牌形象意义重大。

其次,锦绣大地抓住了技术进步的机遇,善于把先进技术运用在农产品生产和流通过程中。在农产品生产方面,锦绣大地的种植业是从组培开始的,现代组培技术的应用使得优良品种的大面积扩繁成为可能,大大缩短了品种引进到投入生产的周期,降低了生产成本,迅速形成了规模效益。在农产品流通方面,锦绣大地充分利用电子商务的机遇,在传统批发市场交易的基础上,积极开展网上交易,扩大了农产品销售的渠道和覆盖面。

最后,锦绣大地看准了消费者对绿色安全农产品的需求增长趋势,严格控制出入市场的农产品的质量安全。其检测中心和绿安市场的建立对于消费者吃上放心菜有重要作用,也为国内其他农产品流通企业的质量安全体系提供了有益的借鉴。

第十章
农产品流通体系实践比较研究

10.1 "专业市场+农户型"与"龙头企业+农户型"

农业产业化组织模式是把农业经营中,产前、产中和产后的各个环节组织融合到一起,形成一个多元化利益共同体。在整个产业化的过程中,以工商企业、合作经济组织、科研组织、大小农户等作为主体,将农科贸与产品加工销售等环节联系在一起,相互支持、协调和运转。促进农产品更好更快地流通,达到利益多元化,同时也能加速推进农业产业化的进程。

而实际案例也证明,农业产业化经营是市场经济条件不断发展的形势下,由传统农业向现代农业转变过程中,慢慢演变出来的一种更加符合生产力发展需求的新方式。目前,我国主要的农业产业化的组织模式由几种模式组成:

一是龙头企业模式,即"大型企业+基地+农户";

二是专业市场模式,即"专业市场+农户";

三是合作经济组织模式。

又分为:"专业合作社或者专业协会+农户""农产联+企业+农户""主导产业+农户""专业大户+农户"四种。

在前几章的资料中,我们可以发现我国这五个农产品大牌所运营的组织模式并不完全相同,但普遍为龙头企业组织模式。五大企业的比较分析如表10.1.1 所示。

表 10.1.1 五大企业比较分析

	新发地	首农	中粮	顺鑫	锦绣大地
组织模式	专业市场+农户	龙头企业+农户	龙头企业+农户	龙头企业+农户	龙头企业+农户
交易模式	对手	线下、B2C	线下、B2C	线下	对手、拍卖
仓储模式	自有仓储基地	自有仓储基地	自有仓储基地、粮库	自有仓储基地	自有仓储基地
配送模式	自有配送基地与队伍	自有配送基地、B2C 配送	自有配送基地、B2C 配送	自有配送基地、专业冷藏车	自有配送基地与队伍
加工模式	配送中加工	北京为总部,京津冀为生产基地	先进加工设备与配方	日本 PC 加工线	礼品配送卡
包装模式	全产业链包装	全产业链包装	中高端一站式	全产业链包装	全产业链包装,礼品配送卡
安全模式	科学管理方法	安全管理制度	质量控制体系,已达美欧标准	自配食品检测中心	自有检测中心

(续表)

	新发地	首农	中粮	顺鑫	锦绣大地
信息管理模式	供应网、分销网	零售终端体系	电子商务平台	网络信息中心	信息管理系统
批发市场管理模式	基础设施建设	产品展销中心	我买网	四位一体	南北分区
零售市场管理模式	——	产品展销中心、专营店	中贸联万客隆会员店、我买网、中华食物网	——	——
供应链模式	产业链纵向延伸	三大业务板块	中粮世通	完整产业链条	四大物流体系
服务模式	将自身利益与客户利益捆绑在一起,加快建设京外蔬菜供应基地				
融资模式	政府主导、政企合营、农业组织或企业投资				
发展模式	在严管中规范、在服务中搞活	现代都市农业体系	全产业链的系统管理	围绕大农业,采用两级管理	农产品品牌化
品牌建设模式	首都"菜篮子"	三元乳业	众多优秀品牌	牛栏山	锦绣大地
国际化模式	发展冷链物流	吸收世界先进技术	从公司内部入手	可持续发展	四大方面

10.1.1 龙头企业模式

所谓龙头企业,就是指大型企业将农产品的生产、加工以及销售全部一体化经营。作为一个中间的重要环节,上将国内外消费市场,下将广大农户有效地结合在一起。这种模式不但可以开拓市场,带动生产力,同时也能延展农产品的销售空间,增加农产品的附加值。这类企业有国有企业,也有私人企业和股份制企业等,但必须有较为雄厚的资本、良好的技术以及优秀的市场开发能力等条件作为后盾,才能抵御自然风险及市场风险。

在现代经济体系不断优化的形势下,"龙头企业模式+品牌效应"在某种程度上大大地优化了工商企业、农户和消费者在整个运转环节中的地位和利益。从以上案例,我们可以看出品牌化和上市是龙头企业健康发展的必经之路。几个集团的组织分布都紧凑有序,按照其产品的类目分别成立多个控股子公司,专门管控相关类别产品的生产、加工与销售。同时将品牌效应模式融合进去,发挥其特长,把旗下的所属品牌不断完善优化,打造出多个国内外知名品牌,如首农集团旗下的"三元"、"华都",中粮集团的"蒙牛"等。

10.1.2 专业市场模式

这种模式主要是蔬菜水果等相对较为大型的专业批发市场,其产品多为初级农产品,这些市场具有较强的价格发现功能,因此往往成为一些信息交流中心的主要数据来源。其巨大的市场容量以及良好稳定的固定农户交易链,都能促进农户区域化、专业化和规模化的生产。批发市场往往因为其优越的地理位置,方便了农产品与市场的互动联系,相对较利于解决农产品难买难卖的问题。同时也解决了家庭承包制和规模经营的矛盾,优化了农业生产的效益和农户的收入问题。但相比"龙头企业"模式来说,其自发带动作用中的盲目性会让农户承受更多的市场风险,无法做到"共担风险、利益均沾"。

在这5个大型农产品企业中,新发地属于"专业市场+农户"型,其余4家农产品企业均为"龙头企业+农户"型,但这4家却并非完全相同。其中中粮集团采用了相对其他企业较为完善的全产业链模式,从而让中粮进入了一个全新的领域,使中粮集团的产品不但在种类和质量上成为佼佼者,在市场销售方面所占的百分比也是很可观的,是一个非常值得学习和借鉴的榜样。

10.2 线下交易占主导,大力发展线上交易

我国目前比较常见的交易模式有两种:

(1) 线下交易

即实体交易,一手交钱一手交货,也称为对手交易。买家卖家面对面地进行买卖程序,消费者可以最直观的方式来了解商品信息并进行购买。其缺点是耗时耗力,信息的获得也相对受限,且价格也相对偏高。

(2) 线上交易

即通过虚拟网络进行某种商品的交易后,通过物流将货物寄给消费者。这种方式的优势是快捷便利,不出门就可以进行交易,并且在家即可进行对商品信息的了解以及沟通,并且可以大量获取商品的各种信息,缺陷是可靠性偏低。这种线上交易的模式目前在我国比较流行,其使用量甚至已经远远超过了线下交易。但这种交易模式通常只在小量产品交易时会使用到。单次大批量产品交易时,消费者主要还是会选择线下交易。

无论是"专业市场+农户型"还是"龙头企业+农户型",交易模式的选择对农产品企业的运营也起到了一定的辅助作用。由于专业市场或者龙头企业

第十章 农产品流通体系实践比较研究

向农户收购产品时均为大量交易,所以目前普遍运用的依然是传统的线下交易模式,这种模式也增加了产品交易的安全度。不过,龙头企业现在也开始逐步将线上交易的元素融入进传统的交易环节中。因此,中粮等几家企业也各自有开发自有的交易网,消费者可以前往相关实体店进行线下交易,也可以选择在家进行小额度的线上交易。

但是,由于目前绝大多数农产品市场及企业还不能实现全电子化交易,即便建立了"我买网"的中粮集团也无法实现,因此交易信息的统计还需要依赖人工操作。正是这个原因,使得市场无法掌握所有的具体交易信息,统计中常常出现大量的错误和纰漏(尤其对交易量小的品种),企业和个人均难以获得确切的交易数量和全面的价格信息。这是这五家企业共同面临的难题。

虽然建立了电子交易设备,新发地和锦绣大地批发市场内仍然以对手交易为主,锦绣大地经过多年的升级改造,已经逐步实现由对手交易向拍卖交易、网上交易过渡,首农集团和顺鑫集团的绝大多数产品均采用传统的线下交易。只有中粮集团建立的"我买网"大大推动了众多家产品的线上交易模式,逐步占据重要份额。与此同时,中粮一直是调剂国内粮、油、糖余缺、参与国家宏观调控的主渠道。在国际交易中,中粮的小麦占全国小麦进出口量的95%,大米、玉米出口量的70%,原糖进口量的70%。

10.3 建立自有仓储配送基地,重点发展冷链物流

由于农产品的保鲜时间短、易腐烂等特性,在仓储和配送时,都必须严格要求每一个把控口,尽可能地完善每一道关卡。而高效率的送货不但可以减少农产品的耗损量,同时也可以节省时间去配送更多产品,还能使消费者增加对企业以及产品品牌的信赖和满意度。

五家企业均建立了自己的仓储配送基地,以实现标准化、定时定点采购肉、蛋、奶等农产品,并经由统一的食品安全监测。为了尽量减少中间流通环节,他们较多利用"超市+批发市场+基地"或者"消费者+配送中心+农户"等配送方式,以便减少流通成本、提高流通效率。

这五家企业中,顺鑫集团配有国内特有的专业冷藏车,其"一车多温、一车多配、一次到达"的特性为配送货物争取到了不少时间和效益,它的配送设备也属于五个企业中比较优秀的模范企业。锦绣大地拥有自己专业的物流配送队伍——北京锦绣大地物流配送有限公司,专业的技术支持可赢得客户的信

任度，同时锦绣大地实行一揽子服务计划，可以为顾客量身制定配送服务。

对于中粮集团来说，因为其前身是中国粮油食品贸易公司，现在又是国家数一数二的粮油交易的龙头企业，所以为国家储备粮食是它的一项尤为重要的责任。目前中粮拥有300万吨仓容的粮库、175万吨的中央储备粮储备能力、80余座粮库，是国内粮食市场上流通能力最大的企业。

在多数产品采用传统的"仓储配送中心—超市/批发市场—顾客"的配送方式的同时，电商B2C配送是农产品配送发展的另一个新模式，运费按阶梯式规则计算，同时规定了配送的时间与范围以及付款方式，极大地减少了中间不必要的环节，不仅降低了费用、保障了质量，而且极大地方便了客户。这种电商小额量配送模式，即快递服务行业，也因为线上交易客户量的增加而越发强大，是一个不可忽略的部分。

10.4 树立品牌形象、提升产品附加值的创新包装模式

对农产品进行合理的包装不仅有利于运输和仓储过程，而且有利于塑造企业的品牌形象，扩大宣传。农产品包装作为与消费者最直接接触的一种宣传方式，在品牌推广和宣传上是最具说服力的。纵观全球各大知名品牌，其对自身的产品包装都有保护措施，这样不仅保护品牌不受侵害，也起到了推广和宣传产品的作用。相比之下，我国农产品流通企业目前对于农产品包装的重视度不够，大多数企业为了节省成本，只是对农产品进行满足仓储、运输需要的最低标准的简单包装，而忽略了农产品包装在树立品牌形象、提升产品附加值方面的重要意义。

中粮集团和锦绣大地农业股份有限公司属于国内农产品流通企业中在产品包装方面的领头羊。中粮集团将目标定位于中高端的消费品客户群，拥有三片饮料罐、食品罐、气雾罐、金属盖、印铁、钢桶和塑胶等七大类主要包装产品，并且具备出众的一站式综合包装服务能力，拥有领先的技术研发机构，主导和参与制定多项包装产品行业标准。锦绣大地礼品配送卡已经成为众多企事业单位每逢佳节职工福利及商务往来馈赠的首选，所提供的水果礼品盒精美大方，深受消费者青睐。

第十章 农产品流通体系实践比较研究

10.5 以先进技术为支撑、先进理念为依托,构筑农产品创新加工模式

新发地建立了配送过程中加工的模式;首农集团形成了"以北京为总部、以大都市市场为网络、以国际化市场为外延、以京津冀区域为生产基地"的空间格局;中粮采用国际先进的加工设备及配方理念,监控种植、检测、采购、加工、物流、销售每一环节;顺鑫农业拥有国际最领先的日本 PC 加工线;锦绣大地主要通过礼品配送卡的方式实现自身产品的加工包装。

10.6 建立自有质量检测机构,严格把关食品安全

随着经济的发展和人们生活水平的提高,农产品质量安全已经成为消费者在选购农产品时主要关注的因素之一。我国农产品流通企业早已意识到绿色、安全、健康这一农产品消费趋势,纷纷加大在农产品质量安全控制方面的投入,取得了一些成果。

通过对新发地、首农、中粮、顺鑫、锦绣大地农产品质量安全管理的分析,可以发现一个共同点,即它们都建立了自己的质量检测机构,严格把关食品安全,保障消费者可以吃到安全健康的食品。其中,锦绣大地的检测中心尤为突出。为了打造成绿色食品的集散地,北京锦绣大地于 1998 年成立了检测中心,中心具备先进的设备、专业的技术和管理人员以及良好的研发能力,并于 2002 年 9 月通过了北京市质量技术监督局的计量认证(CMA 认证),于 2004 年、2005 年和 2006 年进行了几次扩项,再于 2007 年 9 月通过 CMA 复审,现在可以承担食品、食品包装材料类、一次性卫生用品、水质、土壤、饲料、有机肥料等七大类 246 个参数、8 个项目的检测。2005 年 8 月 8 日通过了中国实验室国家认可(CNAS),可承担包括食品、食品包装材料及卫生用品、水、土壤、饲料、有机肥等六类产品中的 165 个项目的检测。

上述五个农产品流通企业在质量安全控制方面又各有重点,各具特色。新发地批发市场坚持"以人为本",严格监督食品安全,重视保护商标知识产权,并提倡科学的管理方法,在猪肉质量检测方面做得很好,它于 2001 年成立了北京市第一家猪肉产销联合体,可以高效地监测和追溯猪肉产品;首农的特色是全产业链的质量监控,建立了一套完善的安全管理制度,经由育种、养殖、

加工、配送等环节，从产品标识到产品追溯，再加上后期的产品召回，实现了对从原料到产品的整个生产过程的实时检测和对运输、销售的完整监控；中粮集团在乳业产品的质量控制方面做得很好，拥有非常完善的产品质量控制体系以及食品卫生安全管理体系，并且已经达到美国和欧盟的要求标准，其生产线上的每一包牛奶都要经过9道工序、36个监控点、105项指标检测，只要有一项检测项目不合格，整批产品都不允许上市；顺鑫使用自有的检测中心并与北京市理化分析测试中心合作，每天可以对180多个样本进行检测，保障了产品质量安全；锦绣大地非常重视农产品质量控制方面的技术，具有先进的设备和高水平的科研团队，能够检测的项目非常齐全。

10.7 不断探索，积累经验，提高农产品流通体系的信息化程度

农产品信息管理是农产品流通中的重要环节，一方面，农产品的价格、供给、运输、仓储信息是保障农产品交易高效进行的前提，另一方面，农产品的产地、生产日期等信息也是保障农产品质量安全的重要条件。所以，提高农产品信息管理的水平对于农产品流通企业而言非常重要。我国农产品流通企业在信息管理方面起步较晚，农产品流通体系的信息化程度还很低，信息网络建设滞后，信息传播渠道不畅，网络利用效率低，目前只有小部分大型批发市场以及农产品生产企业能够提供全面的价格信息和市场数量信息，多数管理者只能通过大概的信息来了解宏观信息（如价格和规模走势）。但是经过不懈努力，我国也已经在这方面有了一些成功经验。

新发地针对区域特点、农产品特性、交通状况、需求特点，建设合适的农产品物流服务，合理规划出以新发地市场为中心向城市辐射的供应网和分销网布局；首农集团在"十二五"期间重点打造零售终端体系，借助自身的优势资源，建设电子商务平台；顺鑫集团通过网络信息中心每天向国家农业部、商务部、北京市农业局、商务局、发改委、顺义区人民政府等重要部门报送价格信息，引导农副产品生产、运销和消费，有效缓解了种植户在生产、流通中存在的信息局限性和盲目性。

在持续的升级改造进程中，锦绣大地在农产品信息管理模式上具有突出特点。锦绣大地非常重视信息管理系统的建设，信息化管理系统主要包括电子结算系统、电子监控系统、LED显示屏、信息基础平台、信息采集与发布系

统、电子商务交易平台以及拍卖系统。锦绣大地信息化系统控制中心位于升级改造区业务楼内,设置主服务器、Web 服务器、数据服务器等。核心主干网通过商务网站接入 Internet,实现与各买卖客户、银行、政府信息网、农产品经营企业等的信息交流。对于批发市场的各业务管理部门和交易大厅,通过接入交换机连接到核心交换机接入信息中心服务器,实现数据传输和信息共享。

10.8　各具特色的现代农产品批发市场管理模式

批发市场是我国农产品流通的中心环节,其管理模式非常重要。我国几个典型的农产品流通企业在批发市场管理模式上具有各自的一些特点。

新发地注重批发市场的基础设施建设,主要包括以下四个方面:(1) 农产品批发市场建设以及农产品加工配送中心建设。(2) 农产品仓储设备建设,如冷藏汽车、机械冷冻库、气调库等。(3) 交通运输条件和工具设施建设。(4) 农产品运输配送网络的选择和建设。

首农集团在农产品进京结点和环京城物流配送圈的自有土地资源上大力投资,建设了产品展销中心作为批发市场使用,它在朝阳区黑庄户、京顺路、大兴区西毓顺、昌平区南口、通州区永乐店 5 个地区,建设了 5 个物流配送园和安全农产品研发展示展销中心。这 5 个配送及展销中心互相联动,形成了一个环京城物流配送圈。

北京顺鑫石门农产品批发市场是北京市农产品批发市场中唯一由上市公司控股的农产品批发市场,市场建有安全监控、食品检测、网络信息、电子结算、废弃物无公害处理五个中心,逐步形成了工商、公安、卫生监督站和市场主办单位四位一体的管理模式。

锦绣大地批发市场具有独特的经营特色,它投资建立了绿色食品安全港,极力打造绿色安全食品品牌。锦绣大地虽然成交额与成交量不是北京地区最大的(低于新发地),但其单位产品的附加值很高,是其他几个农副批发市场的好几倍,其品牌影响力很大。锦绣大地农副产品批发市场为华北最大的农副产品批发市场之一,市场分为南北两区,南区主要经营品种包括调料、干果、厨具、牛羊肉、酒水小食品和茶叶等,北区则包括蔬菜、水果、水产、肉类、粮油和自营的绿色安全食品专营市场等 6 个专业市场,其中绿色有机食品有千余种,产品销售辐射华北、东北、内蒙古等北方主要地区。

10.9　实体零售终端与电子商务平台两手抓

零售市场是农产品到达消费者手中的窗口,其管理模式的好坏直接决定了农产品的畅销程度,从而决定了整个农产品流通过程的效益。我国农产品流通企业在零售市场管理模式上具有一些共性,即它们基本上都是从两条途径来打造零售终端:一是大力发展实体零售终端,主要是通过与超市、连锁店合作,或者开设自己的专营店或者便利店;二是投资建设电子商务平台,发展农产品网上交易。通过这些途径,拓宽了企业的农产品零售终端所能覆盖的市场范围,扩大了农产品需求。

首农集团的零售市场以产品展销中心的模式体现,从电子商务平台建设和品牌专营店、便利店建设两方面打造首农零售终端平台;中粮集团拥有中贸联万客隆仓储式连锁会员店,作为线下零售市场的主要场所,而在线上,"中华食物网"和"我买网"都是中粮集团正在运营的粮油食品电子商务网站。

10.10　供应链发展模式——传统与创新并存

供应链管理是农产品流通中重要的要素,传统的农产品流通模式中,批发市场是农产品集聚的重要场所,而现代农产品流通呼唤供应链上下游之间形成良好的协调合作关系。供应链管理是现代物流管理的核心,在经济全球化背景下,供应链管理已成为最有竞争力的方法之一。由于农产品所具有的特殊性,因而农产品供应链管理对于现代农业经济的发展尤为重要。我国农产品供应链体系正在建设之中,就是要将农产品从收购、加工、运输、分销直至到达最终消费者的整个过程,以核心企业为中心,对物流、资金流、信息流进行整合和控制,形成由农户、生产商、批发商、零售商以及最终用户组成的上、中、下游供需网络。

然而,由于企业自身历史和经营范围的不同,不同类型的核心企业在实施供应链管理的过程中会有不同的发展路径,因此上面提到的五家具有代表性的企业的供应链的发展状况、供应链结构都不尽相同。

新发地代表了批发市场为核心企业的供应链发展模式。尽管新发地已经成为各类批发市场的龙头,在北京市乃至全国的农产品流通中发挥着无可替代的作用,但比起发达国家的批发市场还相对落后,面对未来市场对农产品交易的更高需求,新发地农产品批发市场的运营战略一直沿着产业链纵向延伸:

从社区蔬菜商店直营战略向农产品基地连锁经营战略演变,标志着新发地进入了快速扩张时期。在传统的流通模式下,批发市场只是上下游交易的场所,是产销之间松散的纽带,因此新发地的供应链发展模式相对而言仍然是一种传统模式,各流通主体之间的协调还不够充分。

首农集团和顺鑫农业都在农产品生产方面有着丰富的管理经验和得天独厚的条件,因此二者在供应链管理方面有着许多共同点,在原本熟悉的领域,从生产环节出发,向上延伸到种植和养殖环节,向下延伸到产品品牌推广、包装和销售环节,并着重建立自身的物流配送体系。首农集团正着力在现代畜牧业、乳品加工业和肉制品加工业三大业务板块打造绿色全产业链条;而顺鑫农业已建成从农产品加工到物流配送的相对完整的产业链条,形成了以农产品批发市场、生鲜加工、物流配送为核心的组织体系。

中粮集团则充分利用了自身在农产品进出口、采购、品牌和销售等方面的优势,开始全产业链的建设,可以作为下游核心企业供应链建设的模板。从最初的粮油食品贸易公司发展成为中国领先的农产品、食品领域多元化产品和服务供应商,致力打造从田间到餐桌的全产业链粮油食品企业。中粮从粮油食品贸易、加工起步,产业链条不断延伸至种植养殖、物流储运、食品原料加工、生物质能源、品牌食品生产销售以及地产酒店、金融服务等领域。

相较于其他几家企业,锦绣大地的发展历史较短,但有着较高的起点和技术含量,锦绣大地的供应链模式基本上符合北京市农产品流通的一般模式,处于批发市场环节,拥有四大物流体系:专业冷链+食品物流体系、网络与信息服务体系、产品质量控制体系、城市物流配送服务体系,在供应链环节各部分的建设中都体现出较强的科技创新能力。

10.11 "以人为本",服务创新,打造"全服务链城市综合体"

现代农产品流通市场和企业的核心功能是服务,服务于客户购买行为,服务于批发商、农民和采购商的销售行为。这5家农产品企业的成功,很大程度上应该归功于其先进的经营理念和服务宗旨,将自身利益与客户利益捆绑在一起,为市场参与者搭建一个良好的交易与沟通的平台。企业由于供应链的发展状况、供应链结构有所区别,围绕农产品流通而开展的服务模式也有一些区别。

新发地、首农、顺鑫农业和锦绣大地都有自己管理的批发市场,在批发市场方面开展的服务有很多共同点。其中,新发地的农产品批发市场经营历史久远,经验丰富。新发地的一大特色是立足于经营交易平台,不参与交易活动。"以人为本"的企业精神和"让客户发财,求市场发展"的服务宗旨将市场自身的利益和客户利益捆绑在一起,为市场参与者搭建一个良好的交易平台、沟通平台。除了基本的服务以外,上述四家企业也同时为供应链上下游的其他企业提供生产、加工、质量检测和物流配送等相关现代服务,这些服务不仅能够为企业自身带来更多的利润,也为供应链上下游企业带来了实实在在的好处,有利于供应链的整体发展。例如,北京顺鑫农业股份有限公司旗下的北京顺鑫石门农产品批发市场自建网站,并在网站内按时更新农商供求信息以及应季价格行情表等相关信息供农商和顾客查看。此外,我国的农产品流通企业还肩负着一定的社会责任,承担着保障供给、保障食品安全、保障物价稳定的重要使命。

相比于其他四家企业,中粮虽然缺少批发市场服务,但流通环节各项服务更加立体和多元。在打造全产业链的同时,利用集团优势,为客户提供进出口代理、采购、仓储、运输、配送、初加工、渠道配销、信息管理以及供应链金融的一站式服务,根据客户需求实现半自动或全自动化仓库管理流程,每项业务效率提高50%。除此之外,中粮集团还为消费者提供优美的休闲空间,发展旅游产业,打造"全服务链城市综合体"。

10.12 政府支持与自身融资,发展供应链金融模式

农产品批发市场和生产企业的融资模式有三种:一是政府主导,二是政企合营,三是农业组织或企业投资。无论是何种企业,融资模式无外乎这三种,且三种经常并存,只是不同企业偏向不同。在我国,农产品流通不仅仅有其商业价值,还有一定的社会责任。因此我国政府十分重视农产品流通企业的发展和融资需求,一些金融机构也积极开展融资渠道。例如,新发地批发市场的升级改造得到了北京市政府和北京市科委的资金支持。首农集团有限公司组建初期,与北京银行、国家开发银行签署了战略合作协议,获得了北京银行和国家开发银行提供的资金支持。

仅仅有政府支持还不够,企业自身的资本运作和技术创新也至关重要。中粮的融资模式特色之一就是充分利用资本市场,不仅在股本市场运作,在债

务市场也取得不少成绩,有了在中国香港买壳上市的经验,中粮集团确定通过中粮在美国的金融公司和中粮在中国香港的财务公司开展多渠道的国际融资业务。锦绣大地的特色则在于充分利用科学技术,不断创新,吸引社会资本的注入。

除了自身的融资以外,随着供应链金融的兴起,供应链的核心企业往往也会承担起为供应链上下游企业提供融资渠道的使命。中粮集团借助在资本市场的运作经验,正在开始探索支持农业供应链的系统性金融解决方案,立足全产业链战略,从服务"三农"的难点——农村金融服务寻找突破口,通过创新金融模式,破解农贷难题,打造"农业供应链金融"闭环,带动农民走上致富道路。

10.13 立足自身优势,打造现代农产品物流企业

上述几家企业正在朝着建设农产品现代物流企业的方向不断发展,然而发展模式却并不相同,这是由企业自身的发展历史、优势资源、发展现状和战略目标决定的。

新发地是传统的农产品批发市场的代表,有着丰富的农产品交易市场的管理经验,其发展模式自然离不开现有的资源条件和优势。因此,新发地的发展首先还是围绕批发市场的升级改造展开,本着"在严管中规范,在服务中搞活"的宗旨,在推动法律和标准建设、培养人才、推动管理创新以及技术开发等领域都加大了力度。同时,新发地也意识到以农产品批发市场为核心的传统农产品流通模式的落后,积极创新交易模式,提高管理水平,并且开始主动加强对供应链上下游企业的联系,农超对接等都是重要的体现。

首农集团和顺鑫农业在发展模式上有几分相似,都是首先立足于自己在生产方面的优势,聚焦主业,做强做大核心业务,在这一过程中加强第一产业、第二产业和第三产业的融合,重点打造集生产、生活和生态于一体的现代化都市农业体系;围绕大农业的理念,坚持资本经营和产业经营协调发展的工作思路,对优质资产进行整合,企业综合实力不断提高,在管理上采用企业两级管理模式,做大做强主导产业,发展辅助产业,形成业务多元化、管理专业化的现代农业企业。

中粮集团传统上的优势就是流通,特别是粮油的供销方面,既有渠道,又有品牌。在这些基础上,中粮的发展模式是以客户需求为导向,涵盖从田间到餐桌、从农产品原料到终端消费品的全过程,通过对全产业链的系统管理和关

键环节的有效掌控、各产业链之间的有机协同,实现全面协调可持续发展的目标。

锦绣大地的发展历史虽然较短,但管理模式和技术水平都有较高的起点,其发展始终是以农业技术创新为重点、以高科技、高转化为特征,建立起科技先导型现代农业示范基地和流通体系。

值得一提的是,上述企业在发展的过程中都重视与大专院校和科研机构联合,承担国家科技部重大科技专项和科研课题,通过自主创新研发,应用最新的科技成果和创新技术,推动企业不断向前发展。

10.14 致力自身品牌建设,全面提高整体品牌形象,提升品牌价值

作为农产品流通企业,上述几家企业在品牌建设上既有相似之处,又有着各自的特色。品牌建设的相似之处是由农产品本身的特征和农产品流通发展趋势所决定的。绿色、安全、健康、营养等成为各家企业品牌建设的关键点,而"全产业链"、"闭环供应链"等概念都是企业未来打造的方向。

新发地的品牌建设始终离不开其经营了十几年的批发市场。虽然交易方式和管理方式还较为落后,但新发地的品牌在农产品流通领域十分响亮,是一处以蔬菜、果品、肉类批发为龙头的国家级农产品中心批发市场,其中蔬菜供应量占到全市总需求量的70%以上,水果80%以上,进口水果90%以上,是名副其实的北京"菜篮子",但市场仍然缺乏具有自身品牌的高附加值的产品。因此,新发地批发市场正在致力于自身的品牌建设。

中粮集团旗下已经拥有了众多优秀品牌,而"中粮"这一品牌远低于其子品牌,因此,对于中粮而言,品牌建设的重中之重是整合旗下的各子品牌,统一了中粮新标识,提出"自然之源,重塑你我"作为新中粮的品牌核心价值,打造"大中粮,无边界"的阳光文化,全面提升中粮整体品牌形象。

同新发地和中粮相比,首农集团和顺鑫集团各自都具有一定的知名品牌,但品牌相对较少,并且仍然缺乏影响力。因此,这两家企业一方面以质量托底、以创新技术引领、以产学研联动,挖掘和提升现有品牌的价值,打造旗下子品牌互为支撑、协同发展的集团品牌体系;另一方面,也在积极扩展优势领域,将新品牌不断推向市场。

锦绣大地的品牌策略有一定的差异化,体现科技创新,坚持无公害农产

品、绿色食品和有机农产品"三位一体、整体推进"的发展思路,加快发展进程,树立品牌形象。不仅如此,差异化的品牌策略还体现在锦绣大地的示范效应,通过建设锦绣大地农业观光园,体现出"高科技、高起点、高效益"的品牌价值。

10.15　建立全球视野,提升自身标准,推动产品国际化

我国农产品流通体系和国际上发达国家相比存在着明显差距,为了增强我国农产品的国际竞争力,新发地、首农、中粮、顺鑫和锦绣大地都致力于提高自身管理水平和产品质量标准,不断提升农产品质量,推动产品品牌化发展,才能适应竞争激烈的国际市场。

新发地充分认识到自身与国际标准的差距,加大力度发展冷链物流,预计到2020年我国公路保温车辆将达到18万辆,与美国持平;首农集团构建和完善了我国现代化牧场管理体系和奶牛高产技术体系,旗下的种业和示范牧场生产管理已达到国际先进水平;中粮集团的国际化战略从公司内部入手,建立全球视野的资源配置体系、管理架构和运行机制;而锦绣大地则从以下四方面着手:一是发展绿色有机农产品,二是加强产品品牌化包装,三是扶持龙头企业和商户,四是对市场参与主体进行培训。

第十一章
农产品流通体系创新实践建议

11.1 北京市新发地现代农产品流通体系创新实践建议

11.1.1 加大政府支持力度,有效规划市场

从整体来看,新发地市场缺乏统一有效的规划,虽然已经进行了功能分区,比如,蔬菜区、水果区、粮油区等等,但是,各区内的规划不甚合理,有些区仍然是露天交易,且摊位不固定,导致买货商户不能快速方便地找到所需品种。虽然县政府、乡政府对于新发地发展都很支持,但是政府的支持在很大程度上还只是停留在口头上,目前尚未给予实际政策和资金援助,政府"落地"政策支持力度小。因此,加大政府支持力度,有效规划市场是推动新发地批发市场进步的基石。

11.1.2 注重信息化管理,发展复合交易方式

目前,新发地批发市场只是提供场地等基础设施服务,农产品贸易的买卖双方看验货、讨价还价、达成交易完全自行解决。这样市场只能通过入门收取的车位费、摊位费等固定费用形式来获取收益,无法根据交易金额来收取费用,无法从不断增长的贸易额中获取收益。

新发地市场的交易和结算方式基本上仍然是一对一的谈判交易和现金对手交易,没有中间代理和统一结算。与国际先进的拍卖交易、代理交易以及市场统一结算差距较大,使得新发地市场难以掌握交易的具体价格和数量,影响了市场的信息交流和准确性。

采用现金对手交易时,批发市场难以控制旗下所有市场管理人员的行为,批发市场的"跑冒滴漏"等现象比较常见,对市场秩序也有损害。对于市场上的交易者来说,也存在诸多不安全不方便之处,而且难以掌握与自己交易目的相关的全部供需信息,留下了中介人(掮客)获利的大量空间。原本撮合交易双方是市场应该做的事,但由于市场不掌握供需的实时具体信息,无法提供买卖双方需要的信息,买卖双方需要在市场上付出大量时间来进行搜寻和讨价还价,交易效率低,这也使得批发市场难以从信息服务中获利。因此,需要新发地完善自身的信息化管理体系支持复合交易方式的发展。

11.1.3 进行产业升级,提高企业附加值

当前新发地农产品批发市场内只能采用粗放式管理,相当一部分仍为露

天市场,停放着供需双方的大量车辆。市场只能进行大体上的管理,对于其中参与人员的行为难以施加约束。

由于所提供的服务少、层次低,造成贸易环节增加,市场提供的附加值低,和北京高土地附加值的状态形成反差。市场处于紧张运行的状态,新发地附近成为著名的拥堵地点之一,这也造成了新发地与地方政府、群众之间的矛盾。

因此,新发地批发市场需要进行产业升级,提供更高层次的增值服务。

11.1.4 优化市场服务功能,提高交易商品附加值

新发地市场当前服务功能比较单一,主要是提供集中的交易场所,仓储条件比较落后,银行、物流公司等配套服务机构不齐全,且基本上不提供发达国家农产品批发市场通常具有的商品分级整理、加工包装、质量验证、结算服务、委托购销、代理储运、信息服务、代办保险等配套服务功能。

新发地市场的交易量虽然比其他市场高出许多,但交易额却并没有什么优势,这主要是因为新发地市场交易产品初级化,附加值较低。目前,除少数商品外,进入新发地的农副产品基本不分级,质量也无统一标准。

因此,新发地批发市场亟待体系优化,发展多种服务,提高交易商品的附加值。新发地可以学习首农、中粮集团的全产业链模式,向供应链上、下游扩展业务领域,这样不仅可以增加新发地的盈利范围,还有助于它对农产品质量的控制和追溯。考虑到新发地传统上专注于批发市场管理,对供应链其他环节不熟悉,因此它在实施和推广全产业链模式时不能一蹴而就,而应该分步进行,首先可以通过与供应链上游(如农民、农产品批发商)、供应链下游(如超市、零售商、饭店)建立战略合作关系,从而快速建立起对全产业链一定程度的监控;在合作过程中,新发地随着经验和资金的积累,可以逐渐增加自身在农产品供应链上下游的参与力度。

11.2 首农集团现代农产品流通体系创新实践建议

11.2.1 带头构建示范体系

我国农业产业化程度较低,农产品的流通成本较高,国际竞争力较弱,构建示范体系是提高我国农产品流通水平和增强我国农产品国际竞争力的需

要。首农集团作为我国农产品领军企业,在首都带头建立农产品示范体系将为其他城市和地区的农产品流通提供参考,推动全国农产品流通的发展。同时,由首农集团牵头、政府支持、各大农产品企业配合,以现代化大型农产品物流配送中心为基地,转变现有农产品出口贸易方式,可以极大地降低农产品物流成本,提高我国农产品的国际竞争力。

11.2.2 完善建立农产品信息系统

随着农产品物流配送业和批发交易的发展,较为完善可靠的信息系统是反映农产品市场供需的有效手段。首农建设自身的信息系统,不仅能够引导农户的种植方向、时间、品种等,而且能够促使农产品生产朝着绿色、生态和品牌的方向发展,从而推动我国农业产业化的进程,增加初级农产品的附加值,提高农民收入,带动我国农业产业结构的调整升级。

11.3 中粮集团现代农产品流通体系创新实践建议

粮油加工发展到一定规模,需要有贸易的支撑才能确保充足稳定的原料供应和及时的成品销售;而贸易经营达到一定的规模,必须以高效率、低成本的物流体系为基础才能获取更多的贸易机会和利润;加工厂才能降低原料库存,减少成品仓容,从而降低加工成本,提升自身的竞争力。因此,一个完善的物流供应链可以给一个企业带来很多意想不到的收益。

物流体系构建在国外非常受重视,甚至赶超经济受重视的程度。而在中国,这一块还是很大的空白区。企业对物流供应链的不完全了解以及和我国国情相呼应的物流供应链还不完善,这使很多人都忽视了物流供应链对一个企业的重要性。

中粮集团,从 1949 年创办至今的 64 年里,从粮油食品贸易、加工起步,产业链条不断延伸至种植养殖、物流储运、食品原料加工、生物质能源、品牌食品生产销售以及地产酒店、金融服务等领域,基本可以说是衣食住行各个方面都有业务发展。随着时代的进步,这种全产业链的发展如果不经常进行完善容易出现各种纰漏。

目前,我国国有粮食企业经营相对比较分散,物流功能不全、缺乏产业关联度是一个比较普遍性的问题。而中粮集团作为我国现有为数不多的大型粮食企业之一,在粮食行业算是比较突出和成功的一个企业。因此中粮同时也担负着国家粮食宏观调控的重任。其农产品等运营方面就需要与国家的政策以及国情体系相吻合,顺应粮食现代物流的发展方向,从而为我国农业现代物流事业的发展做出贡献。

(1) 扩大覆盖面

我国人口众多,做到供应及时并非易事。而中粮旗下目前拥有的品牌众多,供求量也非常大。但属于中粮旗下的仓储点还并不是很多,因此其产品的覆盖面还有待增加。建议在全国几个交通便利的城市建立几个重点物流仓储配送点,并且使这几个仓储点可以互相连成一个物流供应链网络互相流通,形成便捷、高效、节约的现代化粮食物流体系,同时在这几个重点物流仓储点的周边建立多个中小型配送物流节点,方便中粮企业更快捷方便地收集和配送物资给周边二、三级乡村城镇。

(2) 完善自有物流体系

由于国外物流供应链体系相比中国的物流体系要完善一些,建议多指派管理人员以及部分技术线上的重要员工去学习交流,了解国外的物流模式以及经验,然后将国外较为成功的模式、方法和我国现有国情融合,形成更适合我国企业使用的现代物流体系。

(3) 品牌清晰化

中粮旗下所涵盖的品牌众多,但多数都是合并收购来的,如表 11.3.1 所示。这些品牌中有一些已经有了自己的一套运营模式以及口碑。

表 11.3.1 中粮下属品牌一览表

种类		品牌
食品类	大米	福临门、五湖、东海明珠、红枫、滋采
	食用油	福临门、滋采、福掌柜、香谷坊
	面粉	香雪
	巧克力与其他休闲食品	金帝、美滋滋
	食糖	福临门
	禽畜肉食产品	家佳康
	葡萄酒	长城葡萄酒、长城桑干酒庄、长城天赋葡园、君顶酒庄
	黄酒	黄中皇、孔乙己

(续表)

种类		品牌
食品类	碳酸、果汁、茶与水饮料	中粮可口可乐饮料、悦活、中茶
	奶制品	蒙牛、腾欢
	面条	香雪
	保健食品	屯河、中宏、可益康
	快餐即食	口口福
	调味品	品香格、香和正
	蜂蜜	山萃、悦活
非食品类	包装	中粮包装
	服装	雪莲
	电子商务网站	我买网
	非烹调香精	德兰
地产酒店类	商业地产	大悦城
	旅游地产	亚龙湾（龙溪29、亚龙湾公主郡）
	酒店	美高梅、瑞吉、华尔道夫、北京W酒店、西单大悦城、辉盛阁

在众多品牌中，顾客在消费了产品后往往只知道自己购买的品牌，但并不清楚其所属企业正是中粮集团。因此中粮需要对旗下所有的品牌做一个详细的归类，使各大品牌逐渐清晰化，让消费者不单单在消费，同时也了解消费品的所属集团，这对一个企业的发展是非常有帮助的。

11.4　顺鑫农业现代农产品流通体系创新实践建议

在如今这样一个信息高度发达、经济快速发展的时代，不断完善自己是现如今企业的发展之道。顺鑫农业已建成从农产品加工到物流配送的相对完整的产业链条，形成了以农产品批发市场、生鲜加工、物流配送为核心的组织体系。

在供应链管理领域里，顺鑫物流和国际接轨，以先进的现代物流智能电子技术为基础，研发了供应链管理系统，为企业客户提供高效优质的物流配送和数字化精确的库存管理。而在设备环节,顺鑫农业拥有比较专业的冷藏车,其特点是"一车多温、一车多配、一次到达"。而这种新标准,可以在最大限度地满足现有消费者需求的同时节省自己的资源消耗。因此,对顺鑫农业的发展建议是:

(1) 人才培养交流与技术研发

由于顺鑫农业目前所拥有的冷藏车技术在我国使用物流供应链的企业里是仅有的,因此顺鑫农业可以适当地开放一部分技术供其他企业来交流学习,当行业整体水平提上来的时候,才能寻找到更大的发展空间。同时,对于技术型人才和有能力的管理者,拓宽培训渠道,展开多渠道、多层次的教育培训,也可参加交流会议。

顺鑫农业已经拥有相对比较成熟的经验和技术,可以和同领域或者跨领域里较有经验的企业合作交流,共同研发物流供应链上的新技术,取长补短,最大限度地将技术完善化,给企业创造更大的利益。同时,加快配套产业发展,完善现有物流体系,充分利用现代化的一切有利条件为企业争取利益。

(2) 加强电子商务运营的把关

电子商务是一个比较新的领域,在我国的普及度在不断地增长。我国较为知名的类似 B2C 平台还有淘宝网、京东、1 号店等等,粮油购物网站比较知名的还有中粮的我买网。顺鑫农业虽然也开始在电子商务领域试水,但由于食品的要求比其他产品的更为苛刻严格,而电子商务领域目前还并不完善,存在着许多隐患,因此这一块必须要严格控制,每一个容易发生问题的关口都需要把控好。

(3) 匹配模式的创新

需要进一步完善各部门规章制度,提高员工办事效率。可以把消费者细分为不同群体,然后尝试针对不同的配送对象,量身制定不同的政策,最大限度地减少不必要的中间环节,从而提高配送的效率以及降低损耗,实现利润的提升。

11.5 锦绣大地现代农产品流通体系创新实践建议

通过对锦绣大地农产品流通体系的详细介绍和分析,可以看出,锦绣大地与国内其他同类批发市场相比,更早地抓住了居民农产品消费向绿色、安全、品牌化方向发展的趋势,十分注重农产品品牌的建立和宣传,通过构建绿色物流港、农业观光园等项目,在让锦绣大地成为农业产业化国家重点龙头企业的同时,也让锦绣大地这一农产品品牌逐渐深入人心。尽管发展快速,但是锦绣大地依然处于向现代化农产品流通企业升级改造的转型期,仍然还有很大的继续改善的空间。

在进一步升级改造的进程中,锦绣大地应该继续坚持以打造绿色农产品流通体系为根本目标,从农产品标准化建设、农产品流通人才培养、国际化等角度入手,让锦绣大地不仅成为国内的龙头企业,也要逐渐扩大在国际市场的竞争力和影响力。

(1) 加快农产品标准化建设,继续完善农产品质量安全检测体系

一方面,随着环境危机和能源危机逐步被人们所意识到,居民农产品消费也更加关注绿色和环保,这种消费偏好的变化势必要求农产品流通企业提升农产品质量安全水平,否则将难以满足市场需求而惨遭市场淘汰。

另一方面,中国加入 WTO 之后,以前农产品国际贸易中的一些重要因素如关税、配额的影响正逐渐消退,而以绿色壁垒为代表的新制约因素的影响正逐步显现出来。为了保护国内市场在国际竞争中的利益,各国都开始设置绿色壁垒,对进口食品的质量安全和环境标准做了苛刻的规定。欧盟委员会2001年就做出了停止从中国进口动物源性食品的决定;美国食品与药物管理局也公布了禁止在进口动物源性食品中使用的包括氯霉素在内的 11 种药物名单;随后,其他一些发达国家也针对不同食品规定了不同的农药最高残留量标准。绿色贸易壁垒的存在,一方面会使得我国出口农产品由于不符合其他国家的质量安全标准而屡屡遭禁、退货和索赔,损失惨重;另一方面也会使得农产品出口的相关手续更为烦琐,增加了农产品的出口成本。

锦绣大地较早地认识到了农产品流通向绿色安全方向发展的趋势,建立了自己的检测中心,配置了先进的农产品质量安全检测设备,与国内其他农产品批发市场相比,已经在很大程度上提高了农产品质量安全水平。然而,与国际先进农产品流通体系相比,锦绣大地需要进一步加强农产品标准化建设,积极引进适用的国外先进标准,从管理、技术与生产实践等层面入手,加速农业产前、产中、产后的标准化建设,推行农产品质量安全标准。

首先,从源头着手,对农产品的生产过程进行标准化。一方面,锦绣大地应该根据国际管理和国际农业通行标准,充分利用自己的农产品栽培实验室,从土壤改良、农作物种植和收获到农产品分级、加工、包装、仓储等各个环节大力推进农业的标准化生产,着力发展健康、安全的绿色农产品。另一方面,锦

第十一章　农产品流通体系创新实践建议

绣大地应该支持和帮助农产品经销大户自主培育和经营各种品牌、名牌农产品,逐步建立起标准化农产品生产基地,逐步实现生产的规模化、基地化,基地的标准化,最终达到产品的品牌化。

其次,大力推动锦绣大地批发市场的标准化建设。锦绣大地批发市场是农产品流通过程中的一个重要环节,应该丰富批发市场的交易品种,升级批发市场的交易方式和经营模式,并与国内其他批发市场建立起联系,逐步形成布局合理、功能互补的全国连通的农产品批发市场体系。

再次,继续建立健全农产品质量安全管理体系,包括农产品质量检测体系、质量分级体系、产品认证体系和质量监督制度。生产环节,从源头上控制农产品质量;销售环节,加强农产品质量抽查监督,确保产品质量和信誉;逐步建立市场准入制度,对农产品市场上各参与主体的资格进行严格审核和认证,建立优质农产品销售专区、专卖店。

最后,将锦绣大地的农产品质量安全管理体系与国际通行标准接轨。锦绣大地应该积极与国际相关农产品组织进行交流与合作,在充分考虑我国农产品生产流通实际国情的基础上,学习和借鉴它们在质量标准、技术规范、认真管理、贸易规则等方面的先进理念和成功经验,使得锦绣大地的农产品质量安全管理体系与国际标准接轨。

(2) 培养现代农业生产和流通人才

从农业生产的角度来看,当前我国农村劳动力素质整体水平不高,这已经严重制约着我国农业发展,从而制约着包括锦绣大地在内的农产品流通企业的发展。农民素质不高主要表现在农民的受教育水平不高,缺乏相关的职业教育。锦绣大地可以对相关的农业生产者进行定期的农业生产技术方面的培训,把锦绣大地在自己的农产品栽培实验基地上积累的一些先进生产方法和技术推广,进而提高农村劳动力的整体素质,更好更高效地发展生产。此外,还要组建优质农产品专业科研课题组,召集专业技术人员,拨给科研经费,制定科研目标,在科研与生产实践中推广运用先进生产技术,优化农产品品质,提高农产品科技含量,提升品牌。

从农业流通的角度来看,锦绣大地的相关管理者必须正确理解现代化流通体系,在企业内引进符合我国国情的农产品现代化流通理论,培养符合时代要求的农产品流通人才。

(3) 大力提升出口农产品品牌,提升国际竞争力

面对激烈的国际市场竞争,锦绣大地必须不断提升农产品质量,推动产品

品牌化发展,才能在国际农产品市场上生存和发展。提升我国出口农产品的品牌需要从以下几点入手。

一是发展无公害、绿色、有机农产品,以满足世界各国消费者对农产品质量安全和环境标准越来越高的要求。以无公害农产品作为市场准入门槛,加快产地认定和强化产品认证;绿色食品作为安全优质精品品牌,主要以满足高层次消费需求为目标,带动农产品市场竞争力全面提升;有机农产品是扩大农产品出口的有效手段,坚持以国际市场需求为导向,同时也要立足国情,发挥我国农业资源优势,因地制宜地发展有机农产品。总之,无公害农产品和绿色食品要迅速提高市场占有率,而有机农产品要突出资源优势,提升质量和效益。

二是积极对锦绣大地批发市场内的农产品品牌进行市场化包装,树立起鲜明的农产品品牌形象。应该鼓励规模化的农产品生产者或组织者注册商标,用通俗易懂、富有创意的商标让消费者一眼便认出产品并记住该品牌。此外,应该向质量技术监督部门申报农产品条形码,使得相关管理部门和市场辨识农产品变得更加容易,也方便了对农产品流通、交易信息的收集和管理。还应该大力宣传品牌,合理进行广告和营销投资。

三是扶持入驻锦绣大地的龙头商户,让其成为品牌企业。锦绣大地应该制定优惠政策,设立农产品品牌创优基金,扶持龙头企业,改进工艺、扩大规模、规范管理、提高质量,稳定发展现有产品。引进、转化科研成果,开发一些适合消费者需要、品位较高的新产品,增加品牌内涵,增强竞争力。

四是要对锦绣大地相关的农产品生产、流通、营销主体进行培训,提高其整体素质。农产品生产、流通、营销过程中的相关参与主体也是决定农产品品牌形象的重要因素。分期分批分类,加强对相关人员的业务培训,提高农产品生产流通队伍整体素质。充分调动和保护营销人员的积极性,增强营销队伍的拓展市场能力。完善营销网络建设,逐步在国内大中城市增设农产品直销网点,开辟市场,从而拓宽农产品营销渠道,加强优势农产品促销,为创建农产品名优品牌做好营销服务工作。

(4) 借鉴全产业链战略,并大力发展闭环供应链模式

锦绣大地目前涉足的业务领域已经比较广泛,公司经过近七年的努力,已经形成了三大核心技术系列,包括优良品种开发、生物技术和动物胚胎工程、天然药物和生物制药;一个市场支撑体系,即农副产品批发市场及绿色安全食品物流生产—配送中心。这为锦绣大地借鉴首农和中粮的全产业链战略提供

第十一章 农产品流通体系创新实践建议

了良好的基础,锦绣大地只需要对目前的业务按照产业链进行梳理,将相关业务进行衔接和整合,并投资发展当前还欠缺的产业链环节,就能打通整个产业链。

此外,锦绣大地定位于高端绿色农产品,农产品礼品包装是其一大特色,而这种精细包装的农产品会耗用大量的包装物,如高质量的塑料袋、可回收利用的竹筐、可重复利用的托盘等。锦绣大地可以对这些包装材料、容器定期进行回收,充分利用返程车辆的运力,这样不仅可以降低农产品流通的成本,而且可以减轻农产品物流给环境带来的负担,具有经济效益和社会效益两个方面的积极意义。

11.6 现代农产品流通体系创新实践建议总结

11.6.1 政府驱动

(1) 遵循五项原则

现代农产品流通体系是农业现代化的重要内容,是现代商品流通的重要组成部分。农产品是人类赖以生存的最基础的生活资料,是人类在与自然抗争的漫长历史中,顺应自然、利用自然、改造自然、驾驭自然、协同自然的成果。农业在促进人类发展,全面建设和谐社会中具有重要的作用,在深化农产品流通体系创新改革实践,加速农业健康发展步伐的同时,现代农产品流通体系的创新实践需要遵循以下五项原则:

① 坚持以人为本,科学发展的原则;
② 坚持建设生态文明,实现可持续发展的原则;
③ 坚持特殊与一般相结合的原则;
④ 坚持全面推进与重点突破相结合的原则;
⑤ 坚持技术与服务创新相结合的原则。

(2) 加强政府宏观调控,完善法律法规,提高食品安全监控力

在国际市场上,中国加入 WTO 之后,绿色壁垒的影响逐渐显现出来。绿色贸易壁垒的存在,一方面会使得我国出口农产品由于不符合其他国家的质量安全标准而屡屡遭禁、退货和索赔,损失惨重;另一方面也会使得农产品出口的相关手续更为烦琐,增加了农产品的出口成本。在国内市场上,近年出现食品安全不达标造成的多个悲剧,民众开始"谈虎色变"。为了提高出口利润,

维持社会稳定,保护人民健康安全,政府应发挥宏观调控力,完善法律法规,加强食品安全监控设施的建设,实施有效措施。

11.6.2 规模驱动

规模驱动指的是通过构建现代农产品物流园区和规划联通全国的农产品流通网络,实现对全国农产品流通需求和农产品流通资源的高效整合,进而实施规模化的仓储、运输、配送、加工等物流服务,通过规模经济的原理实现低成本、高效率。

我国农产品流通的总需求量巨大,潜在需求量也呈不断上升趋势,但是缺乏有效的整合与激活,使得规模效应无法得到有效发挥,制约了流通体系的创新发展。为了改变这一现状,建议从如下三点着手:

(一)加强基础设施建设

先进的基础设施和设备可以加快农产品的流通速度,提高流通效率,降低鲜活农产品损毁率(发达国家<5%)。

(二)加强市场主体培养,发展多元化市场主体

(1)重点培育农业龙头贸易企业

相比加工型的农业企业,贸易型的企业更能拉动农业发展。尤其是贸易型的农业龙头企业,是真正有竞争力的企业。这些龙头企业不仅相对容易地将产品打入国际市场,提高我国农业产业化经营的范围,而且能够使分散的加工型企业联结在一起,形成一个强大的合作体。

(2)推动专业的农业合作经济组织与行业协会成立

农业合作经济组织与行业协会在现代农产品流通体系中衔接了产、供、销,沟通了个体农民,这些组织加大了农民的参与度,提高了农业的组织化程度,促进了农产品交易的畅通。

11.6.3 技术驱动

所谓技术驱动,即通过合理使用现代农产品流通作业技术和现代农产品流通信息技术,提高农产品流通服务的整体绩效,降低流通成本(王丽颖,2013)。现代农产品流通体系的创新实践,除了需要规模驱动下的高效整合的供应链作为基础,还需要先进的现代化技术来作为支撑。建议加强如下技术领域的实践:

第十一章 农产品流通体系创新实践建议

（1）加强信息网络建设，完善信息服务体系

在发达国家，信息网络建设已经相当完善，信息服务体系正在发挥着重要的作用，美、日、德等国家甚至实现了商流、物流的分离，顾客不到现场看货，而是根据样品信息进行交易，随后实物将通过物流由产地直接配送至指定地点。

相比发达国家，我国的农产品流通体系的信息网络建设较为落后，并没有一个完整的信息服务体系，缺少一个数据和信息的收集与传播、知识的创新与共享的平台，这就大大制约了我国农产品流通体系的创新实践的实施。

（2）加强冷链队伍建设，提高冷链技术发展，优化供应链

作为企业，降低成本、提高质量和效率一直是提高企业竞争力的法宝，因此，加强冷链队伍建设、致力于提高冷链技术、进行供应链整合与优化是为企业减少浪费、提高产品和服务质量的重要措施。

参 考 文 献

[1] 安玉发,张浩.果蔬农产品协议流通模式研究.中国农业大学出版社,2010.
[2] 安玉发,张娣杰.告别"卖难":农产品流通与营销实务.中国农业出版社,2011.
[3] 北京锦绣大地农业股份有限公司官方网站,http://www.gldadi.com/.
[4] 边胜男.美国农产品物流的发展及对中国的启示.世界农业,2010(12):63—70.
[5] 柴多.锦绣大地:零售业的"海豚".中国电子商务,2006(3):82—83.
[6] 陈绍慧,赵黎明.农产品的供应链管理.经营与管理,2005(11).
[7] 陈静,刘艳荣.农产品流通安全与质量检测技术研究.中国财富出版社,2012.
[8] 陈水乡.北京市农民专业合作社农产品流通的实践与探索.中国农业出版社,2012.
[9] 董晓霞,汤松.国外超市生鲜经营发展的影响及对中国的启示.世界农业,2008(3):1—2.
[10] 丁俊发.中国流通业的变革与发展.中国流通经济,2011(6).
[11] 樊红平,牟少飞,叶志华.美国农产品质量安全认证体系及对中国的启示.世界农业,2007(09).
[12] 范秀荣,李晓锦.日、美、荷农产品物流组织的经验与启示.中外物流,2007(4).
[13] 冯中越.北京农产品流通体系与协调机制研究.中国统计出版社,2013.
[14] 龚梦,祁春节.我国农产品流通效率的制约因素及突破点——基于供应链理论的视角.中国流通经济,2012(11):43—48.
[15] 国务院关于深化流通体制改革加快流通产业发展的意见(国发(2012)39号)[EB/OL],http://www.gov.cn/zwgk/2012-08/07/content_2199496.htm.
[16] 国务院国有资产监督委员会网站,http://www.sasac.gov.cn.
[17] 韩一军,张宇萍.国外农产品物流发展特点分析及启示.国际农业,2006(10).
[18] 贺峰.世界农产品物流的比较分析.世界农业,2006(5):21—23.
[19] 黄彬红.农超对接模式和实践探索.浙江大学出版社,2013.
[20] 黄德林,安岩.农产品流通研究.中国农业科学技术出版社,2010.
[21] 贾敬敦,王炳南,张玉玺,陈丽华.中国农产品流通产业发展报告(2012).社会科学文献出版社,2012.
[22] 黄祖辉,鲁柏祥,刘东英,吕佳.中国超市经营生鲜农产品和供应链管理的思考.商业经济与管理,2005(1).
[23] 纪良刚,刘东英.农产品流通的关键问题与解决思路.中国流通经济,2011(7).
[24] 贾敬敦,王炳南,张玉玺,张鹏毅,陈丽华.中国农产品流通产业发展报告(2012).社会科学文献出版社,2012:251.

［25］健全批发体系任重道远——访北京锦绣大地物流港经营管理有限公司副总经理陈雄烈.物流技术与应用,2007(2):77—79.

［26］孔祥智.中国农业社会化服务:基于供给和需求的研究.中国人民大学出版社,2009.

［27］刘东明,黄国雄.农业产业化与农产品流通.中国审计出版社,2001.

［28］刘国锋.打造都市型现代农业的旗舰——首都农业集团重组一周年纪实.首都建设报,201006.

［29］刘国锋.品质"托底"品牌提升,首农集团以质量为保证推进"品牌战役".首都建设报,201206.

［30］刘普合等.中国农产品批发市场实操手册.中国经济出版社,2010.

［31］李飞等.中国流通业变革关键问题研究.经济科学出版社,2012.

［32］刘少军."锦绣大地"——农业发展新机制.农村财政与财务,2000(1):15—16.

［33］刘养洁,王志刚.法国农业现代化对我国农业发展的启示.调研世界,2007(7):39—41.

［34］罗斌.日本、韩国农产品质量安全管理模式及现状.广东农业科学,2006(1):72—75.

［35］李季芳.农产品供应链管理研究.经济科学出版社,2011.

［36］李路阳.中粮:融资有道.国际融资,2003(4):12—18.

［37］李学工.营销物流管理.北京大学出版社,2011.

［38］李春成,李崇光.完善我国农产品流通体系的几点思考.农村经济,2005(3):16—19.

［39］吕巧枝.我国农产品质量安全现状与发展对策.中国食物与营养,2007(04).

［40］马根喜.法国农产品批发市场建设情况介绍.中国市场,2007(11):74—77.

［41］马龙龙.中国流通改革:批发业衰落与崛起.中国人民大学出版社,2009.

［42］钱克明.中国农产品批发市场发展报告2010.中国农业大学出版社,2010.

［43］邱乾谋.锦绣大地:目标绿色食物流航母.中国物流与采购,2006(1):72—73.

［44］全国农贸中心联合会.中国农产品批发市场行业通鉴1984—2005.中国农业科学技术出版社,2007.

［45］〔日〕小林康平,菅沼圭辅等.体制转换中的农产品流通体系.批发市场机制的国际对比研究.巴蜀书社,1992.

［46］顺鑫农业发展集团有限公司官方网站,http://www.shunxinnongye.com.

［47］顺鑫农业创新食品分公司,http://www.sxcxsp.com/Club.aspx.

［48］顺鑫空港果蔬保鲜储运公司,松际农网,http://www.99sj.com/Article/6940.htm.

［49］顺鑫农业互动百科,http://www.baike.com/wiki.

［50］顺鑫农业之百年品牌,新浪,http://bj.house.sina.com.cn/scan/2012-12-04/0940424264.shtml.

［51］顺鑫农业研究报告,宏源证券研究部,http://wenku.baidu.com/view/364b79086c85ec3a87c2c585.html.

[52] 孙飞,赵文锴.中国经济大趋势2——生死转型.中国经济出版社,2011.
[53] 孙前进.北京农产品流通体系规划与建设.中国物资出版社,2011.
[54] 孙前进.农产品流通体系规划与建设.中国物资出版社,2012.
[55] 孙剑,李崇光.美国和日本主要农产品营销渠道比较.世界农业,2003(3):34.
[56] 孙烨.欧盟农产品流通体制的特征及启示.调研世界,2003(2):47—48.
[57] 谭晶荣,温怀德等.市场主体行为及农畜产品安全:基于生产流通及贸易环节的分析.中国农业出版社,2012.
[58] 谭向勇,魏国辰,寇荣.北京市主要农产品流通效率研究.中国物资出版社,2008.
[59] 涂洪波.中美日法农产品流通现代化关键指标之比较.中国流通经济,2013(1):22—27.
[60] 涂晓芳.比较公共政策.北京航空航天大学出版社,2011.
[61] 吴涛.市场营销学.清华大学出版社,2011.
[62] 魏国辰,肖为.基于供应链管理的农产品流通模式研究群.中国物资出版社,2009.
[63] 王美玲.首农集团三大主业服务首都.农民日报,201108.
[64] 王文生等.果品蔬菜保鲜包装应用技术.印刷工业出版社,2008.
[65] 王志刚.农产品批发市场交易方式的选择:理论与实践.中国农业科学技术出版社,2009.
[66] 王中军.国外农产品物流的经验简述.世界农业,2007(4):8—9.
[67] 王晓东.中国流通产业组织化问题研究.中国人民大学出版社,2013.
[68] 肖家.批发.中国言实出版社,2007.
[69] 肖黎,刘纯阳.发达国家农业信息化建设的成功经验及对中国的启示.世界农业,2010(11):16.
[70] 许军.我国农产品流通问题研究述评.经济纵横,2012(11):121—124.
[71] 严小青.中美农产品物流信息化比较研究.世界农业,2010(12):9.
[72] 阳红梅.美国、日本农产品市场营销机制对中国的借鉴意义,世界农业,2012,10:106—108.
[73] 杨孚平.农产品流通与国民经济成长.东北财经大学出版社,1996.
[74] 杨菁,晋保平,张宇燕.国外的农产品贸易与市场流通.中国社会出版社,2006.
[75] 俞菊生.韩国农产品批发市场流通体制.世界农业,2005(7):40—42.
[76] 喻占元.中外农产品物流比较及发展对策研究.世界农业,2009(9):14—16.
[77] 张冰馨.首农集团产学研科技创新平台起航.中国企业报,201004.
[78] 张冰馨.首农集团华丽转身,打造现代农业产业集团.中国企业报,201003.
[79] 张京卫.日本农产品物流发展模式分析及启示.农村经济,2008(1):126—129.
[80] 张俊巧.日本生鲜农产品流通实施技术及其配套建设.世界农业,2008(9):63—65.
[81] 张倩.国外农产品物流业现状.世界农业,2004(11):11—12.

[82] 周发明.中外农产品流通渠道的比较研究.经济社会体制比较,2006(5):117.
[83] 周发明.构建新型农产品营销体系的研究.社会科学文献出版社,2009.
[84] 周利国.中国农村商品流通研究.中国财政经济出版社,2009.
[85] 中粮官网,http://www.cofco.com/cn/about/c-99.html.
[86] 中粮集团互动百科,http://www.baike.com/wiki.
[87] 中粮集团加大国际化的农业项目合作投资力度
[88] 张明玉.中国农产品现代物流发展研究:战略·模式·机制.科学出版社,2010.
[89] 中商流通生产力促进中心,中国人民大学流通研究中心.中国农产品批发市场实操手册.中国经济出版社,2010.
[90] 张涛.农资航母出海,首农集团迈步全产业链.中国商报,201003.
[91] 张玉玺.农产品流通理论思考与实践探索:北京新发地市场的实践与经验.社会科学文献出版社,2012.
[92] 庄晋材,黄群峰.供应链视角下我国农产品流通体系建设的政策导向与实现模式.农业经济问题,2009(6):98—103.
[93] 王丽颖,陈丽华.我国发展现代农产品流通体系的对策研究.社会科学家,2013(5).